중국 조선족 설화 연구

중국 조선족 설화 연구

강봉근 지음

전북대학교출판문화원

머리말

******

1994년 여름방학 때에 전북대학교 신문사 주간을 맡고 있던 나는 학생기자들과 함께 중국여행을 하게 되었다. 우리 일행이 북경에 도착했을 때 북경에 거주하는 전북대학교 동문들과 만남이 이루어졌고 그 자리에서 고등학교에 근무하던 시절의 제자이며 교회에서 대학부를 지도할 때 아주 가까이 지냈던 박병호 선생을 만나게 되었다. 그는 전북대학교에서 물리학을 전공하여 박사학위를 받은 후 북경대학에서 박사 후 과정을 이수 중이었는데, 북경대학으로부터 자그마한 아파트를 제공받아 가족과 함께 살면서 아주 좋은 조건으로 연구를 하고 있었다.

나는 이때 처음 중국을 방문했기 때문에 중국에 대한 관심이 매우 컸고, 해외파견교수로 중국에 나와 1년쯤 지내고 싶다는 생각이 들었다. 박병호 선생에게 이런 이야기를 했더니 북경대학을 희망하면 자신이 주선해 줄 수 있으며, 연변대학에도 아는 사람이 있어 연결해 줄 수 있다고 했다. 귀국 후에 북경대학과 연변대학을 놓고 저울질하다가 동포들이 사는 연변지역으로 가는 것이 좋다고 생각되어 연변대학으로 가겠다고 박선생에게 연락을 했다. 그 후 박선생으로부터 연락이 왔는데 연변대학의 아는 사람과 연락이 안 되던 중 연변과학기술대학 교수와 연락이 되었는데 연변과학기술대학으로 오는 것이 좋겠다고 했다. 이러한 인연으로 나는 1995년 8월부터 1996년 8월까지 1년 동안 중국 길림성 연변조선족자치주 연길시에 있는 연변과학기술대학에서 머물게 되었는데, 그곳에 한족들을 대상으로 한 한국어과가 신설되어 학과장을 맡기도 했다.

1년 동안 연길에서 지내면서 백두산을 비롯하여 몇 군데 구경을 다니기도 했고, 연변대학 조문학부 교수들을 비롯한 지역 인사들과 교분을 쌓기도 했다. 무엇보다도 조선족들의 삶의 모습을 생생하게 체험할 수 있는 시장을 자주 둘러보았다. 어느 날 신화서점에 들렀다가 설화집을 몇 권 샀는데 숙소에 와서 그것들을 읽던 중 〈해란강〉이라는 전설을 접하게 되었다. 이 전설은 우리나라의 〈지하국대적퇴치설화〉와 매우 유사하면서도 차이가 있어 여기에 흥미를 느끼고 「지하국대적퇴치설화와 해란강 설화의 비교연구」라는 첫 번째 논문을 쓰게 되었다. 그 후 1998년부터 2004년까지의 여름방학 기간에 5회에 걸쳐 연변과학기술대학 한국어과 학생들을 대상으로 5주 동안 여름학기 강의를 하러 다녔다. 이렇게 연변을 왕래하면서 나는 중국 조선족에 대한 관심과 애정을 더 갖게 되었고, 중국 조선족의 설화에 대한 관심을 가지면서 우리 설화들이 중국 조선족 설화에서 변이된 양상을 중심으로 몇 편의 논문을 더 쓰게 되었다.

이 책은 이렇게 씌어진 논문들을 부분적으로 수정하여 엮은 것이다. 제1부에서는 중국 조선족의 이주와 수난의 삶을 소개하고, 중국 조선족 설화의 수집과 연구동향을 살펴보았다. 제2부에는 기존의 논문들을 부분적으로 수정하여 실었으며, 제3부에는 논문을 쓰는 데 자료로 삼았던 설화들을 수록하여 독자들의 이해를 돕고자 하였다.

이 책은 학술적인 연구 이전에 중국 조선족에 대한 애정에서 출발하였다. 척박한 땅, 질고의 땅을 벗어나 새로운 삶을 찾아 나섰던 중국 조선족들의 간고한 삶이 설화 속에 어떻게 나타나 있는가를 살펴보고자 한 것이다. 국경을 넘어 만주땅으로 건너간 조선족들에게는 정착의식과 망향의식이라는 두 가지 의식이 있었다고 한다. 그래서 많은 설화 속에 온갖 어려움을 극복하고 안정된 삶을 살고자 하는 조선족들의 정착에 대한 의지가 반영되어 있다. 그러나 망향의식을 담고 있는 설화는 그리 많지 않다. 두고 온 고향에 대한 그리움이 모든 이주자들의 가슴 속에 사무쳤겠지만 눈앞에 닥친 현실 앞에서 치열하게 살아가야 하는 그들에게 망향의식은 겉으로 표현되기보다는 내면의 세계로 가라앉았는지도 모른다. 더구나 이주 1세대가 지니고 있던 망향의식은 2세대에게 실감 있게 전해지지 않았을 것이다. 이 책에서 망향의식을 반영한 설화에 대한 연구는 없지만 중국 조선족들의 망향의식이 어떤 것인가를 보여주기 위해 제3부의 설화자료에는 〈망향의 언덕〉이라는 설화 한 편을 맨 뒤에 수록하였다.

이 책의 제2편은 기존의 논문들을 부분적으로 수정하여 수록한 것이다. 이 논문들을 다시 살펴보니 미진한 대목도 많이 눈에 띄며, 일부 중복되는 부분도 있었다. 이 점 독자들의 양해를 바란다.

2015. 5. **강 봉 근**

이 책의 차례

제3부 자료

제1부
중국 조선족의 삶과 설화

제1장
중국 조선족의 이주와 수난의 삶

제2장
중국 조선족 설화의 수집과 연구

중국 조선족 설화 연구

제1장

중국 조선족의 이주와 수난의 삶

중국 조선족은 우리나라 사람이 중국으로 건너가 우리의 문화와 혈통을 지키면서 공동생활을 해온 사람들이라 할 수 있다. 이런 점에서 고대에 만주에서 살았던 고조선과 부여 그리고 고구려가 망하면서 중국땅에 살았던 遺民들은 조선족이라 할 수 없다.

그들은 국경을 건너간 사람들이 아닐 뿐만 아니라 일찍이 중국인들에 同化되어 우리 민족의 흔적을 찾아볼 수 없기 때문이다. 고려 후기에 접어들면서 잦은 원나라의 침략으로 많은 고려인들이 포로로 잡혀 갔고, 원나라와 和親한 후에도 수많은 고려인들이 만주땅으로 移住하여 14세기에 수십만에 달하는 고려인들이 만주의 요양과 심양 일대에 정착하여 살았다고 한다.[1] 이들은 국경을 넘어간 사람들이긴 하나 오랜 세월이 흘러감에 따라 민족 공동체를 형성하지 못하고 중

---

1) 안화춘, 「고대 조선인의 이주에 대하여」, 『문화산맥』, 흑룡강 조선민족출판사, 1997, 202쪽.

국인들에 동화되었기 때문에 조선족의 범주에 들지 않는다.

앞에서 언급한 조선족의 기준에 부합하는 중국 조선족은 조선시대에 와서 중국으로 건너가 우리의 문화와 혈통을 지키면서 살아온 사람들이다. 이들은 이주의 시기에 따라 그 삶의 양상이 다르게 나타난다. 이들 조선족들의 이주 시기를 그 시대적 상황을 중심으로 구분해 보면 明末·淸初 시기, 19세기 중엽부터 20세기 초까지의 시기, 日帝의 만주 진출 시기 그리고 중화인민공화국 건국 시기로 나누어 볼 수 있다. 이제 시기별로 중국 조선족의 이주 양상과 그들의 삶의 모습을 살펴보기로 한다.

1. 明末·淸初의 시기

역사상에 나타나 있는 肅愼, 挹婁, 勿吉, 靺鞨, 女眞 등은 만주족의 前身이거나 같은 계통의 종족이다. 우리들에게 주로 女眞이라 불리었던 만주족은 사냥과 고기잡이를 주된 생업으로 하는 퉁구스족의 일파다. 그 중의 일부는 12세기 華北으로 진출하여 金왕조를 세웠으나 만주에 잔류한 대부분은 점차 정착농업을 영위하였으며, 明朝 말기에는 海西, 建州, 野人의 3부로 나누어져 명나라의 간접통치를 받고 있었다. 명나라는 여진족의 여러 부족에 대하여 시종 분열정책을 취하였으나 조선의 임진왜란(1592~1598)을 전후하여 만주에 대한 명나라의 통제력이 이완된 틈을 타서 建州佐衛 首長 누르하치(努兒哈赤)가 여진의 여러 부족을 통일하고 1616년에 後金을 세워 興京에 도읍하였다. 이 사람이 淸의 太祖이다.

명나라는 이를 제압하려 했으나 1619년 사르후 전투에서 大敗하여 遼河강 동쪽을 잃었다. 이어 일어난 홍타이지(皇太極, 太宗)는 먼저 명과 조선의 연합을 막기 위하여 1627년과 1636년 두 번에 걸쳐 조선에 침입하였다. 또 내몽골로 진출하여 차하르 部를 정복하고 大元傳國의 새(璽)를 얻은 후 滿州, 蒙古, 漢의 세 민족의 군주를 자처하며 국호를 大淸이라 고쳤다. 太宗의 뒤를 이은 世祖는 1644년 北京에 진입하여 명나라를 완전히 정복하고 北京을 수도로 삼았다. 1616년에 後金으로 시작한 청나라는 1911년 辛亥革命으로 나라가 망하고 中華民國이 건국될 때까지 295년간 중국을 지배하였다.

위에서 언급한 것처럼 명나라와 청나라가 교체하는 시기에 우리는 우리의 의지와 상관없이 세 차례의 전쟁을 치러야 했고, 그 과정에서 많은 백성들이 전쟁포로로 붙잡혀 청나라로 건너가게 되었다.

1) 사르후 전투

1618년부터 後金은 그 세력을 남쪽으로 넓혀오기 시작했고, 동주, 무순 등 많은 성들을 점령했다. 이에 큰 위협을 느낀 명나라에서는 1619년 초에 후금을 토벌하기 위하여 십만 대군을 모은다. 이때 명나라에서는 조선에 원병을 요청했다. 당시 조선의 광해군은 쇠퇴해 가는 명나라와 날로 세력이 커지는 청나라의 사이에서 중립외교 내지는 실리외교를 펼친다. 임진왜란 때 원병을 보내 준 명나라의 요청을 거절할 명분이 없어 원병을 보내지만 당시 원병의 도원수인 姜弘立에게 형세를 보아 向背를 청하라는 密旨를 주었다고 한다. 명나라에 파견한 조선의 병력은 1만3천 명이었고, 형조참판 강홍립을 도원수로, 평안병사 김경서를 부원수로 삼았다.

드디어 1619년 3월 초에 요녕성 무순의 동쪽에 있는 蘇子河 유역에 있는 사르후(薩爾滸) 지역에서 전투가 벌어진다.[2] 이 전투에서 우리나라 원병 1만3천을 포함한 明軍 10만 명은 2만1천여 명에 불과한 후금의 군대에 대패했는데 이 전쟁은 시작부터 끝나는 날까지 불과 닷새밖에 걸리지 않았다. 후금의 일방적인 승리로 끝난 전쟁에서 명군 4만5천 명이 전사했고, 문무관리와 장수 300명이 죽었다. 이와 같은 명군의 대패는 명나라 장수들 간에 긴밀한 연락이 되지 않았고, 서로 공을 다투어 각개격파식 전투를 했기 때문이라고 한다. 결국 이 싸움은 중국대륙의 주인이 명나라에서 청나라로 바뀌는 결정적 계기가 되었다고 할 수 있다.

한편 우리나라에서 파견한 원병 1만3천 명 중 강홍립이 거느린 中營軍 5천 명은 이 싸움에서 고립된 상태로 적에게 포위되었고, 후금군은 조선군에게 항복을 권유했다. 이틀을 굶은 조선군은 후금군에게 항복을 했으며, 강홍립은 누르하치에게 어쩔 수 없이 전쟁에 참여하게 된 조선의 입장을 전했다고 한다. 사르후 전투에 참여한 조선군은 中營軍 5천 명 이외에 左右營軍 8천 명이 더 있다. 이들에 대한 구체적인 기록은 없으나 이들 중 상당수가 전사했거나 도망했을 것으로 여겨지며, 또 상당수는 포로가 되었을 것으로 여겨진다. 그래서 이 전투에서 포로가 된 조선군의 수는 적어도 1만 3,000명의 절반이 될 것이라는 견해가 있다.[3] 그리고 그들은 후금의 전리품이 되어 王

2) 이 전투를 우리식으로는 보통 사르후 전투라고 표기하는데 중국에서는 싸얼후大戰 또는 싸얼후戰役 등으로 칭한다.

公貴族이나 공을 세운 장수들에게 분배되어 그들의 家奴나 農奴가 되었다고 한다.[4)]

2) 정묘호란

사르후 전투에서 승리한 후금은 여세를 몰아 명군을 만주에서 완전히 몰아내고 1921년 심양을 수도로 삼았다. 한편 후금에게 항복한 강홍립은 1619년 4월 2일 親明派들의 압력으로 관직을 삭탈당했다. 또한 친명파들은 강홍립, 김경서 등 항복한 장수들의 가족까지 구금을 해야 한다고 요청했지만 광해군은 끝까지 그들을 감쌌다. 이처럼 광해군 재위시에도 친명파 신하들의 계속적인 저항이 있었지만 광해군의 중립 외교정책은 계속되어 후금과 조선의 관계에는 큰 문제가 없었다.

그러나 후금과의 외교정책에 대한 광해군과 친명파 신하들과의 갈등이 점점 깊어지는 가운데 광해군이 인목대비를 西宮에 유폐시킨 사건이 빌미가 되어 反正의 기운이 싹트기 시작하였고, 드디어 1623년 3월 仁祖反正이 일어난다. 명나라와의 의리를 내세우며 후금을 배척했던 西人들이 주도한 인조반정의 명분은 크게 두 가지였다. 하나는 광해군이 명과의 의리를 버리고 오랑캐인 후금과 외교를 했다는 것이요, 다른 하나는 인목대비를 서궁에 유폐시키고, 형제들과 조카들을 죽이는 패륜행위를 저질렀다는 것이다. 反正의 가장 큰 명분이

---

3) 박창욱, 「試論 朝鮮族 遷入及其歷史上限問題」, 『朝鮮族 研究論叢』 1, 연변대학출판사, 1987, 12쪽.

4) 위와 같음.

명나라와의 의리를 버리고 오랑캐인 후금과 관계를 맺었다는 것이기에 反正 이후 인조의 외교정책은 向明排金으로 바뀌었고, 이로 인하여 후금과 조선의 관계는 급속히 악화되었다.

또한 요동지방을 회복하려는 명나라 장수 毛文龍이 평안북도 철산의 假島에 주둔해 있었는데 조선에서 이를 은연 중에 원조하므로 명나라를 치기 위해 중국 본토에 진입하려는 후금은 조선을 정복하여 후환을 없앨 필요가 있었다. 그리고 후금은 명나라와의 전쟁으로 인하여 심한 물자 부족에 허덕이고 있었으므로 조선과의 交易이 절대적으로 필요하였다.

이러한 상황 속에서 인조반정에 가담했으나 공신 책봉에 불만을 품은 이괄이 1624년에 난을 일으켰는데 이 난이 실패로 돌아가자 여기에 동참했던 한명련의 아들 한윤과 한의 등이 후금으로 도망하였다. 이들은 후금에 투항하여 광해군의 폐위와 인조 즉위의 부당성을 호소하고 또 조선의 병력이 약하며, 명나라 모문룡의 군사가 오합지졸임을 말하여 조선을 칠 것을 종용하였다. 여기에다가 일찍부터 조선과의 화친을 반대하던 후금의 태종이 1926년 9월에 즉위하여 조선과 후금의 전쟁은 피할 수 없게 되었다.

1627년(丁卯年) 1월 14일 후금군 3만이 포로로 붙잡혔던 강홍립을 길잡이 삼아 광해군을 위하여 원수를 갚는다는 명분을 내세우고 조선으로 진군한다. 후금군의 일부는 가도의 모문룡을 치고, 주력부대 3만여 명은 의주와 평양을 거쳐 25일에 황해도 황주에 이르게 된다. 이에 조선에서는 소현세자가 전주로 피난가고, 임금과 신하들은 강화도로 피난하였다. 이처럼 위급한 상황 속에서 和·戰 양론이 분분하던 중 후금에서 講和의 의사를 표시했다. 후금으로서는 조선보다는 명나라를 치는 것이 주목적이었기 때문에 주력부대를 조선에 오래 머물게 할 수 없었으며, 또 각지에서 의병이 일어나 후금군의 배후를 공격하는 것도 큰 부담이 되었던 것이다. 이때 강화도에서도 主和論이 채택되어 3월 3일에 후금과 조선 사이에 和約이 체결되었다.

和約의 주된 내용은 첫째, 후금과 조선은 형제의 盟約을 맺을 것, 둘째, 和約이 성립되면 후금은 군대를 철수하며, 양국 군대는 서로 압록강을 넘지 않을 것, 셋째, 조선은 후금과 講和를 하여도 명을 배반하지 않는다는 것 등이었다. 이 和約은 패전국인 조선으로서는 최소한의 부담이었으며, 후금으로서도 所期의 목적을 어느 정도 달성할 수 있는 것이었다.

그러나 후금은 전승국으로서의 우월한 입장에서 江北撤兵의 약속을 어기고 의주에 金兵 1천 명, 몽고병 2천 명을 주둔시켰으며, 진강에 金兵 3백 명, 몽고병 1천 명을 주둔시켜 모문룡이 이끄는 명군을 막게 하였다. 또한 中江開市의 교섭을 하여 이곳에 시장을 열고 많은 물자를 얻을 수 있게 되었다.

또한 철군하던 후금군은 도처에서 살인과 약탈을 자행하였으며 수많은 조선백성들을 포로로 잡아갔다. 평양만 해도 포로된 남녀가 2,193명이었고, 그 밖에 江東, 三登, 順安, 感從 등 여러 읍에서 포로로 잡혀간 자를 합하면 모두 4,986명이 된다고 한다.[5] 그러나 이것은 확인된 통계숫자일 뿐이고 실제로는 이보다 훨씬 많은 조선인들이 후금군에게 붙잡혀 갔을 것으로 추정된다. 그리고 이들 역시 그들의

5) 인조실록, 卷二, 五年 五月 辛巳.

戰利品이 되어 王公貴族이나 공을 세운 장수들에게 분배되어 그들의 家奴나 農奴가 되었을 것으로 여겨진다.

3) 병자호란

정묘호란 때에 후금과 조선이 맺은 和約은 두 나라가 대체로 만족한 것이었다. 후금은 조선과 형제의 맹약을 맺고, 조선이 명나라를 위해 청을 공격하지 못하도록 했으며, 조선에 시장을 열어 물자를 확보하는 실리를 얻었다. 패전국인 조선도 임진왜란 때 구원병을 보내준 명나라를 배반하지 않고 의리를 지킬 수 있게 된 것을 큰 다행으로 여겼다.

그러나 이 和約으로 인한 양국간의 평화는 오래 지속될 수 없었다. 명나라에 대한 慕華思想에 젖어 있는 조선의 지배계층은 오랑캐인 후금과 형제관계를 맺은 것을 굴욕으로 여겼기 때문에 후금에 대한 적대감을 버리지 못했고, 이를 알고 있는 후금은 조선을 믿을 수 없었다. 더구나 가도에서 요동의 회복을 노리는 명나라 장수 毛文龍의 세력을 완전히 제거하지 못한 상태에서 후금은 불안감을 떨쳐버릴 수 없었다.

이러한 상황 속에서 후금은 더욱 팽창된 세력으로 조선에게 강압적인 태도를 강화하였다. 명나라를 치는 데 필요한 軍을 강요하기도 하고, 兵船을 요구하기도 하였다. 1632년(인조 10년)에는 형제관계를 고쳐 君臣의 관계를 맺고 歲幣를 증액할 것을 요구하였다. 이러한 후금의 강압적 정책은 조선의 排金意識을 한층 더 고조시켰다.

후금의 太宗은 내몽고를 평정한 뒤 황제의 尊號를 사용하기 위해 1636년 2월 후금의 龍骨大·馬太夫 등을 조선에 보내 여러 패륵(貝勒-만주·몽고의 부족장)이 태종에게 올린 존호의 글을 보이면서 조선도 이같이 할 것을 요구하였다. 그러나 排金의 감정이 고조되어 있던 조선의 조정은 후금의 사신을 만나지도 않고, 國書도 받지 않았다. 물론 조정에는 최명길 같은 主和論者도 있었지만 대세는 斥和宣戰으로 기울어졌으며, 드디어 8도에 宣戰教書를 내려 방비를 굳게 하는 등 후금에 대한 敵意를 보였다.

이 해 4월 황제의 칭호와 함께 국호를 大淸이라 고친 태종은 조선의 이러한 도전적 태도를 응징하기 위한 원정군을 조직하여 침략을 준비하였다. 그리고 12월 2일 청 태종은 10만 대군을 이끌고 심양을 출발하여 12월 9일 압록강을 넘어 조선을 침입하였다. 이때 의주부윤 임경업이 백마산성을 굳게 방비하고 있었으나 청군은 이 길을 피하여 한양으로 직행하니 심양을 떠난 지 10여 일 만에 한양 근교에 도착하였다. 조선 조정에서는 왕족의 일부를 강화도로 보내고, 왕이 미처 뒤따르기도 전에 적군에게 길이 막혀 부득이 남한산성으로 피신하였다. 청군은 곧 남한산성을 포위했고, 조선 조정은 완전히 고립된 가운데 1만2천여 명의 군대가 성을 지켰는데 성내에는 불과 50일 분의 식량밖에 없었다. 남한산성에서 인조는 명나라에 사신을 보내어 원군을 청하고, 8도에 격문을 보냈다. 그러나 명나라의 원군은 오지 않았으며, 국내의 각지에서 오던 원병도 모두 청군에게 패했다.

남한산성에 고립되어 있던 조선 조정에서는 斥和論과 主和論이 대립되다가 결국은 최명길이 중심이 된 주화론이 채택되고, 청 태종과 교섭하여 1월 30일 청군이 三田渡(송파)에 설치한 受降壇에서 인조가 청 태종에게 三拜九叩頭(세 번 절하고 아홉 번 머리를 조아리는 것)의 예를 행하는 치욕적인 항복을 했다.

조선이 청나라에 항복을 하면서 조선과 청나라는 11개 조항에 이르는 和約을 체결하였다. 그 주된 내용은 조선은 청에 대하여 신하의 예를 행하고, 명나라와의 모든 관계를 단절함과 동시에 명나라에 대하여 행하던 예를 청나라에게 행할 것이며, 매년 황금 100냥, 백은 1,000냥을 비롯한 20여 종의 물품을 歲幣로 바치는 것이었다. 그리고 조선왕의 長子와 次子 그리고 대신의 아들을 인질로 보내고, 청이 명을 정벌할 때는 원병을 보내며, 조선에서 성곽을 증축하거나 수리할 때는 사전에 허가를 받도록 한 것이었다. 여기에 청나라로 붙잡아 간 포로가 조선으로 도망쳐 왔을 때는 다시 청나라로 보내야 한다는 내용도 있었다.

병자호란 이후 조선은 명과의 관계가 단절되고 청에 服屬하게 되었다. 소현세자와 봉림대군이 인질로 갔고, 척화파 강경론자인 홍익한・윤집・오달제가 잡혀가 참형을 당했으며, 1639년에는 청의 강요에 의하여 삼전도에 清太宗頌德碑를 세웠다. 그러나 이러한 국가적 치욕보다 더 심각한 문제는 무려 50만 명의 남녀 백성들이 청나라에 포로로 잡혀갔다는 점이다.[6] 후에 일부 포로들이 贖錢을 내고 조선으로 귀환하는 경우가 있었지만 그것은 부유층이나 양반들에게 주로 해당되는 것이어서 전체 포로 수에 비해서 그 수가 많지 않을 것으로

---

6) 강만길, 『한국근대사』, 창작과 비평사, 1984, 59쪽.
병자호란 때 청나라에 잡혀간 포로의 숫자에 대해서 50만에서 60만 명, 또는 60만 명 이상이라고 말하기도 한다.

생각된다. 그리고 이처럼 戰利品으로 붙잡혀 간 수많은 포로들은 앞에서 언급한 사르후 전투나 정묘호란의 포로처럼 王公貴族이나 전쟁에서 공을 세운 장수들의 가정노예 또는 農奴가 되어 살았을 것이다.

4) 難民과 도망자

명말·청초 시기에 조선에서 중국으로 건너간 사람들은 위에서 언급한 전쟁포로와 조선 땅에 살 수 없어 중국으로 건너간 난민 또는 도망자로 나누어진다.[7] 전쟁포로에 대해서는 위에서 언급했고, 여기에서는 난민과 도망자들에 대해서 살펴보고자 한다. 난민은 조선땅에서 먹고 살기 힘들어 중국땅으로 건너간 생계형 移住者이고, 도망자는 조선에서 죄를 짓고, 국경을 넘은 범죄형 移住者라고 할 수 있다.

임진왜란과 병자호란을 겪으면서 조선은 전 국토가 황폐해졌고, 거기에다 자연재해까지 겹쳐 백성들의 생활은 말이 아니었다. 전쟁 후의 피해 복구를 위한 가혹한 세금이 백성들을 힘들게 했는데 탐관오리의 수탈까지 겹쳐 流浪하는 백성들이 늘어나게 되었다. 이러한 때에 중국 요동지구는 후금과 명나라의 계속되는 전쟁으로 인하여 많은 漢人들이 땅을 버리고 떠남에 따라 인구가 크게 감소하고, 농토는 대부분 황무지로 변하였다. 농사지을 땅이 없어 유랑하던 조선농민들에게 광활하고 비옥한 요동의 땅은 樂土로 여겨졌으며, 이로 인하여 조선백성들이 국경을 넘는 일이 자주 발생하였다. 여기에 대하여 조선과 청의 양국 정부가 빈번히 교섭을 했지만 이를 막지는 못했다.[8]

---

7) 권립, 「력사상에서 중국조선족의 법적 지위」, 『조선학 연구』 제2권, 연변대학출판사, 1989, 267쪽.

李民寏의 『建州聞見錄』에 "京城 양반 출신 鄭氏는 기축년 정여립 獄事 때 이곳으로 도망해 와서 外村部落에 살면서 네 아들을 낳았는데 모두 軍兵이 되었으며, 會寧人 金凡 등 2명이 도적질을 하다가 여기에 와 살았다.[9]"는 기록이 있다. 己丑獄事는 1589년 西人이 東人의 세력을 몰아내기 위해 일으킨 鄭汝立 모반사건을 말한다. 이 사건이 있은 후 3년 동안 정여립과 친분이 있거나 東人이라는 이유로 처형된 자가 1,000여 명에 이른다고 한다. 己丑年에 鄭氏 성을 가진 사람이 중국으로 도망갔다면 그는 정여립의 집안 사람으로 죽음을 피해 중국으로 건너간 사람일 것이다. 도적질하던 金凡 등도 조선에서는 살 수 없는 죄인이기에 중국으로 건너간 것으로 볼 수 있다.

『滿卅實錄』에는 天命 十年(1625년) 正月에 조선의 韓閏・韓義 형제가 투항했다는 기록이 있다.[10] 한윤 형제는 이괄의 난에 가담했던 한명련의 아들이다. 인조반정 후 공신 책봉과 인사에 불만을 품은 이괄이 1624년에 난을 일으켰는데 여기에 한명련이 가담을 했다. 이괄과 함께 한명련이 죽고, 난이 실패로 돌아가자 두 아들은 목숨을 구하기 위해 후금에 투항했고, 조선에 대한 복수심으로 정묘호란을 일으키도록 부추겼다. 이들 형제는 후금의 누르하치에게 후한 대접을 받았고, 후금의 여인과 결혼을 했으며, 후금이 명을 토벌하는 전쟁에서 공을 세워 관직도 받은 것으로 알려져 있다.

---

8) 강용범, 「요녕성 개현 진둔향 박가구촌 조선족의 사회 역사 조사」, 「조선족 연구논총」 1, 연변대학출판사, 1987.

9) 위와 같음(再引用).

10) 위와 같음.

난민으로 중국에 건너간 사람들은 모두 不法 越境者들이기에 아무런 법적 보장을 받을 수 없다. 그들 중 발각된 자는 체포되어 전쟁포로들처럼 노예가 되었을 것이다. 다행히 발각되지 않고 숨어 살았다 하더라도 조선인의 신분을 감추고 지내면서 자연스럽게 만주족에 동화되었을 것으로 보인다. 도망자 역시 조선에서는 용납될 수 없는 사람들이기에 중국 땅에서 신분을 감추고 살거나 한윤 형제처럼 만주족에 동화되어 살 길을 모색한 것으로 보인다.

5) 남은 사람들

明末・淸初에 중국으로 건너간 조선 사람들은 위에서 살펴보았듯이 대부분 전쟁포로였고, 일부는 생계형 이주자나 범죄형 이주자였다. 이들은 자신들의 의지에 따라 집단으로 모여 살거나 살 곳을 선택할 수 없는 처지였으며, 대부분 家奴나 農奴의 신분으로 王公貴族의 莊園이나 八旗軍에 편입되어 분산 거주하게 됨에 따라 민족적 특징을 유지 발전시킬 수 있는 토대를 상실하고 말았다. 그 결과 이들은 모두 滿族과 漢族의 문화권에 포위되어 조선민족공동체를 형성하지 못하고 타민족과 융합 발전의 역사과정을 거쳐 종적을 감추었다.[11] 그런데 이들 가운데 수백 년 동안 조선민족임을 잊지 않고 살다가 최근에 조선족 族籍을 회복한 사람들이 있다.

1980년 중국 國務院 公安部 國家民族事務委員會에서 "민족 성분을 회복하거나 고치는 문제의 처리 원칙에 관한 통지"라는 공문을 전국에 내려 보냈다. 그 공문을 보고 세 지역의 朴氏들이 조선족으로

11) 안화춘, 앞의 논문, 205쪽.

족적을 바꾸어 줄 것을 요청하였고, 1982년에 중국정부는 그들의 본래 족적인 조선족을 회복시켜 주었다.[12] 민족적인 차별이나 압박을 피해 滿族이나 漢族으로 族籍을 바꾸어 살아왔지만 끝까지 자신들이 조선족임을 잊지 않고 있다가 세상이 바뀌자 강렬한 의지로 族籍을 회복한 것이다. 이 해에 族籍을 회복한 박씨들은 河北省 青龍縣 以八道河子鄉 塔溝村과 大丈子鄉 孟家窩舖村이 중심이 된 350여 명, 요녕성 盖縣 陳屯鄉 朴家溝村 277명, 요녕성 本溪縣 山城子鄉 朴堡村·久才峪村·化皮村 등에 사는 1,234명이다.[13]

이때까지 중국 조선족의 역사는 19세기 후기에 접어들면서 이주한 사람들을 기점으로 논의되어 왔다. 그러나 위의 세 지역의 박씨들이 조선족 족적을 회복하고, 이들이 학계의 주목을 받게 되면서 조선족 역사에 대한 새로운 논의가 시작되었다. 연변대학의 박창욱 교수는 중국에 있는 조선족을 논할 때 국경을 넘어온 사람들로, 일정한 장소에 모여 살면서 민족공동체를 형성하고, 같은 혈통과 민족의 속성을 이어온 사람들이어야 한다는 세 가지 조건을 제시하고, 이 세 가지 조건에 비추어 볼 때 중국 조선족의 遷入 및 歷史 上限은 마땅

---

12) 박창욱, 앞의 논문, 10쪽.

13) 위의 논문, 9쪽.

이 세 지역의 조선족들이 족적을 회복하자 북경 중앙민족대학 황유복 교수가 하북성 청룡현을 답사하여 그들이 1619년 싸르후 전투에 참가했던 조선 군인의 후예임을 밝혀내고, 1984년 11월 뉴욕에서 열린 제1회 세계 조선민족대회에서 발표했다.

그 후 연변대학 박창욱 교수도 1986년 대학원생 4명과 함께 세 지역을 답사하여 이들이 모두 명말·청초 시기에 이주한 조선인의 후손임을 밝혀내고, 이를 1987년 12월에 연변대학출판사에서 발행된『조선족연구논총』제1권에 발표했다.

히 명말·청초, 즉 17세기 초로 보아야 한다고 주장하고 있다.[14)]

우리나라와 중국의 국경은 오랜 세월을 거치는 동안 많은 변화가 있었다. 그러다가 고려 후기(중국의 명조 초기)에 관습적으로 압록강과 두만강이 경계가 되었는데 이때에도 실제로는 두만강 이남 지역에서 여진족과 조선사람들이 섞여 살았다. 조선 초기(명조 중기)에 이르러 조선은 함경북도 지역의 두만강 南岸에 行城을 구축하고 六鎭을 설치하여 변방을 지켰다. 1627년 정묘호란 때 후금과 조선이 맺은 강화조약에는 양국의 경계를 두만강과 압록강으로 한다는 것이 명시되어 이후 국경에 대한 논란은 없었다. 따라서 1982년에 조선족 족적을 회복한 박씨들은 중국과 조선의 국경이 확정된 후에 국경을 넘어간 사람들이다. 또한 이들은 지금까지 일정한 지역에 집단적으로 모여 살고 있으며, 朴氏라는 혈통을 유지하며 조선의 풍속을 간직하고 있다.[15)]

명말·청초 시기에 포로로 붙잡혀 가 만족이나 한족에 완전히 同化되지 않고 근래에 족적을 회복한 朴氏들은 위에서 살펴본 바와 같이 조선족의 범주에 포함되어야 한다. 그러나 현재 이들은 우리의 말과 글을 잃어버렸고[16)], 많은 풍속이나 습관이 漢族化되는 추세다.

---

14) 위의 논문, 7~8쪽.

15) 요녕성 개현 진둔향 박가구촌의 예를 보면, 그들은 조상들이 그 땅에 정착하게 된 유래를 담은 전설을 가지고 있으며, 선조들의 역사를 이해할 수 있는 돌비석과 족보를 가지고 있다. 그리고 세배, 時祭, 同姓不婚 등의 풍속도 지켜오고 있다.(강용범, 앞의 논문 참조)

16) 박가구촌의 박씨들은 현재 漢語를 사용하고 있으며, 우리말을 모른다. 그러나 이 마을 노인의 증언에 의하면 民國 초기(中華民國이 건국된 1912년 이후)에는 조선말을 할 줄 아는 사람이 있어서 외지에 있는

새로 족적을 회복한 이들이 세계화 시대를 맞이하여 어떻게 조선족의 正體性을 회복해 나갈지 지켜볼 일이다.

2. 19세기 중엽 ~ 20세기 초

앞에서 언급한 명말・청초 이주민들의 후손이 조선족 족적을 회복하기 전까지는 중국 조선족 역사의 기점을 19세기 중엽으로 보는 것이 일반적인 견해였다. 그리고 실제로 오늘날 대부분의 중국 조선족은 19세기 중엽 이후 중국으로 이주한 조선 사람들의 후손이다. 명말・청초 이주한 조선 사람들과 19세기 중엽 이후에 이주한 조선 사람들과의 시간적 간격은 150년 정도로 볼 수 있다. 그렇다면 중국 조선족의 역사를 재정립할 때 이 150년의 시간적 간격을 어떻게 극복해야 하는가가 하나의 과제라 할 수 있다.

19세기 중엽 이후 이주한 조선족은 조선과 청나라의 양국관계 속에서 이주가 시작되었다. 그러나 1907년 일본이 만주에 조선통감부 간도출장소를 설치하면서부터 만주의 조선족은 청나라와 일본 그리고 조선이라는 삼국관계 속에서 보다 더 가혹한 수난의 삶을 살아야 했다. 그래서 19세기 중엽 이후 1907년 이전까지의 조선족의 이주와 삶의 양상은 1907년부터 1945년까지의 시기와는 차이가 있다. 여기서는 먼저 19세기 중엽 이후부터 20세기 초, 즉

조선족들과 조선말을 사용하여 상업을 했다고 하니 100여 년 전까지는 우리말이 존속되어 왔다는 것을 알 수 있다.(강용범, 앞의 논문, 31~32쪽.)

1907년 이전까지 조선족의 이주와 삶의 양상에 대해서 살펴보기로 한다.

1) 封禁令과 不法移住

1644년 북경에 진입한 청나라는 명나라를 완전히 정복하고 북경을 수도로 삼았다. 이 때 청나라 주력군은 다 중앙으로 이동하고 만주지역에는 소수의 군대만 남았으며, 청나라 백성인 만주족도 대부분 중앙으로 이동하여 드넓은 만주지역에 남은 자들은 소수에 불과했다. 이러한 상황에서 청나라 조정은 왕조의 발상지를 보호한다는 명분으로 1677년에 압록강과 두만강 이북 500리의 장백산 지구를 포괄한 지역을 封禁區로 정하고 다른 민족이 들어와 사는 것을 엄금하였다. 압록강 右岸은 이른 바 長柵圍場을 설치하고, 1년에 세 번씩 개방하여 조선의 금, 인삼, 모피와 중국의 한약재, 방직품의 교류를 허용했을 뿐이었다.[17] 청나라와 조선은 다 같이 이 국경지역에 군대를 파견하여 감시를 하였으며, 강을 넘어간 자가 붙잡히면 도로 쫓아내거나 심지어는 처형을 하기도 했는데 이러한 封禁令은 200여 년 동안 계속되었다.

삼엄한 경계를 뚫고 드넓은 만주땅에 먼저 숨어 들어온 사람들은 山東 등지에서 온 가난한 漢族들이었다. 이어서 가난한 조선족들이 이주하기 시작했다. 처음에는 봄에 越江하여 농사를 짓고, 가을에 수확한 곡식을 지고 돌아와 식구들을 먹여 살렸다. 그러다가 가난을

---

17) 심혜숙, 「조선족 이주시기 및 그 분포특점」, 『문화산맥』, 흑룡강조선민족출판사, 1997, 181쪽.

견디다 못한 조선 사람들이 하나씩 둘씩 만주땅으로 건너가 숨어 살기 시작했다. 조선 사람들이 만주로 건너간 시기는 압록강 유역이 두만강 유역보다 15~20년 더 빨랐다. 1831년 중국 림강 부근 모아산 북방지구에 두 사람이 들어갔고, 1845년에 수십 명의 조선인들이 림강현에 들어갔으며, 1849년에도 충청도에서 이주해 간 사람이 있었다. 한편 두만강 左岸에서 조선인들이 처음 이주한 곳은 해란강 지류인 六道河 상류였다. 당시 이 지역에 세운 조선족 마을이 도합 23개였다. 이처럼 초기에 중국으로 이주한 조선인들은 비옥한 평야지역을 피하여 깊숙한 산골로 숨어들었다. 청나라 관리들이나 국경순라대에게 발견될 경우 쫓겨나거나 가혹한 형벌을 받기 때문이었다.[18)]

1869년 우리나라의 북부지역에 일찍이 없었던 큰 가뭄이 발생하였다. 평소에도 살기 어려웠던 가난한 농민들은 草根木皮로 연명을 하려 했지만 그것도 여의치 않았다. 굶주림을 견디다 못한 가난한 농민들은 압록강과 두만강을 건너 만주로 향했다. 죽음을 무릅쓰고 강을 건너는 이들의 행렬을 청나라에서도, 조선에서도 막을 수 없었다. 이 때 만주로 건너간 조선 사람들은 수천에서 수만 명에 이를 것으로 추산된다. 그래서 중국 조선족들은 이때의 일을 "己巳年의 大遷入"[19)] 이라고 한다.

2) 封禁令 해제 이후의 移住

己巳年의 大遷入 이후 만주지역으로 이주해 오는 조선족과 한족

---

18) 위의 논문, 181~182쪽.

19) 현용순 외, 『조선족 백년사화』 제1집, 료녕출판사, 1982, 14쪽.

을 통제하기는 사실상 불가능해졌다. 거기에다가 북쪽에 위치한 러시아의 위협도 만만치 않았다. 청나라 정부는 러시아의 침략 위험에 대처하기 위해 조선과 산동성 등지에서 오는 농민들을 끌어들여 황무지를 개간하고 군량을 해결해야 했다. 이러한 중요성 때문에 1875년 봉천(지금의 심양)지역의 封禁令이 해제됨으로써 200년 동안 유지되어온 封禁令이 압록강 연안에서부터 해제되기 시작했다. 1883년 조선에서도 서북경략사 어윤중이 6진을 시찰할 때 越江封禁令을 사실상 폐지시켰다. 이로 인하여 조선 사람들이 합법적으로 만주로 건너가 황무지를 개간할 수 있게 되었고, 이주자의 수도 날이 갈수록 늘어났다.[20] 그러나 청나라 정부가 압록강 연안에 이주한 조선인들의 居住權을 인정했을 뿐 入籍權과 土地所有權, 그리고 家屋所有權을 허락하지 않음으로써 그들의 사회적 지위는 취약할 수밖에 없었다.

러시아와 인접한 두만강 북부는 사정이 달랐다. 이 지역은 러시아와 일본이 노리는 지역이었기에 청나라 정부는 이 지역의 국방 재정을 확보하는 일이 시급했다. 더구나 이 지역은 중앙과 거리가 멀고, 교통이 불편하여 한족을 이주시키기도 어려웠다. 그런데 이미 상당수의 조선인들이 토지를 개간하여 살고 있었다. 1881년 길림성에서는 두만강 北岸에 대한 封禁令을 해제하기에 이른다. 그리고 압록강 연안 지역과는 달리 이 지역의 조선인들은 歸化入籍權을 가지게 되었고, 入籍者는 토지소유권을 가지게 되었다. 入籍하지 않은 조선인도 이미 입적한 사람의 이름으로 토지를 살 수 있었다. 특히 1885년 청나라 정부는 두만강 이북의 너비 40~50리 지구를 조선족 전용 개간

20) 심혜숙, 앞의 논문, 183쪽.

구역으로 정함으로써 조선인들의 집단 거주와 입적에 유리한 조건을 만들어 주기도 하였다.

청나라 정부가 압록강 연안과는 달리 두만강 연안에서 조선족에 유리한 특별한 정책을 실시했다고 하지만 조선족이 한족이나 만족과 동등한 법적 지위를 얻은 것은 아니다.[21] 조선족이 입적하는데 있어서 선결 조건은 雉髮易服, 즉 상투를 자르고 청나라 의복으로 바꾸어 입는 것이었다. 1897년의 통계에 따르면 머리를 깎고 옷을 바꾸어 입은 사람은 1%에 지나지 않았다. 그러므로 입적한 조선족은 극소수였다. 입적한 조선족이라도 토지 소유의 내용에 차이가 있어 언제든지 토지를 빼앗길 가능성이 있었다. 그러나 조선족이 이 지역에서 入籍權과 토지소유권을 가질 수 있게 된 것은 조선족이 중국에서 합법적 권리를 얻기 시작한 발단이 되었다는 점에서 의미가 있고, 이 지역으로 조선 사람들의 移住가 늘어나 조선족 集居區가 되는 계기가 되었다.[22]

1900년 러시아가 연변을 강점하자 연변의 관원과 군경은 길림으로 도망갔다. 이 기회에 조선정부에서는 조선 이주민을 보호한다는 명분으로 이윤범을 간도[23]관리사로 임명하여 조선인 이민사업을 추진시켰다.[24]

1875년 封禁令이 해제되기 시작한 때부터 1907년 龍井에 〈대일

21) 권립, 앞의 논문, 268~269쪽.

22) 위의 논문, 269~270쪽.

23) 간도는 현재의 연변조선족자치주에서 돈화현이 제외된 지역이다. 돈화현은 길림시 관할 하에 있다가 1958년에 연변조선족자치주에 귀속되었다.

24) 심혜숙, 앞의 논문, 183쪽.

본통감부 간도파출소〉가 설치되기 이전의 시기는 청나라와 조선과의 관계 속에서 가난한 조선 백성들이 광활한 만주땅으로 건너가 온갖 고난을 무릅쓰고 황무지를 개척한 개척이주의 시기였다. 이 시기에 수많은 조선 사람이 만주로 건너갔는데 통계마다 다소 차이가 있지만 1903년에 압록강 유역에 거주한 조선족의 수는 45,593명이며, 1907년 간도지역의 조선족 수는 71,000명에 달했다고 한다.[25] 다른 통계에 의하면 1910년에 만주에 거주하는 조선족은 약 20만 명이며, 그 가운데 간도에 거주하는 조선족이 약 15만 명이었다고 하니[26] 30여 년의 기간에 엄청난 수의 조선 사람들이 만주로 건너가 조선족으로 살았음을 알 수 있다.

3) 벼농사의 시작

중국 조선족의 이주사에서 아주 의미 있는 일로 평가되는 것이 벼농사의 시작이다. 만주지역은 남쪽 지역에 비하여 기온이 낮기 때문에 벼농사를 짓지 않고, 수수, 콩, 조 같은 밭농사를 중심으로 살아왔다. 그런데 조선 농민들이 이주해 오면서 만주땅에 비로소 벼농사가 시작되었다. 벼농사는 이 지역 주민들의 삶의 질을 향상시켜 줌과 동시에 대내외적으로 이 지역의 가치와 중요성을 상승시켜 주는 효과가 있었다.

만주에서 처음으로 벼농사가 시작된 곳은 吉林省 통화현 상전자

25) 위의 논문, 183~184쪽.

26) 한상복・권태환, 『중국 연변의 조선족-사회의 구조와 변화-』, 서울대학교 출판부, 1993, 26쪽.

(上田子)이다. 1870년 金氏라는 조선 농민이 이곳으로 이주해 왔는데 그는 이곳은 날씨도 차고, 물도 차니 남쪽 지역이나 조선처럼 논농사를 지을 수 없다고 판단하여 밭농사를 짓고 살았다. 그러나 그는 논농사에 관심을 가지고 여러 해 동안 그 지역 일대의 기후와 수온의 변화 등을 세밀히 관찰한 결과 이곳에서도 벼농사를 지을 수 있겠다는 생각이 들었다. 그는 조선에 가서 볍씨 몇 근을 가져와 햇빛이 잘 드는 곳에서 시험 삼아 벼 재배를 시작했는데 기대 이상으로 벼가 잘 여물어 벼농사에 성공을 했다.

김씨가 벼농사에 성공했다는 소식은 삽시간에 주변 조선족 농민들에게 전해졌다. 그리하여 통화현에 인접한 홍경현, 류하현, 환인현 등 각지에서 벼농사를 대대적으로 시작하였고, 나중에는 북만주와 내몽골 일대까지 조선족 농민들이 들어가 벼농사를 개척하였다. 류하현에는 1883년 金華龍씨 등 수 명의 조선족 농민이 통화현으로부터 이주해 와 논농사를 시작했는데 그 후 1921년까지 이 지역에서는 2,000여 호의 조선족이 살면서 3,500정보의 논농사를 지었다. 집안현에서도 1895년 八王朝村에서 조선족 농민들에 의해서 벼농사가 시작되었다.

연변 일대의 벼농사는 조선족이 이곳에 이주해 온 시기보다 훨씬 늦게 시작되었다. 1900년경 우리나라의 남부에서 이주해 간 농민들이 처음으로 용정 부근 大佛洞에서 벼농사를 성공시키자 연변 각지의 조선족 농민들은 해란강, 부르하통하, 가야하, 훈춘강의 풍부한 수자원을 이용하여 벼농사를 지었다. 1921년에 이르러 이 지역에서는 6,400정보의 논농사를 지어 14만 6,000석의 벼를 생산하였다고 한다.

다음으로 논농사가 시작된 곳은 남만주의 안동(지금의 단동), 심양, 무순 등지이다. 심양지역의 논농사는 1906년 평안북도 벽동군의 金時禎이라는 사람이 처음으로 왔고, 그 뒤를 이어 조선의 평안남북도, 경상남북도의 농민들이 이주해 가서 대대적으로 논을 개간하였는데 1923년경에는 이 지역에서 5,000여 정보의 논을 개간하여 해마다 15만 석의 벼를 수확하였다.

조선족에 의하여 시작된 벼농사는 만주 전역으로 퍼져 나갔다. 벼농사는 수확량이 많고, 쌀밥이 맛이 있기 때문에 다른 잡곡에 비해 수익이 많았다. 거기에다 밭농사를 지을 수 없어 묵혀둔 습지나 움푹 꺼진 땅도 개간하여 논을 만들 수 있는 장점이 있었다. 만주에 논농사가 시작되면서 많은 조선 사람들이 만주로 이주하였고, 한족들도 조선족에게 논농사를 배워 벼를 재배하였다. 이렇게 급속도로 발전한 만주의 벼농사는 1921년경에 총면적 73만 3,700여 무에 달했고, 총 수확량은 123만 4,000여 섬이나 되었다. 그리고 1930년에 이르러 만주의 논 면적은 900여 만 무로 확대되었으며, 벼의 수확량도 1,300만 섬에 달했다. 그런데 이렇게 많은 벼 수확량의 91%는 조선족 농민들이 생산하였다.[27)]

4) 占山戸와 官府

가난을 피하여 국경을 넘은 조선족들은 온갖 고난을 무릅쓰고 땅을 개간하여 농사를 지었으며, 만주땅에 벼농사를 개척하는 큰 공을 세우기도 하였다. 그러나 조선족의 수고와 노력의 열매가 그대로

---

27) 현용순 외, 앞의 책, 51쪽에서 60쪽까지 내용을 요약 정리하였음.

조선족에게 돌아오지는 않았다. 만주는 조선이 아닌 청나라 땅이었기에 그곳에서 조선족들은 청나라 정부로부터 보호받을 수도 없었고, 억울한 일을 당해도 하소연할 데가 없었다. 그래서 그들은 온갖 수탈을 견디며 艱苦한 삶을 살 수밖에 없었다.

조선족들이 온갖 난관을 극복하며 피나는 노력으로 땅을 개간하여 점차 안정을 찾아 갈 무렵 占山戶라는 특수한 지주계급이 등장하여 조선족들을 수탈하기 시작했다. 그들은 부패한 청조 관부와 짜고 토지 조사를 한다는 구실로 드넓은 황무지를 헐값으로 얻었거나 무상으로 차지하였다. 뿐만 아니라 재정난에 봉착한 청조의 지방관부에서는 부정축재에 눈이 멀어 관부에 속했던 땅들을 占山戶에게 헐값으로 팔아 넘김으로써 그들은 더 많은 토지를 소유하게 되었다. 그들이 차지한 땅 가운데는 조선족 농민들이 피땀을 흘려 개간한 땅도 있었다. 그러나 점산호들에게 피땀흘려 개간한 땅을 약탈당한 조선족 농민들은 하소연할 곳이 없었다.

점산호들이 생긴 후부터 농민들이 황무지를 개간하려면 먼저 그들과 계약을 맺어야 했다. 일반적으로 첫해에는 10%의 소작료를 물었고, 이듬해에는 20%의 소작료를 물었으며, 그 다음해에는 30%를 물었다. 그리고 개간한 지 3년이 지나면 완전히 점산호의 땅이 되어 농민들은 점산호가 정한 대로 소작료를 바쳐야 했다.[28]

점산호들은 청조 통치자들의 앞잡이가 되어 조선족과 한족에게 稚髮易服을 실시하도록 했으며, 불복하는 자들에게는 소작권을 박탈하거나 내쫓기도 하였다. 조선족 농민들을 애써 가꾼 땅을 빼앗기고

28) 위의 책, 30쪽.

점산호의 소작인으로 전락했거나 머슴으로 살아가면서 그들의 착취 속에서 비참한 삶을 살아야만 했다.

만주로 들어오는 이주민이 늘어나면서 소작인들의 수가 증가하자 占山戶들은 더욱 욕심을 부려 소작료를 올렸다. 소작료는 소작인이 수확의 50%를 차지하는 병작으로부터 시작하여 소작인이 4할을 차지하고 지주가 6할을 차지하는 4・6제로 했다가 3・7제로 올라갔으며, 나중에는 2・8제까지 올라갔다. 高利貸는 매달 이자가 60% 이상으로 올라갔다. 봄에 강냉이 한 말을 꾸어가면 가을에 일곱 말 닷 되를 갚아야 했다.[29]

조선족 농민들은 맨손으로 땅을 개척했으나 점산호들에게 빼앗겼으며, 점산호들은 청조의 지방관부와 짜고 조선족 농민들에 가혹한 수탈을 자행하였다. 이러한 가혹한 수탈은 조선족들의 삶을 피폐하게 만들었으며, 후에 관부와 점산호에 대한 저항과 투쟁으로 이어졌다.

산동성의 가난한 한족들과 생활고에 시달렸던 조선의 백성들은 만주지역으로 이주하여 대부분 농사를 짓고 살았다. 그러나 일부 이주민들은 관부의 눈을 피하여 鑛石을 채굴하였는데 그 결과 여러 곳에서 鑛山이 개발되었다. 연변지역에서 광업은 沙金場을 벌이는 것에서부터 시작했다. 1875년 이전부터 사람들이 모여들어 사금을 채취하기 시작한 紅旗河[30] 沙金場에는 많을 때는 3,000명이 몰려들었으

29) 위의 책, 33쪽.

30) 사금을 캐는 사람들이 강 양쪽 벌판 수십 리에 걸쳐 붉은 깃발을 꽂아 놓고 자기들의 사금채취구역을 표시함으로써 이 강과 이곳의 지명이 紅旗河가 되었다고 한다.

며, 1893년 三道溝 金鑛에는 4,000~5,000명의 노동자들이 있었고, 1897년 吉林省 官府에서 이곳을 접수하여 경영하였을 때도 2,000명의 노동자들이 있었다.

이 시기에 개발된 광산 중에 天寶山鑛山이 있다. 천보산광산은 연길시에서 조양천을 거쳐 로두구에 이르면 거기에서부터 서남쪽으로 30리 남짓한 산골에 자리잡고 있는데 지금은 銅沿鑛으로 이름이 높지만 개발 초기에는 銀鑛이었다. 1875년 山東 등지에서 온 한족들과 조선에서 이주한 조선족들이 이곳에 정착하여 농사를 짓다가 일부 사람들이 은을 채굴하기 시작했다. 천보산에서 은광이 개발되었다는 소문이 퍼지자 사방에서 流民들과 破産農民들이 모여들었다. 이렇게 광산이 활기를 띠자 1888년 吉林將軍 長順은 清 政府에 보고하여 유민들에 의하여 채굴되는 천보산 은광을 관부에서 접수할 것을 上奏하였고, 1889년에 훈춘초간국에서 천보산광산을 접수하여 경영하였다. 관부에서는 程光第라는 사람에게 경영을 맡겼는데 천보산광산은 官商合營의 성격을 띠었다. 즉 지방 관부에서 경영하되 지주와 상인들, 관리들이 자금을 出資하여 경영하는 방식이었다.

천보산광산은 날로 발전하여 새로운 용광로를 구입하는 등 근대적 기술장비를 갖추었고, 생산량도 하루에 700~800냥에 달했으며, 조선족과 한족 광부는 500여 명이나 되었다. 1890년부터 1898년까지 천보산 광산의 은 생산량은 300만 냥에 달했다고 한다. 이렇게 광산은 날로 발전하고 있었지만 광부들은 착취와 비인간적인 대우에 시달리고 있었다. 광산의 수입은 대부분 경영주와 출자자들에 돌아가고, 노동자들은 가혹한 탄압과 착취로 인하여 牛馬보다 못한 비참한 처지에 놓이게 되었다. 드디어 견디다 못한 광부들은 파업투쟁을 진행하다가 폭동을 일으켜 용광로를 파괴하고 천보산을 떠나 사방으로 흩어짐으로써 천보산 광산은 상당 기간 동안 폐쇄되기에 이르렀다. 이와 같은 천보산광산의 파업과 폭동은 당시 만주땅에서 조선족들이 당한 억압과 착취의 한 실례를 보여 주는 것이며, 이를 통하여 중국 조선족들이 이국땅에서 얼마나 힘든 삶을 살았는지를 알 수 있다.[31]

3. 일제의 만주 진출 시기

섬나라에서 힘을 기른 일본은 조선을 거쳐 대륙으로 진출하고자 하는 야망을 일찍부터 갖고 있었다. 1895년 청일 전쟁에서 승리하고 시모노세키조약을 통해서 遼東半島를 얻음으로써 이 야망은 성취되는 듯했다. 그러나 만주진출을 꾀하는 러시아가 프랑스와 독일을 끌어들여 세 나라가 이에 간섭함으로써 일본은 할 수 없이 요동반도를 포기한다. 그리고 10년 후 러시아와의 전쟁에 승리한 일본은 남만주의 지배권을 확보하였으며, 조선과 을사보호조약을 체결함으로써 조선의 외교권을 빼앗아 가고, 1907년에는 조선통감부 간도출장소를 설치함으로써 만주땅에 진출하기 시작했다. 1910년 한일합방 이후에는 만주에 사는 조선인도 自國民이라는 명분 하에 조선족을 통제하려 하였으며, 이후 조선족들은 부패한 중국의 지방관부와 일제로부터 이중적 수난에 시달려야 했다.

31) 위의 책, 75~85쪽.

1931년 만주사변을 일으켜 만주를 장악한 일본은 중국에서 만주를 분리하여 만주국이라는 괴뢰정부를 세우고 만주에서 실권을 장악하게 된다. 이러한 정세와 변화에 따라서 조선족들의 이주양상이나 삶의 모습도 달라지게 된다. 이제 1907년 일본이 만주에 조선통감부 간도출장소를 설립한 때부터 1945년 망할 때까지 만주에 이주한 조선족들의 이주양상과 삶의 모습을 시기별로 나누어 살펴보고, 역경 속에서 살아남기 위한 투쟁과 노력에 대해서 살펴보기로 한다.

1) 일본의 만주진출 배경과 과정

19세기 말 조선을 두고 청나라와 일본은 세력다툼이 치열하였다. 1882년 조선에서 임오군란이 일어나자 청군이 출병하여 적극적으로 개입함으로써 청나라가 조선에서 주도권을 잡았고, 1884년 조선에서 일본의 지원을 받은 개화파가 갑신정변을 일으키자 청나라 군사는 이를 3일 만에 진압하였다. 이 두 사건을 계기로 조선에서 청나라는 우위를 점하게 되었으며, 1885년 청일 양국은 天津條約을 체결하여 조선에서 양국 군대를 철수하고 이후 조선에 출병할 때는 상호 통보하기로 하였다. 비록 양국 군대가 철수는 하였지만 청나라가 조선에서 패권을 유지하던 중 1894년 조선에서 동학농민혁명이 일어났다. 위기에 처한 조선은 청나라에 지원을 요청했고, 양력 6월에 청나라가 파병하자 일본도 天津조약에 근거하여 동시에 조선에 파병함으로써 세력 만회의 기회를 놓치지 않았다.

동학농민혁명이 진압된 후에 일본은 청일전쟁을 일으켜 대승을 거둔다. 일본은 요동반도와 발해만, 산동반도를 장악하고 북경과 천

진을 위협하였다. 이럴 즈음 미국의 중재로 1895년 4월 17일 시모노세키조약(馬關條約)을 체결하였다. 일본은 승전의 대가로 엄청난 배상금과 중국 영토인 遼東半島, 臺灣, 彭湖島를 할양받았다. 그러나 만주로의 진출을 꾀하는 러시아는 일본이 遼東半島를 장악하는 것에 위기감을 느끼고 러시아, 프랑스, 독일 3국이 이에 간섭하여(삼국간섭) 遼東半島를 중국에 반환토록 하였다. 세가 불리함을 느낀 일본은 이에 따랐지만 이 사건은 후일 러일전쟁의 불씨가 되었다.

청일전쟁의 승리로 동양 패권은 중국으로부터 일본으로 넘어갔고, 일본은 조선에 대한 우월한 정치, 경제 지배권을 장악하였으며, 중국은 제국주의 열강의 침략을 더욱 받게 되는 불운을 겪게 되었다.

한편 러시아는 삼국간섭을 주도함으로써 일본의 만주 진출을 좌절시키고, 일본에 대항하기 위한 러·청 비밀동맹을 체결함과 아울러 東淸 철도부설권을 획득하였다. 그리고 1898년 旅順과 大連을 25년간 조차하여 만주를 세력권에 두고자 하였다. 한국에서도 을미사변 후 4개월이 되는 1896년 2월 아관파천을 성공시켜 친러정권이 수립되기는 하였지만, 러시아는 시베리아철도가 완성될 때까지 일본과의 타협을 우선시하는 정책을 폈다.

1900년 北中에서 일어나 義和團亂이 만주로 파급되자 러시아는 東淸 철도를 보호한다는 구실을 내세워 만주를 무력점령하고, 亂이 진압된 후에도 철수를 거부하였다. 이에 맞서 일본은 1902년 1월 영일동맹을 체결하였다. 이와 같은 러시아의 南下정책과 일본의 北進정책이 결국 러일전쟁의 원인이 되었다. 1903년 8월부터 開戰에 이르기까지 양국은 여러 차례 만주와 한국 문제에 대하여 공식적인 교섭을 가졌으나 합의를 보지 못하고, 일본은 드디어 러시아와 전쟁을 하기로 결정하였다.

러·일전쟁은 1904년 2월 8일 旅順에 대한 일본군의 기습으로 시작되었다. 그리고 일본은 9일 인천 앞바다에 있던 러시아 군함 두 척을 격침시킨 다음 날인 10일에야 선전포고를 하였다. 일본은 연전연승하여, 1905년 1월에 旅順을 함락하고, 3월에는 奉天 전투에서 승리하여 사실상 육전을 마무리하였다. 이렇게 일본이 전쟁의 승기를 잡았지만 일본 나름대로 어려움이 있었다. 1년간 전쟁 비용이 예상보다 과다하게 지출되어 더 이상 전쟁을 계속할 여력이 없는 데다 전선의 확대로 보급로가 길어져 취약점이 드러났다. 거기에다가 러시아의 주력부대가 하얼빈에 집결하여 반격할 기회를 노리고 있었다. 이러한 상황에서 1905년 5월 27일 러시아의 발틱함대를 대마도 해협에서 일본함대가 격파함으로써 결정적 승기를 잡은 뒤 일본은 미국에 중재를 의뢰하였다. 당시 러시아는 육군이 완전히 손상되지 않고 보급도 비교적 원활했지만 국내에서 일어난 혁명으로 더 이상 전쟁 수행이 불가능하였다.

러시아와 일본은 1905년 6월 8일과 10일에 각각 루즈벨트 미국 대통령의 평화제의를 수락하였으며, 8월 9일부터 9월 5일까지 약 4주간에 걸쳐 일본이 러시아에 제안한 12개 강화안을 토대로 강화교섭을 하였다. 그 결과 양측은 한국에서의 일본의 가장 우월한 이익 보유, 요동반도 조차권, 長春~旅順 간의 東淸 철도 및 그 枝線의 양도 문제에 합의하였고, 미합의된 문제는 9월 5일에 체결된 포츠머스 강화조약을 통하여 최종적으로 합의하였다.

러일전쟁의 결과로 일본은 한국에서는 물론이고 남만주에서 지배권을 확립하였으며, 한국에서 을사보호조약을 강제로 체결함으로써 한국의 외교권을 박탈하였다. 그리고 한국에 통감부를 세워 외교뿐만 아니라 내정까지 간섭하기 시작하였다. 1907년 일본은 만주에 조선통감부 간도출장소를 설치하고 간도를 조선의 땅이라 하였다. 그러나 1909년 9월 일본은 청나라와 간도협약을 체결하여 만주에서 몇 가지 이익을 얻은 조건으로 간도를 청나라 땅이라 승인하였다. 1910년 한일합방 이후 일본은 중국의 조선족은 모두 일본의 臣民이라 하여 만주에서의 영향력을 확대하고자 하였다.

1931년 9월 18일 일본은 만주사변을 일으킨다. 만주군벌인 張學良이 국민당과 손을 잡고 일본에 저항하는 태도를 보이는 한편, 소련이 안정적인 경제발전을 이루어가자 이에 자극받은 일본이 만주를 식민지화하기 위하여 만주사변을 일으킨 것이다. 전격적인 군사작전으로 짧은 시간에 만주 전역을 점령한 일본은 1932년 3월 괴뢰 만주국을 세워 1945년까지 실질적인 지배권을 행사하였으며, 만주를 중일전쟁과 태평양전쟁을 위한 주요자원과 군수물자의 공급처로 삼았다.

2) 1910년대와 1920년대의 이주와 삶

1907년 8월 23일 일본은 조선사람을 보호한다는 구실로 용정에 조선통감부 간도출장소를 설치하여 만주진출의 거점으로 삼았다. 그 후 1909년 간도협약에 따라 용정은 중일통상의 중심지가 되었으며, 1910년에는 간도출장소를 폐지하고 간도 일본총영사관을 설치하여 1931년 만주사변시까지 만주침략과 조선족 통제의 중추기관으로 삼았다.

1910년대에 들어서면서 중국 조선족의 인구는 급격한 증가현상을 보인다. 1910년 한일합방 당시 일본의 자료에 따르면 간도에 약 15만 명, 타 지역에 약 5만2천 명, 도합 20여 만 명의 조선족이 만주에 살고 있는 것으로 나타나 있다. 그 후 만주의 조선족 인구는 1912년 약 24만 명, 1915년에 28만2천 명으로 그리고 1920년에는 46만 명으로 급격히 늘고 있다. 1915년부터 20년까지 5년 동안은 매년 평균 5만6천여 명의 인구가 증가한 셈이다.

이처럼 이 시기에 조선족 인구가 급격히 증가한 것은 정치적인 이유로 인한 인구유입과 경제적인 이유로 인한 인구유입 때문이라고 할 수 있다. 한일합방으로부터 3・1운동을 전후한 시기에 상당수의 독립운동가들이 만주로 이주한 것이 사실이지만 전체 이주자 중에서 그 비율은 상대적으로 낮은 편이며, 대부분의 이주자들은 일제 침략 후 경제적인 수탈로 인해 궁핍해진 농민들이다.[32)]

일본의 조선에 대한 경제적 침탈은 한일합방 이전부터 진행되어 왔다. 1910년 7월까지 조선에 들어온 일본인은 43,600명에 달했는데, 그들이 점유한 토지면적은 76,700ha에 달했다고 한다.[33)] 일본인들의 토지강점으로 인하여 파산당한 농민들이 만주로 이주하게 되었고, 1910년부터 1918년에 걸친 식민지 정부의 토지조사사업의 결과 많은 조선의 농민들이 토지를 잃고, 대부분 만주로 이주한 것으로 보인다. 1918년과 1919년에 걸친 남한의 농업지대 대흉작도 농민들이 만주로

---

32) 한상복・권태환, 앞의 책, 29~30쪽.

33) 심혜숙, 앞의 논문. 186쪽.

이주하는 한 계기가 되었다고 볼 수 있으며, 1909년에 청조와 일본이 맺은 간도협약에서 조선인의 간도지역 개척이주를 자유롭게 허용한 것도 이주의 한 요인이 된다. 이 몇 가지 이주 요인 가운데 가장 비중이 큰 것은 토지조사 사업의 결과로 나타난 조선농민의 소작화와 일본인 지주와 동양척식회사 등에 의해 전개된 조선 농민에 대한 체계적인 착취 그리고 그로 인한 농민의 궁핍화라 할 수 있다.[34)]

1920년대에 들어서면서 만주의 조선족 인구증가 속도는 1910년대에 비하여 크게 떨어진다. 이는 곧 조선으로부터 만주로의 이주가 감소한 때문이다. 1920년대 전반기에 조선 이농민의 이동목표지는 일본과 국내 도시로 많이 바뀌었고, 반면에 만주로의 이주자 수는 감소하게 된다. 1920년대 후반에 들어가면서 전반적으로 이농자 수는 계속 늘지만 이들 가운데 국내 도시에 정착하는 사람은 오히려 감소하고, 일본과 만주로 이동한 사람의 수는 크게 늘어난다. 이 기간에 일본과 만주로 이동한 조선인은 약 23만 4,000명으로 추정되며, 그 3분의 1 가량이 만주로 이주한 것으로 보고 있다.[35)] 1930년에 만주에 거주하는 조선족 인구를 약 60만으로 볼 때 1920년부터 1930년까지 10년간 증가한 인구는 14만 명이다. 이는 1910년부터 1920년까지 10년간 26만 명이 증가한 것에 비하면 상대적으로 적은 수이지만 그 자체로 볼 때는 적은 수는 아니다.

1910년부터 1930년까지 20년 동안 만주에 거주하는 조선족 인구는 20만에서 60만으로 증가했다. 20년 동안 40만 명이 증가했다면

---

34) 한상복・권태환, 앞의 책. 31쪽.

35) 위의 책, 32쪽.

자연증가를 감안하더라도 엄청난 수의 조선 백성들이 만주로 이주한 것이다. 그리고 만주로 이주한 조선 백성은 대부분 일제식민통치의 착취로 인하여 파산한 조선 농민들이었다. 그러나 식민통치의 착취와 탄압을 피하여 국경을 넘어간 만주땅은 조선족들에게 낙원이 아니었다. 그 곳에는 조선과는 또 다른 차원의 착취와 탄압이 기다리고 있었다. 그것은 나라를 잃은 백성들이 겪어야 하는 二重의 고통이었다.

1909년 9월 4일에 청나라와 일본이 체결한 간도협약으로 일본은 간도의 조선족 집거구에 일본영사관이나 일본영사분관을 설치하고 일본경찰을 배치할 수 있게 되었다. 그리고 조선족에 관계된 모든 사건에 일본이 관여함으로써 만주에서 조선족은 이중통치와 이중탄압을 받게 되었다. 그리고 이후 조선족의 법적 지위를 둘러싸고 중일간에 힘겨루기가 시작되었다.

처음에 일본은 조선이 일본의 보호국이니 조선족도 자기들의 보호를 받아야 한다고 주장하다가 한일합방 이후에는 조선족은 모두가 제국의 臣民이므로 일본법률에 복종해야 한다고 주장하였다. 이에 대하여 조선족들은 일본 臣民이기를 거부하고 차라리 중국 백성이 되기를 원했으며, 중국 측에도 국적법을 반포하여 조선족의 入籍활동을 도왔다. 이러한 상황에서 중국 측은 입적한 조선족을 중국인으로 보고 중국법률에 복종할 것을 요구하였으며, 일본은 모든 조선인은 일본의 臣民이니 일본법률에 복종할 것을 강요하였다. 그러면서도 교활한 일본은 이 문제를 중국측과 담판하려 하지 않았고, 무능한 중국측은 일제와 맞서지 못했다. 그 결과 조선족은 二重국적을 가지고 二重법률의 제약을 받게 되었다

한편 일본은 중국에 入籍하여 토지소유권을 가진 조선족을 통해 토지를 구입함으로써 중국의 토지를 탈취하기 시작했다. 이에 대해 중국 군벌당국은 일제와 맞서는 대신 조선족을 배척하는 태도를 취했다. 요녕성 정부는 37개 현 내의 모든 조선족들의 토지를 회수하고, 조선족과의 모든 토지 계약을 취소하며, 조선족의 歸化入籍을 금지하라고 명령하였다. 길림성 정부에서도 황무지를 조선족에게 租借해서는 안 된다고 규정하였다. 이리하여 많은 조선족 소작농들이 지주의 머슴살이를 하거나 일제 식민농장의 소작농이나 고용살이로 들어가게 되었다.[36]

조선족들이 만주에서 벼농사를 성공시키고, 수많은 조선 사람이 만주로 이주하여 척박한 땅을 개간하여 옥토로 만들었지만 그 열매는 탐욕에 눈이 어두운 관부와 이들과 결탁한 지주들에게 돌아가고 말았다. 그들은 조선족들이 애써 개간한 땅에 온갖 세금을 부여했고, 심지어는 강탈해 가기도 하였다. 그 결과 수많은 조선족들이 소작인으로 전락하였고, 지주들의 조선족 농민에 대한 착취는 갈수록 혹심해졌다.

1910년부터 1928년까지 지주들이 조선족 농민에게 받아간 소작료 현황을 보면 당시의 실정을 구체적으로 알 수 있다. 황무지를 개간할 경우 1910년에는 3년간 무료이며, 3년 후에는 20%의 소작료를 받았다. 1915년에는 2년간 소작료가 없었고, 2년 후부터 25%의 소작료를 받았다. 1920년에는 개간한 당해 1년간은 무료이며, 1년 후 30%의 소작료를 받았다. 1925년에는 개간 첫해에 20%의 소작료를

36) 권립, 앞의 논문, 270~276쪽.

냈고, 1년 후에는 45%의 소작료를 냈다. 그리고 1928년에 개간 첫해에 40%의 소작료를 냈고, 1년 후에는 60%의 소작료를 냈다. 이와 같은 소작료의 증가세는 황무지뿐만 아니라 일반 경작지에서도 마찬가지였다. 일반 경작지의 소작료는 1910년에 20~25%, 1915년에 25~30%, 1920년에 45~50%, 1925년에 55~60%, 1928년에 65~75%였다. 이와 같이 혹독한 착취를 당한 조선족 농민들은 더 이상 견딜 수가 없어 남만주와 동만주를 떠나 유랑을 하면서 북만주 깊숙히 들어가 정착하기도 하였다.[37)]

만주의 조선족을 수탈한 것은 지주뿐만이 아니었다. 일제는 금융기관을 통하여 조선족 농민들을 잔혹하게 착취하였다. 1911년 용정에 전례없는 대화재가 발생하였다. 이 기회를 타서 조선총독부에서는 용정에 〈구제회〉를 두어 기업이나 개인에게 대부를 해줌으로써 불탄 건물을 재건축하게 하였다. 그런데 이 구제회는 자선적인 간판을 내걸고 실제로는 고리대금업을 하였다. 〈용정 구제회〉는 후에 〈간도구제회〉로 발전하였고, 1918년에는 〈동양척식회사〉로 간판을 바꾸어 그 활동 범위를 만주 전역으로 넓혔다. 이 동양척식회사는 농민들에게 가옥이나 땅을 저당잡히고 대출을 해 줌으로써 공개적으로 농민들의 수많은 땅을 약탈하였다. 1917년에는 용정에 〈조선은행 출장소〉를 설치하였고, 거기에다 〈간도상업금융주식회사〉, 〈조선인민회 금융부〉까지 세워 연변의 경제를 장악하고 이 지역의 자원을 긁어갔다. 이러한 금융기관은 중국 봉건세력과 결탁하여 농촌에서 고리대금업을 벌였는데 보릿고개를 맞은 빈한한 농민

37) 현용순 외, 앞의 책, 65~66쪽.

들에게 쌀 한 섬을 꾸어주고 매달 한 말에서 두 말까지의 이자를 받아갔다.[38)]

3) 만주국 시기의 이주와 삶

1931년 9월 18일 만주사변을 일으켜 만주를 장악한 일본은 1932년 3월 1일 新京(지금의 長春)을 수도로 한 만주국을 세우고 청나라 마지막 황제인 溥儀를 執政에 앉혔다가 1934년에는 帝政을 시행하여 황제라 칭했다. 그러나 만주국의 정치적, 경제적 실권은 모두 일본의 관동군 사령관이 쥐고 있었으며, 만주국의 황제와 관리들은 모두 꼭두각시에 불과했다. 그래서 중국인들은 만주국을 일본제국주의의 괴뢰정부였다는 뜻에서 僞滿州國 또는 줄여서 僞滿이라 비하해서 표현하기도 한다.

이 만주국 시절에 일본은 1937년 7월 7일에 중일전쟁을 일으켜 北京과 天津을 점령하고 이해 12월 중화민국의 수도인 南京을 점령하여 시민 수십만 명을 살육하였다. 그 후 일본은 중국의 10개 省과 주요도시의 대부분을 점령하였다. 한편 중국은 국민당과 공산당이 제2 國共合作으로 항일 민족통일전선을 형성하여 항전하였으며, 중국의 유격전에 의하여 전쟁은 광범위한 전선에서 장기화되었다. 일본은 이러한 국면을 타개하기 위하여 1941년 미국의 진주만을 공격함으로써 태평양 전쟁을 일으켰으나 1945년 패전함으로써 만주국도 일시에 무너지고 말았다.

만주국의 성립은 만주지역에서의 우리 독립운동에 커다란 타격

---

38) 위의 책, 159~160쪽.

을 주었으며, 이 시기에 조선사람들이 만주로 이주하는 양상도 그 이전과는 다른 양상을 보인다. 먼저 조선족 인구증가 상태를 보면 1930년에 60만 명을 약간 넘던 만주의 조선족 인구는 1940년에 145만으로 배 이상 늘고 있으며, 간도의 조선족 인구도 40만에서 60만으로 증가하였다. 그리고 일제 말에 이르면 만주의 조선족 인구는 170만 명에 이른다.

이처럼 1930년대에 조선족 인구가 급증한 배경에는 1929년에 시작된 세계 공황이 있다. 이로 인해 조선에서는 도시의 실업자가 많이 발생함과 동시에 농산물 가격의 인하로 대량 이농현상이 일어난다. 조선총독부는 조선의 파산 농민의 처리를 위해 조선 농민들을 대량으로 만주에 이주시킬 계획을 세운다. 이러한 계획은 만주사변 이후 관동군이 조선족을 항일과 반일의 선봉으로 간주하여 치안유지에 방해가 된다고 반대함으로써 주춤하였지만 후에 관동군이 이를 방임함으로써 1933년 이후 조선인의 이민이 자유로워졌고, 조선으로부터 만주를 이주하는 사람의 수가 급격히 증가했다. 그리고 1936년 8월에 동양척식회사가 자작농 창정정책을 조선족 집단이민에 대해 실시하기로 하면서 집단이민이 실시된다. 이러한 정책에 따라 1937년 처음으로 간도와 봉천 영구현에 조선족 농가 2,500호가 배치되었다. 개인적인 이주에 더하여 집단적인 이주가 정책적으로 실시되면서 1930년대 후반에 중국 조선족의 수가 급증한다. 그리고 조선 남쪽 농업지역을 기원지로 하는 이들 후기 이민은 이미 함경도 출신의 조선족으로 인해 포화상태인 간도보다는 다른 지역으로 향하게 되는데 이러한 이유로 이 시기에 간도보다 다른 지역의 인구가 급증하게 된다.[39]

조선족의 이주에 큰 역할을 한 것은 철도교통의 발달이다. 예를 들면 안봉철도의 개통으로 경상남도의 농민들이 요녕성 홍경현으로 이주했거나 전라북도 무주군에서 연변 안도현 무주툰[40]으로 이주한 것이다. 또한 만주 내에서도 철도교통의 발달로 보다 살기 좋은 곳으로 이주하는 현상이 늘어나게 되었다. 이 시기에 만주 내에서도 눈에 띄는 곳은 흑룡강성이다. 1930년 흑룡강성의 조선족은 44,463명이었는데 1935년에는 87,350명이었으며, 1940년에는 154,357명으로 늘어났다. 이처럼 흑룡강성 인구가 급격히 늘어난 것은 이 지역에 황무지가 많고, 토양이 비옥하며, 자원이 풍부한 데다가 가렴잡세가 적었으며, 일제의 억압이 비교적 미약하여 생활하기가 좋은 곳이었기에 길림성과 요녕성에 거주하던 조선인들이 이주해 온 때문이라고 한다.[41]

만주국이 일본의 식민지였기 때문에 만주국 시기의 조선족은 일제의 뜻에 따라 자유자재로 통제가 가능하였다. 이 시기의 일제의 조선족 통치 방식은 두 단계로 나누어진다. 1932년부터 1937년 11월 5일 일본이 만주국과 새로운 조약을 체결할 때까지는 조선족을 內鮮人, 즉 일본 臣民으로 간주하고 조선총독부가 나서서 통치했다. 따라서 이 시기 만주국은 만족과 漢族, 몽고족 등을 관할하고 조선족은

39) 한상복・권태환, 앞의 책, 33~35쪽.

40) 필자가 1996년 7월 12일에 이 마을을 방문했는데 마을 사람들의 증언에 의하면 이 마을이 성립된 것은 1939년이었고, 이 해에 전라도 무주사람들이 집단으로 이주해왔으며, 이듬해인 1940년에 김제 사람들이 일부 합류했다고 한다. 100여 호의 조선족들이 동네 전체에 울다리를 치고 살았다고 하며, 지금도 마을 입구에는 茂朱村이라는 돌비석이 있다.

41) 심혜숙, 앞의 논문, 191~195쪽.

치외법권을 인정하여 일본 경찰기구가 조선족을 통제하였다. 그리고 1937년 11월 5일에 체결한 조약에서는 만주에 조선족에 대한 치외법권을 철회하고, 조선인을 만주국민으로 간주함으로써 특수한 통치방식을 취하였다. 이는 일제가 특권을 포기한 것이 아니라 만주국을 앞세워 조선족을 효과적으로 통치하기 위한 것이었다. 치외법권을 철회하면서 만주국 경찰기구에 들어간 방대한 일제 경찰기구들은 조선족을 만주국 경찰들과 공동으로 통제하였다. 그리고 조선족을 만주국민으로 취급함으로써 興農增産을 위한 水田개발에, 대동아성전을 위한 근로봉사대나 근로봉사운동에 끌어내어 苦役을 시켰다.

또한 일제는 이 시기에도 필요에 따라 조선족을 조선인, 즉 鮮系 일본인으로 취급하였다. 중일전쟁을 일으킨 이후 병력이 부족하게 되자 鮮系 일본인에게 국방의 책임을 지워야 한다며 조선족을 전쟁터로 내몰았으며, 태평양전쟁을 일으킨 후 병력이 더욱 부족하게 되자 鮮系 일본인에게는 징병제를 적용하여 皇軍에 나가도록 강요하였다. 이 시기 일제의 조선족에 대한 皇民化정책으로 다른 민족은 만주국 황궁을 향해 절하면 그만이지만 조선족은 날마다 먼저 일본 황궁을 향해 절하고, 그 다음에 만주국 황궁을 향해 절해야 했다. 그리고 1939년 이후에는 일본식으로 創氏改名을 해야 했다.[42]

만주국 시기 조선족의 이주와 삶의 양상은 집단이주와 집단부락 그리고 안전농촌으로 요약될 수 있다. 조선총독부에 의해 조직된 집단이주의 경우 만주에 가면 토지를 제공하고 농업을 지원하여 안정된 생활을 할 수 있다고 감언이설로 이주민을 모집하였다. 생활에 궁

42) 권립, 앞의 논문, 276~279쪽 발췌.

핍한 농민들은 이 말에 속아 집단으로 만주로 이주를 했다. 그러나 대부분 이주민들은 농사도 지을 수 없는 허허벌판에 내던져져 추위와 굶주림 그리고 질병 속에서 혹독한 시련을 견디며 땅을 개간하여 삶의 터전을 마련해야 했다.[43]

집단부락은 만주에서 항일무장세력과 농민들을 차단하기 위하여 실시한 정책이다. 항일무장세력은 농민들과 접촉하여 그들로부터 인적 자원과 식량, 무기, 의복 등의 물적 지원을 확보함은 물론 각종 정보를 얻어갔다. 그래서 散在한 촌락들을 불태우거나 파괴하고 이곳에 살던 주민들을 방비시설이 갖추어진 집단부락에 강제로 수용하였다. 1933년부터 1939년까지 만주지역에 건설된 집단부락은 13,451개에 이르렀다.[44] 집단부락에는 경찰과 자위대가 상주하였고, 사방에 성벽을 쌓았으며, 주민들의 출입을 통제하고 감시했다. 그 결과 만주의 항일유격대들은 점차 자신들의 인적, 물적 토대를 상실하게 되어 만주의 항일무장투쟁은 1940년을 전후로 사실상 소멸상태에 빠지게 되었다. 그리고 집단부락의 주민들 역시 경제적인 궁핍과 정치적 압박 속에서 비참한 삶을 살 수밖에 없었다.

안전농촌은 조선으로부터 이주해오는 조선인을 통제하고 이들을 항일투쟁세력과의 연계를 차단하기 위하여 조선총독부가 東亞勸業株式會社에 보증금을 주어 건설한 농촌이다. 1932년부터 건설되기 시작한 안전농촌 건설사업은 후에 滿鮮拓殖株式會社로 넘겨졌으며, 1939년 12월 말까지 6개 안전농촌에는 약 4,000여 호의 조선족 농가가 수용

---

43) 한상복 · 권태환, 앞의 책, 47쪽.

44) 위의 책, 48쪽.

되었다. 안전농촌은 조선족을 항일무장세력과 차단시키는 목적 외에 빈한한 조선족 농민들을 자작농으로 만들겠다는 경제적 목적도 있었다. 그러나 실제로 이 지역에 사는 농민들은 고리대금에 시달리며 일제 식민회사의 소작농으로 극심한 착취와 가난에 시달려야 했다. 당시의 실상은 『조선족 백년사화』에서는 다음과 같이 서술하고 있다.

> 1937년도에 료남 영구의 〈안전농촌〉에서는 1,859호의 조선족 농민들이 일본놈 회사가 경영하는 농장에서 벼농사를 지었다. 농민들은 일 년 내내 뼈 빠지게 일했으나 가을에 회사의 빚값도 벌지 못하였다. 한해 농사한 것을 빚으로 몽땅 바쳐도 매호당 168원 99전의 빚을 걸머져야 했다. (이 곳 농민들의 호당 연평균수입이 344원 좌우였음.) 같은 해 흑룡강성 수화현 〈안전농촌〉에 거주하고 있는 450호의 조선족농민들도 일년간 수입으로 빚을 갚았지만 62원 57전이 모자랐다고 하였다. 기타의 〈안전농촌〉의 정황도 다 한가지였다.
>
> 농민들은 살아가기 위해 하는 수 없이 또 회사에서 빚을 내야 했다. 잔악한 일제놈들은 빚값을 가망성이 없는 조선족 농민들한테서 식량도 종자도 남기지 않고 몽땅 빼앗아 갔다. 농민들은 죽도록 벼농사를 지었지만 먹는 것은 겨와 들나물이었으며, 입는 것이란 헌 누더기에다 마대조각뿐이었다. 헐벗고 굶주린 조선족 농민들은 굶어 죽고, 얼어죽고, 병들어 죽어갔다.[45)]

위에서 살펴본 것처럼 만주국 시기의 조선족들의 삶은 일제의 탄압과 수탈로 인하여 극도로 비참한 상태에 놓여 있었다. 그러나 만주의 조선족들은 일제가 패망할 때까지 온갖 어려움 속에서도 조선족

---

45) 현룡순 외, 앞의 책, 67~68쪽.

이라는 민족적 정체성과 동질성을 유지하여 왔고, 그 결과 오늘날까지 중국땅에서 조선민족으로 꿋꿋하게 살아남은 것이라 할 수 있다.

4) 관부와 지주에 대한 투쟁, 독립운동 그리고 근대교육

20세기 초 만주 지역에 사는 조선족들은 지주계급의 억압과 착취에 시달릴 뿐만 아니라 부패한 관부의 갖가지 세금을 통한 수탈을 견디며 비참한 삶을 살아야 했다. 1910년대에 연변에서 조선족들이 수탈당한 내용을 살펴보면, 집집마다 굴뚝이 있다 하여 〈굴뚝세〉를 내야 했고, 소를 먹이는 집에서는 〈소사양세〉를 바쳐야 했으며, 관청을 드나들 때는 관청의 문턱을 넘었다 하여 〈문턱세〉를 내야 했다. 그 외에 〈인두세〉 〈고용세〉, 〈문패세〉, 〈수리세〉 등 온갖 명목으로 세금을 바쳤다. 지방 관부와 군대가 있는 곳에서는 이들이 요구하는 일용품까지 〈戶稅〉라는 이름으로 바쳐야 했으며, 부대가 이동할 때나 지방 관청의 관리가 순시할 때에도 이동의 여비와 접대까지를 책임져야 했다. 지주들의 혹독한 착취에 더하여 행해진 관부의 수탈은 조선족들의 생존 자체를 위협했고, 견디다 못한 이들은 反官府 투쟁을 벌이게 된다.

1913년 말 관부의 앞잡이들이 조선족 주민들에게 매호당 入籍費 30전씩을 부과하였다. 한 달 생활비가 1원 정도 되는 상태에서 생필품도 구할 수 없을 정도로 가난에 시달리던 농민들은 30전씩 부과되는 세금에 그 동안에 쌓였던 민족적, 계급적 울분이 폭발하였다. 농민계의 조직을 중심으로 반관부 투쟁을 벌일 것을 결의하고 1914년 1월 7일 연길 국자가 상발원의 조선족 농민들을 擧民登場(백성들이 관부 앞에 등장하였다는 뜻)의 깃발 아래 국자가 거리에 자리잡고 있는 延吉廳을 포위하고 탐관오리를 처단할 것을 요구하였다. 이 투쟁에는 연길현 외에도 화룡현, 왕청현의 조선족 부락 농민계에서 수백 명의 대표를 파견하여 동참하였다. 다급해진 관부에서는 지방 주둔군 100여 명을 완전무장시켜 300여 명을 체포 감금하고 시위대를 해산시켰으나 이에 격분한 농민들이 더욱 강렬한 기세로 시위를 벌이자 이 투쟁의 확산을 두려워하여 결국은 농민들의 요구를 들어 주었다. 이어서 화룡현에서도 악질적인 토호와 지사가 서로 짜고 조선족을 착취하는 데 견디다 못한 농민들이 투쟁을 벌여 그들을 축출하는 성과를 거두기도 하였다. 1914년 연변지역 조선족의 반관부 투쟁은 당시에 가장 규모가 큰 투쟁이었으며, 이후 만주지역에서 일어나는 투쟁과 저항의 불씨가 되었다고 할 수 있다.[46)]

일제와 군벌정부 그리고 지주들에 의하여 2중 3중의 가혹한 억압과 수탈을 받아온 조선족 농민들은 도저히 참을 수 없는 지경에 이르면 저들과 맞서 싸웠다. 그 중의 대표적인 한 예가 1931년 가을로부터 1932년 봄에 이르기까지 길림성에서 일어난 秋收春荒 투쟁이었다. 1931년 3월에 길림성 정부에서는 소작제도를 4・6, 3・7로 공포하였지만 지주들은 이를 제대로 실시하려 하지 않았다. 이에 1931년 9월에 연길에서는 6,000여 명의 농민들이 모여 지주와 지방군벌정부에 맞서 투쟁한 것을 시작으로 각 처에서 탐학한 지주들에 맞서 투쟁하였다. 그들은 〈악질 지주 타도〉와 소작료의 〈4・6제 실시〉 등을 외치면서 열렬히 투쟁한 결과 대부분 지주들의 항복을 받아내고 소

46) 위의 책, 87~93쪽.

기의 목적을 달성했다. 1931년 가을부터 1932년 봄까지 7~8개월간 계속된 이 투쟁은 東滿 4개 현에서 20여만 명의 군중이 참가하였다고 한다.47)

일제의 침략으로 국운이 기울자 우리나라의 진보적 인사들이나 애국민족주의자들은 만주로 건너갔다. 그들 중 어떤 사람은 학교를 만들어 민족의식과 반일의식을 고취시키고자 하였고, 또 어떤 사람들은 반일 무장조직을 결성하여 일제에 대항하고자 하였다. 반일 무장조직들은 군사훈련을 위하여 무관양성소를 설립하였는데 〈북로군정서〉에서는 왕청현의 西大城에 〈사관양성소〉를 세웠고, 〈국민회〉에서는 안도현 倒木溝에 〈군사훈련소〉를 세웠다. 그리고 남만주인 요녕성에도 통화의 哈泥河에 〈신흥군관학교〉를 설립하여 군대를 양성하였다.48)

1919년 우리나라에서 3·1운동이 일어나자 그 여파가 만주의 조선족에게 미치게 된다. 3·1운동의 소식을 접한 용정 동명중학교의 교사 최봉익은 즉시 서울에 와서 〈조선독립선언서〉를 가져갔다. 3월 8일부터 연변의 진보적 인사들과 민족주의자들을 모아 모국의 독립운동을 지지하고 성원하기로 하였다. 연변의 이 운동은 3월 13일에 일어났기 때문에 〈3·13운동〉이라고 한다. 1919년 3월 13일 정오에 용정에서는 각지에서 3만여 명의 조선족 군중이 모여 반일포고문을 낭독하고 일본영사관을 향하여 만세를 부르며 전진했다. 용정에

47) 현룡순·리정문·허룡구 편저, 『조선족 백년사화』제 2집, 료녕인민출판사, 1984, 101~111쪽.

48) 『조선족 백년사화』 제1집, 198쪽.

있는 800여 호 조선족 가정에서는 태극기를 걸어 놓고 환영하였고, 감격의 눈물을 흘리며 함께 만세를 외쳤다. 이 시위대열은 일본영사관의 사주를 받은 청군에 의해 17명이 사망하고, 30여 명이 부상을 입었으며, 300여 명이 체포되었다. 분노한 시위자들은 여러 가지 논란 끝에 더 이상의 희생을 막기 위해 시위는 중단하고 일제와 청국 군벌의 만행을 규탄하는 집회로 행사를 마무리하였다.

3월 16일 조선족들은 용정에 다시 모여 〈3·13운동〉 때 희생된 17명의 추도대회를 기행하였다. 이 추도대회에 만여 명의 군중이 운집하여 침통한 심정으로 추도식을 거행하였다. 그 후 연변의 각지에서 계속해서 반일시위가 일어났다. 3월 16일에는 훈춘에서 2,000여 명이 반일시위를 하였고, 화룡현에서는 3월 14일부터 4월 2일까지 각지에서 반일투쟁에 참가한 인원이 12,000여 명이었으며, 왕청현에서는 3월 26일부터 4월 29일까지 44,500여 명이 반일투쟁에 참여하였다. 이러한 투쟁은 남만에서도 일어났는데 통화현, 환인현, 장백현 등지에서 수백에서 수천 명에 이르는 군중들이 반일집회와 시위행진을 하였다.[49)]

우리나라 안에서와 마찬가지로 만주의 반일운동이 성공을 거둔 것은 아니지만 조선민족의 기개를 만천하에 보여주었다는 데 의미가 있으며, 이후 항일 무장투쟁이 활발하게 전개되는 계기가 되었다. 1919년 4월부터 시작하여 만주 전역에 반일 무장단체들이 우후죽순처럼 결성되었으며, 그들은 군자금을 모아 무기를 사기도 하고, 경찰서나 토호들을 습격하여 무기를 탈취하거나 군자금을 확보하기도 하

49) 위의 책, 161~178쪽.

였다. 안도현 明月溝에 있는 홍범도부대의 300명을 비롯한 연변지구 각 무장단체의 병력은 3,000여 명이나 되었다.

그 중 연변일대와 두만강 연안에서 일본군과 경찰서를 습격하는 홍범도부대를 일망타진하기 위하여 조선에 있는 일본군 일개 대대가 동원된다. 1920년 6월 7일에 왕청현 봉오동에서 일본군 500명과 홍범도부대 300명이 벌인 전투에서 홍범도부대는 7명의 희생자를 내면서 150명의 적들을 사살하고, 수십 명의 부상자를 냈으며, 많은 무기를 노획하는 전과를 올린다.[50] 봉오동 전투에서 일본군을 패퇴시킨 소식을 들은 반일 투쟁단체들은 사기가 크게 높아졌다.

반일 무장단체의 저항이 날이 갈수록 거세어지자 일제는 대병력을 동원하여 이를 소탕할 계획을 세운다. 그러나 중국 땅인 만주에 군대를 파견할 명분이 없었다. 이 명분을 만들기 위하여 조작해 낸 사건이 〈훈춘사건〉이다. 〈훈춘사건〉은 일본 경찰이 마적을 매수하여 1920년 10월 2일에 훈춘현을 습격한 사건이다. 400여 명의 마적떼들이 훈춘현성에 침입하여 살인과 방화, 약탈을 자행하게 해 놓고 일본은 이 사건을 불량한 조선족과 중국 비적 그리고 러시아의 과격파들이 결탁하여 일으킨 것이라 하였다.[51]

일본은 훈춘사건을 구실로 대부대를 만주지역에 출동시켜 조선족 반일 무장단체의 거점을 대대적으로 소탕하였다. 이 과정에서 반일 무장대뿐만 아니라 반일 인사와 무고한 백성까지 수많은 조선족들이 희생을 당하였다. 더 이상 버티기 어려워진 반일 무장단체들은

---

50) 위의 책, 199~201쪽.

51) 위의 책, 202~205쪽.

일단 백두산으로 철수하기로 했는데 이 철수 과정에서 일본토벌군과 벌인 전투가 청산리 전투이다. 화룡현성의 서쪽 깊은 산골에 위치한 청산리에는 김좌진과 홍범도가 이끄는 3천여 명의 반일 무장군대가 진을 치고 있었고, 이를 토벌하기 위하여 수만 명의 일본군이 이곳으로 몰려들었다. 10월 21일부터 시작하여 26일 새벽까지 10여 회에 걸친 전투에서 독립군들은 매복작전을 통하여 무기의 열세를 극복하고 소수의 희생으로 대승을 거둔다. 일본 자체의 통계에 의하면 연대장 1명, 대대장 2명, 중대장 5명, 소대장 9명, 하사 이하 900여 명이라고 하였지만 실제로는 그 보다 훨씬 큰 타격을 입었을 것으로 여겨진다.[52)]

청산리 전투는 독립군의 최대의 승리요, 전과로 빛나고 있지만, 이 싸움 이후 분노한 일본군들에 의한 조선족들의 희생은 한층 더 가혹해졌다. 한 통계에 의하면 1920년 10월 5일부터 11월 23일까지 연변 각 현에서 일본군들에게 무고하게 살해되었거나 피해를 받은 조선족들과 소각된 가옥, 식량은 다음과 같다. 훈춘현에서는 242명이 살해되고, 457채의 살림집이 불에 탔고, 학교가 두 군데 불탔으며, 9,825섬의 식량이 불에 탔다. 연길현에서는 1,124명이 살해되고, 76명의 부녀가 강간당했으며, 살림집 1,094채, 학교와 교회당 26개소, 식량 15,580여 섬이 불에 탔다. 화룡현에서는 572명이 살해되고, 살림집 314채, 학교 6개소, 양식 8,320섬이 불에 탔다. 왕청현에서는 1,177명이 살해되고, 살림집 642채, 학교 5개소, 곡식 5,070섬이 불에 탔다. 남만과 북만에서도 800여명이 살해되었다.[53)] 1920년이 庚申年

52) 위의 책, 223~230쪽.

이기에 이때 일본이 만주의 조선족에게 저지른 이 만행을 경신년 대토벌이라고 하고 간도지역이 특히 큰 피해를 입었기에 간도참변이라고도 한다.

중국 조선족들은 이민 초기부터 자녀 교육에 관심을 가졌다. 그래서 조선족 마을이 생기는 곳에 서당이 세워졌고, 신교육이 도입된 후에는 각종 학교가 설립되었는데 1906년 용정에 세워진 서전의숙(瑞甸義塾〉이 최초의 공식 교육기관이다. 그러나 1907년에 만주에 진출한 일본은 서전의숙을 폐지하고, 대신 일본식 소학교를 세워 식민교육을 강화하고자 하였다. 서전의숙이 폐교된 후에 이곳에 근무하던 진보적 지식인들은 각지로 분산돼 더 많은 사립학교를 세웠으며, 이러한 사립 초등학교는 만주 전역에서 그 수가 더욱 불어나게 된다. 1916년 12월 일제의 조사 자료에 의하면 만주 지역의 조선족 사립학교의 수는 213개였으며, 그 중 간도지역의 4개 현 화룡, 연길, 훈춘, 왕청에 154개 학교가 있어 만주지역 조선족 사립학교 총 수의 64%를 차지하였다.[54] 1920년대에 들어서서 恩眞中學(1920), 明信女中(1920), 東興中學(1921), 永新中學(1921), 大成中學(1921), 光明女中(1925) 등의 중등교육기관이 설립되면서[55] 교육의 폭이 넓어지게 된다.

일제의 식민교육에 맞서 세워진 사립학교들은 주로 민족주의자들이나 기독교와 천주교 등의 종교기관에서 세워진 것이 대부분이었으며, 설립주체가 누구든 교육을 통해서 민족의식을 고취시키고, 일제

---

53) 위의 책, 210~211쪽.

54) 위의 책, 117~123쪽.

55) 한상복 · 권태환, 앞의 책, 242쪽.

에 대한 투쟁정신을 함양한다는 점에서는 공통점을 가지고 있었다.

4. 일본의 패망과 중화인민공화국 건국 시기

1945년 8월 15일 일본의 항복으로 만주 지역에서 일본이 물러감에 따라 이 지역의 조선족들도 일제의 억압에서 해방되었다. 그러나 일본이 패망한 다음 해인 1946년부터 중국은 국민당과 공산당 사이에 내전이 일어나 또 다시 전란에 휩싸이게 된다. 내전 초기에는 최신식 무기로 무장한 국민당 군대가 전력면에서 크게 우세하였으나 공산당이 토지균등분배를 핵심 내용으로 한 中國土地法大綱을 발표하자 국민 대다수인 농민들이 공산당 쪽으로 기울어 전세가 역전되었다. 1949년 10월 1일 내전에서 승리한 공산당은 중화인민공화국을 선포하였고, 국민당 장개석정부는 이 해 12월 타이완으로 철수하였다.

만주지역도 내전에서 예외지역은 아니였다. 그리고 만주지역에 거주하는 조선족도 3년 동안 일어난 내전의 영향을 받으며, 때로는 선택하고 행동을 해야 했다. 일본의 패망으로 해방된 조국으로 귀환할 것인가? 그 동안 닦아온 삶의 터전을 지키며 중국에 남아 있어야 하는가? 국민당의 편에 서야 하는가 아니면 공산당의 편에 서야 하는가? 이러한 선택과 결정에 결정적인 영향을 미친 것은 전쟁의 두 주체인 국민당과 공산당의 조선족에 대한 태도였다.

국민당은 조선족을 〈교민〉이라 하고, 居留權을 승인할 뿐 居住權과 入籍權을 승인하지 않았다. 토지租借權을 승인할 뿐 토지소유권과 재산향유권을 승인하지 않았다. 조선족이 부치던 땅을 〈敵産〉이라 하여 몰수하여 국민당 관료와 지주들에게 넘겨 주기도 하였다. 1946년 4월부터 9월 사이에 조선족 농민이 박탈당한 토지는 무려 79,733ha였다. 정치적으로도 공산당과 관련된 인물이나 가족들을 적대시하여 1947년 1년 동안 8,468명의 조선족이 체포되고, 2,040명의 조선족이 살해당하거나 불구자가 되었다.

국민당과는 달리 공산당은 조선족의 합법적 지위를 승인하고 그들의 토지문제와 국적문제를 해결해 주었다. 토지개혁에서 조선족들도 평등하게 무상으로 토지를 분배받았고, 조선족을 중국 국민으로 인정하였다. 이와 같은 중국 공산당의 정책은 착취와 억압을 받고 살아왔던 조선족에게 새로운 희망이었다. 그래서 많은 조선족 젊은이들이 東北해방전쟁에 참여하여 목숨을 바쳤고, 중화인민공화국 수립 이후 중국 국민으로 떳떳하게 살아가고 있다.[56]

일본이 망하고 대한민국이 해방되면서 만주지역에 이주했던 조선족들의 상당수가 해방된 조국으로 귀환했다. 1945년 해방 당시 만주의 조선족 인구는 약 170만 명으로 추정되며, 1953년 중국의 인구조사에 잡힌 중국 조선족 인구는 112만 명이었다. 인구의 자연증가를 고려하고, 중국 전역에서 만주지역으로 한정하는 것을 고려한다면 일본 멸망 이후 만주에 정착하게 된 조선족은 약 100만으로 추산되는데 이들은 간도 지역과 기타 지역에 각각 50만씩 거주하게 된 것으로 추정된다. 1945년 간도지역의 인구가 64만 명으로 볼 때 간도지역에 남아 있는 인구의 비율이 타 지역에 비해 월등하게 높은 것을 볼 수 있다. 우리나라로의 귀환자를 기준으로 볼 때 간도지역에서 25%에

56) 권립, 앞의 논문, 280~282쪽.

조금 못 미치는 약 15만 명, 다른 지역에서는 50%가 넘는 약 55만 명 정도가 되는 것으로 추정된다. 이러한 귀환 인구의 차이는 이주의 역사가 짧아 아직 정착의 기반을 제대로 마련할 수 없었던 사람들이 더 많이 귀환했기 때문이라 볼 수 있다.[57)]

중화인민공화국 건국 이후 중국 조선족의 인구조사 결과를 보면 1953년에는 112만 명, 1964년에는 140만 명, 1982년에는 176만 명, 1990년에는 192만 명이며, 1997년에는 약 200만 명으로 추산하고 있다.[58)]

57) 한상복 · 권태환, 앞의 책, 35~36쪽.

58) 연변조선족 문화발전추진회 편,『문화산맥』문화총서(1), 흑룡강 조선민족출판사, 1997, 254쪽.

제2장
중국 조선족 설화의 수집과 연구

설화에는 그 설화를 향유하는 사람들, 곧 전승집단의 삶이 반영되어 있다. 화자와 청자 사이에 공유되는 문화와 의식은 그들의 삶 자체인 것이다. 그런 의미에서 설화 연구는 곧 삶의 연구라 할 수 있다.

앞 장에서 중국 조선족들의 이주와 삶에 대해서 살펴보았다. 이주의 시기에 따라서 이주 양상이 다소 다르지만 중국 조선족들은 대부분 척박한 고향을 등지고 맨몸으로 이국땅으로 건너가 온갖 시련을 겪으며 살아왔다. 그들은 황무지를 개척하여 안정된 삶을 누리고자 했으나 질병과 가난 속에서 어려운 삶을 살았고, 이국땅에서 이민족의 설움을 겪어야 했으며, 일제의 억압을 견디어 내야 했다. 중국 조선족 설화에는 이러한 그들의 삶이 반영되어 있다. 그들은 조선에서부터 머릿속에 담아간 설화들을 후손들에게 전해 주었고, 새로운 삶에 적응하면서 새로운 설화들을 만들어 내기도 하였다. 그들이 머릿속에 담아간 우리 설화들 중에는 원형을 그대로 유지하며 전승된 것도 있고, 그들의 삶이나 의식이 반영되어 변이된 것도 있다. 이 변이된 형태의 설화들은 우리와는 다른 삶을 살았던 중국 조선족들의 삶과 의식을 살펴보기에 가장 적합한 설화들이다.

구전되어 오던 조선족 설화들이 수집되어 문자로 정착되고 보급되면서 설화가 민족의 정체성을 확인하고, 민족정신을 함양하는 도구로 이용되기도 하였지만 어떤 시기에는 이로 인하여 수난을 당하기도 하였다. 그러나 중국 조선족 설화는 끊임없이 수집되고 정리되어 많은 설화집들이 간행되었고, 중국의 조선족 학자들과 국내 학자들 사이에서 이에 대한 연구도 활발히 진행되어 왔다. 이 장에서는 중국 조선족 설화의 수집과 정리, 특징, 연구 동향 등에 대하여 살펴보고자 한다.

1. 중국 조선족 설화의 수집과 정리

우리나라에서 만주로 이주한 조선족들은 이미 그 머릿속에 설화를 간직한 채 이주했기 때문에 이주와 동시에 그들 사이에서 설화가 구전되었을 것이며, 그 설화는 자연스럽게 후세들에게 전승되었을 것이다. 이렇게 조선족들 사이에서 설화의 구전은 이주와 동시에 이루어졌지만 설화의 수집과 정리는 시간이 한참 흐른 뒤에 이루어졌다.

연변대학 김동훈 교수는 1898년, 1908년, 1914년 세 차례에 걸쳐 러시아어, 중국어, 조선어로 된 3종의 설화집이 활자 인쇄 혹은 프린트 본으로 출판된 것을 소개하였다.[1] 그 중 1898년 러시아인 가린

1) 김동훈, 『중국조선족 구전설화 연구』, 한국문화사, 1999, 15~21쪽.

미하일롭스끼가 수집하여 러시아어로 출판한 〈조선 민담집〉은 조선족 설화를 채집했다기보다는 조선의 설화를 수집한 것으로 볼 수 있다. 그리고 길림성 安圖知縣이라는 직책에 있었던 漢族 관리 유건봉은 1908년에 한 달 남짓 동안 백두산을 답사하고, 답사 과정에서 140여 편의 백두산 설화를 수집하여 〈長白山江岡誌略〉이라는 지방지에 수록하였는데 그 중 韓人의 구술이라고 밝힌 것이 20편 가량이다. 여기에는 조선족의 백두산 전설 20편이 수록되어 있다는 점에서 큰 의의가 있다고 하겠으나 만주족 전설, 한족 전설과 더불어 채집되어 중국어로 기록되었다는 점에서 본격적인 조선족 설화의 수집이라고 볼 수는 없다. 또한 1914년 3월 16일 발행되었다는 초등학교 修身교과서에 민간우화형식의 짤막한 글이 20여 편 수록되었다고 하는데 이것도 당시 구전되는 설화를 교육용으로 다시 엮은 것이기에 본격적인 설화의 수집으로 볼 수 없다. 따라서 중국 조선족 설화의 수집과 정리가 본격적으로 이루어진 것은 1949년 신중국이 수립되고, 1952년 연변조선족자치주가 성립된 이후라고 할 수 있다.

중국 조선족 설화의 수집과 정리는 세 시기로 나누어 볼 수 있다. 그 첫 번째 시기는 연변 조선족 자치주가 성립된 후 설화에 대한 인식의 변화와 함께 설화에 대한 관심이 고조되면서 설화의 수집과 정리에 많은 인원이 참여하였고 상당한 성과를 거두었던 1960년대 전반까지이다. 두 번째 시기는 1966년에 문화혁명이 시작된 이후 조선족 설화와 설화 수집 일꾼들이 수난을 당했던 문화혁명 시기 10년간이며, 세 번째 단계는 문화혁명이 끝나고 1970년대 후기부터 새롭게 설화가 수집・정리되었던 시기이다. 이제 이 시기별로 중국 조선

족 설화의 수집과 정리 상황을 살펴보기로 한다.[2)]

1) 초기의 수집과 정리

1949년 10월 1일에 신중국이 건국된 이후 중국은 중국 영토 안에 거주하는 소수민족에 대한 포용정책을 실시하였다. 그 중 가장 대표적인 정책이 소수민족이 집거하는 구역에 구역자치를 실시한 것이다. 이러한 국가시책에 따라 1952년 9월에 연변조선족자치구가 설립되었고, 1955년 12월에는 연변조선족자치주로 그 이름을 바꾸었다. 연변조선족자치주 내에서 설화가 대대적으로 수집되고 널리 알릴 수 있게 된 것은 소수민족의 문화와 예술을 중시하는 중국의 소수민족 정책의 결과라 할 수 있다.

신중국의 건국 초기에 설화는 '실업쟁이의 심심풀이'나 '술집에서의 한담' 정도로 간주되어 관심의 대상이 되지 못하였다. 이러한 상황 속에서 1954년에 〈동북조선일보〉(연변일보의 전신)와 『연변문예』에서는 "민족민간예술을 중시하자", "민간구전문학을 연구하는 과업을 정확히 수행하자"는 글을 발표하여 구전문학의 수집과 정리의 중요성을 강조하였다. 그리고 일부 열성분자들이 이러한 분위기를 타고 설화

---

2) 이후 서술하는 설화의 수집과 정리에 대한 내용은 다음 논문과 저서들을 참고하여 요약하였다.
- 임범송, 「조선족구전문학의 수집 정리에서 거둔 성과」, 연변문학예술연구소 편, 『조선족 문학 예술 개관』, 1982, 144~165쪽.
- 김선풍, 「조선족 설화연구」, 『조선족 구비문학 총서』 제1권, 민속원, 1991, 1~30쪽.
- 김동훈, 앞의 책, 15~30쪽.
- 우상렬, 『중국 조선족 설화의 종합적 연구』, 국학자료원, 2002, 21~32쪽.

문학 개척에 뛰어들었는데 정길운이 정리한 〈주먹담판〉, 〈힘 센 총각〉, 김용식이 정리한 〈장정과 중〉, 〈밤길〉, 주선우가 정리한 〈진달래〉 등 구전설화가 1954년과 1955년도에 『연변문예』라는 잡지에 실렸다.

1956년 8월 중국작가협회 연변분회의 발족과 더불어 연변민간문학위원회가 발족하였다. 연변민간문학위원회에서는 구전문학을 수집하기 위하여 1956년 11월에 훈춘현에서 〈제1차 조선족민담대회〉를 개최하였는데 이 자리에는 100여 명의 민간예인들이 참가하였고, 그들의 구술을 통하여 새로운 구전설화를 수집할 수 있었다. 1957년 3월 1일부터 연변일보에서는 구전문학 작품을 대대적으로 수집하였는데 연변민간문학위원회의 활동으로 600편의 설화가 수집되는 성과를 거두었다. 연변민간문학위원회에서는 1957년 7월 구비문학 사업의 일꾼들을 양성하기 위하여 각 현 문화국장, 문화관장, 어문교원, 신문기자, 잡지편집자, 민간예인 등 52명이 참가한 연구모임을 개최하여 구전문학의 범위, 특징, 수집과 정리 방법 등 구전문학에 대한 기본 지식을 학습하고 논의했다.

위와 같은 민담대회와 연구모임은 구전문학을 수집하고 정리하는 사업을 추진하는 데 큰 힘이 되었다. 이 해에 연변조선족자치주 문화처, 작가 협회와 문예단체에서는 20여 명의 구전문학 전문가들을 각 현에 파견하여 구전문학 중견인재를 양성하고 그들을 통하여 수집과 정리 사업을 지도하게 하였다. 그리고 〈아리랑〉, 〈연변일보〉, 〈연변소년보〉 등 신문과 잡지에서는 계속 구전문학을 발표하였고, 방송에서도 구전문학 작품을 프로그램에 넣도록 하였다.

1950년대는 조선족 구비문학을 수집・정리하는 개척시기로 이 시기의 특징은 구전문학에 대한 대중적 관심을 불러일으키고, 구전문학 단체가 조직되었으며, 구전문학에 대한 전문가와 중견인재들이 양성되어 구전문학의 수집과 정리에 참여했다는 점이다.

1960년대에 들어서면 구비문학의 수집과 정리는 새로운 단계에 접어들어 훨씬 더 활기를 띠게 된다. 연변민간문예연구회에서는 1960년 12월에 연길현 민담대회를 개최하였다. 이어서 중국공산당 연변주위원회의 지시에 따라 연변대학 어문학부 교수, 학생들과 함께 구전문학 수집팀을 조직하고, 안도, 왕청, 화룡, 연길 등 각 현에 파견하여 반년 동안 민요, 설화, 항일 이야기를 수집하였다. 1961년 8월 연변민간문예연구회는 “소방차가 불 끄러 가는 속도로 자료를 수집하라”는 연변조선족자치주 주장 주덕해의 지시에 따라 구전문학 제 분야를 망라한 종합적 조사팀을 조직하였다. 정길운, 김례삼, 박창묵, 리상각, 우정석, 한원국, 리용득, 김명한, 김충묵, 호소(만족) 등이 구전설화 수집팀에 참가하였는데 이들은 이불짐을 지고 9월에 출발하여 연변 각지는 물론 흑룡강성과 요녕성의 일부 지역까지 찾아가 설화를 수집하였다. 이 조사에서 설화 1500여 편을 수집했는데 이 중에서 300편을 골라 『조선민간문학자료집』 1, 2집(정길운・김례삼・박창묵 편)을 편찬하였다. 정길운은 이 자료를 바탕으로 『천지의 맑은 물』을 출간하였으며, 1963년 5월에는 김례삼이 수집・정리한 『천도복숭아』가 출간되었다.

2) 문화대혁명기의 수난

1966년부터 1976년까지 중국에서 10년간에 걸쳐 일어난 문화대혁명은 문화예술, 정치, 경제, 사회, 교육 등 제반 영역에서 총체적으로 실시된, 극좌파에 의한 프로레타리아 계급혁명이었다. 모택동은 수정주의자나 자본주의 세력을 제거하기 위해 청소년들로 조직된 홍위병 운동을 지지하고 지원하였는데 홍위병들은 낡은 사상, 낡은 습관, 낡은 문화, 낡은 풍속을 혁파하고 문화혁명을 통하여 새로운 사회주의 이상사회를 건설하자고 외쳤다. 1966년과 1967년 사이에 이루어진 홍위병 활동은 일체의 구습을 타파한다는 명목으로 많은 사람을 처단하거나 감금했고, 종교적 유산을 파괴하였으며, 서적이나 문화재를 심각하게 훼손했다. 이 홍위병 활동은 1967년도에 그 위험성을 목도한 모택동이 홍위병 활동의 종료를 선언하고 군부의 통제를 명령하면서 일단 진정이 되었다. 그러나 10년간 진행된 문화혁명은 중국사회를 극도의 혼란과 위기로 빠뜨렸고, 찬란한 문화유산이 파괴되었으며, 지식인 계층의 몰락을 초래했다. 1976년 모택동의 사망으로 끝이 난 문화혁명은 무분별하고 과격한 혁명으로 50만 명 이상이 죽었으며, 소중한 문화유산이 파괴된 문명사적 악몽이었다.

1960년대 전반기까지 활발하게 진행되던 조선족 구전설화 수집 사업도 문화대혁명의 폭풍 속에서 수난을 면할 수 없었다. 구비문학 사업을 적극적으로 추진해 온 지도자들과 話者 및 채집자들이 “文藝의 검은 선”으로 몰려 대토벌을 당한 것이다. 1966년 7월에 연변민간문예연구회는 해산되고, 구비문학 일꾼들은 잡귀신으로 몰려 농촌으로 추방되거나 연금되어 사상을 심사받는 등 갖은 박해를 겪었다. 뿐만 아니라 1950년대와 1960년대에 수집한 수천 편의 귀중한 자료들은 거의 전부 소각되었다.

극좌적 노선의 추종자들은 당시 연변조선족자치주의 지도자인 주덕해와 그의 지도 하에 열렸던 1961년의 "老藝人의 좌담회" 그리고 정길운이 채집·정리한 전설 〈천수〉를 과녁으로 삼아 구비문학 일꾼들에게 전면적인 포위 토벌을 감행하였다. 1968년 7월 29일 延擊文이라는 필명으로 발표된 "민족 혈통을 철저히 짓부수자"라는 논평에서 그들은 민족유산의 발굴과 수집·정리 사업을 계급의식을 부정하고 민족정신만을 내세운 "민족문화 혈통론"이라고 비판하였다. 그들은 이 글에서 "老藝人의 좌담회"의 반혁명적 본질을 해부해야 한다고 하면서 "老藝人의 좌담회"에 "같은 민족, 같은 혈통, 같은 조상, 같은 역사, 같은 감정, 같은 문화"란 간판을 내걸고 민족문화 유산을 구원한다는 구실로 "기생, 무당, 위만 경찰, 법사 등 낡은 사회의 찌꺼기"들을 긁어모아 몰락하는 봉건주의, 자본주의, 수정주의 등 반동사상을 대대적으로 선양한다는 죄명을 씌웠다. 이에 따라 연변구비문예유산 채집조가 동북 3성의 조선족들한테서 채집·정리한 460편의 민담을 모조리 검은 책, 검은 작품이라 몰아붙였다. 또한 조국의 아름다운 강산을 노래하는 전설 〈천수〉를 예로 삼아 〈천수〉가 계급투쟁을 가리고 봉건주의, 자본주의, 수정주의의 혼을 불러 조국을 배반하고 수정주의에 투항하는 반혁명적 여론을 조성하였다고 비판하였다. 이와 같은 흐름 속에서 자치주 창립 이후 구전설화의 발굴과 수집·정리에서 거둔 성과물들은 전반적으로 말살되고 말았다.

3) 설화수집의 재개와 성과

1976년 문화대혁명이 종말을 고하고 개혁개방의 시대가 열리면서 조선족 설화문학도 새로운 개화기를 맞이한다. 그 계기는 1978년에 열린 중국공산당 제11기 제1차 전원회의의 전략적 결정이다. 이 회의는 문화대혁명과 그 이전에 존재하던 좌경적 오류를 전면적으로 시정하였으며, "계급투쟁을 기본 고리로 한다"는 그릇된 구호의 사용을 과단성 있게 중지시켰다. 이러한 변화 속에서 조선족 구비문학 일꾼들도 민족문화의 새 봄날을 맞이하게 되었다.

이보다 앞서 1977년 11월부터 1978년 8월까지 정길운, 이동구, 이창훈, 김태갑 등 구비문학 일꾼들은 네 차례에 걸쳐 훈춘, 도문, 안도, 돈화, 왕청 등 현과 시에 내려가 문화대혁명 기간에 소각된 민요와 설화 자료들을 다시 수집하기 시작하였다. 1978년 10월 중국민간문예연구회 연변분회가 회복되었으며, 지난 날 민간예인과 설화 수집자, 그리고 구전설화 〈천수〉에 씌워졌던 "잡귀신", "반동작품" 등의 죄명을 벗기고 그들의 명예를 회복시켜 주었다.

1979년 연변민간문예연구회는 동북 3성의 50여 명 이야기꾼들이 참가한 옛말대회를 열고 168편의 설화를 채집하였다. 그 기초 위에 1983년 3월부터 4월까지 김태갑, 박창묵, 김재권 등 구비문학 일꾼들이 흑룡강성 해림현, 길림성 서란현 등지를 돌아다니며 200편의 구전설화를 새로 채록하였고, 정도원, 이순기, 박순암 등 재능있는 이야기꾼들을 새로 발견하였다. 이어서 1984년 5월부터 6월까지 요녕성의 심양, 단동, 개현, 길림성의 반석현 등지를 돌아다니며 50여 명의 이야기꾼들을 방문하여 200여 편의 설화를 채록하였다. 두 차례의 현지답사를 통하여 구비문학 전문 일꾼들을 동북지구 3개 성에 분포된 구전설화의 실태를 폭넓게 이해할 수 있었다.

1985년 이후 중국 경내에서 거족적으로 진행된 구비문학집성의 편집활동을 계기로 구비문학 전문 일꾼들은 산간벽지의 농촌마을까지 깊이 들어가 새로운 “이야기대왕”을 발견하였다. 길림성 용정시 팔도향의 황구연 노인은 1987년 79세로 세상을 떠날 때까지 총 530편의 설화를 구술하였는데 그 중의 일부가 『천생배필』, 『파경노』, 『黃龜淵故事集』(中文) 등의 이름으로 출판되었다. 요녕성 심양시 소가툰의 김덕순 할머니는 한꺼번에 150여 편의 설화를 구술하였고, 그가 구술한 106편의 설화가 『金德順故事集』(中文)에 실려 전하고 있다. 흑룡강성 상지현의 차병걸 노인은 맹인으로 연거푸 420편의 설화를 구술하였는데 그 중의 120편이 정리되어 『팔선녀』라는 책으로 간행되었다. 이 밖에도 김규찬, 박병관, 김명성, 심윤철, 유증표, 김태락 등이 100편 이상의 설화를 구술하였다. 1990년 흑룡강성에서 “조선족 옛이야기 현상모집” 활동이 벌어져 252편의 설화를 수집하였고, 1992년 12월부터 연변 텔레비전 방송에서 매주 정기적으로 민담 프로그램을 방송하기도 하였다. 이 시기에 구비문학 일꾼들의 세대교체가 이루어지기 시작했으며, 연변지역 중심으로 분포되었던 구비문학 일꾼이 흑룡강성과 요녕성을 망라한 동북 3성 전체로 확대되었다.

1979년 이후 동북 3성의 각 신문과 문예지에는 수백 편의 구전설화가 게재되었을 뿐 아니라 각 출판사에서 출판한 설화집은 65종에 72권이나 된다. 이 설화집들에는 총 2,500여 편의 설화들이 수록되어 있다. 1993년 4월 길림성 용정시에서 『이야기 천지』라는 민간문학 잡지가 창간되어 1~2만 부가 발행될 정도로 독자들의 사랑을 받고 있다. 그리고 연변민간문예가협회에서 박창묵, 권철을 고문으로 하고, 김동훈을 주간으로 하여 〈중국조선족민간문예 총서 편집위원회〉를 구성하여 체계적으로 꾸준히 『연변민간문예 총서』를 발행하고 있으며, 2000년부터 이용득 주간으로 월간지 『민간 이야기』를 발행하고 있다.

2. 중국 조선족 설화의 특징

중국 조선족 설화는 조선 사람들이 이주해서 집단으로 살았던 만주지역, 곧 지금의 동북 3성에서 전승되는 설화다. 이 지역은 지리적으로 동북쪽 변방에 위치하고 있지만 중국 영토에 속하며 중국의 마지막 봉건국가인 청나라를 건국한 만주족의 근거지이기도 하다. 그리고 우리나라와는 압록강과 두만강을 사이에 두고 인접해 있다. 오랜 옛날로 거슬러 올라가면 고조선의 영토이기도 하고 부여와 고구려의 영토이기도 하지만 신라의 삼국통일 이후 영토 면에서 우리와 인연이 멀어진 곳이다.

만주 땅에 우리나라 사람들이 이주한 것은 그 역사가 매우 오래지만 집단으로 거주하면서 민족의 정체성을 가지고 조선족 사회를 이루어 온 것은 앞에서 살펴보았듯이 그 역사가 그리 긴 편은 아니다. 만주로 건너간 조선족들은 청나라의 통치 하에서 한족과 함께 살았고, 만주에는 한족의 문화와 만주족의 문화가 공존하고 있었다. 그리고 20세기에 들어서면서 일제가 만주에 진출하여 만주의 조선족들은 청나라와 일제에 의해서 이중의 억압과 착취를 받으며 살아야 했고, 일제의 패망으로 신중국이 건국되면서 사회주의 체제 하에서 살아왔다.

중국 조선족 설화는 이러한 지리적, 역사적 배경 속에서 전승되어 왔다. 한족 설화와 만주족 설화의 영향을 받기도 하고, 청나라 관부와 봉건지주 그리고 일제 식민통치에 의한 억압과 수탈의 삶이 반영되어 있으며, 신중국 건국 이후 국가이념인 사회주의 사상이 반영되어 있다고 볼 수 있다. 이제 이러한 배경 속에서 전승되어 온 중국 조선족 설화의 특징을 살펴보고자 한다.

1) 조선족 설화의 유형

과경민족인 중국 조선족의 설화는 모국인 조선의 문화와 현재 살고 있는 중국의 문화가 공존하는 가운데 전승된다는 특성 때문에 설화를 분류할 때도 이 특성이 고려될 수밖에 없다. 실제로 설화를 연구하는 모든 학자들이 이 특성을 고려하여 분류를 하지만 바라보는 시각에 따라 차이를 보이기도 한다.

박창묵은 조선족에게 유전되고 있는 전설을 내용상 세 가지로 나눌 수 있는데 한 가지는 우리 조상들이 조선반도에서 가지고 온 것이고, 다른 한 가지는 중국의 산천과 풍물에 깃든 고구려, 발해 때의 전설이며, 또 한 가지는 조선족들이 두만강, 압록강 천리 이북 땅에 와 살면서 창작한 전설이라고 분류한다. 그리고 이 가운데 첫 번째 조선반도에서 가지고 온 전설들은 원형 그대로 전해지거나 인명, 지명들이 바뀌면서 일부 세부들이 약간의 변화를 보인다고 하였다.[3] 이와 유사한 견해로 우상렬의 분류를 들 수 있는데 우상렬은 조선족

---

3) 박창묵, 「중국조선족전설의 민족적 특성을 론함」, 연변조선족민속학회 · 조선족민속연구소 편, 『조선족 민속 연구』 제1권, 연변대학출판사, 1991, 185쪽.

설화의 계통을 한반도 전래설화 및 변이형태 계통, 타민족 설화 계통, 조선족 자생설화 계통으로 나누고 있다.[4] 위의 두 견해는 첫 번째와 세 번째가 일치하는 반면, 두 번째는 상당한 차이를 보이고 있다.

현재까지 발행된 조선족 설화집들에 수록된 설화들은 조선반도에서 전승되던 것을 그대로 옮겨 놓은 것이 대부분이고, 전승 과정에서 변이현상을 보인 것이 20% 정도이며, 조선족 이주민의 정착생활과 결부되어 새로 창작된 설화는 양적으로 그리 많은 편이 아니라고 한다.[5] 이러한 점을 염두에 둔다면 한반도에서 원형 그대로 들어와 전승되는 것과 변이형태를 하나의 범주로 묶는 것은 불합리한 점이 있을 수 있고, 박창묵이 말한 고구려, 발해 때의 전설이나 우상렬이 말한 타민족 설화 계통을 조선족 설화의 중요한 한 갈래에 포함시킨다는 것드 무리가 있다.

위의 두 견해와 달리 우리 설화의 원형을 그대로 간직한 것과 변이형태를 구분하여 분류한 견해들이 있다. 최삼룡은 조선족 설화를 〈단군신화〉, 〈해와 달〉, 〈에밀레 종〉 등의 설화처럼 재래의 조선구비설화가 추호의 수정이나 변이가 없이 유전된 경우, 〈천수〉, 〈용드레촌〉, 〈용천골〉 등의 설화처럼 조선족들의 새로운 생활과 의식을 담은, 내용과 구조상 완전히 새롭게 창작된 것들, 그리고 재래의 조선구비설화의 내용과 구조를 변이시키면서 거기에 중국 조선족들의 고유한 생활과 의식을 담은 설화의 셋으로 나누고 있다.[6] 김동훈의 분류

4) 우상렬, 앞의 책, 35쪽.

5) 김동훈, 앞의 책, 33~34쪽.

6) 최삼룡, 「중국조선족 재래설화의 변이고」, 『각성과 곤혹』(최삼룡 문학 평

도 이와 비슷하다. 김동훈은 중국 조선족 설화를 조선반도에서 유전되던 재래의 신화·전설·민담들을 그대로 옮긴 것, 그 원형에 기초하여 생성된 여러 가지 변종과 변이들, 중국 만주 지역의 자연·역사·현실생활과 밀착하여 새로 창작된 향토전설과 민담의 셋으로 크게 나누고, 이 밖에 한족·만족·몽고족 등 기타 민족의 구전설화가 조선족 인민들 사이에 전파되면서 점차 민족설화로 변모된 것이 있다고 하였다.7)

김동훈이 기타로 분류한 한족·만족·몽고족 등 기타 민족의 설화가 영향을 준 것을 제외한다면 최삼룡과 김동훈의 분류는 큰 범주 안에서 동일하다고 볼 수 있다. 우리의 입장에서 중국 조선족 설화에 관심을 갖는다면 역시 이 세 가지 계통의 설화가 가장 중요한 의미를 갖는다고 할 수 있다.

첫 번째 우리의 설화가 그대로 옮겨가서 전승되는 것이 양적으로 가장 많다는 것은 중국 조선족이 우리 민족의 얼을 아직도 그대로 간직하고 있다는 점에서 매우 큰 의미를 지닌다. 그러나 이러한 유형의 설화는 우리 설화와 동일한 것이기에 설화 그 자체로는 관심의 대상이 될 수 없다. 다음으로 중국 조선족들이 만주땅에 정착해 살면서 새롭게 창작한 설화들은 중국 조선족들의 삶의 모습과 의식이 반영되어 있다는 점에서 매우 귀중한 가치와 의미를 가지고 있는 것들이며, 중국 조선족들을 이해하는 데 좋은 자료가 된다. 세 번째로 우리의 설화가 중국 조선족들 사이에서 변이형태로 전승되는 설화들은 우리에게

론집), 흑룡강조선민족출판사, 1994, 346~347쪽.

7) 김동훈, 앞의 책, 13쪽.

특별한 관심을 불러일으킨다. 우리의 설화가 그들 사이에서 변이를 일으킨 것은 달라진 환경 속에서 그 환경을 극복하고 적응해야 하는 중국 조선족의 고통스러운 삶과 불굴의 의지가 반영되어 있기 때문이다. 이런 이유로 필자는 중국 조선족 설화의 변이 양상에 관심을 가져왔고, 이 책은 이러한 필자의 관심에서부터 출발한 것이다.

2) 수집 · 정리의 문제점

중국 조선족 설화집들을 보면 대부분 ○○○ 수집, ○○○ 정리, ○○○ 수집 · 정리 등으로 수집 또는 정리자가 표기되어 있다. 이처럼 표기가 다르게 되어 있더라도 설화의 채집자가 채집된 설화를 정리하여 발표한다는 점에서 차이가 없다. 여기에서 문제가 되는 것은 지금까지 발표된 중국 조선족 설화들은 설화의 구술자들이 구술한 그대로가 아니고 반드시 수집자가 이를 다시 정리하여 발표한다는 것이다. 이 정리 과정에서 정리자의 수정이나 가필이 구술자가 구술한 설화의 내용을 크게 훼손하거나 지나친 가필로 재창작의 가능성이 있다고 볼 수 있다. 이 점에 대해서 이미 여러 중국 조선족 학자들이 지적한 바 있다.

임범송은 정리 과정에서 구전문학 작품을 원래의 모양대로 충실하게, 심중하게 정리하지 않고 서사문학처럼 창작하는 경향이 존재하며, 이럴 경우 이 작품은 민속적인 것이 없게 되고 실제상 작가문학이 되어 버린다는 지적을 하고 있다.[8] 최삼룡도 구비문학에 담겨져 있는 인류의 원초의식, 민족의 문화적 앙금에 대해서는 소홀히 하고,

8) 임범송, 앞의 논문, 164쪽.

구비문학을 사상을 교화하는 도구로 이용하려는 정치적 수요로부터 출발하여 정리자들의 주관적인 의도에 따라 마음대로 보충하거나 삭제 또는 수정하는 현상이 분명히 있었다고 말하고 있다.[9] 우상렬은 한국 전래 설화가 민간문학의 조잡함을 띤 문학의 원초적 미를 나타내고 있다면, 중국 조선족 설화는 일종의 문인작품적 가공미를 나타내고 있어 민간문학으로서의 격이 떨어진다고 지적한다. 그리고 이와 같은 현상은 수집・정리자들이 설화 자체의 조잡함을 문학의 원초적인 아름다움으로 보지 않고, 미완성으로 생각하며 민간문학 차원보다 한 차원 더 높은 식견을 가졌다고 자부하는 자신들이 이를 완성시킨 것이라고 말하고 있다.[10]

위의 견해들을 종합하면 중국 조선족 설화의 수집・정리자들은 구술자가 구술한 내용을 원형 그대로 기록하지 않고 이를 재창작하는 경향이 분명히 있다고 한다. 이들은 정리자가 구술된 설화의 조잡성을 미완성 상태로 보고 이를 완성시키고자 하는 의도가 개입되었다고 보기도 하고, 정리자들이 구비문학을 사상을 교화하는 도구로 이용하여 보충, 삭제, 수정을 하였다고 보기도 한다. 이 견해들은 모두 다 맞는 말이며, 그런 의미에서 중국 조선족 설화는 순수한 민간문학으로서의 가치가 떨어진다고 볼 수도 있다.

실제로 출판된 중국 조선족 설화들을 보면 우리나라의 『한국구비문학대계』[11]에 실려 있는 설화와는 큰 차이가 있다. 『한국문학대

---

9) 최삼룡, 「중국조선족 백두산 설화의 의미」, 『각성과 곤혹』(최삼룡 문학평론집), 흑룡강조선민족출판사, 1994, 365쪽.

10) 우상렬, 앞의 책, 78~79쪽.

계』에 실려 있는 설화들은 구술자가 구술한 내용 그대로 실려 있어서 때로는 조잡하게 보이기도 하고, 어떤 설화는 구술자의 기억의 한계 때문에 해당 설화에 들어 있는 話素들이 빠져 있는 경우도 있으며, 설화 한 편의 분량도 그리 많지 않다. 이에 비해서 중국 조선족 설화들은 미사여구에 논리정연한 구조를 지니고 있으며, 설화 한 편의 분량이 대체적으로 많은 편이다. 1980년대라는 비슷한 시기에 채록한 설화들이 이처럼 다른 것은 우리 설화는 채록 당시에 구술자가 구술한 내용을 있는 그대로 기록한 것이고, 중국 조선족 설화는 정리자가 채록한 내용을 다시 정리하여 기록했다는 차이 때문이다.

중국 조선족 설화가 정리자에 의해 수정되거나 가필된 것에 대해서 위에서 본 것처럼 중국 조선족 학자들은 부정적인 시각을 가지고 있다. 그러나 정리자의 수정이나 가필이 설화의 기본 구조를 크게 훼손한 것만 아니라면 우리는 정리자를 설화 전승의 한 단계로 볼 수 있다. 정리자는 구술자로부터 들은 설화를 또 다른 청중(여기서는 독자)에게 전달하는 話者인 것이다. 설화의 話者는 언제든지 청중의 반응을 의식해 가면서 청중의 흥미에 맞추어 이야기의 내용을 수정하여 표현할 수 있다. 그런 점에서 본다면 중국 조선족 설화의 정리자들은 설화를 읽는 독자들에게 사상을 교화하려고 한 측면보다는 오히려 독자들의 의식과 수준에 맞추어 내용을 수정함으로써 독자의 흥미에 부응한 측면이 더 강하다고 할 수 있다. 그 결과 중국 조선족 설화는 대중적 관심과 사랑을 받게 되고, 설화가 대중문학으로 발전하는 계기가 되었다고 볼 수 있는 것이다. 이는 우리나라의 『한국문

11) 한국정신문화연구원, 『한국구비문학대계』(전 82권), 1980~1988.

학대계』가 연구자들의 연구자료로 이용될 뿐 대중적인 관심을 얻지 못한 것과는 좋은 대조가 된다. 중국 조선족 설화가 구술자가 구술한 원형 그대로 전해지지 않고 정리자가 재정리한 내용이 전해지는 것은 중국 조선족 설화의 결함이라기보다는 특수성으로 보는 것이 바람직하다고 본다.

3) 내용상의 특징

중국 조선족 설화의 내용상의 특징을 명쾌하게 정리하기는 쉽지 않다. 수많은 설화들이 제각기 다른 의미와 성격을 지니고 있기 때문에 이를 종합하여 몇 가지로 요약하는 데는 어려움이 있는 것이다. 그래서 중국 조선족 설화를 연구한 초기 논문들을 보면 대체적으로 일정한 범주 안에 있는 설화를 대상으로 해서 그 특징을 언급하고 있다.

임범송은 구전설화집 『백일홍』[12]에 실려 있는 설화들의 내용상의 특징과 표현상의 특징을 언급하고 있다. 그가 언급한 내용상의 특징을 보면 ① 예로부터 겪어온 조선족 인민들의 비참한 생활과 아름다운 사회를 찾기 위해 투쟁한 모습들을 비교적 생동하게 보여주고, ② 투쟁 속에서 용솟음쳐 나온 영웅적 전형인물을 노래하였으며, ③ 통치계급의 본질과 추태상을 폭로하였고, ④ 사랑과 혼인자유를 위해 싸우는 우리 민족 여성들의 아름다운 정신미를 열정적으로 노래하였다는 것이다. 또 표현상의 특징에 대해서는 ① 통속적이고, 아름답고, 유창한 언어에, ② 신기하면서도 생활 논리에 맞는 이야기거리, ③ 현실의 모순과 갈등을 바탕으로 삼고 나래 펼친 대담하고 신기한 환상,

12) 정길운 정리, 『백일홍』, 연변인민출판사, 1979.

④ 사람들의 인기를 끄는 서사적 화폭 등을 언급함으로써 찬사를 보내고 있다.[13)]

박창묵은 조선족 인민들이 만주땅에 정착해 살면서 창작한 설화, 즉 자생설화를 중심으로 하여 여기에 표현된 특징을 세 가지로 언급하고 있다. 첫째, 이들 설화에는 이 땅에서 새 세대를 살아가려는 강렬한 정착의식이 표현되었다고 한다. 중국 조선족은 고향산천을 등지고 이 땅에 와 자리잡고 살아야 하는 민족이기에 의·식·주의 원천이 되는 강과 산을 신비화하고 신성화하였다는 것이다. 둘째, 이들 설화에는 떠나온 고향산천에 대한 절절한 사랑과 애타는 그리움, 즉 강렬한 망향의식이 나타나 있다고 한다. 이러한 설화의 예로 〈금강봉전설〉, 〈망향산 무덤〉을 들고 있다. 셋째, 이들 설화는 영웅적 인물을 창조하여 어떠한 악의 세력 앞에서도 굴복하지 않는 강렬한 투쟁의식을 보여주고 있다고 한다. 중국 조선족은 대부분 농민이며, 이들 중 절반 이상이 소작농으로 살면서 점산호의 착취를 받았을 뿐만 아니라 부패한 청조 관부와 일제의 수탈도 조선족 인민들을 괴롭히는 악의 세력이었다. 조선족 인민들은 이들과 대항하여 승리할 수 있는 영웅적 인물들을 설화 속에 창조해 냈다는 것이다.[14)]

최삼룡은 백두산설화의 의미를 해석함에 있어서 본체론적 의미, 반영론적 의미, 상징적 의미, 파생적 의미로 나누어 해석하는데 이 중 반영론적인 의미 속에서 언급된 백두산설화의 내용적 특징이 주목할 만하다. 그는 백두산설화 속에는 봉건지주의 압박과 착취, 일본제국

13) 임범송, 앞의 논문, 157~158쪽.

14) 박창묵, 앞의 논문, 186~187쪽.

주의의 침략과 약탈, 토비들의 약탈과 같은 중국 조선족들의 사회경제 생활과 정치 생활이 반영되어 있다고 보고 그 내용을 세 가지로 나누어 언급하고 있다. 첫째, 백두산설화는 대부분 가난에 관한 이야기, 나쁜 놈과 싸우는 이야기이며, 그 속에 중국 조선족 인민이 과경 초기에 겪어야 했던 가난과 고통과 슬픔을 반영하고 있다고 한다. 둘째, 일부 설화에서 개성 해방, 민주 평등의식을 선명하게 보여주고 있으며, 심지어는 사회주의 의식까지 보여주고 있다고 한다. 셋째, 낭만의식, 낙천적 정신이 반영되어 있다고 본다. 실제 설화의 내용이 다 비극적인데 결말은 다 비극적으로 끝나지 않고, 대부분 이야기가 천한 자, 없는 자, 불쌍한 자의 최후 승리로 끝난다는 것이다.15)

또한 최삼룡은 우리 설화가 중국 조선족 설화에서 변이되는 요인을 세 가지로 드는데 이것 역시 중국 조선족 설화의 성격을 이해하는 데 도움이 된다. 첫째, 중국 조선족 설화에는 자신들이 살고 있는 고장을 사랑하는 향토의식이 반영되어 있고, 둘째로, 기아와 질병, 재난 등의 자연재해가 설화를 변이시킴과 동시에 착취계급에 대한 반항과 투쟁정신이 변이요인이 된다고 했다. 셋째, 한 세기 반 동안 문화의식과 가치관의 변화가 있었으며, 특히 장기적인 혁명 투쟁에서 봉건사상을 비판하게 되는 등의 수용자의 의식 변화가 재래설화의 변이를 일으킨다고 보았다.16)

국내 학자 중 이헌홍은 중국 조선족 문헌정착 설화의 변이양상을 고찰하는 논문에서 중국 조선족 설화의 특징을 ① 지배계급 비판

15) 최삼룡, 「중국조선족 백두산 설화의 의미」, 앞의 책, 371~377쪽.

16) 최삼룡, 「중국조선족 재래설화 변이고」, 앞의 책, 354~358쪽.

과 극단적 대립구도의 설정, ② 노동가치의 중시와 대조적 결말, ③ 공동체 의식의 강조와 집단행복의 추구, ④ 경험적 논리와 자력해결의 서사구조의 네 가지로 언급하고 있다.[17] 이 견해는 중국 조선족 설화를 외부의 시각으로 바라보고 해석함으로써 중국 조선족 설화에 대한 이해의 폭을 넓혔다는 데 의미가 있다.

이상에서 언급한 견해들을 참고하여 중국 조선족 설화의 내용상 특징을 정리하면 다음과 같다.

첫째, 중국 조선족 설화에는 과경민족으로서 이국땅에 건너가 황무지를 개척하며 살아가는 그들의 비참한 삶의 모습이 나타나 있다. 그들의 비참한 삶은 기아와 질병, 자연재해 등으로 인한 것이며, 여기에 부패한 청조의 관부와 지주의 수탈이 그들을 극도의 고통 속에서 허덕이게 하였고, 일제의 만주 진출 이후 일제의 탄압과 수탈이 중국 조선족의 삶을 황폐화시키고 있다.

둘째, 중국 조선족 설화에는 이러한 비참한 삶을 극복하고자 하는 강렬한 투쟁의지가 반영되어 있고, 설화 속의 민중들은 악의 세력과 대항하는 영웅적 인물을 창조하여 그를 중심으로 악의 세력과 맞서 싸우고 있다. 또한 일제 침략기 이후에는 일제에 대항하는 항일설화가 상당수 존재한다.

셋째, 중국 조선족 설화에는 강렬한 정착의식이 나타나 있으며, 두고 온 고향을 그리워하는 망향의식을 담은 설화도 있다. 중국 조선족은 과경민족으로서 그들이 창조한 설화에는 새롭게 정착한 땅에

17) 이헌홍, 「중국 조선족 문헌정착설화의 변이양상」, 『한국문학논총』 20집, 한국문학회, 1997, 29~67쪽.

뿌리를 내리고 그곳에서 행복한 삶을 살고자 하는 의식이 나타나 있다. 그들은 자신들의 삶의 터전에 있는 강과 산을 신성화하고 신비화함으로써 향토에 대한 강렬한 애착을 보여주고 있으며, 그들의 삶을 방해하는 적대세력과의 투쟁 역시 그 땅에 정착하고자 하는 강한 의지의 발로라고 할 수 있다. 망향의식은 정착의식과 함께 이주 1세대 모두에게 공존하는 의식이었으나 그 땅에 정착하는 문제가 더 절박했기에 세월이 가면서 점차 무의식의 세계로 가라앉았고, 그 결과 현재 전승되는 망향설화는 〈망향의 언덕〉, 〈금강봉〉, 〈남평과 로덕〉, 〈매미〉 등 손으로 꼽을 정도에 불과하다.

넷째, 중국 조선족 설화에서는 공동체의식이 강조되고, 개인보다는 집단행복을 추구하는 경향이 있다. 그리고 결말은 대부분 해피엔드로 끝난다. 이와 같은 경향은 공산주의 사상의 영향도 있겠지만 그보다는 이국땅에서 수탈과 억압을 견디고 살아남기 위해서는 같은 민족끼리 단합해야 한다는 의지가 반영된 것이며, 온갖 고난을 극복하고 행복한 삶을 살고자 하는 그들의 꿈이 설화에 투영된 것이라 할 수 있다.

다섯째, 우리 설화와 비교해 볼 때 중국 조선족 설화에는 근대의식이 반영되어 있다. 초월적이고 비과학적인 내용이 축소되는 반면에 현실적이고 합리적인 사고가 중시되며, 남녀평등과 같은 근대적 의식이 나타나 있는 것이다. 이는 중국 조선족 설화의 구술과 수집·정리 시기가 신중국이 성립되고, 사회주의 사상이 확립된 1950년대 이후라는 시대적 배경을 고려할 때, 구술자, 정리자 그리고 설화 수용자들의 의식에 변화가 있었기 때문이라 할 수 있다.

3. 중국 조선족 설화의 연구

앞에서 살펴보았듯이 중국 조선족 설화의 수집과 정리는 1950년대 초부터 시작되어 활기를 띠다가 1966년부터 시작된 10년간의 문화대혁명 기간에 수난을 당했으며, 1977년 말부터 수집·정리가 재개되어 이후 만주지역 전역에 걸친 설화문학의 수집·정리는 큰 성과를 이루어냈다. 이렇게 설화의 수집과 정리가 진행되는 가운데 설화에 대한 연구도 활발하게 진행되었다. 김동훈은 『중국 조선족 구전설화 연구』에서 1950년대부터 1996년 초까지 발표된 중국 조선족 설화 관계 논문 일람표[18]를 만들었는데 여기에 수록된 논문은 모두 90편이다. 이 중 1950년대에 발표된 11편은 신문이나 잡지에 게재된 것으로 구전문학에 대한 관심을 강조했거나 설화에 대한 단편적인 언급이어서 연구논문으로 볼 수 없다. 문화대혁명 이후 발표된 논문 가운데도 신문이나 잡지에 실린 논평 수준의 글이 10여 편이 되어 이것들까지 제외하면 중국 조선족 설화에 대한 연구논문은 70편 정도이고, 이 중 13편은 한국에서 발표된 논문이다.

중국 조선족 설화에 대한 연구가 우리나라와 중국에서 본격적으로 이루어진 것은 1992년 8월 24일에 체결된 한중수교와 밀접한 관련이 있다. 1988년 9월 17일 서울올림픽이 개최되기 전인 7월 7일에 노태우 대통령은 "민족자존과 통일번영을 위한 특별 선언"을 발표했는데 여기에는 남북관계 개선뿐만 아니라 사회주의권과의 관계 개선

18) 김동훈, 앞의 책, 465~470쪽.
이후 언급되는 중국의 설화 연구 논문은 대부분 이 자료에 의한 것임.

에 대한 의지가 표명되어 있었다. 이후 1990년 1월 한・중 간에 무역대표부가 설치되어 영사 기능의 일부를 수행하면서 수교협상이 진행되었다. 이처럼 한중관계가 개선되어 가는 분위기 속에서 한국의 학자들이 중국에 관심을 가지고 왕래하기 시작했고, 중국 조선족 설화에도 관심을 보이기 시작했다. 그리고 한중수교를 전후해서 중국 조선족의 설화가 국내에 소개되기 시작했고, 이후 국내학자와 중국 조선족 학자 간의 교류가 활발해져 서로간의 연구성과를 공유하기에 이르렀다. 이제 중국 조선족 설화의 연구 상황을 중국과 국내로 나누어 개괄적으로 살펴보기로 한다.

1) 중국에서의 중국 조선족 설화 연구

중국에서 중국 조선족 설화에 대한 연구논문은 1980년부터 발표되었다. 중국어로 발표된 것과 신문에 실린 것, 학술대회에서 발표한 것을 제외하면 1980년대에 발표된 순수 우리말 논문은 그리 많지 않다. 임범송은 1980년 『아리랑』에 「설화의 사상예술적 특성에 대하여」라는 논문을 발표했고, 1982년 『조선족 문화 예술 개관』에 「조선족 구전문학의 수집・정리에서 얻은 성과」를 발표하였다. 조성일은 1980년 『문학예술 연구』에 「조선족 설화에 대한 개략적 고찰」을 발표했고, 1983년에 역시 『문학예술 연구』에 「조선족 구전문학 개관」을 발표했다. 그리고 김동훈은 1988년 『조선족 문학연구』에 「조선족 구비문학 개관」과 「정길운론」이라는 두 편의 논문을 발표했다. 이 외에도 김용식이 1984년 『문학과 예술』 창간호에 「구전설화의 재창조에 대하여」라는 논문을 발표했고, 이암이 1985년 『문학과 예술』에 「조선족 설화에 반영된 윤리도덕관」을 발표했으며, 김금자는 1987년 『문학과 예술』에 「조선족 효행담을 두고」라는 논문을 발표했다. 이상의 논문들을 종합해 보면 1980년대의 설화 연구논문은 설화 전체를 개괄하는 논문들이 주류를 이루고 있음을 알 수 있다.

1990년대에 들어서면서 중국 조선족 구전설화에 대한 연구는 이전보다 활기를 띠게 된다. 신문과 잡지에도 설화에 대한 글들이 많이 발표되었고, 설화에 대한 연구논문도 많이 나왔으며, 1994년 8월에는 제1회 중국 조선족 민간문예 심포지움이 개최되기도 하였다. 김동훈의 『중국 조선족 구전설화연구』에 수록된 1990년부터 1996년 초까지의 논문 가운데 대표적인 논문을 소개하면 다음과 같다.

1992년에 간행된 『조선족 민속연구』 제1권[19]에는 4편의 구전설화에 대한 논문이 실려 있다. 대표적인 설화의 수집・정리자인 박창묵은 「조선족 전설의 민족적 특성을 논함」이라는 논문에서 조선족 설화에 나타난 정착의식과 망향의식, 투쟁의식 등을 언급하며 주목을 끌었다. 평론가인 최삼룡은 「중국 조선족 재래설화의 변이고」라는 논문에서 우리나라의 설화가 중국 조선족 설화에서 변이된 양상을 몇 편의 설화를 예로 들어 개략적으로 고찰하였다. 이 외에도 리창인은 「민담전승인에 대하여」라는 논문에서 민담 구술가들에 대해서 고찰하였으며, 사천은 「차병걸 옛 이야기에 나타난 샤머니즘적 표현」이라는 논문을 발표하였다.

1992년 연변대학에서 윤봉송의 석사학위 논문 「중국 조선족 향

19) 연변조선족민속학회, 조선족민속연구소 공편, 『조선족 민속연구』 제1권, 연변대학출판사, 1992.

토전설의 형성과 그 심미적 특성」이 나온 것도 설화 연구에서 중요한 의미를 갖는다고 볼 수 있다. 1994년에 발표된 최삼룡의 「중국 조선족 백두산 설화의 의미」와 김관웅의 「중국 조선족 민담에로의 비교문학적 접근」도 주목할 만한 논문들이다.

2001년에 간행된 『중조한일 민담 비교연구』[20]는 중국과 우리나라, 일본의 민담을 비교 연구한 논문들을 수록한 책으로 설화 연구의 귀중한 성과라 할 수 있다. 이 책에는 김동훈과 우상렬이 공동으로 작성한 조선족 민담과 중・한・일 민담의 분류대조표가 총 136쪽에 걸쳐 수록되어 있어 설화연구에 좋은 자료가 되고 있다. 이 책에는 14편의 논문이 수록되어 있는데 김동훈의 「〈야래자〉설화의 전승변이고」, 허휘훈의 「〈범어머니〉형 민담의 비교연구」, 김종식의 「〈제비보은〉형 민담의 비교연구」, 김관웅의 「〈기로〉형 민담의 비교연구」, 유성은의 「〈곶감〉형 민담의 비교연구」, 허련화의 「〈재주있는 형제〉 민담의 비교연구」와 「〈뱀신랑〉형 민담의 비교연구」, 최삼룡의 「〈구경전(狗耕田)〉형 민담의 비교연구」와 「〈방리득보〉형 민담의 비교연구」, 허일의 「〈거부기와 토끼〉형 민담의 비교연구」, 박명숙의 「〈천혼〉형 민담의 비교연구」, 유병수・주송희의 「〈두꺼비 보은〉설화 비교연구」, 박계옥의 「〈백조처녀〉형 설화의 조선반도에서의 전승과 변이」, 유성운의 「조선에서의 〈량축〉전설의 전승변이연구」 등이다.

2) 국내의 중국 조선족 설화연구

국내에서 중국 조선족 설화에 대한 최초의 연구논문은 1988년

20) 김동훈・허휘훈 주필, 『중조한일 민담 비교연구』, 료녕민족출판사, 2001.

에 발표된 최인학의 「중국조선족 설화의 연구」이다.[21] 그 후 1991년 10월에 김선풍이 편찬한 21冊의 『조선족구비문학총서』[22]가 민속원에서 영인본으로 발행된다. 이 총서의 제1책에는 김선풍의 해제 논문인 「조선족 설화연구」가 실려 있으며, 1冊부터 16冊까지는 설화, 17冊부터 20冊까지는 민요, 21冊에는 수수께끼(迷諺)가 실려 있다. 15冊과 16冊에 실려 있는 설화는 중국어로 표기된 설화들이다. 이 총서가 발행됨으로써 국내에서도 중국 조선족 설화를 접할 수 있게 되었고, 중국 조선족 설화 연구자들에게 자료를 구하는 수고를 덜어주어 큰 도움이 되었다.

고려대학교 민족문화연구소에서는 1990년 11월 '한민족에게 있어서 백두산 설화의 의미'라는 주제로, 1991년 11월에는 '재중 한민족 설화의 연구'라는 주제로 두 차례에 걸쳐 국제적인 연구발표회와 토론회를 개최하였고, 이때 발표한 논문들을 수록하여 1992년 9월 『백두산 설화 연구』[23]라는 책을 발간하였다. 이 책에는 정재호의 「백두산과 우리민족」, 조희웅의 「백두산 설화와 민간의식」, 서대석의 「백두산과 민족신화」, 최래옥의 「백두산 전설의 연구」, 최인학의 「설화에 나타난 이주한국인이 본 백두산」이 실려 있다. 그리고 중국 조선족 학자의 논문 두 편이 실려 있는데 최삼룡의 「중국 조선족 백두산 설화의 의미」와 김동훈의 「백두산 전설군에 대한 연구」이다.

---

21) 최인학, 「중국조선족 설화의 연구」, 『비교민속학』 제4집, 비교민속학회, 1989.

22) 김선풍 편, 『조선족구비문학총서』, 全21冊, 민속원, 1991.

23) 정재호 외, 『백두산 설화 연구』, 고려대학교 민족문화연구소, 1992.

한편 숭실대학교 출판부에서는 1992년 6월에 『연변지역 조선족 문학연구』[24]라는 책을 발간하였는데 여기에도 김동훈의 「구비문학 개관」이라는 논문과 소재영의 「설화의 양상과 특질」이라는 두 편의 중국 조선족 설화 관련 논문이 실려 있다.

중국 조선족 학자가 국내에서 발간한 두 권의 저서는 국내연구자들이 중국 조선족 설화를 이해하고 연구하는 데 큰 도움이 되었다. 연변대학 교수인 김동훈은 1999년 한국문화사에서 『중국 조선족 구전설화 연구』[25]를 발간하였다. 이 책에서 김동훈은 중국 조선족 설화를 신화론, 전설론, 민담론, 전승자론으로 나누어 고찰하였으며, 부록에 중국 조선족 구전설화 자료 요목과 설화 관계 논문 일람표를 제시하여 설화 연구자들에게 도움이 되도록 하였다. 1993년 연변대학 교수로서 젊은 학자였던 우상렬은 한국정신문화연구원 한국학대학원 박사과정에 입학하였고, 2002년에 「중국 조선족 설화의 종합적 연구」라는 논문으로 박사학위를 받았으며, 이 박사학위 논문이 국학자료원에서 책으로 발간되었다.[26] 이 책에서는 조선족 설화의 전승변이 양상연구, 조선족 자생설화 의미해석, 지역별 분류에 의한 의미 해석 등의 내용이 주목할 만하다.

중국 조선족 설화에 대한 논문을 이미 발표한 학자 중 계속해서 논문을 발표한 학자는 소재영과 최인학이다. 소재영은 1993년에 「연변지역 조선족 설화의 특이성 연구」[27]를 발표하였고, 최인학은 1994

24) 소재영 · 권철 · 김동훈 · 조규익, 『연변지역 조선족 문학연구』, 숭실대학교출판부, 1992.

25) 김동훈, 앞의 책.

26) 우상렬, 『중국조선족 설화의 종합적 연구』, 국학자료원, 2002.

년에 「중국 조선족 설화의 성격」[28]이라는 논문을 발표하였다. 한편 중국 조선족 학자인 최삼룡은 1997년에 「중국 조선족 설화에서의 정착의식」[29]을 발표하고, 중국에서 이미 발표했던 「중국 조선족 재래설화의 변이고」를 우리나라에서 다시 발표함으로써[30] 국내 연구자들의 조선족 설화에 대한 이해를 돕고자 하였다.

국내학자 중 중국 조선족 설화에 대해서 지속적인 관심을 가지고 논문을 써온 학자들이 있다. 이헌홍은 1995년에 발표한 「중국 조선족 설화의 구술전통과 이데올로기 志向性」[31]으로 시작하여 1997년에 「중국 조선족 문헌정착설화의 변이양상」[32]을 발표하였다. 2000년에 「중국 조선족 설화와 한국 설화의 비교 연구 : 계급 대립담을 중심으로」[33]를 발표하였고, 2012년에는 「김태락 설화의 구술 개입 양상과 의미」[34]를 발표하였으며, 2013년에는 「중국 조선족 이주・정

27) 소재영, 「연변지역 조선족 설화의 특이성 연구」, 『중국연구』 12, 건국대학교 중국문제연구소, 1993.

28) 최인학, 「중국 조선족 설화의 성격」, 『어문연구』 제22권 제3호, 한국어문연구회, 1994.

29) 최삼룡, 「중국 조선족 설화에서의 정착의식」, 『어문연구』 제25권 제3호, 한국어문연구회, 1997.

30) 최삼룡, 「중국 조선족 재래설화의 변이고」, 『한국 민속문화 연구총서』 4권, 중앙대학교 한국문화유산연구소, 1997.

31) 이헌홍, 「중국 조선족 설화의 구술전통과 이데올로기 지향성」, 『한국문학논총』 16집, 한국문학회, 1995.

32) 이헌홍, 「중국 조선족 문헌정착설화의 변이양상」, 『한국문학논총』 20집, 한국문학회, 1997.

33) 이헌홍, 「중국 조선족 설화와 한국 설화의 비교 연구:계급 대립담을 중심으로」, 『국어국문학지』 제37집, 문창어문학회, 2000.

착담의 서사적 양상과 의미」35)를 발표하였다.

필자는 1996년부터 2012년까지 중국 조선족 설화의 변이 양상을 중심으로 7편의 논문을 발표하였는데 이 논문들이 부분적인 수정을 거쳐 이 책의 제2부에 수록되어 있다. 임철호는 2008년 「조선족 설화의 조선족 형상」36)이라는 논문을 시작으로, 2009년 「〈해동의 여왕〉 연구」37)를 발표했고, 2011년에는 「두만강의 양면성 고찰 - 조선족 두만강전설을 대상으로」38)라는 논문을 발표했으며, 2014년에는 「적지전설의 전승과 변이 연구」39)를 발표했다.

국내의 중국 조선족 설화에 대한 연구는 석사논문과 박사논문에서도 여러 편의 논문이 나왔다. 이은하는 1993년 「중국 조선족 설화 연구 - 지주-머슴형 설화를 중심으로」40)라는 논문으로 국내 최초로 조선족 설화 연구를 통해 석사학위를 받았다. 1997년 「중국 조선족

---

34) 이헌홍, 「김태락 설화의 구술 개입 양상과 의미」, 『한국민족문화』 44, 부산대학교 한국민족문화연구소, 2012.

35) 이헌홍, 「중국 조선족 이주・정착담의 서사적 양상과 의미」, 『한국민족문화』 46, 부산대학교 한국민족문화연구소, 2013.

36) 임철호, 「조선족 설화의 조선족 형상」, 『세계비교문학연구』 vol. 23, 세계비교문학회, 2008.

37) 임철호, 「〈해동의 여왕〉 연구」, 『열상고전연구』 제30집, 열상고전연구회, 2009.

38) 임철호, 「두만강의 양면성 고찰 - 조선족 두만강전설을 대상으로」, 『한국언어문학』 제76집, 한국언어문학회, 2011.

39) 임철호, 「적지전설의 전승과 변이 연구」, 『세계문학비교연구』 vol. 47, 세계문학비교학회, 2014.

40) 이은하, 「중국 조선족 설화 연구 -지주-머슴형 설화를 중심으로」, 인하대학교 석사학위 논문, 1993.

항일설화 연구」[41]를 발표한 하미경은 이듬해인 1998년 부산대학교에서 「중국 조선족 설화 연구 - 자생적 설화를 중심으로」[42]라는 논문으로 석사학위를 받았다. 2006년에는 이종선이 「〈竹嶺 다자구 설화〉와 〈五女山 설화〉의 비교연구」[43]로 석사학위를 받았다. 2010년 「『황구연전집』 소재 한국문헌설화의 재구의식」[44]이라는 선행논문을 쓴 최향은 2011년 고려대학교에서 「『황구연전집』 설화 연구 - 다중적 의식세계와 미적 지향을 중심으로」[45]라는 논문으로 박사학위를 받았다. 같은 해 충북대학교에서는 임영이 「중국 조선족 여성설화 연구」[46]로 박사학위를 받았다. 그리고 2014년에는 김창화가 연세대학교에서 「조선족 자생설화 연구」[47]로 석사학위를 받았다.

그 외의 개인 논문으로는 1998년에 김승찬이 쓴 「중국 조선족 설화에 나타난 우리 설화의 변이양상과 의미」[48]가 있고, 2010년에

---

41) 하미경, 「중국 조선족 항일설화 연구」, 『국어국문학지』 34, 문창어문학회, 1997.

42) 하미경, 「중국 조선족 설화 연구 - 자생적 설화를 중심으로」, 부산대학교 석사학위논문, 1998.

43) 이종선, 「〈竹嶺 다자구 설화〉와 <五女山 설화〉의 비교연구」, 부산교육대학교 석사학위논문, 2006.

44) 최향, 「『황구연전집』 소재 한국문헌설화의 재구의식」, 『구비문학연구』 제30집, 한국구비문학회, 2010.

45) 최향, 「『황구연전집』 설화 연구 - 다중적 의식세계와 미적 지향을 중심으로」, 고려대학교 박사학위논문, 2011.

46) 임영, 「중국 조선족 여성설화 연구」, 충북대학교 박사학위논문, 2011.

47) 김창화, 「조선족 자생설화 연구」, 연세대학교 석사학위논문, 2014.

48) 김승찬, 「중국 조선족 설화에 나타난 우리 설화의 변이양상과 의미」, 『모산학보』 제10집, 동아인문학회, 1998.

박상석이 쓴 「조선족 설화의 소원 성취담 연구」[49]가 있다. 2012년에는 김창화와 박금해가 「설화로 보는 간도지역 조선인의 이주와 정착 - 조선족 설화의 역사적 의미」[50]를, 노영근이 「인삼 소재 한・중 설화 비교 연구」[51]를 발표하였고, 2014년에는 안상경이 「압록강 유역 설화의 지역적 특수성 연구」[52]를 발표하였다.

지금까지 열거한 국내 중국 조선족 설화 연구 업적들을 종합해 보면 중국조선족 학자들의 저서 2권과 40여 편의 논문들이 발표되었음을 볼 수 있다. 그러나 필자가 미처 파악하지 못한 논문도 상당수 있을 것으로 여겨져 실제 발표된 논문은 이보다 더 많을 것으로 보인다. 이와 같은 결과는 그 동안 국내에서 중국 조선족 설화에 대한 연구가 활발했음을 보여주는 것이며, 앞으로도 더 많은 연구가 이루어질 것으로 기대된다.

---

49) 박상석, 「조선족 설화의 소원 성취담 연구」, 『연민학지』 13권, 연민학회, 2010.

50) 감창화・박금해, 「설화로 보는 간도지역 조선인의 이주와 정착 - 조선족 설화의 역사적 의미」, 『열상고전연구』 제35집, 열상고전연구회, 2012.

51) 노영근, 「인삼 소재 한・중 설화 비교 연구」, 『국제어문』 제54집, 국제어문학회, 2012.

52) 안상경, 「압록강 유역 설화의 지역적 특수성 연구」, 『글로벌문화콘텐츠』 제15호, 한국글로벌문화콘텐츠학회, 2014.

제2부

중국 조선족 설화의 변이 양상

제1장 〈지하국대적퇴치설화〉와 〈해란강〉

제2장 〈螺中美婦說話〉와 〈홍송과 인삼〉

제3장 〈장자못전설〉과 〈각시바위〉

제4장 〈아기장수설화〉의 변이 양상

제5장 〈지하국대적퇴치설화〉의 변이 양상

제6장 〈두꺼비 보은설화〉의 변이 양상

제7장 〈박가구촌의 유래〉에 나타난 남매혼 설화의 변이 양상

중국 조선족 설화 연구

제1장

〈지하국대적퇴치설화〉와 〈해란강〉

1. 서론

〈地下國大賊退治說話〉는 우리나라에 널리 퍼져있는 민담 중에 하나이다. 이 설화는 손진태가 1947년에 『韓國民族說話의 硏究』라는 책에서 그 내용을 소개하고, 그것이 몽고설화의 영향을 받았다고 주장함으로써 국내 학계의 관심을 끌었다.[1] 그리고 그 후 지하국대적퇴치설화에 대한 연구는 설화의 소설화라는 측면에서 시작되었으며, 장덕순에 의해서 처음 시도된 후[2] 많은 학자들의 관심의 대상이 되어 그 후 김순진, 송진한, 김미란 등에 의해서 본격적인 논문이 발표

---

1) 손진태, 『韓國民族說話의 硏究』, 을유문화사, 1947, 106~133쪽.
이보다 앞서 손진태씨는 1930년 日文으로 된 『조선민담집』 (동경향토연구사)에 지하국대적퇴치설화의 내용을 발표한 바 있다.

2) 장덕순, 『韓國說話文學硏究』, 서울대학교 출판부, 1971.
장덕순, 『설화문학개설』, 이우출판사, 1983.

되었다.[3)]

설화 자체에 대한 연구는 노성미의 「〈지하국대적퇴치설화〉형 민담의 구조연구」[4)]에서 본격화되었다. 이 논문에서 노성미는 우리나라에 분포되어 있는 34개의 類話를 중심으로 그 변이의 양상을 고찰하고, 서사적 특성과 탐색의 구조를 고찰하였으며, 이에 대한 의미론적 해석을 시도하였다.

한편 윤준필은 〈지하국대적퇴치설화〉를 〈거타지설화〉나 〈최치원설화〉, 〈바리공주설화〉와 비교하여, 그 변이 양상을 고찰하고, 주몽형 영웅소설, 〈최고운전〉, 〈홍길동전〉, 〈김원전〉과 〈금령전〉 등의 소설에서 변형양상을 고찰함으로써 설화와 소설에 나타난 〈지하국대적퇴치설화〉의 변이 내지는 변형양상을 종합적으로 고찰하였다.[5)]

주몽설화는 지배계층에 의하여 형성된 신화로서 영웅소설의 형성에 직접적인 영향을 끼쳤음은 주지의 사실이다. 이에 반해 〈지하국대적퇴치설화〉는 민중들에 의하여 전승된 민담으로서 〈김원전〉이나 〈금령전〉과 같은 작품의 형성에 직접적인 영향을 주었으며, 주몽형

---

3) 김순진, 「지하국대적퇴치설화와 이조전기소설의 구조 대비분석」, 『구비문학3』, 한국정신문화원 어문학 연구실, 1980.
송진한, 「한국설화의 소설화 연구 - 〈지하국대적퇴치설화〉와 고전소설의 구조분석을 중심으로 - 」, 전남대학교 대학원 석사 학위 논문, 1984.
김미란, 「김원전 연구」, 『畿甸어문학』 제2집, 수원대학교 국어국문학회, 1987.

4) 노성미, 「〈지하국대적퇴치설화〉형 민담의 구조연구」, 경남대학교 대학원 석사학위 논문, 1986.

5) 윤준필, 「지하국대적퇴치설화의 변형양상 연구 - 설화와 소설을 중심으로 - 」 전북대학교 교육대학원 석사학위 논문, 1993.

영웅소설에서나 볼 수 있는 주인공의 영웅적인 활약이나 결혼담도 〈지하국대적퇴치설화〉의 영향으로 볼 수 있다. 이처럼 〈지하국대적퇴치설화〉는 영웅소설의 형성에 영향을 미쳤을 뿐만 아니라 〈최치원설화〉나 〈바리공주설화〉와 같은 변이형태를 가지고 있다.

설화는 역사적 배경이나 사회적 환경의 변화에 따라 다양하게 변이되는 특색을 가지고 있다. 우리나라 동포들이 이주해 살고 있는 연변의 설화 〈해란강〉이 그 한 예이다. 〈해란강〉은 국내에서는 찾아볼 수 없는 〈지하국대적퇴치설화〉의 독특한 변이형태이다. 본 논문은 이 〈해란강〉과 〈지하국대적퇴치설화〉를 비교하여 우리와는 다른 역사적 배경과 사회적 환경을 가지고 살아온 연변조선족 사회에서 〈지하국대적퇴치설화〉가 변이된 양상과 그 의미를 고찰해 보고자 한다.

2. 해란강과 연변조선족

해란강은 두만강의 64개 지류의 하나로서 화룡에서 시작하여 용정을 끼고 돌아 연길에서 부르하통하에 합류되는 강이다. 이 해란강의 하류에 있는 용정은 중국 조선족 문화가 가장 일찍 발달한 곳으로, 이 해란강을 중심으로 형성된 충적평야에서 조선족을 중심으로 한 마을이 형성되었다.

연변에서 조선족의 구전문학이 수립·정리되기 시작한 것은 1954년부터이며, 이후 1966년 문화혁명이 시작되기 전까지 활발하게 조선족 구전문학사업이 진행되었다. 〈해란강〉은 1960년대에 이르러 정길운이 수집·정리한 설화이다.[6] 따라서 〈해란강〉은 조선족들이

19세기 중엽 연변에 이주하기 시작하여 연변조선족자치주가 형성되기까지 100여 년의 기간 동안에 형성된 조선족의 설화이다. 이제 〈해란강〉의 형성배경을 이해하기 위하여 이 기간 동안 연변 조선족들의 삶의 모습을 개괄해 보기로 한다.

1) 조선족의 移住

1640년대 淸朝의 통치자들은 압록강 우안과 두만강 좌안의 주위 1천여 리나 되는 지역을 만족 선조의 발상지라 하여 龍興之地라 칭하고 이곳에 이민족의 거주를 금지시켰다. 그러나 1850년대부터 가난한 조선 농민들은 이 엄한 봉쇄선을 뚫고 압록강과 두만강을 몰래 건너가 정착하기 시작하였다. 조선 농민들은 200년 동안 인적이 뜸하여 황무지로 화한 금지구역을 개간하여 밭을 일구었다. 더구나 1869년 조선의 북부지방에 大旱災가 발생하여 생계가 막연해진 농민들은 대거 만주로 이동하였다.

淸朝의 관원들은 자기네 선조의 발상지를 더럽혔다는 죄명으로 금지구역에 들어가 거주하는 조선 농민들을 체포하여 단두대에 올려세우기도 하고, 가옥에 불을 질러 쫓아내기도 하였지만 날이 갈수록 이주자는 늘어만 갔다. 이주 초기 대부분 조선 농민들은 통화, 집안, 장백, 신빈, 용정, 화룡 등 압록강과 두만강 연안에 살았다. 1870년도에 압록강 연안에 있는 조선인 집거촌은 28개소나 되었다. 연변의 조

6) 연변문학예술연구소 편, 『조선족 문학예술 개관』, 1982, 144~153쪽.
본 논문에서는 정길운이 정리한 『백일홍』(연변인민출판사, 1979)이란 설화집에 수록된 설화를 대본으로 삼았다.

선인들은 1881년에 이르러 만 명을 훨씬 넘어섰다. 이민족의 거주를 금지했던 만주땅에 조선인보다 먼저 이주한 사람들은 한족이었다. 조선족과 한족의 이주를 막는 데 한계를 느낀 청나라 정부에서는 황무지를 개척하는 조선족과 한족 농민들의 이주를 묵인해 오다가 1881년에 이민족의 거주 금지령을 해제하였고, 1885년에는 두만강 700리 좌안에 너비 50리나 되는 지역을 조선족 개간구로 정하였다.[7)]

용정은 해란강을 끼고 있어 벌이 넓고 비옥하기에 조선에서 들어오는 농민들은 점차 이곳에 모여들기 시작하였다. 더구나 용정은 조선으로부터 연변으로 넘어오는 길목이어서 길손을 위한 주막집이 서고, 잡화점과 음식점이 서게 되어 1907년에는 100여 호나 되는 마을이 되었다. 1910년 일본이 용정에 영사관을 설치하면서부터 그 세력이 커지자 淸 정부는 이에 대처하기 위하여 용정에 해관을 설치하고 한족들을 이곳에 이주시켰다. 이리하여 농촌마을이었던 용정촌은 몇 년 안 되는 사이에 급속히 확대되어 자그마한 도시가 되었다. 1921년 말 용정은 이미 3,271호에 15,191명의 인구를 가진 도시가 되었는데, 그 중 조선족은 2,309호에 11,236명이었다. 1934년 4월에는 5,357호에 26,128명의 인구가 되었고, 그 중 조선족이 3,908호에 19,566명이었다. 용정은 1910년대와 20년대에 걸쳐 교육을 통한 신문화 운동의 중심지였을 뿐만 아니라 1919년 3월 13일 일본제국주의를 반대하고, 조선의 독립운동을 지지하며, 민족해방을 쟁취하기 위한 운동이 용정에서 가장 먼저 일어났다. 그 외에도 1920년대나 30년대의 반일 투쟁들은 모두 용정을 중심으로 진행되었다.[8)]

7) 현용순 외, 『조선족 백년사화』 제1집, 료녕인민출판사, 1982, 26~28쪽.

만주의 조선족 이주사에서 빼놓을 수 없는 것은 벼농사이다. 만주는 땅이 냉하고 無霜期가 짧은 탓으로 예로부터 이 지역에 살던 사람들은 밭농사를 지으면서 살아왔다. 그러던 것이 조선 농민들이 이주하면서 광활한 만주땅에 논농사가 시작된 것이다. 가장 먼저 논농사가 시작된 곳은 길림성 통화면 상전자(上甸子)이다. 1870년 김씨라는 조선 농민이 이곳으로 이사왔다. 그는 몇 해 동안 세심한 관찰과 체험을 거쳐 그 일대 기후와 수온의 변화 정황을 파악하고 이곳에 벼농사를 지을 수 있다고 판단했다. 그는 몰래 압록강을 건너 조선에 가서 볍씨 몇 근을 사다가 벼농사를 시작했는데 예상 밖으로 벼가 잘 여물었다. 벼농사가 성공했다는 소식은 삽시간에 주변의 조선 농민들에게 퍼져 인접한 홍경현, 유하현, 환인현 등에서도 논농사를 시작하기에 이르렀다.

연변일대의 벼농사는 조선족이 이곳에 이주해 온 시기보다 훨씬 늦게 시작되었다. 1900년경 남부 조선에서 이주해 온 농민들이 용정 부근 大佛洞에서 처음으로 논농사를 짓기에 성공하자 연변 각지 조선족 농민들은 해란강, 부르하통하, 가야하, 훈춘강의 풍부한 수원을 이용하여 대대적으로 논을 만들었는데 1921년에 이르러 문루구, 평강수남, 평강수북, 용정평강상리, 동양상리, 화룡(이상 당시 화룡현 지역), 백초구, 춘양(왕청현 지역), 훈춘 등지에다 6,400여 정보의 논을 개간하여 해마다 14만6천 석의 벼를 생산하였다.[9]

만주에서의 벼농사의 성공과 함께 조선인들의 만주로의 이주는

---

8) 위의 책, 35~50쪽.

9) 위의 책, 52~54쪽.

끊임없이 계속되어 한일합방이 이루어진 1910년 당시 만주[10]에 거주하는 조선족은 약 20만이었으며. 그 가운데서 약 15만 명이 간도[11]에 거주하였다. 한일합방 이후 조선족의 만주로의 이동은 엄청난 증가를 보인다. 그리하여 1940년에는 1910년에 20만이던 만주의 조선족 인구가 145만이 되었으며, 간도지방의 조선족 인구도 62만 명으로 증가하였다. 1945년 해방 당시 만주의 조선족 인구는 170만 명 정도로 추정되며, 이중 연변지역의 인구는 64만 명으로 추정되고 있다. 해방 이후 만주의 조선족들이 대거 귀국함에 따라 결과적으로 만주에 정착하게 된 조선족은 약 100만 명이며, 이들은 간도와 기타지역에 각각 50만 명씩 나누어 거주하게 된 것으로 추정된다.[12] 이처럼 해방 이후 연변 인구의 비율이 만주의 기타 지역에 비해 상대적으로 높아진 것은 연변지역은 이주의 역사가 길어 대부분의 사람들이 정착의 기반을 닦았기 때문에 귀환한 사람이 적었고, 반면에 타지역 사람들은 이주의 역사가 짧아 정착의 기반을 닦지 못했기 때문에 귀환한 사람이 많았던 것으로 풀이된다. 현재 중국에 거주하는 조선족들은 약 200만 명이며, 이 중 42%인 85만4천 명이 연변조선족자치주에 거주하고 있다. 한편, 연변조선족자치주의 총인구는 1993년 말 213만8천 명으로, 여기에서 조선족이 차지하는 비율은 39.9%이다.[13]

---

10) 만주는 현재의 동북 3성, 즉 길림성, 요녕성, 흑룡강성과 지역의 경계가 거의 일치한다.

11) 간도는 현재의 연변조선족자치주에서 돈화가 제외된 지역이다. 돈화현은 길림시 관할 하에 있다가 1958년에 연변조선족자치주에 귀속되었다.

12) 한상복 · 권태환, 『중국 연변의 조선족-사회의 구조와 변화』, 서울대학교 출판부, 1993, 26~36쪽.

2) 지주와 관부, 일제의 수탈

만주에서 조선족 농민들은 자신의 피와 땀으로 농토를 개간하여 가꾸었다. 대부분 산간지대이고, 기후가 차며, 무상기가 짧은 여러 난관을 극복하고 논밭을 일구어 농사를 지었다. 그 결과 황무지가 점차 옥토로 변하였고, 조선족 농민들의 살림도 제법 안정을 얻게 되었으며, 오붓한 마을들이 여기저기서 일어서게 되었다.

이렇게 이주한 조선족들이 생활이 피어나자마자 占山戶라는 특수한 지주계급이 등장하였다. 이들은 淸朝 통치자들의 비호 아래에 있는 특수한 권리를 가진 관헌, 토비 출신이었거나 치발역복(薙髮易服)에 순종한 망나니들이었다. 淸朝 官府에서는 토지조사를 한다는 구실을 내걸고 토지집조를 그러한 특권계층에게 주었다. 그리하여 그들은 끝없이 넓은 황무지를 헐값으로 얻었거나 무상으로 차지해 버렸다. 점산호는 강과 산을 경계삼아 온 종일 말을 타고 한 바퀴 달린 후 그 안을 자기 땅이라고 선포하였다. 그 안에는 조선족 농민들이 피땀흘려 개간한 땅도 있었는데, 그러한 땅마저도 그대로 약탈을 당하였다.

점산호가 생긴 후부터 농민들이 황무지를 개간하려면 먼저 그 자들과 계약을 맺어야 했다. 일반적으로 첫 해에는 10%의 소작료를 물었고, 이듬해에는 20%를 물었으며, 그 다음 해에는 30%를 물었다. 개간한 지 3년이 지나면 완전히 점산호의 땅이 되어 농민들은 점산호가 정한 대로 소작료는 바쳐야 했다. 소작료는 병작으로부터 소작인

13) 황창수 편, 『내고장 연변』, 연변인민출판사, 1995, 4~5쪽.

이 4할을 차지하고 지주가 6할을 차지하는 4・6제로 했다가 3・7제로 올라갔으며, 나중에는 2・8제까지 올라갔다. 고리대는 매달 이식이 60% 이상이 되었다. 봄에 강냉이 한 말을 꾸면 가을에 일곱 말 닷 되를 갚아야 하는 경우도 있었다.14) 이처럼 19세기 후반에 등장한 점산호들의 토지약탈과 착취는 조선족 농민들의 삶을 비참한 상태로 몰아 넣었다. 더구나 20세기에 접어들면서 조선족 농민들은 청조의 통치와 일제의 통치 등 2중 3중의 압박과 착취를 받아야 했다.

1905년에 시작되었던 노일전쟁이 일본의 승리로 끝난 후 연변은 일제의 세력범위로 결정되었다. 부패하고 무능한 만청정부는 연변에 일제의 침입을 허용하였고, 일제는 1907년 용정에 〈조선통감부 간도출장소〉를 설치하였다. 이때부터 일제는 조선족 인민의 보호자를 가장하여 조선족에 대한 압박과 착취를 자행하였다. 1909년 만청정부는 일제의 강압에 못 이겨 굴욕적인 간도협약을 체결함으로써 일제는 만주에서의 공업과 상업의 경영권을 얻어냈고, 용정은 중일통상의 중심지가 되었다. 1910년에는 〈간도 일본총영사관〉을 설치함으로써 1931년 〈9・18〉사변 때까지 용정을 중심으로 연변지역을 식민지화하였다.

일제는 반일 투사들을 탄압하는 한편 용정에다 〈조선은행 출장소〉를 설치하고 전연변의 금융시장을 독점하였으며, 1911년에는 〈간도구제회〉, 1918년에는 〈동양척식주식회사 간도출장소〉를 설치하여 연변에서 가장 큰 고리대금업자가 되었다. 용정은 근 39년간 일본 독점자본의 상품, 원료 시장으로 전락되어 표면상으로는 매우 번창한 소비도시로 발전되었다. 그러나 이러한 번창의 배후에는 일제의 압박

---

14) 현순용 외, 앞의 책, 29~34쪽.

과 착취에 의해 수많은 빈농들이 파산되어 헐벗고 굶주렸으며, 심지어는 처자를 팔고 목숨까지 잃은 사람의 수도 이루 다 헤아릴 수 없을 정도다.[15)]

일제의 수탈뿐만 아니라 20세기에 들어서서 봉건지주의 수탈과 함께 봉건 군벌정부도 수십 종에 달하는 가렴잡세를 통하여 경제적 수탈을 자행하였다. 집집마다 굴뚝이 있다 하여 굴뚝세를 납부해야 했고, 소를 먹이는 집은 소사양세를 바쳐야 했으며, 관청을 드나들 때는 문턱세를 내야 했다. 그 외에 인두세, 고용세, 문패세, 수리세 등의 세금도 물었다. 지방관부와 지방에 주둔하고 있는 봉건 군벌은 조선족들에게는 더 많은 잡세를 부과하였다. 심지어 조선족 농민들은 그 지방에 주둔하고 있는 군대에게 때때로 쌀, 닭, 달걀, 장, 술, 땔나무, 담배뿐만 아니라 일용품까지 戶稅라는 명목으로 바쳐야 했으며, 그렇지 못할 때에는 강탈과 박해를 면치 못하였다.

봉건 지주계급의 혹독한 착취와 가렴주구를 견디다 못한 조선족 농민들은 생존을 위해서 1914년 연길에서 시작하여 반관부 투쟁을 벌였다. 1913년 말 관부는 이곳 조선족 농민들에게 入籍費라는 명목으로 매호당 30전씩 세금을 부과하였다. 이에 민족적, 계급적 울분이 쌓인 조선족 농민들은 농민계의 조직을 중심으로 연변 각지의 농민계와 연락하여 공동 투쟁을 하기로 했다. 1914년 1월 7일 연길 국자가 祥發原의 조선족 농민들은 擧民登場[16)]의 깃발을 높이 들고 국자가에 위치한 연변의 최고 정권당국인 延吉廳을 포위하고 입적비를

15) 위의 책, 41~46쪽.

16) 擧民登場이란 백성들이 官府 앞에 등장하였다는 뜻이다.

부과한 악질분자를 처단할 것을 강력히 요구하였다. 연길현, 화룡현 왕청현의 조선족 마을 농민계에서도 수백 명의 대표를 파견하여 상 발원 농민들의 투쟁대열에 가담하였다.

조선족 농민들의 시위에 당황한 관부는 군대를 무장시켜 300여 명을 체포, 감금하고 시위대를 강제 해산시키려 하였으나 원한이 극도에 달한 농민들은 군대의 무장위협에도 굴하지 않고, 더 많은 군중들이 모여들었다. 농민들의 기세가 만만치 않음을 간파한 관부는 농민들의 요구를 받아들이고, 악질분자들을 해고시키는 것으로 이 사건을 마무리하였다. 국자가 조선족 농민들의 반관부 투쟁 승리의 소식은 연변 각지에 퍼졌으며, 이에 고무된 화룡현의 조선족 농민들도 악질 토호와 그와 결탁한 현지사를 공소하고 투쟁하여 그들을 추방하는 개가를 올렸다.[17)]

이와 같은 반관부 투쟁은 억압과 수탈에 굴복하지 않고 저항하는 연변 조선족 농민들의 기개를 보인 것이며, 이 투쟁의 정신은 이후 1919년 민족 독립운동을 지지하여 용정을 중심으로 전개된 반일운동이나 1930년 광주학생들의 반일투쟁 성원시위 등을 비롯하여 각종 항일투쟁으로 계승되었다고 할 수 있다.

한편 연변에 거주하는 노인들의 증언에 의하면 점산호와 청조 관부, 그리고 일제 외에도 馬賊들이 조선족들의 삶에 커다란 위협이 되었다고 한다. 마적들은 수십 명 혹은 수백 명씩 떼를 지어 말을 타고 다니면서 조선족 마을을 습격하여 부녀자, 가축, 곡식들을 탈취해 갔는데, 그들의 대부분은 청조의 관리들과 연계되어 있었고, 때로는

---

17) 현용순 외, 앞의 책, 87~93쪽.

일제도 이들을 이용하여 조선족들을 탄압하였다고 한다.

3. 〈지하국대적퇴치설화〉와 〈해란강〉의 구조적 성격

1) 〈지하국대적퇴치설화〉

현재 전하는 〈지하국대적퇴치설화〉 중 비교적 충실한 구조를 갖춘 설화들을 중심으로 그 줄거리를 요약하면 다음과 같다.

① 힘이 센 장사가 길을 가거나 한량이 과거를 보러 간다. (무사가 사냥을 하는 경우도 있고, 주인공이 나무꾼인 경우도 있으며, 납치당한 여인이 공주일 때는 주인공이 무신이 되기도 한다.)

② 여인(공주, 재상의 딸, 부자의 딸)이 지하국의 도적(또는 아귀 귀신)에게 납치를 당하고, 그의 부모가 재산의 반을 주거나 재산과 딸을 준다고 현상을 건다.

③ 주인공은 세 사람의 종자를 데리고 가거나 세 사람의 장사(또는 초립동이)와 결의형제하고 여인을 찾으러 간다.

④ 도적을 잡으러 가는 길에 산신령이 꿈에 나타나 도적이 있는 굴의 입구를 알려준다.(주인공이 다리를 고쳐준 까치가 지하국의 입구를 알려주기도 한다.)

⑤ 칡넝쿨로 줄을 만들어 지하국으로 내려간다. (줄을 타고 내려가는 과정에서 같이 간 세 사람은 실패하고 주인공만이 성공한다.)

⑥ 우물가에서 납치된 여인을 만난다.

⑦ 여인의 도움으로 힘을 기른다. (괴물이 거처하는 집 안으로 들어갈 때 문지기를 통과하기 위하여 주인공이 수박으로 변신하는 경우도 있다.)

⑧ 괴물이 잠든 사이에 괴물을 죽이고 여인을 구출한다. (이때 반드시 여인의 도움을 받는다.)

⑨ 의형제들 또는 종자의 배신으로 혼자만 지하국에 갇힌다.

⑩ 산신령이나 학의 도움으로 지하국을 벗어난다.

⑪ 배신자들에게 복수하고 여인과 결혼한다.

위의 줄거리를 종합해 보면 〈지하국대적퇴치설화〉는 "영웅(구원자나 해방자)이 긴 여행 중에 왕국을 구하고 공주와 결혼하기 위해서 괴물과 싸워 이기거나, 어려운 수수께끼를 풀거나 아주 힘든 장애물을 극복하는 등의 불가능한 과제를 해결하는"[18] 探索(quest)의 原型을 가진 영웅설화임을 알 수 있다. 오든(Auden, W・H)은 전형적인 탐색이야기의 필수적인 요소로 다음의 여섯 가지를 든다.[19]

① 귀중한 물건이나 인물 : 찾아내서 소유하거나 결혼하게 된다.

② 여행 : 이들의 행방이 탐색자에게는 알려져 있지 않기 때문에 그것을 찾기 위한 기나긴 여행.

③ 영웅 : 귀중한 사물은 아무나 찾아낼 수가 있는 것이 아니라 올바른 품행과 성품을 갖춘 자만이 찾아낼 수 있다.

④ 시련 : 하찮은 것이 가려지고, 영웅이 들어나게 되는 하나 또는 일련의 시련.

---

18) Wilfred L. Guerin, Earle G. Labor, Lee Morgen, *A Handbook of Critical Approaches to Literature.* (Harper&Row, Publishers, 1966), p.121.

19) W. H. Auden, "The Quest Hero", S. N. Grebstein ed., *Perspectives in Comtemporary Criticism* (New York : Harper&Row, Publisher, 1968), p.372.

⑤ 파수꾼 : 물건을 손에 넣기 전에 물리쳐야 할 그 물건의 파수꾼들. 그들은 다만 영웅의 능력을 시험하기 위한 가일층의 시련일 수고 있고, 혹은 그들 자체가 악의적일 수도 있다.

⑥ 원조자들 : 지식과 초자연적인 힘으로 영웅을 돕는 원조자들. 그들이 없었다면 영웅은 결코 성공할 수 없다. 그들은 인간 또는 동물의 형태로 나타난다.

〈지하국대적퇴치설화〉는 위에서 언급한 탐색이야기의 여섯 가지 요소를 다 갖추고 있다. 귀중한 물건이나 인물은 납치당한 여인으로, 주인공은 그녀를 구출하여 결혼한다. 탐색의 영웅이 겪는 여행은 지하국대적퇴치설화의 주인공이 지하국을 찾아가는 과정이며, 영웅의 성품과 능력이 드러나는 시련은 지하국을 내려갈 때 주인공만이 내려갈 수 있었던 것과 동료들의 배신을 극복하는 내용이 여기에 해당된다. 파수꾼은 여인을 납치해간 대적 자신이며, 집을 지키는 문지기도 여기에 포함된다. 원조자는 산신령과 까치, 학 등이고 납치된 여인도 대적을 죽이는 일에 도움을 주기 때문에 원조자에 포함될 수 있다.

이상에서 살펴본 바와 같이 〈지하국대적퇴치설화〉는 전형적인 영웅의 탐색담이다. 우리나라에서 〈지하국대적퇴치설화〉와 함께 영웅설화의 쌍벽을 이루는 주몽설화는 이러한 탐색담이 없다. 탐색의 여섯 가지 요소 중 물고기와 자라가 등장하여 강을 건너는 일을 돕는 원조자가 있을 뿐이다. 이에 비해 그리스신화의 대표적인 영웅설화의 하나인 페르세우스 신화는 탐색의 여섯 가지 요소를 다 갖추고 있으며, 〈지하국대적퇴치설화〉처럼 주인공이 여행을 통하여 여인을 구출해 낸 이야기와 그녀와의 결혼담이 주를 이루고 있다. 이렇게 볼 때 〈지하국대적퇴치설화〉는 페르세우스 신화와 同系의 설화라 할 수 있다. 그러나 페르세우스는 제우스의 아들이며, 아르고스왕의 손자인데 비하여 〈지하국대적퇴치설화〉의 주인공은 무명의 인물이다. 이와 같은 차이는 페르세우스 신화가 신성함을 강조하는 신화임에 비하여 〈지하국대적퇴치설화〉는 신성함이 소멸된 민담이기 때문이다.

2) 〈해란강〉

〈해란강〉의 줄거리를 요약하면 다음과 같다.

① 해란강을 사이에 두고 비암산과 주암산이 있었는데 이 두 산의 기슭에 두 마을이 있었다. 양쪽 마을 사람들은 농부 또는 어부였으므로 이 강물을 목숨처럼 아꼈다.

② 비암산 기슭 마을에는 인물 곱고, 고기 그물 잘 뜨는 란(蘭)이라는 처녀가 있었고, 주암산 기슭 마을에는 힘이 세고 농사 일 잘하는 해(海)라는 총각이 있었는데 그들은 같이 일하다가 정이 들었다.

③ 어느 늦가을 폭풍우 속에서 대가리에 뿔이 두 개고, 온 몸은 털로 덮여 험상궂은 악마가 나타나 천 근짜리 장도를 휘두르며 "천하의 땅은 모두 내 것이로다"하고 외치면서 양식과 말린 고기, 그리고 두 마을의 미녀까지 납치해 갔다.

④ 겨울이 되자 양식이 떨어져 얼음을 깨고 고기를 잡으려 했으나 강물이 흐려져 고기가 한 마리도 없었다.

⑤ 이런 일이 매년 계속되자 농민은 호미를 들고, 어부는 노를 들었

으며, 힘 장사 海는 장검을 들고 앞장서서 악마와 싸우러 나섰다.

⑥ 마을 사람들의 응원 속에서 海가 장검으로 악마의 목을 쳤으나 다시 붙곤 했다. 海가 지친 가운데 마을 사람들이 악마의 목에 올가미를 던졌고, 그 순간 海가 목을 쳤으며, 蘭이 매운 재를 뿌려 악마가 죽었다.

⑦ 강물은 이전처럼 맑아지고, 고기들도 이전처럼 떼지어 헤엄쳐 다녔는데 이 해란강변에서 용감한 海와 총명한 蘭의 결혼식이 거행되었다.

⑧ 그때부터 이 강을 두 남녀의 이름을 따서 해란강이라 불렀다.

이 〈해란강〉은 〈지하국대적퇴치설화〉와 다음과 같은 공통점을 가지고 있다. 첫째, 악마의 출현으로 사람들이 소중한 것(여기서는 여인 대신 양식과 미녀)를 잃는다. 둘째, 악마를 죽이는 대목에서 떨어진 목이 다시 붙곤 했는데 여인이 재를 뿌려 다시 못 붙게 함으로써 악마를 죽게 한다. 셋째, 악마를 물리친 후 주인공들의 결혼담이 있다. 이상과 같은 세 가지 공통점은 〈지하국대적퇴치설화〉와 同系의 설화임을 말해준다. 특히 두 번째의 악마의 목에 재를 뿌리는 이야기는 〈지하국대적퇴치설화〉에서만 볼 수 있는 話素이다.

그러나 〈해란강〉은 여러 가지 면에서 〈지하국대적퇴치설화〉와 다른 점을 보여준다. 첫째, 〈지하국대적퇴치설화〉에서와는 달리 〈해란강〉에서는 서두에 평화로운 마을이 강조되고 있으며, 생활의 터전인 강물의 소중함이 강조되었다. 둘째, 악마가 빼앗아 간 것은 공주나 재상의 딸, 부자의 딸과 같은 고귀한 신분의 여인이 아니라 양식이 주가 되고 있으며, 미녀는 부수적이다. 셋째, 악마는 양식과 미녀를 빼앗아 갔을 뿐만 아니라 생활의 터전인 강물까지 흐려 놓았고, 이러한 일이 매년 계속되었다. 넷째, 악마가 거처하는 지하국이 설정되어 있지 않다. 따라서 악마의 퇴치는 그들의 삶의 터전에서 이루어졌다. 다섯째, 악마를 퇴치함에 있어서 주인공의 영웅적인 성격이 약화됨과 동시에 마을 사람들이 합세하고 있다. 여섯째, 초월적인 존재의 도움을 받지 않는다.

이상과 같은 차이는 〈해란강〉이 〈지하국대적퇴치설화〉와는 큰 차이가 있음을 말해 준다. 더구나 〈해란강〉은 〈지하국대적퇴치설화〉가 지니고 있는 탐색의 原型이 제거되어 있다. 영웅적인 인물의 여행이나 시련, 파수꾼의 이야기가 없고, 잃어버린 물건이나 인물을 찾는 이야기도 없으며, 원조자에도 초월적인 존재가 등장하지 않는 것이다. 따라서 〈해란강〉은 큰 줄거리에서는 〈지하국대적퇴치설화〉와 공통점을 가지고 있지만 세부적인 면에서는 영웅의 탐색담이 제거된 〈지하국대적퇴치설화〉의 변이형태라 할 수 있다.

4. 변이의 양상과 의미

설화는 구전문학이기 때문에 여러 가지 형태로 변이되는 속성을 지니고 있다. 그리고 그 변이는 역사적, 사회적, 문화적, 시대적 제 요인에 의해서 이루어진다. 김동훈은 중국 조선족 설화의 변화 요인을 다음의 네 가지로 요약하고 있다. 첫째, 지리적으로 동북아시아 제 민족의 문화가 상호 교차되는 접합점에 위치해 있으므로 다민족의 문화를 다각적으로 접할 수 있는 가능성을 부여받았으며, 따라서 조선의 설화, 만주족의 설화, 漢민족의 설화 원형들을 자유롭게 변이 수용할 수 있게 되었다. 둘째, 농경민족으로서의 조선족의 선조들은 유랑생활로부터 정착생활에 진입하는 과정에 강렬한 생존의식과 이상생활에 대한 추구를 동반한 변이설화를 자기의 정신생활에서의 중요한 지주로 삼아 왔다. 셋째, 설화창조자의 현대의식 강화는 재래설화 속의 신적 존재, 금기 행위, 불교 영험담 등의 모티프를 배척하면서 시대적 변이를 초래한다. 넷째, 조선민족의 고유한 문화적 가치관은 타민족의 설화를 수용하는 과정에서 변이를 생산하는 다른 하나의 요인이 된다.[20] 위에서 말한 조선족설화의 변이 요인 중 〈해란강〉은 두 번째의 역사적 내지는 사회적 요인과 세 번째의 시대적 요인이 크게 작용하여 변이된 〈지하국대적퇴치설화〉의 변이 형태라 할 수 있다. 이제 이 두 가지 요인을 중심으로 변이의 양상과 그 의미를 살펴보기로 한다.

〈지하국대적퇴치설화〉는 지하국의 도적(또는 아귀 귀신)이 고귀한 여인을 납치해 가기 전의 상황 묘사가 없다. 그러나 〈해란강〉에서는 해란강을 사이에 두고 의좋게 사는 두 마을이 설정되고 있으며, 마을 사람들은 농업과 어업을 생계로 삼고 있어 강물의 중요성이 강조되고 있다. 따라서 〈해란강〉은 농업과 어업을 기반으로 하는 기층민들의 생활상을 배경으로 하고 있음을 알 수 있다.

〈지하국대적퇴치설화〉에서 지하국 도적은 초월적인 존재의 성격이 강하다. 그는 일반인들이 미칠 수 없는 지하국에 살고 있으며,

20) 김동훈・허형석, 「중국지역 조선족 설화의 변이양상」, 『素羅 許衡錫 博士 華甲紀念論集』, 태학사, 1996, 121~122쪽.

초월적인 능력을 지니고 있다. 그렇기 때문에 주인공이 그를 물리치기 위해서는 범인을 초월하는 특별한 능력을 길러야 한다. 뿐만 아니라 지하국대적의 초월성은 일반 민중들과는 상당한 거리가 있었다. 이에 반해 〈해란강〉의 악마는 머리에 뿔이 두 개 나고, 온 몸에 털이 나있어 험상궂은 모습에 천 근짜리 장도를 휘두르는 것으로 되어 있어 악마적 인상에 특별한 힘과 무기를 지니고 있을 뿐 그 이상의 초월적인 능력은 언급되어 있지 않다. 따라서 그를 제거하기 위해서 특별한 능력을 기를 필요가 없다. 결과적으로 〈해란강〉의 악마는 〈지하국대적퇴치설화〉의 대적에 비해 훨씬 현실적이다.

〈지하국대적퇴치설화〉에서 지하국의 대적이 납치해 간 대상은 고귀한 여인뿐이다. 그 고귀한 여인이 공주건 재상의 딸이건 또는 부자의 딸이건 간에 그 피해는 한 가정에 국한되며, 일반 서민들의 생활과는 직접적인 관계가 없다. 그리고 대적의 납치는 1회뿐이다. 그러나 〈해란강〉에서 악마가 약탈한 대상은 양식과 말린 고기, 그리고 마을의 미녀이며, 강물까지 흐려놓아 고기마저 잡을 수 없게 만들었다. 더구나 그 악마는 "천하의 땅은 모두 내 것이로다"하고 외침으로써 농어민들의 생존권 전체를 위협하고 있다. 토지와 양식은 생존의 가장 기본적인 요소인데 이 생존의 기본 요소가 약탈당하고 있으며, 그것이 반복적으로 일어나고 있다. 여기서 미녀는 〈지하국대적퇴치설화〉의 잔재로 볼 수 있고, 한편으로는 인간 삶의 기본단위인 가정을 이루는 한 요소로 볼 수도 있다.

〈해란강〉에서의 악마는 〈지하국대적퇴치설화〉에서의 대적에 비해 훨씬 더 현실성을 띠고 있으며, 특히 서민들의 생활과 아주 밀착되어 있다. 〈해란강〉이 연변 조선족의 생존의식과 결부되어 있다고 볼 때, 여기서 악마의 정체는 연변조선족 삶의 역사 속에서 구체적으로 드러난다. 황무지를 개간하여 안정된 삶을 누리고 있던 조선족들의 땅을 강제로 빼앗고 그들을 소작인으로 만들어 착취를 했던 점산호[21], 그리고 조선족의 토지를 약탈하고 착취를 일삼아 조선족들을 파탄시켰던 일제[22], 또 조선족 농민에게 온갖 세금을 다 부과하여 수탈을 자행했던 부패한 청조의 관부[23], 그리고 수시로 조선족 마을에 출현하여 곡식과 가축, 여인들을 약탈해 간 마적들이 바로 이 악마로 表象된 것이다.

〈지하국대적퇴치설화〉는 주인공 한 사람의 영웅적인 행위를 통한 성공담이며, 출세담이다. 주인공의 대적을 퇴치하는 장소도 지하국이라는 초월적인 공간에서 이루어지기 때문에 일반 민중은 이 일과 무관하다. 따라서 대적 퇴치의 결과도 주인공 한 사람에게만 나타난다. 이에 비해서 〈해란강〉의 주인공 海는 〈지하국대적퇴치설화〉의 주인공에 비해 영웅적인 성격이 약화되어 있는 반면 민중들의 참여가 두드러진다. 농부들은 호미를 들고, 어부는 노를 들고 악마의 퇴치에 참여하였으며, 이들이 악마의 목에 올가미를 던져 주인공 海가 악마의 목을 베는 데 결정적인 역할을 하고 있다. 악마의 퇴치 결과에서도 큰 차이를 보이고 있다. 강물은 이전처럼 맑아지고, 고기들은 이전처럼 떼를 지어 헤엄쳐 다녔다는 것은 농민과 어민들의 생활터전

21) 註 14) 참조.

22) 註 15) 참조.

23) 註 17) 참조.

이 예전처럼 평화로와 졌다는 것을 말한다. 즉 기층 농어민들의 생존권의 회복이 악마 퇴치의 결과인 것이다. 그 가운데서 주인공 海와 蘭은 마을 사람들의 축복을 받으며 결혼을 할 뿐 그 이상의 보상은 없다.

생존권을 박탈해 간 악마를 마을 사람들의 힘으로 물리치고 다시 평화를 회복한다는 데 〈해란강〉의 초점이 맞추어져 있다. 이는 가혹한 수탈에 대항하여 승리했던 반관부투쟁[24]과 같은 역사적 사건의 表象이며, 이 설화가 여러 가지 악조건을 극복하고 이상적인 삶을 추구하고자 하는 연변 조선족들의 소망을 표현함과 동시에 정신적 지주가 되고 있음을 보여 준다.

〈지하국대적퇴치설화〉가 〈해란강〉으로 변이되는 과정에서 간과할 수 없는 것은 시대적 요인이다. 〈지하국대적퇴치설화〉는 오랜 세월 동안 우리 나라에서 전승되어 온 설화이다. 따라서 현실적인 세계와 초월적인 세계가 공존하고 있는데, 이것은 전근대적인 二元的인 세계관이 오늘날까지 삭제되지 않고 그대로 남아 있는 것이라 할 수 있다. 그러나 〈해란강〉이 형성된 시기는 근대의식이 싹튼 시기로서 전근대적인 二元的 세계관이 용납되지 않아 초월적인 세계가 제거된 것이라 할 수 있다. 근대적인 의식을 가진 설화 창조자의 입장으로 볼 때 초월적인 존재보다는 민중들의 현실적인 투쟁이 보다 사실적인 것으로 인식되었을 것이다. 〈지하국대적퇴치설화〉에 등장하는 여인은 구출의 대상이었지만, (부분적으로 협조자의 성격을 지니기도 하지만 구출의 대상이라는 성격이 훨씬 강함.) 〈해란강〉에서의 여주

24) 위와 같음.

인공 蘭은 구출의 대상이 아니라 악마를 퇴치하는 데 있어서 협조자의 성격을 띠고 있다. 남자 주인공인 海의 용감성과 여자 주인공 蘭의 총명함이 동시에 부각된 것은 남녀의 평등이라는 근대의식의 구현이라 할 수 있다.

5. 결론

〈지하국대적퇴치설화〉는 주몽설화와 함께 우리 민족의 대표적인 영웅설화이다. 이 설화는 우리나라 영웅소설의 형성에 직접 간접으로 영향을 미쳤을 뿐만 아니라, 설화 자체에서도 여러 가지 변이형태를 가지고 있다. 연변 조선족의 설화 〈해란강〉은 국내의 변이형태와는 전혀 다른 〈지하국대적퇴치설화〉의 변이형태로, 本論文에서는 그 변이양상을 고찰하였다.

해란강은 용정을 중심으로 한 평야지에 위치한 강이며, 용정은 연길과 인접하여 연길이 연변 조선족의 중심지가 되기 전에는 연변 조선족의 정치적·경제적·문화적 중심지가 되었던 곳이다. 따라서 〈해란강〉은 연변 조선족의 역사적 배경과 밀접한 관계가 있는 설화라 할 수 있다.

19세기 중엽 이후 조선 북부지방의 농민들은 거듭된 흉년으로 만주로 이주해 가기 시작했다. 그들은 황무지를 개간하여 옥토로 만들었으며, 만주에서 처음으로 벼농사를 시작하였다. 조선 농민들의 만주로의 이동은 한일합방 이후 더욱 가속화되었고, 해방이 되던 1945년 만주의 조선족 인구는 170만에 이르게 되었으며, 연변지역의 인구만도 65만으로 추정되고 있다. 그러나 조선족들이 황무지를 개간하여 안정된 생활을 이루기가 무섭게 19세기 말엽에 점산호라는 지주계층이 등장하여 조선족들의 토지를 빼앗고, 그들을 소작인으로 만들어 착취를 하기 시작했다. 뿐만 아니라 20세기에 들어서면서부터 만주에 세력을 뻗친 일제 역시 조선족들을 억압하고 착취함으로써 그들을 파산시켜 헐벗고 굶주리게 하였다. 여기에 가세하여 부패한 清朝의 관부는 조선족에게 온갖 세금을 다 부과하여 苛斂誅求를 일삼음으로써 조선족들의 삶을 더욱 궁핍하게 만들었다. 그리고 마적들의 약탈도 조선족들의 삶을 황폐케 한 요인이 되었다.

이러한 가운데 조선족 농민들은 연변지역을 중심으로 반관부 투쟁을 벌이기도 하였으며, 지속적으로 반일투쟁을 벌여 왔다. 〈해란강〉은 이와 같이 연변 조선족들이 당한 수탈과 이에 대한 투쟁을 형상화한 설화이다. 이 〈해란강〉의 모태는 우리 나라에서 오랜 세월 동안 전승되어 온 〈지하국대적퇴치설화〉로서 이 〈지하국대적퇴치설화〉가 중국 조선족 사회에서 변이형태를 낳은 것이다.

〈지하국대적퇴치설화〉는 그리스의 페르세우스 신화와 同系로서 탐색의 6가지 요소를 다 갖춘 전형적인 탐색의 영웅담이다. 그러나 〈해란강〉은 큰 줄거리에서는 〈지하국대적퇴치설화〉와 공통점을 가지고 있지만 영웅의 탐색담이 제거되어 있으며, 초월적인 세계가 삭제된 대신 현실성이 강조되어 있다. 이와 같은 변이는 역사적 또는 사회적 요인과 시대적 요인에 의한 것으로 풀이될 수 있다.

〈지하국대적퇴치설화〉의 대적은 초월적인 성격을 띠고 있는 데 비하여 〈해란강〉의 악마는 초월적인 성격이 약화되고, 현실적인 성격이 부각되고 있다. 악마가 약탈해간 대상 역시 〈지하국대적퇴치설화〉에서는 고귀한 신분의 여인인 데 비하여 〈해란강〉에서는 양식과 미녀이며, 악마는 민중의 생활터전인 강물까지 흐려놓음으로써 악마의 성격이 민중의 생존권을 박탈해 가는 인물로 표현되어 있다. 〈지하국대적퇴치설화〉에서 대적의 퇴치는 주인공 한 사람의 영웅적인 활동이 중심이 되는 데 반하여 〈해란강〉에서는 악마의 퇴치에 민중이 가세함으로써 영웅의 활동이 약화되는 반면 민중의 활약이 돋보이고 있다. 이는 가혹한 수탈에 대한 투쟁과 승리라는 연변 조선족의 의지가 반영된 것이며, 제반 악조건을 극복한 안정된 삶을 추구하고자 하는 그들의 이상을 표현한 것이다.

〈해란강〉에서는 〈지하국대적퇴치설화〉에서 볼 수 있는 초월적인 세계가 제거되어 있는데, 이는 설화 창조자의 근대의식이 전근대적인 초월적인 세계를 부정하고 민중의 현실적인 투쟁을 강조한 것이라 할 수 있다. 또한 악마의 퇴치 과정에서 남주인공 海의 용감성과 함께 여주인공 蘭의 총명함이 동시에 강조되고 있는 것도 남녀평등이라는 근대의식이 작용한 것으로 볼 수 있다.

〈지하국대적퇴치설화〉가 설화의 배경이 되는 시간과 공간이 막연하며, 증거물이 없는 데 비하여 〈해란강〉은 해란강이 공간적인 배경이 됨과 동시에 증거물이 되고 있는데 이는 변이과정에서 민담이 전설화한 것이며, 그 결과 현실성이 강조된 것이라 할 수 있다.

참고문헌

김동훈・허형석, 「중국지역 조선족 설화의 변이양상」, 『素羅 許衡錫 博士 華甲紀念論集』, 태학사, 1996.

김미란, 「김원전 연구」, 『畿甸어문학』, 제2집, 수원대학교 국어국문학회, 1987.

김순진, 「지하국대적퇴치설화와 이조전기소설의 구조 대비분석」, 『구비문학3』, 한국정신문화원 어문학 연구실, 1980.

노성미, 「〈지하국대적퇴치설화〉형 민담의 구조연구」, 경남대학교 대학원 석사학위 논문, 1986.

송진한, 「한국설화의 소설화 연구 - 〈지하국대적퇴치설화〉와 고전소설의 구조분석을 중심으로 - 」, 전남대학교 대학원 석사학위 논문, 1984.

연변문학예술연구소 편, 『조선족 문학예술 개관』, 1982.

윤준필, 「지하국대적퇴치설화의 변형양상 연구 - 설화와 소설을 중심으로 - 」 전북대학교 교육대학원 석사학위 논문, 1993.

길운, 『백일홍』, 연변인민출판사, 1979.

손진태, 『韓國民族說話의 硏究』, 을유문화사, 1947.

장덕순, 『韓國說話文學硏究』, 서울대학교 출판부, 1971.

장덕순, 『설화문학개설』, 이우출판사, 1983.

현용순 외, 『조선족 백년사화』 제1집, 료녕인민출판사, 1982.

한상복・권태환, 『중국 연변의 조선족-사회의 구조와 변화』, 서울대학교 출판부, 1993.

황창수 편, 『내고장 연변』, 연변인민출판사, 1995.

Wilfred L. Guerin, Earle G. Labor, Lee Morgen, *A Handbook of Critical*

Approaches to Literature (Harper&Row, Publishers, 1966).

W. H. Auden, “The Quest Hero”, S. N. Grebstein ed., *Perspectives in Comtemporary Criticism* (New York : Harper&Row, Publisher, 1968).

(『한국언어문학』 37집, 1996, 12.)

제2장

〈螺中美婦說話〉와 〈홍송과 인삼〉

1. 서론

중국 조선족의 구전문학이 수집·정리되기 시작한 것은 1950년대 초 연변조선족 자치주가 성립된 후부터이며, 그 대상은 주로 설화와 민요였다. 1950년대를 조선족 구전문학을 수집·정리한 개척기라고 한다면, 1960년대는 이러한 작업이 본격화된 시기이다. 이 시기에서 조선족 구전문학 자료집이 편찬되기도 하였고, 민요집이나 설화집이 출판되기도 하였다. 1966년 문화혁명이 일어나면서 10여 년 동안 조선족 구전문학은 수난의 시대를 맞이하였다. 문화혁명이 끝난 1970년대 후반에 구비문학에 대한 수집과 정리가 재개되고, 민요집이나 설화집들이 쏟아져 나오기 시작했으며, 이들에 대한 연구도 활발히 진행되었다.[1)]

---

1) 임범송, 「조선족구전문학의 수집정리에서 거둔 성과」, 『조선족 문화예술

중국 조선족 설화는 크게 다음의 세 가지 유형으로 구분할 수 있다.[2)]

첫째, 재래의 조선설화가 추호의 수정이나 변이가 없이 그대로 전승된 것으로 〈단군신화〉, 〈해와 달〉, 〈에밀레종〉 등이 여기에 속한다. 둘째, 내용과 구조상에서 완전히 새롭게 창조된 것으로 〈천수〉, 〈용드레촌〉, 〈용천골〉, 〈해갈삼〉 등이 여기에 속한다. 셋째, 조선설화의 내용과 구조를 일정하게 유지하면서 중국 조선족들의 생활과 의식을 담아 변이시킨 설화가 있다. 장자못전설의 변이형태인 〈각시바위〉, 〈지하국대적퇴치설화〉의 변이형태인 〈해란강〉, 〈螺中美婦說話〉의 변이형태인 〈홍송과 인삼〉 등이 그 대표적인 예이다.

이 세 가지 유형 중 우리의 관심을 끄는 것은 세 번째 유형인 우리나라 재래설화의 변이형태이다. 여기에 대해서는 최삼룡의 「중국조선족 재래설화 변이고」[3)]와 김동훈・허형석의 「중국지역 조선족 설화의 변이양상」[4)]에서 종합적이고 개괄적인 언급이 있었지만 개별 설화의 변이양상에 대한 구체적이고 심도있는 연구는 아직 미흡한 실정이다.

필자는 여기에 관심을 가지고 〈지하국대적퇴치설화〉와 〈해란강〉을 중국 조선족의 삶과 역사에 초점을 두어서 그 변이양상을 고

개관』 연변문학예술연구소, 1982, 144~160쪽.

2) 최삼룡, 「중국조선족 재래설화 변이고」, 연변조선족민속학회・조선족민속연구소편, 『조선족 민속연구』 제1권, 연변대학출판사, 1991, 202쪽 참조.

3) 위의 논문.

4) 김동훈・허형석, 「중국지역 조선족 설화의 변이양상」 『素羅 許衡錫 博士 華甲紀念論文集』, 태학사, 1996.

찰한 바 있다.[5] 신동흔은 구비문학의 의미를 삶과 연관해 좀 더 충실히 분석해 내기 위해서는 텍스트의 특성을 제대로 분석하는 것은 물론, 그것이 누구에 의해 어떤 상황에서 어떤 방식으로 구현되었는가를 총체적으로 분석해야 하며,[6] 구비문학 연구가 '삶의 연구'로서의 길을 힘있게 열어나가기 위해서는 역사적 삶의 양상을 주 관심사로 삼는 자료에 대한 고찰이 좀 더 폭넓게 이루어질 필요가 있고, 구비문학 자료가 지니는 역사적 성격에 대한 연구가 심화 확대되어야 한다고 주장하였다.[7] 필자는 이 견해에 전적으로 동의하며, 「〈지하국대적퇴치설화〉와 〈해란강〉의 비교연구」가 이러한 관점에서 씌어졌음을 밝혀 둔다.

본 논문 역시 〈螺中美婦說話〉와 〈홍송과 인삼〉을 비교고찰함으로써 중국 조선족의 삶과 역사 속에서 설화가 어떻게 변이되어 나타났는가를 고찰하는 데 그 목적이 있다.

최삼룡은 중국 조선족 설화인 「홍송과 인삼」이 「螺中美婦說話」를 원형으로 하고 있으며, 그 외에도 「모자간의 깊은 정」, 「관일봉」이 「螺中美婦說話」와 비슷한 이야기라고 밝힌 바 있다.[8] 〈螺中美婦說話〉가 變身, 結婚, 官奪民女, 超越의 네 가지 중요 모티프로 구성되어 있다고 볼 때 〈홍송과 인삼〉은 이 네 가지 모티프를 동일하게 갖

5) 강봉근, 「지하국대적퇴치설화와 해란강 설화의 비교연구」, 『한국언어문학』 제37집, 한국언어문학회, 1996.

6) 신동흔, 「삶, 구비문학, 구비문학연구」, 『구비문학연구』 제1집, 한국구비문학회, 1994. 173~174쪽.

7) 위의 논문, 177쪽.

8) 최삼룡, 앞의 논문, 205쪽.

추고 있고, 〈모자간의 깊은 정〉은 超越 모티프가 없으며, 〈관일봉〉은 變身 모티프에 禁忌 모티프가 첨가되어 있어 얼핏 보아 〈螺中美婦說話〉와 상당한 공통점이 있을 것 같지만 變身의 구체적인 내용에서 상당한 차이가 있고, 禁忌가 파기되지 않는다는 점에서 비교적 거리가 멀다. 따라서 본 논문에서는 네 가지 모티프를 다 갖추고 있는 〈홍송과 인삼〉만을 대상으로 그 변이 양상을 고찰하며, 나머지 두 설화를 참고자료로 이용하고자 한다.

2. 두 설화의 구조적 성격

1) 「螺中美婦說話」[9]

손진태가 1921년 전주에서 채록한 〈螺中美婦說話〉의 줄거리를 요약하면 다음과 같다.[10]

① 30이 넘은 노총각이 혼자서 팥밭을 갈아 근근히 살아갔다.

② 어느날 괭이로 밭을 파면서 "이 농사를 지어 누구랑 먹을꼬!" 하고 탄식하니 "나랑 먹지 누구랑 먹어."하는 소리가 들려 소리나는 곳을 파보니 커다란 논고동이 있었다.

---

9) 이 설화의 명칭에 대해서 최래옥은 <우렁속에서 나온 미녀>, <우렁색시민담>등으로 사용하기도 하나 본 논문에서는 손진태가 최초에 命名한 대로 〈螺中美婦說話〉라는 명칭을 사용하기로 한다.
최래옥, 『한국 구비전설의 연구』, 일조각, 1981, 120쪽.
최래옥, 「관탈민녀형 설화의 연구」, 『장덕순 선생 화갑기념 한국고전산문연구』, 동화문화사, 1981, 105쪽.

10) 손진태, 『한국민족설화의 연구』, 을유문화서, 1947, 31~33쪽.

③ 논고동을 집으로 가져와 衣籠 속에 넣어 두었다.

④ 다음 날 아침부터 끼니때가 되면 김이 무럭무럭 나는 밥과 반찬이 食床 위에 차려져 있었다.

⑤ 하루는 키를 덮어쓰고 부엌에 숨어 있다가 美少女가 밥을 짓는 것을 발견하였고, 다음 날 역시 숨어 있다가 밥을 짓는 미소녀를 붙들었다.

⑥ 미소녀는 자신은 천상선녀로 천상에서 죄를 짓고 인간에 내려왔는데 총각과 인연이 있어 찾아왔으며, 몇 달만 참으면 영영 해로할 것이요, 그 기한을 참지 못하면 다시 이별하게 될 것이라고 말했다. 그러나 총각은 장래를 생각할 여유가 없어 부부가 되어 행복하게 살았다.

⑦ - ㉠ 어느날 총각이 갑자기 복통이 있어 처가 대신 들로 나갔다.
㉡ 縣官이 그곳을 지나가자 처는 숲 속으로 숨었으나 縣官이 숲 속에 이상한 瑞光이 있음을 발견하고 역졸을 시켜 숲 속에 미녀가 있음을 알아냈다.
㉢ 현관이 역졸을 시켜 미녀를 데려오게 하자 미녀는 비녀, 반지, 치마, 저고리를 차례로 벗어 주었으나 현관은 끝내 미녀를 자신의 가마에 태우고 갔다.
㉣ 이 말을 들은 총각은 기절하였다가 깨어나 관가에 가서 처를 돌려달라고 애걸했으나 현관은 끝내 듣지 아니하였다.

⑧ 총각은 죽어서 靑鳥가 되어 朝夕으로 관가를 바라보며 슬피 울었다.

⑨ 그의 처도 청조와 함께 울면서 음식을 전폐한 지 수일 만에 아름다운 貞燥를 가지고 죽어서 참빗이 되었다.

이 설화의 줄거리를 살펴보면 ①~⑤에서 변신, ⑥에서 결혼, ⑦에서 관탈민녀, ⑧~⑨에서 초월의 모티프가 있음을 볼 수 있다. 그리고 결혼 모티프 속에 禁忌 모티프가 포함되어 있다.

박태상은 이 설화가 '평범한 남성과 특수한 신분의 여성과의 로맨스 - 결혼 - 장애요소 등장 - 극복시도(모험시도) - 죽음 - 사랑의 성취'의 구조를 가지고 있어 〈운영전〉과 동일한 구조임을 밝힌 바 있다.[11] 그리고 최래옥은 이 설화를 관탈민녀형 설화로 보고 〈도미설화〉, 〈도화녀설화〉, 〈山房德전설〉, 〈춘향전〉 등과 더불어 관탈민녀형 설화의 성격을 고찰하였다.[12]

위의 두 논문은 대체로 관탈민녀와 초월의 모티프에 대한 고찰이 중심이 되고 있다. 그러나 〈螺中美婦說話〉가 여타 설화와 구분되는 가장 큰 특징은 논고동, 즉 우렁이가 여인으로 변한 변신 모티프이며, 결혼 모티프 속에 포함된 禁忌 모티프는 이 설화를 비극적 구조로 귀결시키는 핵심 모티프이다.

국내에서 채록된 〈螺中美婦說話〉의 변이형태 중 그 변이양상이 가장 다양하게 나타나는 부분은 결말의 초월 모티프이다. 최래옥은 그 유형을 다음과 같이 여섯 가지로 구분하고 있다.

㉠ 총각은 피를 토해 죽어 파랑새가 되고, 우렁색시는 그냥 관리와 살았다.

㉡ 총각은 물에 빠져 물새가 되어 우렁색시의 어깨에 녹아지고, 우렁색시는 관리와 살았다.

㉢ 총각은 새가 되고, 우렁색시도 새가 되어 날아갔다.

11) 박태상, 「운영전에 나타난 사랑과 죽음의 의미」, 『고소설의 구조와 의미』, 새문사, 1986, 190~192쪽.

12) 최래옥, 앞의 논문, 91~112쪽.

㉣ 총각은 새가 되고, 우렁색시는 시들어 죽었다.

㉤ 총각은 새가 되고, 우렁색시는 죽어 참나무(또는 참빗)가 되었다.

㉥ 총각은 죽어 나무가 되어 우렁색시가 만지는 악기가 되었다.[13)]

위의 여섯 가지 유형에서 총각은 모두 현실을 초월한다. 그리고 ㉥의 경우만 제외하고 모두 새가 된다. 그러나 우렁색시는 현실을 초월하는 경우와 그렇지 못한 경우로 나누어진다. ㉠과 ㉡은 그대로 관리와 함께 살았고, ㉣의 경우는 죽는 것으로 끝남으로써 초월적인 세계에서의 만남이 없다. 총각과 함께 우렁색시가 현실을 초월하여 초월적인 세계에서의 만남을 이루는 이야기는 ㉢과 ㉤, ㉥이다. 그런데 ㉤의 경우 우렁색시가 참빗이 되었다는 이야기는 참나무가 된 것과는 별개의 이야기이다. 새가 된 총각이 참나무에 앉음으로써 초월적인 세계에서의 만남이 가능하지만 우렁색시가 참빗이 되는 경우는 새와의 만남이 이루어질 수 없기 때문이다.

우렁색시가 참빗이 된 것에 대하여 최래옥은 참빗과 새가 만날 수 있는 것으로 설명하고 있고[14)], 박태상 역시 '두 사람은 靑鳥와 참빗이 되어 계속 사랑을 나누게 된다.'[15)]고 해석하고 있다. 그러나 청조가 되고, 참빗이 된 것이 다 같이 현실을 초월한 것임에는 틀림없지만 이 둘 사이에는 아무런 상관성이 없다. 청조는 사랑을 이루지 못한 한을 품었을 뿐이고, 참빗은 청조와는 무관하게 독자적인 의미

---

13) 최래옥, 앞의 책, 120쪽.

14) 위의 책, 121쪽.

15) 박태상, 앞의 논문, 191쪽.

를 갖는다. 참빗은 여인들이 가까이 두고 자주 사용하는 화장도구이다. 우렁색시가 참빗이 되었다는 것은 여인들에게 경계와 교훈을 준다는 의미를 갖고 있다고 볼 수 있다. 몇 달 동안 참아야만 해로할 수 있다는 금기를 깬 것은 일차적으로는 총각에게 책임이 있지만 우렁색시도 이에 동의한 것이기 때문에 우렁색시에게도 책임이 있다. 따라서 우렁색시가 참빗이 되었다는 것은 여인들에게 금기를 어기면 불행해진다는 것을 경계하기 위한 것으로 해석될 수 있다. 한편 우렁색시는 현관의 요구를 거절하고 아름다운 정조를 가지고 죽어서 참빗이 되었다. 이는 여인은 정조를 지키는 것이 아름다운 행위라는 교훈적 의미를 내포하고 있다고 볼 수 있다.

이와 같이 손진태의 〈螺中美婦說話〉는 불행한 현실을 초월한 총각과 우렁색시가 초월적인 세계에서도 만남을 이루지 못함으로써 금기 파기의 결과가 극도의 비극적 상황을 초래한 것으로 나타나 있는 것이다.

2) 〈홍송과 인삼〉

김명한이 정리한 〈홍송과 인삼〉의 줄거리를 요약하면 다음과 같다.[16)]

① 어느 산골에 20이 넘은 홍송이라는 노총각이 혈혈단신으로 날품도 팔고, 등짐나무도 팔아 근근히 살아갔다.

②-㉠ 어느 해 가을 등짐나무를 하다가 낫으로 식지를 베었다.

16) 연변민간문학연구회, 『연변민간문학집』, 연변인민출판사, 1979, 170~183쪽.

-㉡ 집에 돌아와 농 안에 있는 예전의 할머니 보따리에서 청실홍실(홍송의 부모가 혼례 때 드리웠던 것)을 꺼내 손가락을 싸맸다.

-㉢ 이튿날 산에 나무하러 갔다가 인삼을 발견하고 내년 춘삼월에 캐려고 청실홍실을 반으로 짤라 인삼포기 밑그루에 매어 놓았다.

-㉣ 그가 다시 나무를 하고 있을 때 아까 인삼이 있던 곳에서 아리따운 처녀가 내려왔는데 청실홍실로 댕기를 하고 있었다.

-㉤ 홍송이 인삼이 있던 자리에 가보니 인삼이 없어졌다.

-㉥ 홍송은 처녀가 간 곳으로 쫓아가다가 토황제라 불리는 갑부를 만나 나무를 다 빼앗기고 매까지 맞았다.

-㉦ 이튿날 홍송이 수리바위골로 나무를 하러 갔다가 그 곳에서 또 인삼을 발견하고 캐려하니 어제 감아 놓았던 청실홍실이 감겨 있었다.

-㉧ 그가 청실홍실만 풀어 내려는데 인삼이 저절로 솟아 올랐다.

③ 인삼을 가져다가 농 안에 넣어 두었다.

④-㉠ 이튿날 나무를 하고 돌아와 보니 방 안은 말끔히 청소가 되어 있었고, 김이 무럭무럭 나는 밥과 맛있는 반찬이 차려져 있었다.

-㉡ 이튿날 아침에 깨어보니 밥상뿐만 아니라 새 옷까지 한 벌 지어 놓았다.

⑤ 다음 날 새벽 홍송은 잠을 자지 않고 날이 밝기를 기다렸더니 농문이 열리며 처녀가 나왔다.

⑥ 홍송과 처녀는 결혼해서 부부가 되어 행복하게 살았다.

⑦-㉠ 홍송이 아름다운 아내를 얻었다는 소문을 들은 양반(토황제라 불리는 갑부)은 삼녀를 빼앗기 위해 홍송을 불러다 당장 빚을 갚으라고 했다.

-㉡ 그날밤 홍송과 삼녀는 장백산으로 도망쳤는데 밤새껏 양반이

심복들을 데리고 뒤쫓았으나 잡을 수가 없었다.

-ⓒ 다음 날 아침 장백산 아래 산봉우리에 올라 삼녀가 오른발을 구르니 양반의 무리들은 자기들이 절벽 중턱에 있는 걸 알게 되었고, 삼녀가 입으로 훅 불자 그들은 모두 벼랑 아래로 떨어져 죽었다.

⑧ 그들은 장백산에 올라 홍송은 한 그루의 아름드리 소나무가 되었고, 삼녀는 한 포기의 인삼으로 변해 홍송의 곁에 뿌리를 박았다.

⑨ 그들은 오랜 세월 장백산에서 행복하게 살았는데 장백산에 홍송과 인삼이 많은 것은 그들의 후손이 퍼진 까닭이라고 한다.

(그리고 사람들이 인삼을 찾았을 때 홍송을 두드리며 "방초! 방초! 방초!"하고 세 번 소리를 치는 것은 홍송의 아내 인삼을 데려간다는 것을 알리는 것이라고 한다. 이러지 않으면 홍송이 아내를 찾고, 인삼이 홍송을 떨어질 수 없어 파지 못한다고 한다.)

위의 설화는 장백산(백두산)에 자생하는 홍송과 인삼에 대한 유래담의 성격을 띠고 있다. 그러나 이야기의 전체 구조는 우리나라의 〈螺中美婦說話〉와 아주 유사하다. 이 설화의 줄거리를 보면 〈螺中美婦說話〉와 동일하게 ①~⑤에서 변신, ⑥에서 결혼, ⑦에서 관탈민녀, ⑧~⑨에서 초월의 모티프를 찾아낼 수 있다.

좀더 구체적으로 두 설화의 공통점을 살펴보면 다음과 같다.

첫째, 서두에 가난한 총각의 외로운 처지가 나타나 있다. 두 설화에서 모두 총각은 나이가 든 노총각이며, 부모형제가 없는 혈혈단신이고, 나무를 하거나 밭을 갈아서 근근히 살아가는 가난한 인물이다. 둘째, 변신한 여인이 총각을 위하여 밥을 지어 놓는 것과 총각이 숨어 있다가 처녀를 발견하는 과정이 유사하다. 다만 「홍송과 인삼」

에서는 변신한 여인이 밥뿐만 아니라 옷도 지어놓고, 청소도 해놓는 것이 첨가되었을 뿐이다. 셋째, 변신한 여인은 아주 빼어난 미인이며, 총각은 이 여인과 결혼하여 행복하게 살았다. 넷째, 여인의 미모를 탐낸 절대권력자가 여인을 빼앗고자 한다. 〈螺中美婦說話〉에서 절대권력자는 縣官이며, 〈홍송과 인삼〉에서 절대권력자는 토황제라 불리는 부자지주이다. 다섯째, 절대권력자로부터 벗어나는 과정에서 총각과 미인은 도두 현실을 초월한다.

이상과 같은 공통점을 가진 점으로 보아 두 설화는 同系의 설화임이 분명하다. 그러나 두 설화의 내용을 좀더 구체적으로 살펴보면 세부적으로는 상당한 차이가 있다. 이제 그 차이점을 기술해 보면 다음과 같다.

첫째, 〈螺中美婦說話〉에서는 논고동이 미소녀로 변신했는데, 〈홍송과 인삼〉에서는 인삼이 처녀로 변신한다. 둘째, 〈螺中美婦說話〉의 경우 논고동을 발견하고 논고동이 미소녀로 변신한 과정이 단순한데 〈홍송과 인삼〉에서는 이 과정이 아주 복잡하게 전개되어 있다. 셋째, 〈螺中美婦說話〉의 여인은 天上仙女가 下降한 인물인데, 〈홍송과 인삼〉의 여인은 인삼의 精靈으로 볼 수 있다. 넷째, 결혼과정에서 전자는 禁忌가 있었으나 후자는 禁忌가 없다. 다섯째, 〈螺中美婦說話〉에서는 여인을 빼앗으려는 절대권력자로 인하여 주인공들이 현실적으로 좌절하고 패배하지만, 〈홍송과 인삼〉에서는 절대권력자를 극복하고 승리한다. 여섯째, 〈螺中美婦說話〉에서는 초월의 세계에서 부부간의 만남이 없지만 〈홍송과 인삼〉에서는 초월의 세계에서 부부가 행복하게 살고, 후손이 번성한다.

두 설화의 이상과 같은 차이점은 결국 이 두 설화 사이에서 變異가 이루어졌음을 의미한다. 최래옥은 '변이는 유기체로서 전설이 적응하며 생존하기 위한 생태적 반응'이라고 정의하고, '변이의 요인은 전설 자체 내의 전승력과 전설수용자(話衆)의 意識'이라고 한다.[17] 이러한 관점에서 본다면 〈螺中美婦說話〉가 〈홍송과 인삼〉에서 이루어진 변이는 우리와는 다른 역사적 시공간에서 살아야 했던 연변조선족들의 意識에 起因한 것이라 할 수 있다.

3. 변이의 양상과 의미

1) 變身의 과정

인간은 자연의 순환과 거기에 따른 우주만물의 변화양상을 보면서 막연하게나마 모든 현상적 존재들은 고정불변의 것이 아니라 상호 轉身을 거듭한다는 관념을 가지게 되었다. 이러한 원초적 思維를 바탕으로 해서 생성된 변신관념은 새로운 가능성을 창출해 보려는 인간의 욕구에 편승해서 수많은 변신담을 낳게 되었다.

〈螺中美婦說話〉와 〈홍송과 인삼〉에서 가장 중요한 역할을 하는 모티프는 變身談이다. 변신이 이루어지는 동기는 노총각이 혼자서 외롭게 살아가는 데 있다. 물론 노총각은 밭을 갈거나 품을 팔고 나무를 팔아서 가난하게 살아가고 있지만 여기서 가난은 노총각의 외로운 처지를 더 극단화하기 위한 장치에 불과하다. 이러한 노총각의 외로운 처지는 〈螺中美婦說話〉에서 총각이 "이 농사를 지어 누구랑 먹

17) 최래옥, 앞의 책, 111쪽.

을꼬!"하고 탄식하는 대목이나 〈홍송과 인삼〉에서 총각이 낫으로 손가락을 베었지만 집에 돌아와서 상처를 싸맬 실오리 하나를 찾을 수 없었다는 데서 잘 나타나 있다.

외로운 노총각에게 가장 절실히 필요한 것은 아내였다. 그러나 그의 가난한 형편은 그가 아내를 얻기에 불가능한 상황이었다. 이러한 상황 속에서 총각에게 가장 절실하게 요구되면서도 결핍된 요소, 곧 아내를 제공하는 수단으로 등장하는 것이 변신담이다. 인간의 노력으로는 도저히 불가능한 일이 초월적인 존재의 개입으로 성취되는 것이다.

변신의 과정에서 두 설화의 공통점은 변신이 모두 장롱 안에서 이루어진다는 점이다. (〈홍송과 인삼〉에서 인삼은 산 속에서도 처녀의 모습으로 나타났지만 이는 단순한 인삼의 정령일 뿐 아직 총각의 아내로 변신한 것은 아니다.) 일반적으로 장롱은 여인들이 옷을 넣어 두거나 소중한 물건을 간수해 두는 은밀한 공간이다. 그 곳에서 논고동이나 인삼이 여인으로 다시 태어나는 것은 이 장롱이 母胎를 상징하는 것으로 볼 수 있다. 이 모태의 상징인 장롱 속에서 논고동와 인삼은 각각 자신의 원모습을 해체하고 인간의 모습으로 다시 태어나는 것이다.

두 설화가 변신의 내용에서는 공통점을 보이고 있지만 변신의 주체는 각각 다르게 나타나고 있다. 〈螺中美婦說話〉의 경우 변신의 주체가 논고동인 데 비하여 〈홍송과 인삼〉의 경우 변신의 주체는 인삼이다. 이와 같은 변이는 전자가 평야 지역을 배경으로 한 것인 데 비하여 후자는 산간 지역을 배경으로 한 것이기 때문에 일어난 것이다. 즉 공간적 배경의 변화가 변신주체의 변이를 일으킨 것이다.

변신 후 여인의 행동에서도 차이점을 찾아 볼 수 있다. 〈螺中美婦說話〉에서 변신한 여인은 총각을 위하여 밥과 반찬만을 차려 놓은데 비하여 〈홍송과 인삼〉에서는 집안을 말끔히 청소했고, 밥과 반찬을 차려 놓았을 뿐만 아니라 새 옷까지 한 벌 지어 놓았다. 이와 같은 여인의 역할 확대는 척박한 환경에서 보다 완벽한 가정생활을 희구하는 중국 조선족의 의식이 반영된 것이라 볼 수 있다.

〈螺中美婦說話〉의 여인은 天上仙女가 천상에서 죄를 짓고 下降하여 총각과 인연을 맺고 있다. 여기에는 天上界와 地上界라는 二元的 世界觀이 반영되어 있으며, 여인의 변신 및 총각과의 결합은 天上界의 섭리에 의한 것으로 볼 수 있다. 그러나 〈홍송과 인삼〉에서는 天上界가 배제되어 있으며, 모든 사물에 靈이 깃들어 있다는 animism사상이 변신담과 결합되어 있다. 그리고 변신의 매개 역할을 하는 청실과 홍실은 총각의 부모가 결혼할 때 드리웠던 것으로 할머니가 보관하고 있던 것이었다. 부모의 사랑이 깃들어 있는 청실과 홍실이 여인의 변신과 총각과 여인의 결합에 매개역할을 했다는 것은 천상계의 섭리보다는 가족관계를 중시하는 중국 조선족의 의식이 반영된 것이라 할 수 있다.

2) 禁忌의 유무

인간은 누구나 자연에 대해서, 정령에 대해서, 또는 현실생활에 대해서 불안을 느끼며 죽음에 대한 공포를 가지고 있다. 이 불안의 원인을 해소하고 죽음에 대한 공포로부터 해방되기 위하여 인간은

禁忌를 설정하고 禁忌를 지킴으로써 정신적인 안정을 얻고자 한다. 그리고 이 禁忌의 破棄가 얼마나 불행한 결과를 초래하는가 하는 이야기를 만들어 냄으로써 禁忌의 破棄에 대한 경계를 하고 있다. 따라서 禁忌 모티프를 가진 설화는 대부분 주인공이 禁忌를 破棄함으로써 불행해지는 비극적 구조를 지니고 있다.

〈螺中美婦說話〉에서 禁忌 모티프는 이 설화의 비극적 결말을 초래하는 핵심 모티프이다. 즉 변신한 처녀와 총각이 몇 달 동안은 결혼해서는 안 된다는 禁忌를 파기했기 때문에 이들은 불행한 종말을 맞게 된 것이다. 따라서 이 설화는 禁忌를 절대로 破棄해서는 안 된다는 교훈적 성격을 강하게 내포하고 있다.

이에 반해 〈홍송과 인삼〉에는 禁忌 모티프가 없다. 변신담과 더불어 이 설화와 유사한 줄거리를 가진 〈모자간의 깊은 정〉 역시 禁忌 모티프가 없으며, 〈관일봉〉[18]에는 禁忌 모티프가 있으나 禁忌가 破棄되지는 않는다. 이처럼 우리 설화가 중국 조선족 설화로 變異되는 과정에서 禁忌 모티프가 생략되거나 변형되어 나타나 있다.

중국 조선족 설화에서 금기 모티프가 배제된 데 대하여 김동훈은 설화창조자의 '현대의식의 강화'에서 기인한 것으로 보고 있으며[19], 최삼룡은 '미신과 무술에 대한 믿음의 동요 내지 소실'에 그 원

18) 리천록 · 최룡관, 『백두산 전설』, 연변인민출판사, 1989, 112~117쪽. 이 설화에서 용왕의 딸인 수달이 아름다운 여인으로 변신하여 외적과 싸우고 있는 곽장수에게 외적을 다 물리칠 때까지 참으면 백년해로할 수 있고, 그 전에 부부생활을 하면 참패한다고 말한다. 여기에서 禁忌를 볼 수 있지만, 그 금기가 파기되지는 않는다.

19) 김동훈 · 허형석, 앞의 논문, 121쪽.

인이 있는 것으로 여기고 있다.[20] 그러나 〈홍송과 인삼〉에서 인삼이 女人으로 변신하고 그가 초인적인 능력을 발휘하고 있는 점을 감안한다면 禁忌가 배제된 원인을 '현대의식의 강화'나 '미신과 무술에 대한 믿음의 동요 내지 소실'로만은 해명할 수 없다.

설화 속의 禁忌는 대체로 주인공의 순간적인 실수로 파기되는 속성을 지니고 있으며, 그 결과는 주인공의 불행한 삶으로 귀결된다. 이국 땅에서 온갖 역경을 극복해 가며 강인한 기백으로 생존을 영위해 가야 했던 중국 조선족들에게 주인공이 순간적인 실수로 불행해진다는 이야기는 용납될 수가 없다. 오히려 그들에게는 현실의 역경을 극복해 나가기 위하여 미래의 꿈과 희망이 더 절실하게 필요하였다. 이러한 그들의 현실적 욕구로 인하여 禁忌의 파기로 주인공이 불행한 결말을 맺는 이야기는 중국 조선족 설화에서 수용될 수 없었으며, 그 결과 禁忌 모티프가 배제된 것으로 볼 수 있다. 인간은 어떠한 난관도 극복하고 행복한 삶을 누려야 한다는 중국 조선족의 삶에 대한 의식이 禁忌 모티프를 배제한 직접적인 원인이라 할 수 있는 것이다.

3) 官奪民女의 양상

최래옥은 '관리가 평민의 여자를 빼앗으려는 사건을 담은 설화'를 '官奪民女型說話라'고 하였다.[21] 〈螺中美婦說話〉는 縣官이 총각의 아내를 빼앗아 가는 것으로 볼 때 전형적인 관탈민녀형설화이고, 〈홍송과 인삼〉은 토황제라 불리는 부자가 총각의 아내를 빼앗으려 하는

20) 최삼룡, 앞의 논문, 211쪽.

21) 최래옥, 앞의 논문, 92쪽.

점에서 관탈민녀형설화의 한 유형으로 볼 수 있다. 그러나 탈취자에 대하여 대응하는 태도에서 두 설화는 커다란 차이를 보이고 있다.

〈螺中美婦說話〉에서 총각의 아내를 빼앗아가는 인물은 그 지역을 다스리는 縣官이다. 조선시대 지방관은 그가 다스리는 지역 안에서 절대권력을 가진 자이다. 여기서 縣官은 그가 지닌 절대권력을 이용하여 행복한 한 가정을 파괴하는 절대악으로 등장한다. 총각의 아내가 비녀, 반지, 치마, 저고리를 차례로 벗어 주었으나 현관이 끝내 그녀를 데리고 간 것은 자신의 욕망을 끝까지 채우고자 하는 절대악의 속성을 반영한 것으로 볼 수 있다. 설화 속에서 일반적으로 악은 퇴치되는 경우가 대부분이다. 그러나 드물게 악에 대하여 대항할 수도, 피할 수도 없는 경우가 있는데 그것이 절대악이다. 〈螺中美婦說話〉 속에 등장하는 현관은 물리치거나 피할 수 없는 절대악이다. 따라서 부부는 죽음을 통한 초월로 절대악으로부터 도피한다. 그러나 그것이 현실적으로는 극단적인 좌절과 패배이기에 절대악은 절대악으로 남아 있다.

그러나 이 설화에서 불행의 모든 책임은 절대악에 있는 것이 아니고 오히려 금기의 파괴에 더 큰 비중을 두고 있다. 금기의 설정은 절대악에 대한 증오심을 약화시키고, 오히려 금기를 파기한 당사자들의 책임을 강조한다. 〈螺中美婦說話〉에서 총각이 갑작스런 복통으로 처녀가 대신 일을 나가게 되고, 현관이 지나갈 때 처가 숲 속으로 숨었으나 숲 속에서 이상한 瑞光이 있어 현관이 그녀를 발견하게 된 것은 금기의 파기에서 기인한 것이다. 이와 같은 스토리의 전개는 모든 것을 운명으로 돌리고자 하는 전승자들의 운명관과 절대악에 대한 소극적 의식이 반영된 것이라고 할 수 있다.

〈홍송과 인삼〉에서 토황제라 불리는 양반은 그 고장의 갑부로서 세력이 당당하며 나졸을 거느리고 와서 홍송이 한 나무를 모두 빼앗고 매까지 때리는 악한 인물이다. 뿐만 아니라 첩을 아홉이나 거느린 그는 홍송의 아내를 빼앗기 위하여 홍송을 불러 대대로 쌓인 빚을 당장에 갚으라고 한다. 여기서 양반은 부와 함께 절대권력을 가진 자로 그의 악행이 구체적으로 드러나 있다.

설화가 전승자들의 삶과 밀접하게 관련되어 있다고 할 때 여기에서 부와 절대권력을 가지고 민중들을 착취하는 양반의 성격을 규명하기 위해서 중국 조선족들의 역사적 삶의 양상을 살펴볼 필요가 있다.

필자는 연변 조선족의 역사 속에서 그들에서 착취와 수탈을 자행한 무리들을 네 가지 유형으로 제시한 바 있다.[22] 그들은 황무지를 개간하여 안정된 삶을 누리고 있던 조선족들의 땅을 강제로 빼앗고 그들을 소작인으로 만들어 착취했던 점산호, 조선족의 토지를 약탈하고 착취를 일삼아 조선족들을 파탄시켰던 일제, 또 조선족 농민들에게 온갖 세금을 다 부과하여 수탈을 자행했던 부패한 청조의 관부, 그리고 수시로 조선족 마을에 출현하여 곡식과 가축, 여인들을 약탈해 간 마적들이다.

이들 중 占山戶는 清朝 통치자들의 비호 아래에 있는 특수한 권리를 가진 관헌, 토비 출신이었거나 치발역복(薙髮易服)에 순종한 망나니들로 이루어진 지주계급이다. 청조 관부에서는 토지조사를 한다

22) 강봉근, 앞의 논문, 249쪽.

는 구실을 내걸고 토지집조를 그러한 특권층에게 주었다. 그리하여 그들은 끝없이 넓은 황무지를 헐값으로 얻었거나 무상으로 차지하였으며, 조선족들이 피땀흘려 개간한 땅도 그대로 약탈해 갔다. 그 후 조선족들은 그들의 소작인이 되어 착취를 당했으며, 매달 이식이 60% 이상 되는 고리대를 물어야 했다.[23]

〈홍송과 인삼〉에서 토황제라 불리는 갑부 양반은 민중들의 삶의 터전을 빼앗아 가고, 빚놀이를 하고 있으며, 그 지역에서 절대 권력을 가진 점에서 바로 점산호가 表象된 인물이다. 그런데 이러한 절대권력을 가진 악의 세력에 대해서 설화 속의 주인공들은 이들에게 순응하거나 패배하지 않고 대항하여 승리한다. 홍송과 함께 장백산으로 도망치던 삼녀는 초월적인 능력으로 쫓아오던 양반과 그의 부하들을 모두 벼랑에 굴러 떨어져서 죽게 만드는 것이다.

중국으로 건너간 조선족들은 대부분 조선땅에서 굶주림을 견디다 못해 국경을 넘어 새로운 삶의 터전을 찾아간 사람들이다. 그들은 온갖 시련을 극복하며 땅을 개척하여 안정적인 삶을 추구하였다. 그 과정에서 그들에겐 강렬한 정착의지가 있었으며, 어떠한 악의 세력에도 굴복하지 않는다는 강렬한 투쟁의식이 있었다. 이러한 정착에 대한 의지와 투쟁의식은 설화 속에 그대로 반영되어 악에 대한 투쟁과 승리로 나타난다. 관탈민녀형설화에서 우리의 설화가 현실적인 패배로 끝나는 데 비하여 중국 조선족 설화에서는 투쟁과 승리로 변형되어 나타난 것은 이와 같은 조선족의 삶에 대한 의식의 반영이라 할 수 있다.[24]

---

23) 현용순 외, 『조선족 백년사화』 제1집, 료녕인민출판사, 1982, 29~34쪽.

4) 超越의 의미

일반적으로 현실적인 좌절이나 패배를 극복하기 위한 방편으로 등장하는 것이 초월 모티프이다. 그러나 〈螺中美婦說話〉에서는 주인공이 현실을 초월하기는 했지만 초월 후의 만남이 없다.[25] 오히려 초월은 이 설화의 비극성을 심화시키는 역할을 하고 있으며, 결과적으로 현실적인 좌절이나 패배의 동기가 된 금기파기에 대한 경계나 아름다운 정절을 지킨 여인의 미덕을 기리고자 한 점에서 초월의 의미를 찾을 수 있다.

그런데 〈홍송과 인삼〉에 등장하는 주인공들은 현실세계에서 악의 세력과 대결하여 승리하고도 현실을 초월한다는 특징을 지니고 있다. 현실에서 승리하고도 현실을 초월한다는 사건의 결말은 현실에 대한 부정이 전승자들의 의식의 저변에 깔려 있음을 의미하는 것으로 볼 수 있다. 설화 내용 중 양반이 자신을 빼앗으려 한다는 이야기를 들은 삼녀가 "어둡고 어지러운 인간세상을 알게 되었다."는 표현이 그것을 입증한다. 그들이 현실에서 지금은 승리했지만 인간세상에서 또다른 악의 세력이 등장할 가능성은 항상 남아 있는 것이다. 그래서 그들은 어둡고 어지러운 인간 세상을 벗어나 초월적인 존재로 변신함으로써 영원성을 획득하였으며, 그 초월적인 세계에서 영원한

---

24) 변신 모티프와 관탈민녀 모티프를 지니고 있는 〈모자간의 깊은 정〉에서도 주인공 원길은 아내를 빼앗으려는 왕을 물리치고 가정을 이루어 행복하게 사는 것으로 나타나 있다(연변민간문학연구회, 앞의 책, 72~86쪽.).

25) 앞에서 살펴 본 바와 같이 국내의 변이 형태 중에는 초월 후에 만남이 있는 경우도 있다.

행복을 누리게 된 것이다. 여기에는 고통과 착취의 세계에서 벗어나 영원한 행복이 존재하는 이상적인 세계를 동경하는 중국 조선족의 삶에 대한 의식이 반영되어 있다고 볼 수 있다.

이 설화의 결말에는 인삼을 캐는 사람들이 인삼을 발견했을 때 홍송을 두드리며 "방초! 방초! 방초!"하고 세 번 소리를 침으로써 홍송의 아내인 인삼을 데려간다는 것을 알리면 인삼을 캘 수 있다는 내용이 첨부되어 있다. 이처럼 인삼을 캐는 사람들에게 관대한 것은 토황제라 불리는 부자 양반이 홍송의 나무터와 나무를 빼앗는 것과는 대조적으로 민중에게 삶의 터전을 허락함으로써 민중과 함께 행복하고 안정된 삶을 누린다는 의식이 표출된 것이라 할 수 있다.

4. 결론

중국의 조선족들은 대부분 이 땅에서 생활고를 견디다 못해 국경을 넘어 새로운 삶의 터전을 개척한 사람들이다. 그들은 황무지를 개척하여 안정된 삶을 추구하였지만 예상외의 착취와 수탈이 그들의 삶을 위협하였다. 이러한 상황 속에서 그들에게는 생존권을 수호하기 위한 눈물겨운 투쟁이 있었으며, 이러한 의지가 그들이 이 땅에서 떠날 때 함께 가지고 갔던 수많은 설화의 변이형태를 낳게 하였다. 본 논문에서 우리의 설화인 〈螺中美婦說話〉와 중국 조선족의 설화인 〈홍송과 인삼〉을 비교고찰함으로써 우리와는 다른 삶을 살았던 중국 조선족의 설화에 나타난 변이양상과 의미를 고찰하였다.

〈螺中美婦說話〉와 〈홍송과 인삼〉은 다 같이 변신 모티프, 결혼 모티프, 관탈민녀 모티프, 초월 모티프를 지니고 있는 동일한 유형의 설화이다. 그러나 구체적이고 세부적인 내용에서는 상당한 차이를 보이고 있어 우리와는 다른 중국 조선족의 삶과 의식으로 인하여 두 설화 사이에서 여러 가지 변이가 발생하였음을 볼 수 있었다. 그 변이의 양상과 의미를 요약하면 다음과 같다.

변신 모티프에서 〈螺中美婦說話〉의 변신의 주체는 논고동인데 〈홍송과 인삼〉의 변신의 주체는 인삼이다. 이와 같은 변이는 전자가 평야 지역을 배경으로 하였음에 비하여 후자가 산간 지역을 배경으로 한 것, 즉 공간적인 배경의 변화가 변신주체의 변이를 일으킨 것이다. 〈螺中美婦說話〉에서 변신한 여인은 총각을 위하여 밥과 반찬뿐만 아니라 집안 청소와 함께 새 옷까지 지어 놓는다. 이와 같은 여인의 역할 확대는 보다 완벽한 가정생활을 희구하는 중국 조선족의 의식이 반영된 것이라 할 수 있다. 〈螺中美婦說話〉의 여인은 天上仙女가 下降한 인물로 여기에는 天上界와 地上界라는 二元的인 世界觀이 반영되어 있는데 〈홍송과 인삼〉에서는 天上界가 배제되어 있다. 그 대신 animism사상이 변신담과 결합되어 있으며, 변신의 매개역할을 하는 청실홍실이 총각의 부모가 결혼 때 드리웠던 것이라는 삽화가 첨가됨으로써 천상계의 섭리보다 가족관계를 중시하는 중국 조선족의 의식이 반영되어 있다.

〈螺中美婦說話〉에서 결혼 모티프에 포함되어 있는 금기 모티프는 이 설화의 비극적 결말을 초래하는 핵심 모티프로서 이 설화에는 금기를 절대로 파기해서는 안 된다는 교훈적 성격이 강하게 내포되어 있다. 이에 반해 〈홍송과 인삼〉에서는 금기 모티프가 생략되어 있다. 이는 어떠한 난관도 극복하고 행복한 삶을 누려야 한다는 중국 조선족의 삶에 대한 의식이 주인공의 순간적인 실수로 금기를 파기하여 불행한 결말을 맞는 금기 모티프를 용납할 수가 없어 금기 모티프를 배제한 것이라 할 수 있다.

관탈민녀 모티프에서 〈螺中美婦說話〉의 경우 주인공들은 절대악으로 表象된 현관에게 패배하여 죽음을 통한 초월로 현실을 도피하는 것으로 나타나 있다. 그러나 〈홍송과 인삼〉에서는 주인공들이 악의 세력과 대결하여 승리한다. 이는 악의 세력에 순응하거나 굴복할 수 없으며, 투쟁하여 승리함으로써 현실세계에서 행복한 삶을 누려야 한다는 중국 조선족들의 의식이 반영된 것이라 할 수 있다.

〈螺中美婦說話〉 속의 주인공들은 현실적인 좌절과 패배를 극복하기 위한 방편으로 둘 다 현실을 초월하지만 초월 후의 만남이 없다. 오히려 초월은 이 설화의 비극성을 심화시키는 역할을 하고 있으며, 결과적으로 금기의 파기에 대한 경계나 아름다운 정절을 지킨 여인의 미덕을 기리고자 한 점에서 초월의 의미를 찾을 수 있다. 이에 비해 〈홍송과 인삼〉의 주인공들은 현실에서 승리하고도 초월한다. 그들은 또 다른 악의 세력이 등장할 가능성이 있는 인간세상을 벗어나 초월적인 존재로 변신함으로써 초월적인 세계에서 영원한 행복을 누리는 것으로 나타나 있다. 여기에는 고통과 착취의 세계에서 벗어나 영원한 행복이 존재하는 이상적인 세계에서의 삶을 동경하는 중국 조선족의 삶에 대한 의식이 반영되어 있다고 볼 수 있다.

참고문헌

강봉근, 「지하국대적퇴치설화와 해란강 설화의 비교연구」, 『한국언어문학』 제37집, 한국언어문학회, 1996.

김동훈・허형석, 「중국지역 조선족 설화의 변이양상」 『素羅 許衡錫 博士 華甲紀念論文集』, 태학사, 1996.

리천록・최룡관, 『백두산 전설』, 연변인민출판사, 1989.

박태상, 「운영전에 나타난 사랑과 죽음의 의미」, 『고소설의 구조와 의미』, 새문사, 1986.

손진태, 『한국민족설화의 연구』, 을유문화서, 1947.

신동흔, 「삶, 구비문학, 구비문학연구」, 『구비문학연구』 제1집, 한국구비문학회, 1994.

연변민간문학회, 『연변민간문학집』, 연변인민출판사, 1979.

임범송, 「조선족구전문학의 수집정리에서 거둔 성과」, 『조선족 문화예술 개관』 연변문학예술연구소, 1982.

최래옥, 「관탈민녀형 설화의 연구」, 『장덕순 선생 화갑기념 한국고전산문연구』, 동화문화사, 1981.

______, 『한국 구비전설의 연구』, 일조각, 1981.

최삼룡, 「중국조선족 재래설화 변이고」, 연변조선족민속학회・조선족민속연구소 편, 『조선족 민속연구』 제1권, 연변대학출판사, 1991.

현용순 외, 『조선족 백년사화』 제1집, 료녕인민출판사, 1982.

(『한국언어문학』 41집, 1998, 12.)

제3장
〈장자못전설〉과 〈각시바위〉

1. 서론

1992년 8월 24일 韓中修交가 이루어진 후부터 우리나라 사람들은 중국에 대한 왕래가 빈번해졌고, 중국에 대한 관심이 점차 확대되어가고 있다. 뿐만 아니라 중국교포인 조선족들의 내왕이 잦아지면서 이들에 대해서도 보다 깊은 관심을 가지게 되었다. 이보다 앞서 국문학자들은 조선족의 문학에 관심을 가지고 있었고, 그 구체적인 결실로 중국 조선족의 구비문학을 국내에 소개하는 『朝鮮族 口碑文學叢書』를 영인하여 발행하기도 하였다.[1)]

이후 국내의 설화 연구자들 중의 일부가 중국 조선족 설화에 대한 관심을 가지기 시작했으며, 이에 대한 논문도 여러 편 발표되었다.

---

1) 김선풍 편, 『조선족 구비문학총서』, 민속원, 1991.
이 책은 총 21권으로 되어 있으며, 그 중 1권에서 16권까지에 설화가 수록되어 있는데 15~16권은 中文이다.

이 중 중국 조선족 설화의 전반적인 성격을 고찰한 논문으로는 이헌홍의 「중국조선족 설화의 구술전통과 이데올로기 지향성」[2]이 있으며, 중국 조선족들 사이에서 자생한 설화를 연구한 논문으로는 하미경의 「중국조선족 설화 연구」[3]를 들 수 있다.

중국 조선족 설화의 연구에 있어서 가장 많은 관심을 보이는 분야는 변이양상에 대한 고찰이다. 즉, 우리나라의 설화가 중국 조선족들 사이에서 어떻게 변이되어 나타났는가를 고찰한 논문들이다. 소재영은 〈螺中美婦說話〉의 변이형태인 〈홍송과 인삼〉, 〈장자못전설〉의 변이형태인 〈각시바위〉 등을 개략적으로 고찰한 바 있으며,[4] 김동훈과 허형석은 「중국지역 조선족 설화의 변이양상」[5]에서 주몽신화, 금강산전설, 열녀전설, 효녀전설 등의 변이양상을 고찰하였다. 그리고 이헌홍은 「중국조선족 문헌정착 설화의 변이양상」[6]에서 서술방식의

2) 이헌홍, 「중국조선족 설화의 구술전통과 이데올로기 지향성」, 『한국문학논총』 제 16집, 한국문학회, 1995.

3) 하미경, 「중국조선족 설화 연구-자생적 설화를 중심으로-」, 부산대학교 대학원 석사학위논문, 1998.
중국조선족의 설화는 세 가지 유형으로 구분할 수 있다. 첫째는 우리나라의 설화가 추호의 수정이나 변이가 없이 그대로 전승된 것이고, 둘째는 내용과 구조상에서 완전히 새롭게 장착된 것이며, 셋째는 우리 설화의 내용과 구조를 일정하게 유지하면서 중국조선족의 생활과 의식을 담아 변이시킨 것이다. 여기서 자생한 설화는 두 번째 유형을 말한다.

4) 소재영 외, 『연변지역 조선족 문학연구』, 숭실대학교출판부, 1992, 181~186쪽.

5) 김동훈・허형석, 「중국조선족 설화의 변이양상」, 『소라 허형석 박사 회갑기념논문집』, 태학사, 1996.

6) 이헌홍, 「중국조선족 문헌정착 설화의 변이양상」, 『한국문학논총』 제20집, 한국문학회, 1997.

변모와 구연의 기능, 이데올로기적 요소의 부각과 서사구조의 변개, 경험현실적 논리와 자력해결의 서사구조를 종합적으로 고찰하였다. 한편 중국 조선족 학자인 최삼룡은 「중국조선족 재래설화 변이고」[7]에서 〈나중미부설화〉와 〈홍송과 인삼〉, 〈장자못전설〉과 〈각시바위〉, 〈견모보주탈환설화〉와 〈팔모여의주〉를 비교하여 변이양상을 고찰하기도 하였다.

위에서 언급한 변이양상에 대한 고찰은 모두 종합적이거나 개괄적인 성격을 띤 논문들이며, 개별설화의 변이양상에 대한 구체적이고 심도있는 논문들은 아니다. 필자는 여기에 관심을 가지고 〈지하국대적퇴치설화〉와 〈해란강〉을 대상으로 중국 조선족의 역사와 삶에 초점을 두어서 그 변이양상을 고찰한 바 있으며,[8] 〈나중미부설화〉와 〈홍송과 인삼〉에 대해서 변신, 금기, 관탈민녀, 초월 모티프를 중심으로 그 변이양상을 고찰한 바 있다.[9] 본 논문은 이와 같은 작업의 연장선상에서 우리나라의 설화인 〈장자못전설〉과 중국 조선족 설화인 〈각시바위〉를 비교하여 그 변이양상을 고찰하는 데 그 목적이 있다.

최래옥은 〈장자못전설〉이 虐僧, 禁忌, 陷沒, 化石의 네 가지 주요 모티프를 가지고 있다고 하였다.[10] 그런데 조선족 설화인 〈각시

---

7) 최삼룡, 「중국조선족 재래설화 변이고」, 연변조선족민속학회・조선족민속연구소, 『조선족 민속연구』 제1권, 연변대학출판사, 1991.

8) 강봉근, 「지하국대적퇴치설화와 해란강설화의 비교 연구」, 『한국언어문학』 제37집, 한국언어문학회, 1996.

9) 강봉근, 「나중미부설화와 홍송과 인삼의 비교 연구」, 『한국언어문학』 제41집, 한국언어문학회, 1998.

10) 최래옥, 『한국구비전설의 연구』, 일조각, 1981, 28쪽.

바위〉 역시 이 네 가지 모티프를 다 갖추고 있으며, 세부적인 내용까지도 유사한 부분이 있어 〈각시바위〉가 〈장자못 전설〉의 변이형태라는 점에서 이론이 있을 수 없다. 그러나 전체적인 이야기의 전개에서는 상당한 차이를 보이고 있다. 이는 중국 조선족의 삶과 의식이 변이과정에 투영된 것으로 보인다. 따라서 본 논문에서는 두 설화의 구조적 성격과 의미를 고찰하고 등장인물의 성격과 공간 및 주제를 중심으로 그 변이양상을 고찰하고자 한다.

2. 두 설화의 구조적 성격과 의미

1) 〈장자못전설〉

〈장자못전설〉은 최래옥 교수가 소장한 것만도 200편[11]이 될 만큼 우리 나라에 널리 퍼져 있는 전설이다. 그 줄거리를 요약하면 다음과 같다.[12]

① 옛날에 아주 인색한 부자 영감(시아버지)이 살고 있었다.

② 하루는 중이 와서 동냥을 달라니까, 마침 시아버지는 외양간을 치우고 있다가 "너에게 줄 것이 없다."하고는 쇠똥을 한 삽 퍼서 바릿대에 담아주자, 중은 "고맙습니다."하며 간다.

③ 마침 그때 그 집 며느리가 방아를 찧고 있다가 이것을 보고, 마음에 안됐으므로 중을 불러 쌀을 주었더니 "당신이 살려면 지금 나를 따라 오시오. 그러나 무슨 일이 있어도 절대 뒤를 돌아보지 마

11) 위의 책, 131쪽.

12) 위의 책, 25~26쪽.

시오."라고 말하여, 며느리는 아무에게도 말하지 않고 애기를 데리고 따라 나섰다.

④ 그리하여 산 중턱에 오니까 갑자기 뇌성벽력이 나며 소나기가 막 오더니 그 집터가 가라앉아서 오늘날에 보이는 연못이 되어 버렸다.

⑤ 이러자 며느리는 하도 궁금해서 뒤를 돌아보았더니 약속을 어겼다고 하여 중이 돌로 만들어 버렸다. 함께 가던 애기도 돌이 되었다.

⑥ 지금도 그 돌은 그대로 산 중턱에 있고, 그 연못(장자못)은 옛 부자터인지라, 놋그릇도 나오고, 이무기도 살고 있어서 아무리 해도 바닥까지 품어내지를 못한다. 또 하도 깊어서 명주실 세 꾸리가 들어가도 바닥까지 안 닿는다고 한다.

이 〈장자못전설〉은 구약성경(창세기 19장)에 보이는 〈소돔전설〉과 같은 유형이다. 이 두 설화는 죄악이 가득한 곳에 신의 使者가 찾아와 시험을 한 후에 악인을 멸망시키고 선인을 구출하는 과정에서 禁忌를 어긴 사람이 化石이 된다는 공통점을 가지고 있다. 그러나 구체적인 내용 전개에 있어서는 종교적, 지리적인 배경의 차이로 말미암아 상당한 변이를 보이고 있다. 죄악의 내용에 있어서 〈소돔전설〉은 소돔성에 사는 사람들의 타락(음란)이 죄악이 되는 데 비하여 〈장자못전설〉은 부자 영감의 인색이 죄악이 된다. 그리고 죄악을 징벌하는 인물은 전자가 하나님의 사자인데 후자는 부처님의 사자라고 할 수 있는 중이다. 이것은 전자가 기독교를 배경으로 하고 있음에 비하여 후자가 불교를 배경으로 하고 있기 때문이다. 금기를 어긴 자가 〈소돔전설〉에서는 소금기둥이 되는데 〈장자못전설〉에서는 돌이

된다. 이것은 팔레스타인에는 鹽石이 많은 데 비하여 우리 나라에는 돌이 많음에서 오는 차이다. 징벌의 방법에 있어서도 전자는 불로 징벌을 하는데 후자는 물로 징벌을 한다. 또한 전자에는 생존자가 있는데 비하여 후자에는 생존자가 없어 금기의 파괴 결과가 훨씬 가혹하게 나타나 있다.[13)]

앞에서 언급한 것처럼 〈장자못 전설〉은 虐僧, 禁忌, 陷沒, 化石의 네 가지의 주요 모티프를 가지고 있다. 그리고 虐僧의 결과가 陷沒로, 禁忌破棄의 결과가 化石으로 나타나는 이중구조로 되어 있다.

虐僧의 결과가 陷沒로 이어지는 서사구조 속에서 얼핏 보면 부자 영감의 죄악상이 크게 드러나지 않는다. 그는 단지 인색한 부자일 뿐이며, 중에게 곡식 대신 쇠똥을 준 것은 그 인색함이 극대화된 표현으로 볼 수도 있다. 그럼에도 불구하고 부자 영감의 집터는 땅 속으로 가라앉아서 깊은 연못이 됨으로써 부자뿐만 아니라 그 재산까지도 철저하게 징벌을 받는다. 여기에는 인색한 부자에 대한 일반 민중들의 증오심이 반영되어 있다. 더구나 부자 영감은 신성한 존재인 중에게 인색할 뿐만 아니라 쇠똥을 퍼줌으로써 신성모독의 죄를 범하게 된다. 그의 행동이 신성모독에까지 이르렀다면 그가 평상시에 가난한 이웃들에게 어떻게 대했을까는 미루어 짐작할 수 있는 것이다. 따라서 이러한 악인은 철저하게 징계되어야 한다는 민중의 의식이 부자와 부자의 재산을 깊은 연못 속으로 수장한 것이다. 여기에서 연못이 하도 깊어서 명주실 세 꾸리가 다 들어가도 바닥까지 닿지 않

---

13) 〈장자못전설〉과 〈소돔전설〉의 구체적인 비교는 최래옥의 위의 책 146~147쪽에 상세하게 나타나 있다.

는다는 것은 징계의 깊이로 해석될 수 있다. 또한 인색한 영감과 그 재산을 수장한 물은 악인을 이 세상에서 제거한다는 의미에서 淨化의 기능을 가지며, 증거물로 남아 있는 장자못은 부자는 인색해서는 안 되며, 신성을 모독하면 징벌을 받는다는 경계의 의미를 갖고 있다고 할 수 있다.

일반적으로 禁忌의 모티프를 가진 설화는 대부분 주인공이 禁忌를 破棄함으로써 불행해지는 비극적 구조를 가지고 있다. 중에게 쌀을 준 선행으로 말미암아 구원받게 된 며느리가 뒤를 돌아보지 말라는 禁忌를 어김으로써 돌이 된 이야기는 禁忌의 破棄가 얼마나 무서운 결과를 초래하는가를 보여주는 이야기다.

시아버지(부자 영감)가 세속적이고 물욕적인 존재라면 중은 신성하고 초월적인 존재다. 며느리는 신성하고 초월적인 존재인 중에게 선행을 함으로써 멸망 직전에 구원을 받을 수 있게 되었다. 즉 그는 세속적이고 물욕에 가득 찬 죄악의 공간에서 탈출할 수 있는 기회를 얻은 것이다. 그런데 그는 구원의 조건, 곧 뒤를 돌아보아서는 안 된다는 禁忌를 어김으로써 돌이 되는 불행을 맞게 되었다. 여기에서 그가 뒤를 돌아보았다는 것은 비록 물욕에 가득 찬 죄악의 공간이기는 하지만 그 안에서 풍요를 누렸던 과거의 시간에 대한 미련 때문이라고 할 수 있다.

禁忌를 破棄한 며느리는 돌이 되는데 여기서 돌은 견고함과 불변성을 상징한다. 따라서 며느리가 변한 돌은 禁忌는 절대로 파기해서는 안 된다는 경계를 후대인들에게 영원히 보여주고 있는 것이다. 며느리가 비록 선행을 했을지라도 禁忌를 여겼기 때문에 돌이 되었으므로 이 이야기는 禁忌를 지켜야한다는 경계의 의미가 강조된 반면에 선행의 의미는 상대적으로 약화되었다고 볼 수 있다.

2) 〈각시바위〉

중국 연변 지역에서 전승되고 있는 조선족 전설인 〈각시바위〉의 줄거리를 요약하면 다음과 같다.[14)]

① 옛날에 지척소 일대에 욕심이 많고, 백성들을 학대하며, 남의 여자를 탐내는 리정승이라는 세도 있는 부자가 살고 있었다.

② 백두산 산상봉에서 채운을 타고 내려온 和尙이 리정승의 집에 가서 시주를 하라고 한다. 처음에는 거절하던 리정승이 자루에다 말똥을 담아주자 화상은 공손히 절을 하고 나온다.

③ 이 때 남편이 수자리에 나가서 소식이 없자 리정승에게 강제로 붙들려가 첩이 된 인물 좋고, 마음씨 착한 천미향이 비단 치마폭에 흰 쌀을 가지고 와서 화상에게 시주한다. 그러자 화상은 오늘 한낮이 되면 이 집의 땅바닥에서 물이 솟아 오를 테니 아무에게도 말하지 말고 병풍산으로 올라가되 뒤에서 무슨 소리가 나든지 절대로 뒤를 돌아보지 말라고 한다.

④ 한낮이 되자 리정승의 집 마루바닥에서 큰 구멍이 뚫어지더니 물이 솟기 시작한다. 미향은 화상이 시킨 대로 옥동자를 업고 병풍산을 오르기 시작했고, 그 순간 태풍이 일고 폭우가 쏟아지더니 뇌성벽력이 천지를 흔들며, 리정승이 살던 성 안은 물에 잠긴다.

⑤ 악에 바친 리정승이 미향의 수작이라고 하면서 하인들을 풀어 말을 타고 미향이를 뒤쫓는다. 리정승이 미향이를 칼로 치려는 순간 태풍이 세차게 불어 실패한다.

14) 김태갑 편, 『조선족 전설집』, 민족출판사, 1991, 44~19쪽.

⑥ 리정승과 하인들이 재차 미향이를 덮치려 할 때 큰 벼락소리가 났고, 그 순간 미향이는 뒤를 돌아보지 말라는 화상의 당부를 잊고 뒤를 돌아다보니 리정승이 칼을 들고 미향이를 치려고 했다. 그 순간 "악!"하는 소리와 함께 미향이는 아기에게 젖을 물린 채 바위로 변했으며, 리정승의 칼이 바위에 닿자 두 동강이가 나 하나는 리정승의 목을 자르고, 다른 하나는 하인들의 목을 잘랐다.

⑦ 그 때 리정승의 집에서 콸콸 솟던 물은 연집강이 되어 연길벌을 적시며 지금까지 흐르고 있고, 미향이의 착한 덕행으로 하늘이 도와 잘 살게 된 이 고을 사람들은 미향이를 기념하여 이 바위를 〈각시바위〉라고 명명하였다.

위의 줄거리에서 ①~④까지는 〈장자못전설〉과 비교하여 인물의 성격이나 공간의 확대를 보여 줄 뿐 설화 구조상 큰 차이가 없다. 그런데 ⑤에서부터는 새로운 내용이 첨가되어 설화 구조상 변화가 일어난다. 리정승이 사는 성 안이 물에 잠기자 리정승이 천미향의 수작이라 여겨 하인들을 데리고 미향이를 죽이려고 하는 대목은 〈장자못전설〉에는 없는 새로운 내용의 첨가이다. 그러나 이 대목은 전후 관계로 보아 객관적 근거가 미약하다. 천미향은 초월적인 능력을 지닌 인물이 아니고, 초월적인 능력을 지닌 인물은 중임에도 불구하고 리정승이 성 안이 물에 잠긴 것을 천미향의 수작이라고 단정하고 그녀를 죽이려고 하는 것은 비논리적인 사건의 전개라 할 수 있다. 이는 인물간의 대립관계를 강조하고 사건의 극단화를 시도하기 위한 화자의 의도적 가필이라 할 수 있다.

이헌홍은 중국 조선족 설화의 서사구조상 특징 중의 하나로 극단적 대립관계의 설정을 들고 있다. 즉 극단적 대립관계를 설정함으로써 인물 간의 갈등을 첨예하게 부각시키는데 이와 같은 갈등의 부각은 결말의 과격성에서 그 절정을 보이게 되며, 이는 주제의 심각성 및 이데올로기 지향성과도 밀접히 관련된다고 보고 있다.[15] 이 설화 역시 악질적인 부자와 선량한 양민의 대립관계를 부각시킴으로써 화자가 의도하는 주제를 도출해 내기 위한 방편으로 이용하고 있는 것이다.

〈장자못전설〉에서 며느리와 시아버지의 대립관계는 남녀, 상하의 대립 외에 그들의 행동을 통해서 드러나는 선악의 대립이 주를 이루고 있다. 그러나 이러한 대립은 외관상의 대립일 뿐 두 인물간의 직접적인 대립은 없다. 그런데 〈각시바위〉에서는 외관상의 대립뿐만 아니라 리정승과 천미향의 직접적인 대립이 나타나 있다. 리정승은 남편이 있는 천미향을 강제로 데려다 첩을 삼았으며, 성 안이 물에 잠긴 것을 천미향의 탓으로 돌리고 그녀를 죽이려고 하는 것이다.

이와 같은 인물 대립의 강화는 필연적으로 설화 구조에서 결말의 변화로 나타난다. 벼락소리에 뒤를 돌아본 천미향은 리정승이 칼을 들고 자신을 치려고 하는 것을 보게 되고, 그 순간 "악!"하는 소리와 함께 천미향이 바위로 변했으며, 리정승의 칼이 바위에 닿자 두 동강이가 나 리정승과 그 하인들의 목을 자른 것이다. 여기서 약자인 선인과 강자인 악인의 대립관계에서 약자인 선인의 승리라는 결말로 귀착되는 중국 조선족 설화의 구조적 특징을 볼 수 있다.

〈장자못전설〉에서는 며느리가 돌로 변한 원인은 뒤를 돌아보지 말라는 금기의 파기에 그 원인이 있다. 그런데 〈각시바위〉에서 천미

15) 이헌홍, 「중국조선족 설화의 이데올로기 지향성」, 앞의 책, 45쪽.

향이 바위로 변한 원인은 금기의 파기에만 있는 것은 아니다. 천미향이 벼락소리가 나자 뒤를 돌아다 본 순간 리정승이 자신을 칼로 치려는 것을 보고 놀라 순간적으로 바위로 변하고 만 것이다. 그리고 리정승이 내려친 칼이 그 바위에 맞아 다시 리정승의 목을 자른 것은 化石 모티프가 금기파기에 대한 경계라는 의미보다는 원수에 대한 복수라는 의미로 의미변화를 일으킨 것이라고 할 수 있다.

〈장자못전설〉에서 인색한 부자 영감에 대한 징계는 초월적인 존재인 중에 의한 것으로 볼 수 있다. 그런데 〈각시바위〉에서는 초월적인 존재에 의한 악인의 징계는 이면으로 감춰지고 바위로 변한 천미향으로 인하여 리정승은 비참한 최후를 맞게 된다. 결과적으로 천미향은 자신을 강제로 첩으로 삼고 또 죽이려고까지 했던 리정승에게 통쾌한 복수를 한 셈이다. 이는 초월적인 존재의 개입에 의한 사건해결보다는 등장인물의 주체적 의지에 의한 자력해결 방식 위주로 전개되는 중국 조선족 설화의 서사구조상 특징[16]이 반영된 것이다.

〈각시바위〉의 결말은 리정승의 집에서 솟아난 물이 연집강이 되어 연길벌을 적심으로써 이 고을 사람들을 잘 살게 했고, 그것이 천미향이의 착한 덕행의 결과 때문이라고 여김으로써 고을 사람들이 천미향을 기념하여 이 바위를 각시바위라고 명명했다고 서술되어 있다. 그러나 엄밀하게 분석해 보면 리정승의 집에서 솟아난 물은 천미향의 선행과는 무관한 것으로 리정승의 집에서 솟아난 물을 천미향과 결부시킨 것은 논리적인 모순이다.[17] 리정승의 집에서 솟아난 물

16) 위의 논문, 41쪽 참조.

17) 이러한 논리적인 모순은 천미향이 아기에게 젖을 물린 채 돌이 되었다

이 리정승이 살던 성 안을 잠기게 한 것은 리정승의 악행에 대한 징계의 의미를 갖기 때문이다.

이러한 논리적인 모순에도 불구하고 〈각시바위〉는 〈장자못전설〉과는 다른 독자적인 의미를 갖는다. 〈장자못전설〉이 인색하고 신성을 모독한 부자영감에 대한 징계와 금기 파기에 대한 경계의 의미를 갖는 데 비해서 〈각시바위〉는 한 선량한 여인의 선행으로 말미암아 악인을 징계하고 온 고을이 잘 살게 되었다는 의미를 담고 있는 것이다. 이와 같이 설화가 비극으로 귀착되는 것을 거부하고 해피엔드로 전환시킨 것은 맨몸으로 월경하여 온갖 시련과 수탈을 겪어야 했던 중국 조선족들의 수탈자에 대한 투쟁의식과 그 땅에서 행복한 삶을 누리고자 하는 정착의식이 반영된 것이라 할 수 있다.

3. 변이의 양상

1) 인물

〈장자못전설〉과 〈각시바위〉에 등장하는 주요인물은 다 같이 셋이다. 〈장자못전설〉의 부자 영감, 며느리, 중이 〈각시바위〉에서는 리정승, 천미향, 중(和尙)으로 나타나 있다. 두 설화에서 세 인물의 기본적인 성격이나 역할은 모두 같다고 볼 수 있다. 그러나 구체적인 인물 성격의 표현에 있어서는 〈장자못전설〉에 비해 〈각시바위〉가 훨씬

는 이야기에서도 나타난다. 리정승에게 급박하게 쫓기던 천미향이 아기에게 젖을 물릴 여유가 없기 때문이다. 이것은 증거물로 남아 있는 바위의 형상에 이야기를 억지로 짜 맞춘 결과라 할 수 있다.

세부적이고 다양하게 그려져 있다.

〈장자못전설〉의 부자 영감은 인색한 부자로만 표현되어 있고, 虐僧을 제외하고는 인색한 행동이 구체적으로 나타나 있지 않으며, 부의 규모나 신분에 대한 언급도 없다. 이에 비하여 〈각시바위〉의 리정승은 인물의 성격이 다양한 각도에서 표현되고 있다. 리정승은 지척소 일대에서 제일가는 부자요, 세도가 컸으며, 벼슬 직함은 정승이었다. 그의 욕심은 백성들의 개, 닭 소리도 성 밖에서 사라지게 했고, 그의 포악함으로 날새도 그 집 성 안에 날아들지 못했으며, 백성들을 부려먹기 위해서는 하늘에 대고 이 세상에 낮만 있게 해달라고 빌었다. 또한 본 마누라에 첩까지 있건만 고운 여자만 있으면 처녀건 과부건 게걸스럽게 욕심을 내는 인물이다. 설화 속에서 구체적으로 나타난 행동을 보면 부자 영감은 시주를 요구하는 중에게 쇠똥을 주었을 뿐인데 리정승은 중에게 말똥을 주었을 뿐만 아니라, 남편이 있는 천미향을 강제로 첩을 삼았으며, 자신의 집이 물에 잠기자 천미향의 탓으로 돌려 그녀를 죽이려고 하는 포악함을 보이고 있다.

〈장자못전설〉의 며느리는 마음씨가 착해서 시아버지가 중에게 쇠똥을 주는 것을 보고 마음에 안 됐다는 생각이 들어 쌀을 준 것 이외에 그녀의 인물이나 성격, 가정 안에서의 위치 등에 대한 구체적인 언급이 없다. 그러나 천미향은 평민의 집안에서 태어났고, 마음씨와 인물이 고와 사방 백리 안에서 칭찬을 받는 인물로 나타나 있다. 그녀의 외모를 보면 몸매가 날씬하여 양류요, 둥근 얼굴은 하늘의 보름달처럼 희맑고, 반달눈썹 아래에 샘물 같은 눈이 반짝이고, 줄지은 새하얀 이빨이 웃을 때마다 드러나 마치 함박꽃 같이 고왔다고 묘사되어 있다. 또한 손재질이 뛰어나 그녀가 짠 천은 하늘의 팔색 무지개와 같고, 봉황새가 날아가는 것과 같으며, 그녀가 지은 옥의는 야밤에도 금빛을 뿌렸다고 한다. 이렇듯 인물과 행실, 재주가 뛰어난 천미향은 많은 총각들이 욕심을 냈다. 드디어 그는 꿀벌같이 열심히 일하고, 사슴처럼 선량하며, 매처럼 억센 총각과 결혼하여 옥동자를 낳고 화목한 가정 생활을 하였다. 그러나 남편이 수자리에 뽑혀 갔다가 소식이 없자 리정승이 그녀를 강제로 데려다 첩을 삼은 것이다.

두 설화에 등장하는 중은 모두 신이한 행적을 보이는 점에서 초월적인 존재이다. 그런데 〈장자못전설〉에서는 신이한 행적 외에 더 이상 중에 대한 설명이 없다. 이에 비하여 〈각시바위〉에 등장하는 중은 백두산 산상봉에서 채운을 타고 내려옴으로써 그가 이미 초월적인 인물임을 보여주고 있다. 뿐만 아니라 그의 외모를 보면 등이 구부정하고, 용두죽장을 짚었으며, 의포는 수수하나 얼굴에 흰 수염이 풍성히 덮여 있어 희한하였고, 음성이 우렁우렁하여 어딘가 위엄이 있어 보인다고 설명하고 있다.

이상에서 살펴본 바와 같이 〈장자못전설〉에 비해 〈각시바위〉에서는 등장인물의 성격표현이 훨씬 구체적이고 다양하게 나타나 있다. 일반적으로 "설화는 단순하면서도 잘 짜인 구조를 지니며, 표현 역시 복잡할 수 없다."[18]고 한다. 그런데 우리나라의 〈장자못전설〉이 중국 조선족들 사이에서 〈각시바위〉로 변이되는 과정에서 그 표현이 이처럼 복잡하고 다양하게 나타나는 이유는 무엇일까? 설화의 변이요인은 ① 구술자의 정서적·심리적 조건, ② 사회 문화적 요건, ③ 자연

18) 장덕순 외, 『구비문학개설』, 일조각, 1973, 15쪽.

환경의 변화, ④ 민족 공동 의식의 변화, ⑤ 청자 · 화자의 변화 등으로 요약된다.[19] 여기에서 우리는 구술자(화자)에 주의를 할 필요가 있다. 중국 조선족 사이에서는 전문적인 설화 구술자들이 많다. 그들의 전문가로서의 탁월한 구술능력이 청자의 흥미를 유발시키기 위하여 화려한 수식을 덧붙인 것으로 볼 수 있는 것이다. 또한 설화의 채집 과정에서 정리자 역시 독자들의 흥미를 유발시키기 위하여 구술된 설화의 내용을 潤色했을 가능성도 있다. 단순한 민간의 구전설화가 구술자와 정리자에 의해서 潤色되었으리라는 가능성은 이미 중국 조선족 학자에 의해서도 지적되고 있는 것이다.[20]

〈장자못전설〉과 〈각시바위〉에서 나타나는 인물의 변이 양상에서 또 한 가지 눈에 띄는 것은 인물간의 대립관계의 변이다. 〈장자못전설〉에서의 인물대립은 중과 부자영감, 며느리와 중이 주를 이루며, 며느리와 시아버지는 직접적인 대립이 없다. 증거물로 남아 있는 연못과 돌이 이들의 대립관계를 그대로 보여주고 있다. 그런데 〈각시바위〉에서의 인물대립을 보면 중과 리정승, 천미향과 중의 대립관계는 약화되고, 천미향과 리정승의 대립관계가 주를 이루고 있다. 이같은 대립관계의 변화 이동은 무산계급과 유산계급의 투쟁에서 무산계급의 승리라는 공산주의 이데올로기가 중국 조선족 설화에 반영된 결과라 할 수 있으며, 좀더 구체적으로 말하면 봉건지주와 같은 탐욕스럽고 포악한 착취계급과 투쟁하여 승리함으로써 풍요롭고 안정된 삶을 누리고자 하는 중국 조선족의 염원이 반영된 것이라 할 수 있다.

---

19) 최운식, 『한국설화연구』, 집문당, 1991, 49~52쪽.

20) 최삼룡, 앞의 논문, 212~213쪽.

2) 공간

〈장자못전설〉은 우리나라를 배경으로 하고 있고, 〈각시바위〉는 중국의 만주를 배경으로 하고 있다. 그러나 이러한 지역적 차이는 설화의 변이양상에 직접적인 관련이 없다. 이 두 설화에서 볼 수 있는 구체적인 공간 변이양상은 부자 영감이 살았던 집과 리정승이 살았던 성, 그리고 부자 영감의 집이 변한 못과 리정승의 성이 변한 강으로 나타나 있다.

〈장자못전설〉에서 부자 영감이 살았던 집에 대해서는 구체적인 묘사가 없다. 다만 부자영감이 외양간을 치우고 있었던 것으로 보아 집에는 외양간이 있었고, 며느리가 방아를 찧었다는 것으로 보아 집안 식구들이 방아를 찧어 먹고 살았다는 것을 알 수 있을 뿐이다. 집안 식구들이 직접 일을 하는 것으로 보아 하인들이 없었음을 알 수 있다. 따라서 부자 영감의 집은 인색한 부자라는 것 외에 계층적 갈등을 일으킬 만한 특별한 요소가 발견되지 않는다.

이에 비해 〈각시바위〉에 등장하는 리정승의 성은 큰 차이를 보이고 있다. 리정승은 성벽을 한 길 넘게 쌓았고, 대문은 묘두무늬를 박아 만들어진 큰 대문이며, 외따로 떨어진 큰 고래등 기와집이었다. 그래서 그것은 단순한 집이 아니라 성이라고 불리고 있다. 이와 같은 리정승의 화려한 집은 정승이라는 그의 신분, 탐욕스럽고 포악한 행동과 결부되어 주변에 사는 가난하고 힘이 없는 백성들과 계층적 갈등을 일으키게 된다. 따라서 〈장자못전설〉의 공간적 배경이 한 가정에 국한됨에 비해 〈각시바위〉의 공간적인 배경은 한 지역으로 확대되고 있음을 볼 수 있다.

두 설화의 증거물로 남아 있는 장자못과 연집강은 다 같이 물이라는 공통적 속성을 지니고 있다. 그러나 못과 강이라는 차이로 말미암아 공간적 의미에 변이가 발생한다. 물의 이미지가 우리에게 주는 상징적 의미는 창조의 신비, 탄생・죽음・부활, 정화와 속죄, 풍요와 성장이다.[21] 〈장자못전설〉의 연못은 정적인 물로 죽음과 관련되어 있으며, 부자영감의 인색에 대한 정화의 기능을 함으로써 인색함에 대한 징계의 의미를 갖는다. 이에 반해 〈각시바위〉의 강은 동적인 물로 풍요와 성장의 기능을 함으로써 연길벌을 적셔 고을 사람들을 풍요롭게 살도록 만드는 것이다.

3) 주제

등장인물의 성격 변이와 공간적 의미의 변이는 필연적으로 주제의 변이를 초래한다. 〈장자못전설〉에서 현재 남아 있는 증거물을 중심으로 그 주제를 파악할 경우 장자못은 부자의 인색함과 신성한 존재에 대한 모독행위는 반드시 징벌을 받게 되므로 부자는 인색해서는 안 되며, 신성한 존재에 대하여 모독행위를 해서는 안 된다는 의미를 담고 있다. 그리고 며느리가 변한 돌은 선한 사람도 금기를 파기하면 불행을 당하게 되므로 금기는 절대로 파기해서는 안 된다는 경계의 의미를 내포하고 있다.

그런데 〈각시바위〉에서는 리정승의 집에서 솟아난 물이 강이

21) Wilfred L. Guerin, Earle G. Labor, Lee Morgan, *A Handbook of Critical Approaches to Literature*, Harper & Row, Publishers, New York and London, 1966, pp. 118~119.

되어 연길벌을 적심으로써 고을사람들의 풍요로운 삶을 보장해주고 있으며, 각시바위는 금기파기의 의미가 약화되고[22] 선행의 의미가 강조됨으로써 천미향의 선행이 모든 사람들을 행복하게 해 준 것으로 마무리된다. 또한 천미향을 선량하고 힘없는 민중으로, 리정승을 부와 지위를 겸비한 포악한 지배계급으로 대립시켜 표현함으로써 주제의 변이를 시도하고 있다. 그 결과 〈각시바위〉가 작품구조상 논리적 모순을 지니고 있지만 선량하고 힘없는 무산계급은 포악한 유산계급과 싸워 승리해야 하며, 결과적으로는 행복한 삶을 누려야 한다는 의미를 갖게 된 것이다.

주제의 변이과정에서 눈에 띄는 것은 〈장자못전설〉의 주제가 개인의 문제에 국한되는 데 비하여 〈각시바위〉에서는 집단의 문제로 그 의미가 확산된다는 점이다.[23] 이같은 변이양상은 공동체 의식의 강조와 집단 행복의 추구[24]라는 중국 조선족 설화의 특징이 이 설화에도 그대로 반영된 것이라 할 수 있다.

---

22) 우리 설화에서 흔히 볼 수 있는 금기파기와 이로 인한 주인공의 불행이 중국 조선족 설화에서는 거의 배제된다. 〈나중미부설화〉의 변이 형태인 〈홍송과 인삼〉에는 금기가 생략되어 있고, 이와 유사한 내용의 〈모자간의 깊은 정〉에서도 금기가 생략되어 있으며, 〈관일봉〉에서는 금기는 있으나 파기되지 않는다.

23) 이러한 현상은 〈지하국대적퇴치설화〉의 변이형태인 〈해란강〉에서도 볼 수 있다. 강봉근, 「지하국대적퇴치설화와 해란강설화의 비교 연구」, 앞의 책, 248~249쪽.

24) 이헌홍, 「중국조선족 문헌정착설화의 변이양상」, 앞의 책, 58쪽.

4. 결론

지금까지 우리 나라의 〈장자못전설〉과 중국 조선족 설화인 〈각시바위〉를 비교하여 그 변이양상을 고찰하였는 바 그 내용을 요약하면 다음과 같다.

작품의 구조적 성격을 중심으로 살펴 볼 때 두 설화가 모두 虐僧, 禁忌, 陷沒, 化石의 네 가지 주요 모티브를 지니고 있지만 〈각시바위〉의 후반부에서 인물대립이 강화됨에 따라 〈장자못전설〉에 나타나는 부자의 인색함에 대한 징계나 금기 파기에 대한 경계의 의미가 약화되고 계층간의 대립갈등이 심화되는 변이를 보이고 있다. 그리고 〈장자못전설〉이 비극적 결말을 보이는 데 비하여 〈각시바위〉는 해피엔드로 끝나며, 이러한 주제를 부각시키기 위한 전승집단의 의도가 앞서 설화 자체의 논리적 모순을 드러내고 있다.

인물의 성격표현은 〈장자못전설〉에 비하여 〈각시바위〉가 훨씬 구체적이고 다양하게 나타나 있다. 이는 청자나 독자의 흥미를 유발시키기 위한 구술자와 정리자의 潤色으로 보여진다. 〈장자못전설〉의 인물대립은 중과 부자 영감, 며느리와 중이 주를 이루는 데 비하여 〈각시바위〉에서의 인물대립을 보면 중과 리정승, 천미향과 중의 인물대립이 약화되고, 천미향과 리정승의 대립관계가 주를 이루고 있다. 이와 같은 대립관계의 변화이동은 무산계급과 유산계급의 투쟁에서 무산계급의 승리라는 공산주의 이데올로기가 중국 조선족 설화에 반영된 결과라 할 수 있으며, 구체적으로 탐욕스럽고 포악한 봉건지주와 투쟁하여 승리함으로써 풍요롭고 안정된 삶을 누리고자 하는 중국 조선족의 염원이 반영된 것이라 할 수 있다.

〈장자못전설〉의 공간배경이 한 가정에 국한됨에 비해 〈각시바위〉의 공간적 배경은 한 지역으로 확대되었으며, 증거물로 남아 있는 장자못과 연집강에서도 공간적 의미의 변이가 발생한다. 즉 〈장자못전설〉의 연못이 부자의 인색함에 대한 징계라는 의미를 갖는 데 비하여 〈각시바위〉의 연집강은 고을 사람들의 풍요라는 의미를 갖는다.

이와 같은 등장인물의 성격변이와 공간적 의미의 변이는 주제의 변이를 초래한다. 〈장자못전설〉이 인색함과 신성모독에 대한 경계, 그리고 금기파기에 대한 경계의 의미를 담고 있는 데 비하여 〈각시바위〉에서는 선량하고 힘없는 민중과 부와 지위를 겸비한 포악한 지배계급을 대립시킴으로써 주제의 변이를 시도하고 있다. 그래서 선량하고 힘없는 무산계급은 포악한 유산계급과 싸워 승리해야 하며, 결과적으로는 행복한 삶을 누려야 한다는 의미를 갖게 된다. 또한 〈장자못전설〉의 주제가 개인의 문제에 국한되는 데 비하여 〈각시바위〉의 주제는 집단의 문제로 그 의미가 확산되는데 이와 같은 변이양상은 공동체 의식의 강조와 집단 행복의 추구라는 중국 조선족 설화의 특징이 이 설화에도 그대로 반영된 결과이다.

참고문헌

강봉근, 「지하국대적퇴치설화와 해란강설화의 비교 연구」, 『한국언어문학』 제37집, 한국언어문학회, 1996.

강봉근, 「나중미부설화와 홍송과 인삼의 비교 연구」, 『한국언어문학』 제41집, 한국언어문학회, 1998.

김동훈・허형석, 「중국조선족 설화의 변이양상」, 『소라 허형석 박사 화갑기념논문집』, 태학사, 1996.

김선풍 편, 『조선족 구비문학 총서』, 민속원, 1991.

김태갑 편, 『조선족 전설집』, 민족출판사, 1991.

소재영 외, 『연변지역 조선족 문학연구』, 숭실대학교출판부, 1992.

이헌홍, 「중국조선족 설화의 구술전통과 이데올로기 지향성」, 『한국문학논총』 제16집, 한국문학회, 1995.

이헌홍, 「중국조선족 문헌정착 설화의 변이양상」, 『한국문학논총』 제20집, 한국문학회, 1997.

장덕순 외, 『구비문학개설』, 일조각, 1973.

최래옥, 『한국구비전설의 연구』, 일조각, 1981.

최삼룡, 「중국조선족 재래설화 변이고」, 연변조선족민속학회・조선족민속연구소 편, 『조선족 민속연구』 제1권, 연변대학출판사, 1991.

최운식, 『한국설화연구』, 집문당, 1991.

하미경, 「중국조선족 설화 연구 - 자생적 설화를 중심으로 - 」, 부산대학교 대학원 석사학위논문, 1998.

Wilfred L. Guerin, Earle G. Labor, Lee Morgan, *A Handbook of Critical Approaches to Literature,* Harper & Row, Publishers, New York and London, 1966.

(『국어문학』 34집, 1999.)

중국 조선족 설화 연구

제4장

〈아기장수설화〉의 변이 양상

1. 서론

우리나라의 영웅설화는 〈주몽설화〉, 〈지하국대적퇴치설화〉, 〈아기장수설화〉의 세 가지 유형으로 나눌 수 있다. 고구려 건국신화인 〈주몽설화〉는 한 국가의 건국을 신성시하는 신화로 일찍부터 『삼국유사』나 이규보의 〈東明王篇〉과 같은 문헌에 정착되어 전승되어 왔으며, 이것이 후대에 와서 영웅소설의 형성에 根幹이 되었다.[1] 민담으로 전승되어 온 〈지하국대적퇴치설화〉는 손진태에 의해 처음 소개되었으며,[2] 〈주몽설화〉와 더불어 우리나라의 대표적인 영웅설화로

1) 조동일, 「영웅의 일생, 그 문학사적 전개」, 『東亞文化』 10, 서울대학교 문리과대학 동아문화연구소, 1971.

2) 지하국대적퇴치설화는 1930년에 日文으로 간행된 『조선민담집』(동경향토연구사)에 수록되어 있고, 1947년에 간행된 손진태의 『한국민족설화의 연구』(을유문화사)에 번역문이 수록되어 있다.

인식되어 왔다. 〈지하국대적퇴치설화〉는 오든(Auden, W. H)이 말한 탐색(quest) 이야기의 여섯 가지 필수적인 요소[3]를 다 갖춘 전형적인 탐색의 原型을 지닌 영웅설화로서 그리스 신화의 대표적인 영웅설화인 〈페르세우스설화〉와 同系라 할 수 있다. 또한 〈지하국대적퇴치설화〉는 〈김원전〉이나 〈금령전〉의 근원설화가 되기도 하고, 〈홍길동전〉에는 삽화의 형태로 나타나 있으며, 〈주몽설화〉에 없는 남녀 애정담이나 결혼담이 주몽형 영웅소설에 들어 있는 것은 지하국대적퇴치설화의 영향이라는 해석도 있다.[4]

마지막으로 〈아기장수설화〉는 영웅의 활약상을 찾아볼 수 없고, 영웅의 좌절을 그린 설화지만 영웅의 가능성을 지닌 설화이기에 넓은 의미에서 영웅설화에 포함시킬 수 있다. 〈아기장수설화〉는 무한한 가능성을 품은 영웅의 좌절을 표현한 비극적 구조를 지녔기 때문에 대부분 전설의 형태를 지니고 있는데 우리나라에 널리 퍼져 있어[5] 설화 전승의 주체인 민중의 의식을 폭넓게 반영하고 있다.

중국 조선족의 설화는 재래의 우리 설화가 수정이나 변이가 없이 그대로 전승된 것, 내용과 구조상으로 완전히 새롭게 창조된 것, 우리 설화의 내용과 구조를 일정하게 유지하면서 중국 조선족의 생

---

3) W. H. Auden, "The Quest Hero", S. N. Grebstein ed., *Perspectives in Contemporary Criticism* (New York: Harper & Row, Publisher, 1968), p. 372.

4) 윤준필, 「지하국대적퇴치설화의 변형양상 연구」, 전북대학교 교육대학원 석사학위 논문, 1993, 29쪽.

5) 아기장수 설화는 우리나라의 남한 지역에만 391곳에 분포되어 있다는 통계가 있다. 최래옥, 『한국구비전설의 연구』, 일조각, 1981, 365~380쪽 참조.

활과 의식을 담아 변이시킨 것으로 구분할 수 있다.[6] 이 중 두 번째의 중국 조선족 자생설화는 엄밀하게 보면 우리 설화라고 볼 수 없기에 논의의 대상이 될 수 없으며, 첫 번째의 경우도 우리 설화가 그대로 옮겨간 것이기에 특별한 의미가 없다. 그러나 세 번째의 경우는 우리 설화가 중국 조선족들에 의해서 변이를 일으킨 것이기에 변이의 양상과 그 의미를 고찰하는 것은 의미 있는 작업이라 할 수 있다.

〈주몽설화〉는 문헌에 정착된 설화이기에 중국 조선족에 의한 변이가 일어나지 않는다. 그러나 구비설화인 〈지하국대적퇴치설화〉나 〈아기장수설화〉는 변이가 가능하며, 실제로 중국 조선족 설화에서 두 설화의 변이 형태를 발견할 수 있다.

지금까지 중국 조선족 설화의 변이양상에 대한 고찰은 개괄적인 수준에 머물고 있거나[7] 중국 설화와 우리 설화, 조선족 설화, 일본 설화를 통틀어 고찰한 것이 있다.[8] 필자는 지금까지 중국 조선족 설화에 나타난 우리 설화의 변이양상에 대해서 고찰해 왔으며,[9] 본

---

6) 최삼룡, 「중국조선족 재래설화 변이고」, 연변조선족민속학회・조선족민속연구소 편, 『조선족 민속연구』 제1권, 연변대학출판사, 1991, 202쪽.

7) 최삼룡, 위의 논문.
김동훈・허형석, 「중국지역 조선족 설화의 변이양상」, 『소라 허형석 박사 화갑기념논문집』, 태학사, 1996.

8) 김동훈・허휘훈, 『중조한일 민담 비교연구』, 료녕민족출판사, 2001.

9) 강봉근, 「지하국대적퇴치설화와 해란강설화의 비교연구」, 『한국언어문학』 제37집, 한국언어문학회, 1996.
강봉근, 「나중미부설화와 홍송과 인삼의 비교연구」, 『한국언어문학』 제41집, 한국언어문학회, 1998.
강봉근, 「장자못전설과 각시바위의 비교연구」, 『국어문학』 제34집, 국어문학회, 1999.

연구 또한 지금까지 연구의 연장선상에서 우리의 〈아기장수설화〉가 중국 조선족 설화에서 변이된 양상과 그 의미에 대해서 고찰하고자 한다.

2. 〈아기장수설화〉의 유형과 구조

〈아기장수설화〉는 전설 또는 민담의 형태로 남한에만 391개 장소에 분포되어 있다. 이처럼 우리나라에 널리 퍼져 있는 〈아기장수설화〉에 대한 논의는 1970년대부터 있어 왔다. 조동일은 일찍이 아기장수 이야기를 평민적 영웅이야기라고 전제하고 그 내용을 미천한 혈통을 지닌 인물이, 범인과는 다른 탁월한 능력을 타고났으나, 능력을 발휘하지 못하고 비참하게 죽었다고 세 단락으로 나누고 있다.[10) 그런데 이와 같은 단락 구분은 구체성이 결여되어 있고, 또 〈아기장수설화〉에서 중요한 화소인 용마에 대한 언급이 없다는 한계를 지니고 있다. 그 후 심정섭은 조동일이 구분한 단락의 내용을 구체화하고, 조동일에게서 빠져 있던 용마 화소를 첨가하여 〈아기장수설화〉를 4개의 단락으로 나누었다.[11) 심정섭의 단락 구분은 〈아기장수설화〉의 기본 구조를 충실하게 보여주고 있기는 하지만 다양한 〈아기장수설

---

10) 조동일, 앞의 논문, 206~209쪽.

11) 심정섭, 「전설의 문학적 구조-아기장수 전설을 중심으로」, 『문학과 지성』 27호, 문학과 지성사, 1997 봄, 243쪽.
1. 어느 곳의 평민이 아들을 낳았다.
2. 태어나자마자 방안을 날아다니고 겨드랑이에 비늘이 돋친 장수였다.
3. 장차 역적이 되리라 하여 부모가 아기를 돌로 눌러 죽였다.
4. 아기가 죽자 용마가 울며 용소에 빠져 죽었다.

화〉의 내용을 포괄하지 못하였다는 점에서 역시 한계가 있다.

한편 최래옥은 〈아기장수설화〉의 定型을 6단락으로 나누어 다음과 같이 제시하였다.

> ① 옛날 어느 곳에 한 平民이 살았는데 산의 정기를 받아서 겨드랑이에 날개(비늘)가 있고 태어나자 이내 날아다니고 힘도 센 장수 아들을 기적적으로 낳았다. (출생)
>
> ② 그런데 부모는 이 아기장수가 크면 장차 역적이 되어서 집안을 망칠 것이라고 해서 아기장수를 돌로 눌러 죽였다. (1차 죽음)
>
> ③ 아기장수가 죽을 때 유언으로 콩 닷 섬과 팥 닷 섬을 같이 묻어 달라고 하였다. (再起)
>
> ④ 얼마 후 관군이 와서 아기장수를 내놓으라고 하여, 이미 부모가 죽였다고 하니 무덤을 가르쳐 달라고 한 것을 어머니가 실토하여 가 보았더니, 콩은 말이 되고 팥은 군사가 되어 아기장수가 막 일어나려는 것이었는데, 그만 관군에 들켜서 성공 직전에 다시 죽었다. (2차 죽음)
>
> ⑤ 그런 후 아기장수를 태울 龍馬가 근처의 龍沼에서 나와서 주인을 찾아 울며 헤매다가 용소에 빠져 죽었다. (龍馬)
>
> ⑥ 지금도 그 흔적이 있다. (證示)[12)]

위와 같이 〈아기장수설화〉의 定型을 6단락으로 제시한 최래옥은 變異型으로 〈둥구리전설〉과 〈우투리전설〉을 제시하였다.[13)] 최래옥이 제시한 위의 定型은 모든 아기장수 설화를 포괄하는 통합적 기

---

12) 최래옥, 앞의 책, 35~36쪽.

13) 위의 책, 36~40쪽.

본 구조라고 할 수 있지만 이와 같은 6개 단락을 완벽하게 갖춘 설화가 한 편도 발견되지 않는다는 데 문제가 있다.[14)]

〈아기장수설화〉의 구조에 대한 보다 진전된 논의는 천혜숙에 의해서 이루어졌다. 천혜숙은 아기장수 이야기의 유형을 제1유형: 날개 달린 아기장수와 용마, 제2유형: 어머니의 잘못으로 실패한 아기장수로 분류하고, 신이한 조짐을 보이는 아기장수를 화가 미칠 것을 염려한 가족들이 죽이자 용마가 나타나 울다가 용소에 빠져 죽은 이야기를 제1유형으로, 신이한 아이가 은밀한 곳에 숨어서 앞날을 도모하는데 어머니의 발설로 거사 직전에 죽음을 당한 이야기를 제2유형으로 보았다.[15)] 이 논문은 〈아기장수설화〉의 구조를 본격적으로 고찰한 논문은 아니지만 〈아기장수설화〉를 두 가지 유형으로 분류하여 제시하였다는 점에서 보다 진전된 견해라 할 수 있다.

한편 박인구는 〈아기장수전설〉의 구조를 세 가지 유형으로 제시하였는데, 첫 번째 유형은 ① 아기장수의 출생, ② 아기장수의 죽음, ③ 용마의 출현, ④ 용마의 죽음(혹은 사라짐)이라는 구조를 지니고 있고, 두 번째 유형은 ①아기장수의 출생, ② 아기장수의 隱身, ③ 아기장수에 대한 探索, ④ 아기장수의 죽음이라는 구조를 지니고 있으며, 세 번째 유형은 ① 아기장수의 출생, ② 장수 상징(날개) 去

14) 김수업은 최래옥이 말한 6단락을 갖춘 '각편'은 단 한 편도 발견할 수 없기에 이는 각편들로부터 화소와 삽화를 뽑아내어 이들을 종합한, 존재하지 않는 허상의 구조라고 비판하고 있다.
김수업, 「아기장수 이야기 연구」, 경북대학교 대학원 박사학위논문, 1994, 9~10쪽.

15) 천혜숙, 「아기장수 전설의 형성과 의미」, 『한국학논집』 13, 계명대학교 한국학연구소, 1986, 135~136쪽.

勢, ③ 아기장수의 生存이라는 구조를 지니고 있다고 하였다. 그리고 그는 첫 번째 유형을 기본형으로 보고 두 번째와 세 번째 유형을 변이형으로 보고 있다.[16] 그러나 박인구가 제시한 세 가지 유형 중 세 번째 유형은 전체 자료 97편 중 3편에 불과하고 또 제주도 지역에서만 분포되어 있다는 점에서 보편성을 띤다고 볼 수 없고, 따라서 하나의 독립된 유형으로 설정하는 데 문제가 있다. 이 세 번째 유형을 독립된 유형에서 제외한다면 박인구가 분류한 유형도 결국 두 유형이 되어 앞에서 언급한 천혜숙의 두 가지 유형과 일치하는 셈이다.

아기장수 설화의 유형 분류에 대한 본격적인 논의는 김수업에 의해서 이루어졌다. 김수업은 〈아기장수설화〉를 날개 계열과 불구 계열로 나누고 겨드랑이에 날개가 난 신이한 아기를 세상이 용납지 않아 부모가 죽이고 나니까 용마가 나타나 울부짖고 죽었다는 이야기가 핵심인 것들을 날개 계열, 신이한 능력을 지닌 아이가 신체적 불구로서 자신을 감추고 있었는데 어머니의 배반으로 탐색자들에게 발각되어 파멸한다는 이야기가 핵심인 것들을 불구계열이라 하였다.[17] 그리고 단락과 화소로 이야기의 구조를 분석하여 두 계열 속에 이질적인 성질의 여러 부류들이 있음을 밝혔는데 그 내용을 정리하면 다음과 같다.

---

16) 박인구, 「아기장수 전설의 유형 연구」, 『숭실어문』 7, 숭실대 어문연구회, 1990, 137~148쪽.

17) 김수업, 앞의 논문, 214쪽.

◎ 날개 계열

- 초월 부류 : 신분이 비천하지만 능력은 비상한 개인을 고귀한 신분의 집단이 죽이려 했으나 죽일 수 없었는데 비천한 개인이 대가를 청하고 죽이는 법을 알려주어 스스로 죽음을 자초한 다음 초월적 승리를 차지한다.
- 희생 부류 : 비천한 가정에 신이한 아기가 태어나 부모가 죽이려 했으나 죽일 수 없었는데 아기가 죽이는 법을 알려서 부모가 죽이자 용마가 나타나 울부짖고 죽는다.
- 수난 부류 : 비천한 가정에 신이한 아기가 태어나자 부모가 억지로 죽이자 용마가 나타나 울부짖고 죽는다.
- 생존 부류 : 비천한 가정에 신이한 아기가 태어났는데 부모가 신인의 징표를 제거해서 아기는 평범한 사람으로 살아남는다.
- 단혈 부류 : 신이한 인물이 태어나며 생긴 지형의 혈을 찔러 장수와 말이 죽고 비극의 흔적만 남는다.

◎ 불구 계열

- 파멸 부류 : 태어나면서 불구였던 아기가 어느 날 나타난 탐색자를 지혜로 물리치고 잠적하여 변신을 시도하였으나 어머니의 배반으로 적대자들에게 발각되어 파멸한다.
- 잠적 부류 : 태어난 아기가 신이한 능력을 보였으나 잠적한 채 나타나지 않는다.
- 승리 부류 : 신이한 능력을 감추고 있는 아이를 어머니와 적대자가 합세하여 시련을 주었으나 끝내 그 시련을 물리치고 승리

한다.

◦ 산신 부류 : 지리산신이 웃돌이와의 선약 때문에 자신에게 나라를 許給하지 않는다는 사실을 알게 된 이성계가 웃돌이 어머니의 도움으로 웃돌이를 파멸시키고 등극한다.

위와 같이 분류한 김수업은 날개 계열은 수난 부류가 핵심에 자리잡고, 그 주위에 희생 부류와 생존 부류가 바로 밀착해 있으며, 다시 그 주위에 초월 부류와 단혈 부류가 곁들여 있다고 하였다. 그리고 불구 계열은 파멸 부류를 핵심으로 하고, 잠적 부류와 승리 부류가 주위에 자리잡았으며, 산신부류가 곁들여 하나의 커다란 무리를 이루고 있다고 하였다.[18]

본 논문은 〈아기장수설화〉에 대한 김수업의 분류 방법을 중심으로 하여 아기장수계 중국 조선족 설화에 나타난 변이 양상과 그 의미를 고찰하고자 한다.

3. 아기장수계 중국 조선족 설화

중국 조선족 설화에서 아기장수계의 설화에 대한 분류는 김동훈·허휘훈이 편집한 『중조한일 민담 비교연구』[19]와 우상렬의 『중국 조선족 설화의 종합적 연구』[20]에서 찾아볼 수 있다. 이들은 모두 최

18) 위의 논문, 215쪽.

19) 김동훈·허휘훈, 앞의 책, 31쪽.

20) 우상렬, 『중국조선족 설화의 종합적 연구』, 국학자료원, 2002, 203쪽.

인학의 〈한국 민담 유형표〉에 분류된 '망아지 못'[21]에 대입하여 중국 조선족 설화 중 아기장수계의 설화들을 열거하고 있다. 이들 중 중국어로 된 것을 제외하면 우리 설화의 '망아지 못'과 같은 계열로 〈장수와 용마〉, 〈장사늪〉, 〈신의를 저버린어머니〉를 다 같이 열거하고 있으며, 유사한 내용으로 우상렬은 〈장수 김덕룡〉과 〈전백록 뫼 앞을 지날 때는〉을 들고, 김동훈·허휘훈은 여기에 〈장수 김만빈〉과 〈전백록〉을 추가하였다.

위에서 열거한 중국 조선족 설화 중 〈장사늪〉과 〈전백록〉은 아기장수설화와 거리가 있다. 〈장사늪〉[22]의 줄거리를 보면 천민의 아들 용길이는 힘이 장사였는데 양반의 딸 꽃분이와 사랑을 하게 되었고, 그것을 안 꽃분이의 부모가 용길이를 늪 속에 빠뜨려 죽였으며, 후에 꽃분이가 자살을 하자 마을 사람들이 부모 몰래 꽃분이의 시체를 늪 속으로 옮겼다는 이야기다. 이 설화 가운데 용길이가 아무도 가까이 하지 못하는 사나운 말을 다루었다는 것과 천민이 힘이 장사였다는 것 외에 아기장수 설화와 유사한 대목이 없어 아기장수 설화의 변이형으로 보기는 어렵다. 〈전백록〉[23]은 청상과부가 사냥꾼에게 쫓기는 백사슴을 구해주고 박씨를 얻어 먹은 후 임신을 하여 아들을 낳았는데 그 아들이 장성하여 과거를 보러 가서 말하지 않는 정승에게 재치로 말을 시킨 덕에 벼슬을 하여 선덕을 베풀었다는 이야기다. 이 설화 역시 전백록의 신이한 탄생과 어려서부터 총명하였다는 것

21) 최인학, 『한국 민담의 유형 연구』, 인하대학교 출판부, 1994, 298쪽.
22) 중국민간문예연구회 연변분회, 『민간문학자료집 3』, 1982, 45~52쪽.
23) 박창묵, 『사랑산』, 연변 인민출판사, 1982, 141~150쪽.

외에는 아기장수설화와 유사한 점이 없다.

한편 위의 분류 목록 속에는 포함되지 않았지만 〈룡늪〉이라는 설화가 있는데 이 설화는 아기장수 설화가 변이한 여러 가지 흔적이 있어 논의의 대상에 포함시키고자 한다.

아기장수 설화와 거리가 있는 〈장사늪〉과 〈전백록〉을 제외하고, 아기장수 설화의 변이형으로 볼 수 있는 〈룡늪〉을 포함시키면 본 논문에서 논의의 대상으로 삼을 수 있는 설화는 모두 6편이다. 이들의 내용을 유형별로 분류해 보면 〈장수와 용마〉는 김수업이 분류한 날개 계열의 수난 부류에 해당하고, 〈신의를 저버린 어머니〉는 불구 계열의 파멸 부류에 해당한다. 그리고 〈장수 김만빈〉, 〈장수 김덕룡〉, 〈전백록 뫼 앞을 지날 때는〉의 세 편은 날개 계열의 초월 부류에 해당하고, 〈룡늪〉은 혼합형이라 할 수 있다.

각 설화의 핵심이 되는 줄거리를 소개하면 다음과 같다.

〈장수와 용마〉24)

① 경상북도 양북면 탑진이라는 곳에 젊은 부부가 살았는데 갓 태어난 아기가 농 위에 올라가 외출했다 돌아오는 아버지를 보며 "아버지, 아버지!" 하고 불렀다.

② 이 소문이 퍼지자 이웃들이 와서 장수가 태어난 것을 나라에서 알면 가문에 큰 화가 미칠 것이니 죽이는 게 좋겠다고 한다. 젊은 부부는 화를 면하기 위해 아이의 배 위에다 무거운 돌을 놓아 죽인 후 시체를 뒷산에다 묻었다.

③ 3일 후에 마을 근처에 있는 자그마한 沼에서 용마 한 마리가 나

24) 연변민간문예조 편, 『조선족 민간문예 자료집』 제2집, 1963, 274~276쪽.

와 산 위로 올라가 호용치다가 그대로 죽어버렸다.

④ 용마의 호용치는 소리에 그 산봉우리 하나가 허물어져 허리가 잘려나갔는데 지금도 그 흔적이 역력히 남아 있다.

⑤ 그 후 두 부부는 뇌성벽력이 몹시 치던 날 그 아들 장수를 죽인 죄로 천벌을 맞아 죽고 말았다.

위의 설화에서 ①~④는 우리 설화의 날개 계열 수난 부류와 완벽하게 일치한다. 공간적 배경까지 경상북도로 나타난 것을 보면 우리의 설화가 그대로 옮겨간 것으로 볼 수 있다. 다만 ⑤의 내용은 새롭게 첨가된 것으로 여기에 설화의 전승집단인 중국 조선족의 의식이 반영된 것으로 볼 수 있다.

〈신의를 저버린 어머니〉[25)]

① 옛날에 젊은 부부가 살았는데 남편이 바닷가에서 큰 별을 손으로 받는 꿈을 꾸고 부인이 잉태를 했고, 남편이 죽은 후 아내는 유복자를 낳는다.

② 아기 어머니가 아기를 밭머리에 눕혀 놓고 밭을 매는데 아이는 땅에서 한 뼘이나 떨어져 허공에서 잠을 자고 있다.

③ 장수 아들을 둔 노인이 이것을 아들에게 말하고 장차 더 큰 장수가 될 것이니 가서 죽이라고 한다.

④ 장수가 아기를 데려가려고 어머니에게 내기를 걸었는데 세 살 먹은 아기의 지혜로 내기에 이겨 장수는 아기장수를 죽이는 데 실패한다.

---

25) 중국민간문예연구회 연변분회 편,『민간문학자료집 ④』(료녕편), 1984, 231~238쪽.

⑤ 다시 장수가 죽이러 올 것을 예상한 아들은 어머니에게 콩 서 되를 볶되 한 알도 다쳐서는 안 된다고 한다. 어머니는 콩을 볶다가 고소한 냄새에 세 알을 먹고 대신 생콩 세 알을 넣었다.

⑥ 악독한 장수가 다시 찾아와 어린 장수에게 화살을 쏘았는데 볶은 콩으로 이것을 막아내다가 마지막 생콩 세 알로 인하여 화살을 맞고 죽는다.

⑦ 밤이 되어 아이의 말대로 산에 올라가 청석관 밑에 팥 한 말을 깔아 놓고 그 위에 아들의 시체를 눕히고 뚜껑을 닫았다.

⑧ 몇 년 후 아기장수가 다시 살아날까 염려한 악독한 장수는 강제로 아기장수의 어머니를 첩으로 삼는다.

⑨ 첩이 된 어머니는 악독한 장수에게 아들의 내력을 다 말했는데 아이가 죽은 지 하루가 모자라는 3년이 되는 날이었다.

⑩ 악독한 장수는 어린 장수의 무덤을 파고 청석관 뚜껑을 여니 어린 장수는 그 곳에서 갑옷을 떨쳐입고, 용마를 타고, 채찍을 들고 때를 기다리고 있었다. 악독한 장수가 어린 장수의 목을 치니 어린 장수가 쓰러지고, 용마도 쓰러졌으며, 병사들은 쓰러져 팥이 되고 말았다.

⑪ 어머니는 아들을 죽인 죄를 하늘에 빌었으나 버림받은 사람이 되어 한평생을 눈물로 살아갔다.

이 설화의 기본 구조는 김수업이 분류한 불구 계열의 파멸 부류에 해당한다. 그러나 우리 설화의 불구 계열 파멸 부류와는 몇 가지 다른 점이 있다. 첫째, 아기장수는 불구가 아니다. 둘째, 아기장수가 허공에 떠서 잠을 잔다는 것은 날개 계열에서 볼 수 있는 화소다. 셋째, 아기장수의 죽음이 2차에 걸쳐 나타난다. 넷째, 악독한 장수가 아기장수를 찾아내기 위하여 아기장수 어머니와 결혼하는 이야기는 불구 계열 산신 부류에 속하는 〈우투리전설〉에서만 볼 수 있는 모티프다. 다섯째, 아기장수와 용마가 동시에 죽는다. 이상과 같은 차이점에도 불구하고 위의 설화는 아기장수가 어머니의 배신으로 적대자에 의해 죽음을 당한다는 기본 구조가 불구 계열 파멸 부류와 같으며, 부분적인 혼합 내지는 변이를 보이고 있다.

〈장수 김만빈〉26)

① 솔봉이란 곳에 김만빈이라 하는 명장이 살고 있는데 늘 한 쪽 귀가 떨어진 말을 타고 다녀 다른 사람들의 이목을 끌었다.

② 이 소문이 왕에게 전해지자 한 쪽 귀가 떨어진 말을 타고 다닌다 함에 왕은 이 놈이 장차 큰 환을 가져오리라 생각하고 무관들을 보내 잡아오도록 한다.

③ 무관들이 김만빈을 쇠사슬로 묶었으나 김만빈이 몸을 움쭉하니 쇠사슬이 토막토막 잘라진다.

④ 김만빈이 “말을 드려라!” 하고 호령하자 겁에 질린 무관들이 말을 드리는데 김만빈이 말 등에 오르기만 하면 말이 깔려서 죽는다.

⑤ 김만빈이 “한 쪽 귀 없는 말을 드려라!” 하니 무관들이 그 말을 드린다.

⑥ 김만빈이 그 말을 타고 퉁소를 불었는데 말이 세 번 천지를 보고 호용하더니 말도 김만빈도 오간 데 없이 사라진다.

이 설화는 날개 계열의 초월 부류에 속한다고 볼 수 있다. 그런데 날개 계열 초월 부류의 설화들에서 주인공은 비천한 신분인데 이

26) 연변민간문예조 편, 앞의 책, 239~240쪽.

설화에서는 주인공의 신분에 대한 언급이 없다. 주인공이 타는 말이 한 쪽 귀가 없는 불구라는 점이 이 설화에서 나타난 변이라고 할 수 있다. 또한 초월 부류에는 준마가 등장하지 않는데 이 설화에는 준마가 등장한다. 그리고 주인공이 죽음을 당하지 않고 초월한다는 점도 이 설화의 특징이라 할 수 있다. 이처럼 이 설화는 우리 설화의 날개 계열 초월 부류와 상당한 차이를 보이고 있지만 비천한 신분임에도 불구하고 비상한 능력을 지닌 인물이 적대자가 죽이려 하자 초월한다는 점에서 날개 계열의 초월 부류에 포함시킬 수 있다.

〈장수 김덕룡〉27)

① 장수 김덕룡은 어려서부터 힘도 세고 용감한 데다가 총명하여 주위에 소문이 자자하였다.

② 나이가 들자 산 속에 들어가 3년 동안 도사에게 무예와 도술을 배운다.

③ 나라에 왜적이 쳐들어오자 그는 도사의 만류를 물리치고 도술로 왜적을 물리친다.

④ 나라에 역적이 있어 왜놈이 오면 덕을 보려고 했는데 실패하자 김덕룡이 왜적과 내통했다고 임금에게 고한다.

⑤ 임금의 명으로 사령들이 덕룡을 철사로 결박하여 서울로 가는 도중에 덕룡이 철사를 끊고 소나무 정자에 가 앉는다.

⑥ 도사가 나타나 내 말을 안 듣더니 역적으로 몰리게 되었다며 처분을 받고 오라고 하고는 구름을 타고 하늘로 올라간다.

---

27) 흑룡강 민간문예연구회 조선족 회원 집체, 『삼돌이와 호랑이』, 흑룡강 조선민족출판사, 1985, 48~54쪽.

⑦ 임금 앞에 가서 사령들이 칼로 치고 창으로 찔러도 덕룡 장수는 꿈쩍도 않는다.

⑧ 덕룡은 효자와 충신은 하늘이 죽이지 사람이 죽일 수 없다고 하며 역적의 누명을 쓰고 죽을 수 없다고 한다.

⑨ 왕이 어떻게 하면 죽겠느냐고 묻자 "효자 겸 충신"이라고 왕이 친필로 써 세상에 알리면 죽겠다고 한다.

⑩ 임금이 그 자리에서 "만고 충신 김덕룡은 효자 겸 충신이다."라고 써서 세상에 알리도록 한다.

⑪ 김덕룡은 비수를 꺼내어 다리에서 비늘 한 쪼각을 떼내고는 그 곳을 때리면 죽는다고 한다.

⑫ 사령들이 달려들어 그 자리를 치니 덕룡 장수는 온데간데없이 사라진다.

⑬ 김덕룡은 '효자 겸 충신'이라는 이름을 남기고 사라졌고, 덕룡에게 혼난 왜적들은 조선에서 물러가 다시 침략할 생각도 못한다.

이 설화 역시 날개 계열의 초월 부류에 속한다. 이 설화는 비상한 능력을 지닌 비천한 인물을 높은 신분의 사람들이 죽이려 했으나 죽일 수 없었는데 비천한 개인이 대가를 청하고 죽이는 방법을 알려주었으며, 죽음의 값으로 비천한 개인이 초월적 승리를 차지한다는 초월 부류의 기본 구조[28]를 완벽하게 구비하고 있다. 다만 주인공이 비천한 신분이라는 확실한 근거가 없다. (주인공을 죽이려 한 임금과 대비하면 상대적으로 비천한 신분일 수는 있음.) 또한 주인공이 왜적을 물리친다는 점에서 주인공의 활약상이 드러나 있는 것도 이 설화

28) 김수업, 앞의 논문, 61쪽.

의 특징이며, 주인공이 천상의 인물인 도사에게 무예와 도술을 배움으로써 주인공의 초월적 속성이 강조되어 있기도 하다.

〈전백록 뫼 앞을 지날 때는〉[29)]

① 온성군 주원동의 산중에 전씨 부인 홀로 살았는데 40세에 포수에게 쫓긴 흰 사슴을 살려준다.

② 흰 사슴은 감사의 인사를 하고는 구슬 세 개를 뱉어놓고 한 개는 당장에 먹고 두 개는 위험할 때 쓰라고 한다.

③ 구슬 한 개를 먹은 전씨 부인은 곧 잉태하여 십 삭만에 몸을 푸는데 배가 너무 불러 아이를 낳지 못하자 구슬 한 개를 먹고 무사히 아이를 낳는다.

④ 갓난아이는 낳자마자 천정에 붙어 있어 부인이 안아서 내린다.

⑤ 아이 이름을 全白鹿이라 짓는다.

⑥ 백록은 석 달만에 걷고 말을 했으며, 10년 후에 오겠다고 하면서 집을 떠난다.

⑦ 10년 후 백록이 돌아오자 그 소문이 온 동네에 퍼졌고, 전씨 부인은 아들을 데리고 관청에 가 전백록의 내력을 쭉 이야기한다.

⑧ 온성군수가 이 사실을 알고 역적이 생겼다 하면서 전백록을 묶어놓고 전씨부인을 내쫓았다.

⑨ 관청에서 전백록을 죽이려고 칼로 목을 쳤으나 전씨 부인이 준 세 번째 구슬을 먹은 전백록은 무사하고 오히려 칼이 두 동강이 난다.

⑩ 관청에서는 백록을 죽일 수 없으니 자살하라고 한다.

---

29) 흑룡강성 조선족 민간문예연구회, 『팔모진주』, 흑룡강 조선민족출판사, 1989, 29~34쪽.

⑪ 전백록은 12시간 동안 용상에 앉혀 주면 자살하겠다고 한다.

⑫ 온성군수가 이 사실을 왕에게 보고하고, 전백록을 본 왕은 우환거리가 될 것으로 여겨 용상에 앉는 것을 허락한다.

⑬ 12시간 동안 용상에 앉은 백록은 자기를 죽이는 방법을 알려준다.

⑭ 백정들이 백록의 말대로 그의 왼쪽다리 비늘을 뜯고 칼로 세 번 찍으니 백록이 죽는다.

⑮ 나라에서 백록의 유언대로 그의 시체를 온성군 주원동 와고리 참나무골에 묻어주었다.

⑯ 그 후부터 전백록 뫼 앞을 지날 때는 소나 말 등에서 내리지 않으면 소나 말의 발이 땅에서 떨어지지 않아 지나갈 수가 없다.

이 설화 역시 앞의 〈장수 김덕룡〉처럼 날개 계열 초월 부류의 기본 구조를 충실히 갖추고 있다. 다만 주인공의 신이한 출생담이 첨가된 점이 특색이라 할 수 있다. 그리고 주인공이 10년 동안 집을 떠났다 돌아온 것은 불구 계열 파멸 부류나 산신 부류에서 볼 수 있는 잠적 단락의 변이형으로 볼 수 있다.

〈룡늪〉30)

① 옛날 지금의 용정 북쪽에 한 늪이 있었는데 그 늪에서 머리는 말머리인데 정수리에 외뿔이 나 있고, 털 빛은 황소와 같은 큰 괴물이 나왔다.

② 한 노인이 이 괴물의 임자를 찾아주려고 장마당에 데리고 나갔는데 대걸이라는 총각이 자기 말이라고 하면서 데리고 갔다.

---

30) 중국민간문예연구회 연변분회 편, 『민간문학자료집 3』, 1982, 53~61쪽.

③ 한 노인의 아들이 낮잠을 자는데 꿈에 대걸 총각이 찾아와 자기는 백두산 정기를 타고 났으며, 한 노인 덕분에 용마를 얻었으니 내일 아침 첫 닭이 울면 늪가로 나오라고 했다.

④ 다음 날 아침 한 노인의 아들이 늪가로 가서 백두산 장수가 한 노인의 아들을 용마에 같이 태우고 백두산으로 가 산삼 한 짐을 캐주어 한 노인은 큰 부자가 된다. 이 때부터 백두산 장수가 나고 용늪에서 용마가 났다는 소문이 방방곡곡에 퍼졌다.

⑤ 3년 후 외적이 쳐들어와 불을 지르고 부녀를 해치고 가축과 재물을 약탈하니 임금과 신하들은 모두 도망을 갔다.

⑥ 외적이 한 노인의 마을까지 가까이 오자 한 노인은 용늪에 가 전에 백두산 장수가 가르쳐 준 대로 청산이를 세 번 부르니 백두산 장수가 나타났다.

⑦ 한 노인 말을 들은 백두산 장수는 재간을 다 닦고 인간세상에 나오려 했는데 할 수 없다며 내일 아침 문 앞에서 기다리라고 한다.

⑧ 다음 날 외적들이 쳐들어오니 백두산 장수가 용마를 타고 갑옷과 투구도 없이 맨손으로 나타나 적을 단숨에 무찔렀고, 외적의 왕인 머리가 아홉 달린 구두왕을 죽였다.

⑨ 나라가 안정되자 도망갔던 임금이 돌아와 백두산 장수가 승리한 것은 용마 때문이라 여기고 용마를 빼앗으려고 백두산 장수를 부른다.

⑩ 임금이 백두산 장수에게 용마를 바치라고 하자 백두산 장수는 내일 아침 늪가에 와서 기다리라고 한다.

⑪ 다음 날 마음이 놓이지 않은 임금은 백두산 장수를 죽이려고 천 명의 궁수와 천 명의 장수를 매복시킨다.

⑫ 용늪에서 백두산 장수가 용마를 타고 나오는 순간 궁수들이 활을 쏘려고 했고, 그 순간 용마의 천지를 뒤흔드는 호용소리에 늪이

꺼져버려 늪가의 땅이 늪 속으로 휘말려 들어갔으며, 솟아올라오던 용마가 땅에 내리며 늪가의 벼랑을 차면서 호용하자 절벽이 무너져 임금과 명궁수, 장수들을 묻어 버리고 용늪자리도 메워 버렸다.

⑬ 구중천에 솟아오른 용마는 용늪자리가 그리워 종종 내려왔는데 안개 낀 날에는 때때로 용마의 호용소리가 난다고 한다.

⑭ 세월이 흘러 용늪자리의 흔적도 없어졌지만 용늪에 대한 이야기가 전하고, 이 고장을 龍池라고 부른다.

이 설화는 아기장수 설화에서 볼 수 있는 어린 아기의 출생담이나 신이담이 없다. 그러나 장수와 용마, 용늪 등은 날개 계열 수난 부류에서 볼 수 있는 화소들이고, 결말에 주인공이 용마와 함께 승천하는 이야기는 날개 계열의 초월 부류와 가깝다. 또 주인공이 백두산의 정기를 받고 태어났다는 것은 불구 계열 산신 부류와 유사하다. 이처럼 이 설화는 우리 아기장수 설화의 여러 이야기가 혼합된 구조를 가지고 있으며, 변이의 정도도 심한 편이다.

4. 변이의 양상과 의미

구비문학이 생활 속의 문학, 기층적 문학으로서의 성격을 지니고 있음으로 해서 구비문학 연구는 '문학과 삶의 기층을 드러내는 연구'로서의 의의를 지니는 것이다.[31] 따라서 한국의 구비문학 연구는

31) 신동흔, 「삶, 구비문학, 구비문학 연구－구비문학 연구의 현재성」, 『구비문학 연구』 제1집, 한국구비문학회, 1994, 169쪽.

구비문학을 전승시켜온 기층 민중들의 삶에 바탕을 두고 연구되어야 하며, 중국 조선족의 구비문학은 중국 조선족의 삶의 방식 내지는 문화를 염두에 두고 연구되어야 한다.

18세기 중・말엽과 20세기 초 조선 봉건통치계급의 학정과 일본 제국주의의 식민통치에 허덕이던 조선의 농민들이 새로운 세계를 찾아 만주 땅[32]으로 이주하였다. 그러나 그들이 찾아간 新天地는 그들이 바라던 낙원이 아니었다. 그곳에서도 그들은 지주계급, 매판관료 자산계급, 그리고 일본 제국주의자들의 협박과 착취를 받아야 했다. 따라서 그들은 배불리 먹고 따뜻하게 입는 문제를 해결하기 어려웠으며, 그들의 삶을 지키기 위해서 반봉건, 반외세의 투쟁을 해야만 했다.

중국의 조선족들이 국경을 넘어 중국으로 건너갈 때 그들은 조상으로부터 물려받은 문화전통을 간직한 채 건너갔고, 곤고한 삶 속에서도 그 문화를 지키면서 살아왔다. 그러나 때로는 새로운 생활과 의식이 반영되어 오랜 세월 동안 전승되어온 민족의 전통을 새로운 환경에 맞게 재창조하기도 하였다. 설화도 예외는 아니다. 그들은 재래의 우리 설화를 그들의 변화된 생활과 의식에 맞추어 변이시켰다. 다시 말하면 우리의 설화를 그들의 삶과 결부시켜 부분적으로 수정, 첨가, 생략하면서 새로운 형태의 설화를 창조해 낸 것이다. 이제 앞에서 열거한 중국 조선족의 아기장수계 설화를 중심으로 변이의 양상과 그 의미를 고찰해 보고자 한다.

〈장수와 용마〉는 우리 설화의 날개 계열 수난 부류의 원형을 그

32) 현재 중국의 東北 三省, 즉 길림성, 흑룡강성, 요녕성을 말한다.

대로 유지하고 있지만 결말에 아기장수를 죽인 부모가 뇌성벽력이 치던 날 그 아들장수를 죽인 죄로 천벌을 맞아 죽었다는 화소가 첨가되었다. 이와 같은 화소의 첨가는 우리 설화가 중국 조선족들에 의해서 변이된 것이라 할 수 있다. 억압과 가난을 피하여 새로운 세계를 찾아간 조선족들은 이국 땅에서 가족을 중심으로 굳게 결속되어 자신들이 처한 어려운 상황들을 극복해 내야만 했다. 그런데 이 설화에서 부모가 아들을 죽인 것은 가족관계의 파괴이며, 자신들이 처한 상황 속에서의 좌절을 의미한다. 따라서 부모가 받은 천벌은 가정의 파괴와 좌절에 대한 분노의 표현이라 할 수 있다. 우리의 설화가 거대한 현실의 벽에 부딪혀 그들의 꿈을 포기하는 체념적 성격이 강한 데 비하여 중국 조선족 설화는 미래의 꿈이 좌절된 데 대한 분노가 표출되어 있는 것이다.

〈신의를 저버린 어머니〉는 기본 구조상 불구 계열의 파멸 부류에 해당한다. 그러나 이 설화에서 아기장수는 불구가 아니다. 우리 설화가 중국 조선족들 사이에서 전승되는 과정에서 불구 화소가 탈락된 것이다. 우상렬은 이러한 현상을 축약이라고 하고, 축약도 우리 설화가 조선족 설화에서 변이된 양상의 하나로 꼽을 수 있다고 하였다.[33)]

우리 설화에서 불구 계열의 아기장수는 아랫도리가 없고 윗도리뿐인 기형적 형태로 태어나거나 태어나서 오랫동안 말을 하지 못하는 미숙아의 모습을 보인다. 여기에 대해서 박인구는 아기장수가 가정 내에서 가지고 있었던 활동성마저 상실하게 되어 사회로부터 더욱 소외되는 상황에 놓이게 된 것이며, 이는 신화적 영웅 이야기에서

33) 우상렬, 앞의 책, 67쪽.

보이는 비정상적인 출생의 일종으로 극복되어야 할 고난이라고 해석하고 있다.[34] 이러한 해석의 타당성을 인정할 때 아기장수가 불구거나 미숙아여서 사회로부터 더욱 소외되거나 극복해야 할 고난이 추가되는 것은 아기장수에 대한 기대가 더욱 절박한 중국 조선족들의 의식 속에서 불필요한 사족이기에 탈락될 수밖에 없는 것이다.

또한 이 설화에서는 아기장수가 허공에 떠서 잠을 잔다는, 불구 계열에서는 볼 수 없는 날개 계열의 화소를 볼 수 있고, 아기장수의 죽음이 2차에 걸쳐 나타나고, 불구 계열의 산신 부류에서만 보이는 적대자의 아기장수 어머니와의 결혼이 나타나 있으며, 아기장수가 죽을 때 용마와 함께 죽음으로써 불구 계열에 없는 용마가 등장하기도 한다. 이와 같은 현상은 우리의 설화가 지역을 중심으로 일정한 구조를 유지하면서 전승되어온 데 비하여 이러한 지역성을 상실한 가운데 기억의 혼동으로 인하여 화소의 이동이 일어난 것으로 볼 수 있다.

그리고 이 설화의 결말에 아기장수의 어머니가 아들을 죽인 죄를 하늘에 빌었으나 버림받은 사람이 되어 한평생을 눈물로 살았다는 이야기를 첨가한 것도 변이의 한 양상으로 볼 수 있다. 우리 설화의 불구 계열에서는 자식을 죽인 어머니에 대한 언급이 없거나 산신 계열의 경우 아들이 어머니를 원망하고, 이성계가 어머니를 죽이는 것으로 끝난다. 평생을 버림받은 사람이 되어 눈물로 살아간다는 것은 죽음보다 더 가혹한 시련이다. 아들을 죽게 한 어머니에게 이처럼 가혹한 시련을 부과하는 것은 〈장수와 용마〉의 경우처럼 신의를 저버림으로써 가정을 파괴하고 꿈을 좌절시킨 데 대한 분노의 표현이

34) 박인구, 앞의 논문, 144쪽.

라 할 수 있다.

〈장수 김만빈〉, 〈장수 김덕룡〉, 〈전백록 뫼 앞을 지날 때는〉의 세 설화는 모두 우리 설화의 날개 계열 초월 부류에 해당한다. 우리 설화에서 날개 계열 초월 부류에 등장하는 주인공들은 모두 비천한 신분이지만 비상한 능력을 지닌 인물들이다. 그런데 위의 설화들에 등장하는 인물들은 모두 비상한 능력을 지녔지만 비천한 인물은 아니다. 우리는 여기에서 중국 조선족 설화에서 비천한 인물이라는 화소가 탈락되었음을 볼 수 있다.

김수업이 날개 계열 초월 부류에서 예시한 〈한손이 이야기〉, 〈청운리 갈마음수형〉, 〈사당고개〉 등에서 주인공의 신분은 모두 종이며, 〈문호장〉은 아들이 없이 비천하게 사는 인물이다.[35] 앞의 세 설화는 모두 비상한 능력을 지닌 종과 주인의 갈등을 다룬 이야기며, 〈문호장〉은 비천한 인물과 관찰사의 갈등을 소재로 하고 있다. 이처럼 우리 설화의 날개 계열 초월 부류에서 대부분 주인공이 종의 신분인데 조선족 설화에서 종의 신분이라는 화소가 탈락되는 변이의 원인은 중국 조선족 사이에서 일어난 사회 구조의 변화에서 찾을 수 있다.

조선 사회는 양반, 중인, 양민, 천민이라는 네 개의 신분계층이 엄격하였는데, 노비는 천민 중의 하나로 주인에 예속되어 인간 이하의 취급을 받아왔다. 이러한 신분에 대한 의식은 신분의 구분이 사라진 후에도 사람들의 의식 속에 계속 남아 있었다. 그러나 우리 땅을 떠나 만주 땅으로 건너간 조선족들에게는 더 이상 신분의 문제는 없었다. 그 곳에서는 지주계급과 소작인 또는 유산계급과 무산계급이라

35) 김수업, 앞의 논문, 49~62쪽.

는 대립이 있을 뿐 양반과 중인, 양민과 천민이라는 계급의 분화가 없었던 것이다. 따라서 중국 조선족 사회에서 찾아볼 수 없는 신분의 문제는 설화에서도 제거되고 단지 지배계급과 피지배계급의 갈등과 대립으로 변이된 것이다.

중국 조선족 설화에 나타난 주인공의 변이는 필연적으로 초월의 조건과 양상에도 변이를 일으킨다. 우리의 〈한손이 이야기〉에서는 〈만고충노 한손지비〉라는 비석을 세우는 조건으로 한손이가 죽었고, 〈청운리 갈마음수형〉에서는 죽은 아버지의 원수를 갚기 위하여 아들이 풍수로 가장한 뒤 주인집이 갈마음수형 묘를 쓰게 하여 집안을 망하게 한다. 그리고 〈사당고개〉와 〈문호장〉에서는 주인공들이 사후에 제사를 받는 것으로 되어 있다. 이처럼 우리 설화에서 갈등과 갈등의 해소로서의 초월은 개인이나 가정의 문제에 국한되어 있다. 그런데 조선족 설화에서는 갈등의 양상이 개인과 가정이 아니라 사회와 계급의 문제로 확대되어 있고, 초월의 조건과 양상도 변화를 보이고 있다. 〈장수 김만빈〉은 왕과 김만빈과의 대립인데 김만빈은 현실적인 죽음이나 패배가 없이 초월함으로써 갈등을 해소하고 있고, 〈장수 김덕룡〉에서는 왕과의 대립에서 "효자 겸 충신"이라는 이름만 남기고 사라짐으로써 패배 없는 초월의 양상을 보이고 있다. 〈전백록 뫼 앞을 지날 때는〉에서는 전백록이 12시간 동안 용상에 앉는 대가로 죽음을 당하지만 죽은 후에도 사람들이 그의 묘 앞을 지날 때 말에서 내리지 않으면 지나갈 수 없는 것으로 되어 있어 왕의 신분이 사후까지 유지되는 것을 볼 수 있다. 이처럼 우리 설화에서의 개인과 가정의 문제가 중국 조선족 설화에서 개인과 지배계급인 왕의 대립으로 확대되고,

대립의 해소 과정에 나타난 초월에서 뚜렷한 패배의 양상이 드러나지 않는 것은 어떠한 절대권력에 의해서도 패배할 수 없다는 중국 조선족들의 강렬한 삶의 의지를 보여주는 것이라 할 수 있다.

〈장수 김덕룡〉에서는 우리 설화에서 볼 수 없는 주인공의 활약상이 나타나는데, 그것은 김덕룡이 도술을 이용하여 왜적을 물리치는 이야기다. 여기에는 단순히 패배와 초월로 끝나는 영웅보다는 승리하는 영웅을 원하는 중국 조선족들의 의식이 반영되어 있다고 볼 수 있다. 그들이 살고 있는 세계의 지배계층은 현실적으로 수용할 수밖에 없지만 그들의 삶을 피폐하게 만드는 외세는 절대로 수용할 수 없고, 이를 극복해야 한다는 의식이 이 설화의 저변에 깔려 있는 것이다. 그리고 여기에서 왜적은 곧 조선과 만주를 침략한 일제로 볼 수 있고, 이 설화 속에는 이 땅에서 일제와 싸워 그들을 물리쳐야 한다는 항일의식이 담겨 있다고 할 수 있다.

〈룡늪〉에서는 아기장수의 출생담이나 신이담을 볼 수 없다. 그러나 이 설화에서 장수와 용마, 용늪, 장수의 초월, 산신 등 우리나라 아기장수계 설화에 나타나는 여러 가지 화소를 볼 수 있기에 아기장수 설화의 변이 형태라 할 수 있다. 변이의 정도가 앞에 언급한 설화들보다 심한 편인데 그것은 곧 이 설화 속에 중국 조선족의 삶에 대한 의식이 좀더 폭넓게 반영된 결과라 할 수 있다.

이 설화에서 주인공은 무력한 어린아이가 아니다. 다만 줄거리 ⑦에서 볼 수 있듯이 재간을 다 닦고 인간세상에 나오려 했는데 사정이 급하여 할 수 없이 미리 세상에 나온다는 점에서 未完의 영웅이다. 이처럼 주인공이 未完의 영웅으로 표현된 것은 未完의 영웅인 아기장수의 흔적이며, 변이라 할 수 있다. 주인공인 백두산 장수 대걸은 비록 未完의 영웅이지만 탁월한 능력의 소유자이며, 백두산의 정기를 받고 태어났기에 영웅적인 능력을 유감없이 발휘한다. 마을에 쳐들어 온 외적이 불을 지르고, 부녀를 해치고, 가축과 재물을 약탈하니[36)] 임금과 신하들은 모두 도망갔지만 백두산 장수는 용마를 타고 적을 단숨에 무찔렀고, 외적의 왕인 九頭王까지 죽임으로써 위기에 빠진 나라와 백성을 구한다. 또한 백두산 장수는 한 노인의 아들을 백두산으로 데리고 가 산삼을 캐줌으로써 부자가 되게 하는데, 여기에서 영웅의 활동이 백성들의 삶을 윤택하게 하는 데까지 확대됨을 볼 수 있다. 우리 설화에서 무력한 아기장수는 중국 조선족 설화에서 성인으로 바뀌어 위기에 빠진 백성을 구하고, 백성들의 삶을 윤택하게 하는 인물로 변이되는데, 이는 절박한 현실속에서 영웅적인 인물이 출현하여 현실이 극복되기를 바라는 중국 조선족들의 의식이 설화에 투영된 것이라 할 수 있다.

우리 설화의 불구 계열 산신 부류에 속하는 〈우투리 전설〉의 경우 우투리를 지지하는 지리산신은 여산신으로 우투리의 죽음과 동시에 이성계에 의하여 경상도에서 전라도로 귀양가는 무력한 산신이다. 그러나 〈룡늪〉에 등장하는 백두산 장수와 백두산 산신은 패배하지 않는다. 산신은 곧 민중을 형상화한 것으로 볼 때[37)] 백두산의 정기를

---

36) 외적의 이러한 행위는 〈해란강〉의 악마의 행위와 유사하다.(강봉근, 「지하국대적퇴치설화와 해란강설화의 비교 연구」, 앞의 논문, 246쪽.) 이러한 악마나 외적은 수시로 조선족 마을을 습격해 약탈을 자행한 마적일 수도 있고, 중국 조선족들을 수탈한 일제의 행위를 달리 표현한 것으로 볼 수도 있다.

타고난 백두산 장수의 승리는 곧 민중의 승리이며, 이 설화에는 민중들은 투쟁해서 반드시 승리해야 한다는 중국 조선족들의 의지가 담겨 있다고 볼 수 있다.

〈룡늪〉의 결말에 임금은 백두산 장수가 타는 용마를 빼앗고 백두산 장수를 죽이려고 한다. 그러나 궁수들이 활을 쏘아 백두산 장수를 죽이려는 순간 용늪에서 솟구쳐 오르던 용마의 호용소리에 늪이 꺼져 땅이 늪 속으로 휘말려 들어가고, 용마가 늪가의 벼랑을 차는 순간 절벽이 무너져 임금과 궁수 그리고 장수들이 무너지는 절벽에 묻혀 죽는다. 용마와 장수는 승천을 하고 장수를 죽이려던 임금과 그의 추종자들이 오히려 죽고 만 것이다. 백두산 장수는 재간을 다 닦지 못한 未完의 영웅이기에 현실 사회에서 지배계급인 임금을 물리치고 이상적인 민중의 세계를 건설하지는 못했지만, 민중을 탄압하는 임금을 죽이고 초월함으로써 패배하지 않는 영웅의 모습을 보여준다. 여기에는 비록 현실 세계에서 지배계급과 싸워 승리하고 이상적인 세계를 건설하지 못한다고 해도 절대권력에 의해 패배할 수 없다는 민중의 의지가 반영되어 있다.

5. 결론

〈아기장수설화〉는 주몽설화, 지하국대적퇴치설화와 더불어 영웅설화의 한 형태로 볼 수 있다. 비록 미완의 영웅이긴 하지만 〈아기장수설화〉는 우리나라에 널리 분포되어 있어 영웅적 인물의 출현을

37) 최래옥, 앞의 책, 47~48쪽 참조.

기대하는 민중의 의식을 반영하고 있다. 우리나라의 〈아기장수설화〉와 유사한 설화들은 중국 조선족 설화에서도 찾아볼 수 있는데, 본 논문에서는 중국 조선족 설화 중 〈아기장수설화〉의 변이 형태로 볼 수 있는 6편의 설화를 골라 우리 설화와 대비하여 고찰하였다. 본 논문에서 고찰한 중국 조선족 설화에 나타나는 〈아기장수설화〉의 변이 양상을 요약하면 다음과 같다.

〈장수와 용마〉는 우리 설화의 날개 계열 수난 부류의 원형을 그대로 유지하면서 결말에 부모가 아기장수를 죽인 죄로 천벌을 맞아 죽었다는 화소가 첨가되었는데, 이는 가족관계의 파괴와 꿈의 좌절에 대한 중국 조선족의 분노가 표출된 것으로 볼 수 있다.

〈신의를 저버린 어머니〉는 기본 구조상 우리 설화의 불구 계열 파멸 부류에 해당되는데, 아기장수가 불구라는 화소가 탈락되어 있다. 이는 아기장수에 대한 기대가 더욱 절박한 중국 조선족들에 의해서 또 하나의 극복해야 할 고난인 불구 화소가 생략된 것으로 볼 수 있다. 그리고 이 설화에서 여러 화소가 섞여 있는 것은 전승 과정에서 기억의 혼동으로 인하여 화소의 이동이 일어난 것으로 볼 수 있다. 또한 결말에 아기장수의 어머니가 평생을 버림받은 사람이 되어 눈물로 살아간다는 것은 가정을 파괴하고 꿈을 좌절시킨 데 대한 분노의 표출과 징계의 의미를 지닌다고 볼 수 있다.

〈장수 김만빈〉, 〈장수 김덕룡〉, 〈전백록 뫼 앞을 지날 때는〉의 세 설화는 모두 우리 설화의 날개 계열 초월 부류에 해당하는데, 우리 설화에서 보이는 주인공이 비천한 신분이라는 화소가 탈락되어 있다. 이는 우리 사회에 있었던 신분의 문제가 중국 조선족 사회에서는 문제가 되지 않았기 때문에 신분으로 인한 갈등과 대립이 지배계급과 피지배계급의 갈등과 대립으로 변이된 것이라 할 수 있다. 또한 우리 설화에서 개인과 가정에 국한되어 있던 대립이 중국 조선족 설화에서는 개인과 지배계급인 왕의 대립으로 확대되고, 대립의 해소 과정에 나타난 초월에서 뚜렷한 패배가 없는 것은 어떠한 절대권력에 의해서도 패배할 수 없다는 중국 조선족들의 강렬한 삶에 대한 의지를 보여주는 것이라 할 수 있다.

〈장수 김덕룡〉에서는 김덕룡이 도술로 왜적을 물리치는 화소가 첨가되어 있다. 이는 패배와 초월로 끝나는 영웅보다는 승리하는 영웅을 원하며, 자신들의 삶을 피폐하게 만드는 외세에 대해서는 반드시 극복하고 승리해야 한다는 중국 조선족들의 의식이 이 설화의 저변에 자리잡고 있음을 보여준다.

〈룡늪〉에 등장하는 백두산 장수 대걸은 비록 未完의 영웅이지만 외적의 침략으로부터 백성들을 구하고 또 가난한 백성의 삶을 윤택하게도 하는 탁월한 능력의 소유자이다. 우리 설화의 무력한 아기장수가 이처럼 성인으로 바뀌어 영웅적인 활약을 보여주는 것은 절박한 현실 속에서 영웅적인 인물이 출현하여 현실이 극복되기를 바라는 중국 조선족들의 의식이 투영된 것이라 할 수 있다. 그리고 우리 설화에는 민중의 표상이라 할 수 있는 지리산신과 아기장수가 절대권력자에 의해 패배하지만 백두산의 정기를 받은 백두산 장수는 패배하지 않는데, 여기에도 민중들은 투쟁에서 반드시 승리해야 한다는 중국 조선족들의 의지가 담겨 있다고 볼 수 있다. 백두산 장수가 자신을 죽이려는 왕을 죽게 하고 승천하는 이야기는 비록 현실에서 지배계급과 싸워 승리하고 이상적인 세계를 건설하지 못한다고 해도 절대권력에 의해 패배할 수 없다는 민중의 의지가 반영된 것이라 할 수 있다.

참고문헌

박창묵, 『사랑산』, 연변 인민출판사, 1982.

연변민간문예조 편, 『조선족 민간문예 자료집』 제2집, 1963.

중국민간문예연구회 연변분회 편, 『민간문학자료집 3』, 1982.

______________________________, 『민간문학자료집 ④』 (료녕편), 1984.

흑룡강 민간문예연구회 조선족 회원 집체, 『삼돌이와 호랑이』, 흑룡강 조선민족출판사, 1985.

흑룡강 조선족 민간문예연구회, 『팔모진주』, 흑룡강 조선민족출판사, 1989.

강봉근, 「지하국대적퇴치설화와 해란강설화의 비교연구」, 『한국언어문학』 제37집, 한국언어문학회, 1996.

______, 「나중미부설화와 홍송과 인삼의 비교연구」, 『한국언어문학』 제41집, 한국언어문학회, 1998.

______, 「장자못전설과 각시바위의 비교연구」, 『국어문학』 제34집, 국어문학회, 1999.

김동훈 · 허형석, 「중국지역 조선족 설화의 변이양상」, 『소라 허형석 박사 화갑기념논문집』, 태학사, 1996.

김동훈 · 허휘훈, 『중조한일 민담 비교연구』, 료녕민족출판사, 2001.

김수업, 「아기장수 이야기 연구」, 경북대학교 대학원 박사학위논문, 1994.

박인구, 「아기장수 전설의 유형 연구」, 『숭실어문』 7, 숭실대 어문연구회, 1990.

손진태, 『한국 민족설화의 연구』, 을유문화사, 1947.

신동흔, 「삶, 구비문학, 구비문학 연구 －구비문학의 현재성」, 『구비문학 연구』 제1집, 한국구비문학회, 1994.

심정섭, 「전설의 문학적 구조 －아기장수 전설을 중심으로」, 『문학과 지성』 27호, 문학과 지성사, 1997 봄.

우상렬, 『중국조선족 설화의 종합적 연구』, 국학자료원, 2002.

윤준필, 『지하국대적퇴치설화의 변형양상 연구』, 전북대학교 교육대학원 석사학위논문, 1993.

조동일, 「영웅의 일생, 그 문학사적 전개, 『東亞文化』 10, 서울대학교 문리과대학 동아문화연구소, 1971.

천혜숙, 「아기장수 전설의 형성과 의미」, 『한국학논집』 13, 계명대학교 한국학 연구소, 1986.

최래옥, 『한국구비전설의 연구』, 일조각, 1981.

최삼룡, 「중국조선족 재래설화 변이고」, 연변조선족민속학회・조선족민속연구소 편, 『조선족 민속연구』 제1권, 연변대학출판사, 1991.

최인학, 『한국 민담의 유형 연구』, 인하대학교 출판부, 1994.

W. H. Auden, "The Quest Hero", S. N. Grebstein ed., *Perspectives in Contemporary Criticism* (New York: Harper & Row, Publisher, 1968)

(『한국언어문학』 25집, 2004. 6.)

제5장

〈지하국대적퇴치설화〉의 변이 양상

1. 서론

우리의 대표적인 영웅이야기는 고구려건국신화로 문헌에 전승되어 온 〈주몽설화〉와 구전되어 온 〈지하국대적퇴치설화〉 및 〈아기장수설화〉를 들 수 있다. 〈주몽설화〉는 한 나라의 건국을 신성시하기 위한 신화로서 우리나라 영웅소설의 구조적 근간을 이루었으며, 〈지하국대적퇴치설화〉는 민담으로 〈김원전〉이나 〈금령전〉 같은 소설의 모태가 됨과 동시에 주몽형 영웅소설에도 주인공의 영웅적인 활약과 함께 남녀 애정담이나 결혼담의 형태로 영향을 끼쳤다. 한편 전설의 형태로 우리나라에 널리 분포되어 있는 〈아기장수설화〉는 비록 미완의 영웅이야기이긴 하지만 평민 영웅의 출현을 기대하는 민중의 의식을 반영하고 있으며, 임꺽정이나 장길산 같은 민중 영웅들과 일정한 함수 관계를 지니고 있다고 볼 수 있다.

조선 후기에 들어서면서 우리나라 북부지방의 가난한 농민들이 남몰래 만주땅으로 건너가 농사를 지어오다가 1869년 大旱災가 발생하여 생계가 어려워진 농민들이 대거 만주로 이동하게 된다. 이후 우리 민족의 만주행은 꾸준히 지속되어 왔으며 일제 침략기에 그 절정을 이룬다.

가난과 일제의 탄압을 피해 만주로 이동한 우리 민족들 사이에서 우리 땅에서 전승되던 설화는 만주 땅에서도 계속해서 전승되었다. 그러나 생활환경의 변화와 의식의 변화로 인하여 우리의 전래 설화는 만주 땅에서 변이를 일으키게 된다. 따라서 중국 조선족의 설화에 나타난 변이양상을 살펴보는 일은 이국 땅에서 온갖 고난을 극복하며 뿌리를 내려야 했던 중국 조선족의 삶을 탐구하는 작업이기도 하다.

필자는 일찍이 만주에서 우리 민족의 중심지였던 용정을 끼고 도는 해란강에 관한 설화가 우리나라의 〈지하국대적퇴치설화〉와 매우 유사함을 발견하고 이를 비교하여 그 변이양상을 고찰한 바 있다.[1)] 그러나 중국 조선족 사이에서 전승되는 〈지하국대적퇴치설화〉계의 설화가 여러 편이 있기에 본 논문에서는 〈해란강〉과는 별도로 중국 조선족의 〈지하국대적퇴치설화〉계의 설화들을 총망라하여 그 구조를 살펴보고 변이의 양상과 그 의미를 고찰하고자 한다.

---

1) 강봉근, 「지하국대적퇴치설화와 해란강설화의 비교연구」, 『한국언어문학』 제37집, 한국언어문학회, 1996.

2. 〈지하국대적퇴치설화〉의 구조적 성격

〈지하국대적퇴치설화〉가 처음으로 수집된 것은 1926년 손진태에 의해서다. 손진태는 자신이 수집한 설화들을 1930년 日文으로 된 『조선민담집』(동경향토연구사)에 수록했는데 여기에 〈지하국대적퇴치설화〉가 실려 있다. 해방 후 손진태는 『한국민족설화의 연구』라는 책을 발간했는데 여기에 〈地下國大賊退治說話〉라는 제목으로 세 편의 類話를 소개하였으며, 이 설화가 몽고 설화의 영향을 받은 것이라 하였다.[2)]

노성미는 〈지하국대적제치설화〉형으로 전국에서 채록된 34類話를 자료로 제시하고[3)] 이를 두 가지 유형으로 분류하였다. 첫째 유형은 최치원의 출생담이고, 둘째 유형은 여인이 괴물에게 납치되었는데 영웅적인 인물이 지하국을 찾아가 괴물을 죽이고 여인을 구출하여 결혼하는 이야기다.[4)] 그러나 첫째 유형은 〈夜來者 전설〉이 포함된 최치원의 출생담이고, 주인공의 영웅적인 행위가 없어 손진태가 수집한 설화와도 차이가 있기에 본 논문에서는 논외로 하고 두 번째 유형의 설화만을 대상으로 한다.

손진태가 수집한 3편의 설화와 임동권의 『한국의 민담』에 수록된 설화[5)]는 비교적 충실한 구조를 갖춘 설화이기에 이 네 편의

2) 손진태, 『한국민족설화의 연구』, 을유문화서, 1947, 106~133쪽.

3) 노성미, 「〈지하국대적제치설화〉형 민담의 구조연구」, 경남대학교 대학원 석사학위논문, 1986, 7~28쪽.

4) 위의 논문, 48~50쪽.

5) 임동권, 『한국의 민담』, 서문당, 1972, 221쪽.

설화를 중심으로 〈지하국대적퇴치설화〉의 줄거리를 요약하면 다음과 같다.

① 한량(무사)이 과거를 보러 간다. (납치당한 여인이 공주일 때는 주인공이 武臣이 되기도 한다.)

② 여인(공주, 재상의 딸, 부자의 딸)이 지하국의 大賊(또 아귀 귀신, 미륵돼지)에게 납치를 당하고, 그의 부모가 재산의 반을 주거나 재산과 딸을 준다고 현상을 건다.

③ 주인공은 세 사람의 종자를 데리고 가거나 세 사람의 장사(또는 초립동이)와 결의형제를 하고 여인을 찾으러 간다.

④ 도적을 잡으러 가는 길에 산신령이 꿈에 나타나 도적이 있는 굴의 입구를 알려준다. (주인공이 다리를 고쳐준 까치가 지하국의 입구를 알려주기도 한다.)

⑤ 칡넝쿨로 줄을 만들어 지하국으로 내려간다. (줄을 타고 내려가는 과정에서 같이 간 세 사람은 실패하고 주인공만이 성공한다.)

⑥ 우물가에서 납치된 여인을 만난다.

⑦ 여인의 도움으로 힘을 기른다. (괴물이 거처하는 집 안으로 들어갈 때 문지기를 통과하기 위하여 주인공이 수박으로 변신하는 경우도 있다.)

⑧ 괴물이 잠든 사이에 괴물을 죽이고 여인을 구출한다. (이 때 반드시 여인의 도움을 받는다.)

⑨ 의형제들 또는 종자의 배신으로 혼자만 지하국에 갇힌다.

⑩ 산신령의 도움으로 지하국을 벗어난다.

⑪ 배신자들에게 복수하고 여인과 결혼한다.

위의 줄거리는 네 편의 설화를 종합하여 하나의 완결 구조로 만들어 본 것이다. 그러나 세부적으로 보면 약간의 차이를 보이기도 한다. 손진태가 수집한 것 중 〈미륵돼지 이야기〉에서는 공주가 대적을 죽이는 방법을 알아내고 한량이 차고 있던 양가죽 열쇠고리를 대적의 코밑에 붙여 죽이는데 이와 같은 이야기 구조는 〈최치원 전설〉의 영향을 받은 것으로 볼 수 있다. 또한 종자 또는 의형제가 배신하는 내용이 없이 구출한 여인들과 각각 결혼하는 경우도 있다.

위의 줄거리를 종합해 보면 〈지하국대적퇴치설화〉는 "영웅(구원자나 해방자)이 긴 여행 중에 왕국을 구하고 공주와 결혼하기 위해서 괴물과 싸워 이기거나, 어려운 수수께끼를 풀거나, 아주 힘든 장애물을 극복하는 등의 불가능한 과제를 해결하는"[6] 探索(quest)의 원형을 가진 영웅설화임을 알 수 있다. 오든(Auden, W・H)은 전형적인 탐색 이야기의 필수적인 요소로 다음의 여섯 가지를 든다.[7]

① 귀중한 물건이나 인물 : 찾아내서 소유하거나 결혼하게 된다.

② 여행 : 이들의 행방이 탐색자에게는 알려져 있지 않기 때문에 그것을 찾기 위한 기나긴 여행.

③ 영웅 : 귀중한 사물은 아무나 찾아낼 수가 있는 것이 아니라 올바른 품행과 성품을 갖춘 자만이 찾아낼 수 있다.

---

6) Wilfred. L. Guerinm Earle G. Labor, Lee Morgen, *A Handbook of Critical Approaches to Literature* (Harper & Row, Publishers, 196), p.121.

7) W. H. Auden, "The Quest Hero", S. N. Grebstein ed., *Perspectives in Contemporary Criticism* (New York : Harper & Row, Publisher, 1968), p.372.

④ 시련 : 하찮은 것이 가려지고, 영웅이 드러나게 되는 하나 또는 일련의 시련.

⑤ 파수꾼 : 물건을 손에 넣기 전에 물리쳐야 할 그 물건의 파수꾼들. 그들은 다만 영웅의 능력을 시험하기 위한 가일층의 시련일 수도 있고, 혹은 그들 자체가 악의적일 수도 있다.

⑥ 원조자들 : 지식과 초자연적인 힘으로 영웅을 돕는 원조자들. 그들이 없었다면 영웅은 결코 성공할 수 없다. 그들은 인간 또는 동물의 형태로 나타난다.

〈지하국대적퇴치설화〉는 위에서 언급한 탐색 이야기의 여섯 가지 요소를 다 갖추고 있다. 귀중한 물건이나 인물은 납치당한 여인으로 주인공은 그녀를 구출하여 결혼한다. 탐색의 영웅이 겪는 여행은 지하국대적퇴치설화의 주인공이 지하국을 찾아가는 과정이며, 영웅의 성품과 능력이 드러나는 시련은 지하국을 내려갈 때 주인공만이 내려갈 수 있었던 것과 동료들의 배신을 극복하는 내용이 여기에 해당된다. 파수꾼은 여인을 납치해 간 대적 자신이며, 집을 지키는 문지기도 여기에 포함된다. 원조자는 산신령과 까치 등이고, 납치된 여인도 대적을 죽이는 일에 도움을 주기 때문에 원조자에 포함될 수 있다.

이상에서 살펴본 바와 같이 지하국대적퇴치설화는 전형적인 영웅의 탐색담이다. 그리스 신화의 대표적인 영웅설화인 〈페르세우스설화〉는 괴물을 퇴치하고 여인을 구출하여 여인과 결혼한다는 전형적인 탐색의 영웅이야기로 앞에서 언급한 6가지 요소를 다 갖추고 있다. 그런 점에서 우리의 〈지하국대적퇴치설화〉는 〈페르세우스설화〉

와 同類의 설화라 할 수 있으며, 〈주몽 설화〉가 고구려의 건국을 신성시하기 위한 지역성을 띤 영웅설화임에 비하여 보편성과 세계성을 지닌 영웅설화라 할 수 있다.

3. 〈지하국대적퇴치설화〉계 중국 조선족 설화

중국 조선족 설화에서 〈지하국대적퇴치〉계 설화에 대한 분류는 김동훈・허휘훈이 편집한 『중조한일 민담 비교연구』[8]와 우상렬의 『중국조선족 설화의 종합적 연구』[9]에서 찾아볼 수 있다. 이들은 모두 최인학의 〈한국 민담 유형표〉에 분류된 '지하국의 괴도'[10]에 대입하여 중국 조선족 설화 중 지하국대적퇴치계의 설화들을 열거하고 있다. 이들 중 중국어로 된 것을 제외하면 우리의 〈지하국대적퇴치설화〉와 같은 계열로 〈금제의 이야기〉, 〈여호선〉, 〈최치원의 이야기〉, 〈운봉전〉, 〈버들잎〉, 〈바우와 옥이〉, 〈호랑산〉, 〈천년묵은 호랑이〉, 〈록제동 이야기〉, 〈진분홍 초록꽃〉, 〈초동과 공주〉, 〈신선이 알려준 영지〉 등 12편이 공통으로 실려 있고, 〈선동이와 후동이〉는 『중조한일 민담 비교연구』에만 실려 있다.

〈선동이와 후동이〉[11]의 구조는 흥부 놀부 이야기 틀 안에 〈지하국대적퇴치설화〉 유형의 이야기가 선동이의 경우와 후동이의 경우

---

8) 김동훈・허휘훈, 『중조한일 민담 비교연구』, 료녕민족출판사, 2001, 44~45쪽.

9) 우상렬, 『중국조선족 설화의 종합적 연구』, 국학자료원, 2002, 213~214쪽.

10) 최인학, 『한국민담의 유형 연구』, 인하대학교 출판부, 1994, 310쪽.

11) 박창묵 수집 정리, 『바우돌과 현부인』, 료녕민족출판사, 1985, 423~477쪽.

로 나누어져 전개되고 있다. 이 설화 속에는 대적과 결혼에 관한 모티프, 천상 신선이나 동물들과 같은 원조자, 방해자의 모티프가 포함되어 있어 〈지하국대적퇴치설화〉와 동계로 볼 수 있으나 이야기의 분량이 55쪽이나 되고, 사건이 복잡하게 전개됨으로써 '구전에 적합한 잘 짜여진 구조'[12)]라는 설화의 성격에서 벗어난다. 이는 口述者가 사건의 흥미를 고조시키기 위하여 일부러 사건을 복잡하게 꾸몄거나 정리자의 加筆이나 潤色이 있었기 때문이라고 볼 수 있다. 따라서 이 설화는 구전설화의 속성이 지나치게 훼손되었다고 판단되어 본 고에서는 논외로 한다.

위의 두 책에 다 같이 실려 있는 이야기 중에서도 지하국대적퇴치설화와 동계로 분류할 수 없는 설화들이 5편이 있다.

〈천년묵은 호랑이〉[13)]는 백두산에 있는 천 년 묵은 호랑이가 마을의 청장년들을 잡아갔는데 한 소년이 백발노인의 도움으로 호랑이를 물리침으로써 마을 사람들이 호랑이 걱정 없이 잘 살았고, 호랑이 시신이 굳어져 백두산의 한 봉우리인 臥虎峰이 되었다는 이야기다. 이 이야기는 호랑이를 퇴치하는 과정에 소년의 영웅적 행위는 있으나 여인의 구출과 결혼담이 없기에 지하국대적퇴치설화와 동계로 보기는 어렵다.

〈바우와 옥이〉[14)]는 백두산의 봉우리에 대한 유래담의 성격이 짙다. 백두산 주변의 한 마을에 天神과 地神의 作奸으로 지하수가 마

---

12) 장덕순, 『설화문학개설』, 선명문화사, 1974, 32쪽.

13) 정해철 수집 정리, 『천년묵은 호랑이』, 연변인민출판사, 1994, 24~30쪽.

14) 위의 책, 58~63쪽.

르고 비가 오지 않아 사람들이 죽어가자 바우와 옥이라는 남매가 백발노인과 금빛 소리개의 도움을 받아 천상의 금도끼로 선인석을 깨트리니 벅두폭포가 생겨났다는 것이다. 그리고 금빛 수리개는 높은 봉우리에 앉아 응취봉(鷹嘴峰)이 되었고, 바우와 옥이는 선인석이 깨질 때 폭포 양쪽으로 떨어져 죽었는데 바우는 龍門峰이 되고, 옥이는 玉壁峰이 되어 백두폭포를 지키고 있다 한다. 이 이야기는 대적의 실체가 없고, 대적퇴치가 없으며, 결혼담도 없어 지하국대적퇴치설화와는 상당한 거리가 있다.

〈진분홍 초록꽃〉[15]은 약초의 유래담이다. 백두산 밑 어느 마을에 겨울에 기침병이 돌자 백씨 성을 가진 한 젊은이가 약초를 캐러 나섰다. 도승이 백두산 山人嶺에 가면 약초를 구할 수 있다고 하자 젊은이는 백두산으로 올라갔는데 한 달이 지나도 돌아오지 않았다. 마을 사람들은 젊은이가 표시해 놓은 대로 찾아가다가 깊은 산 골짜기에서 백씨 총각 대신 진분홍색 초롱꽃을 발견했고, 그 꽃의 뿌리에 달린 열매를 달여 먹고 기침병이 나았는데 이 약재를 貝母라 한다는 것이다. 이 설화 역시 원조자가 있을 뿐 대적이 없고, 영웅적인 행위도 불분명하며, 결혼 모티프가 없으므로 〈지하국대적퇴치설화〉와 同系로 볼 수 없다.

〈신선이 알려준 영지〉[16] 역시 약초의 유래담이다. 백두산 서쪽 기슭에 자리잡은 한 마을에 약초를 캐며 사는 차돌이라는 아이가 있었다. 이 마을에 금돌이와 그의 어머니가 병으로 쓰러지자 차돌이는

15) 위의 책, 68~72쪽.

16) 위의 책, 155~160쪽.

병을 낫게 하기 위하여 온갖 노력을 다 한다. 어느 날 산 속에서 만난 꽃사슴의 안내로 한 노인을 만나게 되고 백두산 꼭대기에 있는 영지라는 약초가 효험이 있다는 말을 듣는다. 차돌이는 꽃사슴의 도움으로 산꼭대기에 올라 신선 할아버지를 만나서 영지버섯 두 포기를 얻어 금돌이 모자의 병을 치료하였으며, 이 때부터 마을에 병든 사람이 생기면 금돌이와 차돌이가 영지버섯을 따다가 치료해 주었다고 한다. 이 설화에는 대적이 없고, 따라서 대적을 퇴치하는 영웅적인 활동도 미약하다. 또한 결혼 모티프도 없어 〈지하국대적퇴치설화〉와는 거리가 멀다.

〈최치원 이야기〉[17]는 최치원의 출생담으로서 우리나라에서 전승되는 최치원의 전설을 윤색한 것이기에 본 논문에서는 논외로 한다.

지금까지 언급한 설화들을 제외하면 중국 조선족 설화에서 우리의 〈지하국대적퇴치설화〉와 같은 계열로 분류될 수 있는 설화는 모두 7편이다. 각 설화의 핵심이 되는 줄거리를 요약하면 다음과 같다.

〈초동과 공주〉[18]

① 깊은 산중에서 한 초동이 부모형제도 없이 나무를 팔아서 외롭게 살고 있다.

② 어느 날 나무를 하고 있는데 갑자기 먹구름이 햇빛을 가리더니 독수리가 어여쁜 여자를 채 가지고 바윗속으로 사라진다.

③ 나라에서는 공주를 잃고 공주를 구하는 자를 부마로 삼겠다고 선포한다.

17) 김재권・박창묵 정리, 『파경노』, 민족출판사(중국), 1989, 216~222쪽.

18) 리상각 외, 『깍쟁이 양반』, 연변인민출판사, 1981, 132~139쪽.

④ 공주를 찾으러 온 나졸들에게 초동이 본 대로 말하니 나졸들이 바위를 치우려 했으나 꿈쩍도 하지 않았다.

⑤ 초동이 주먹으로 힘껏 바위를 내리치자 바위가 갈라지고 깊은 동굴이 나타난다.

⑥ 아무도 들어갈 엄두를 내지 못하는데 초동은 온 산의 칡넝쿨을 다 모아 밧줄을 만들게 하고, 그 끝에 광주리를 매달아 동굴 안으로 내려간다.

⑦ 지하국에 도착한 초동은 우물 옆 버드나무에 올라가 앉아 있다가 물을 길러 온 공주의 두레박에 버들잎을 떨어뜨려 공주와 만난다.

⑧ 공주를 잡아온 것은 구두장군인데 독수리로 변신을 하여 바깥 세상으로 나오며, 대가리가 아홉 개나 되고 온몸이 털로 덮인 괴물이다.

⑨ 그 날 밤 공주가 구두장군에게 세상에서 가장 두려운 것이 무엇이냐고 묻자 뒤울안에 있는 샘물이 한 방울이라도 자기 몸에 떨어지면 죽는다고 했다.

⑩ 공주가 구두장군에게 거미주를 먹이니 술을 아홉 독이나 먹은 구두장군은 잠이 들었는데 눈을 뜨고 자는 모습이 무시무시하였다.

⑪ 초동이 벽에 걸려 있는 칼로 구두장군의 대가리를 힘껏 내려치니 아홉 개의 대가리가 한 칼에 베어졌는데 떼굴떼굴 굴러와 다시 붙는다.

⑫ 이 때 공주가 뒤울안에 있는 샘물을 길어다 목이 떨어진 구두장군의 몸에 끼얹으니 구두장군이 죽는다.

⑬ 초동이 공주를 데리고 나와 광주리에 태우고 칡넝쿨 밧줄을 흔드니 땅 위에서 밧줄을 잡아당겨 공주가 올라간다.

⑭ 공주가 구출되자 사람들은 초동을 그대로 둔 채 떠난다.

⑮ 초동은 구두장군에게 붙잡혀와 가죽주머니에 갇혀 있는 용왕의 셋째 아들을 구해준다.

⑯ 용자의 도움으로 지하국을 벗어나 공주가 거처하는 별당 앞 연못에 이르게 된다.

⑰ 초동이 나무 위에 올라가 있는데 공주가 자기를 구해준 초동이어서 와 왕을 속이고 자신을 데려가려는 간신으로부터 구해주기를 기원한다.

⑱ 초동이 버들잎을 떨어뜨려 공주에게 신호를 보내고, 둘은 극적인 상봉을 한다.

⑲ 왕은 자신을 속인 간신을 처단하고 초동을 부마로 삼았으며, 초동은 나라를 잘 다스리고 외적을 물리쳐 행복하게 산다.

위의 설화는 우리의 〈지하국대적퇴치설화〉와 가장 유사한 구조를 지니고 있다. 지하국의 대적이 공주를 납치해 가고 나라에서는 공주를 구하는 자를 부마로 삼겠다고 현상을 걸었으며, 초동이 공주의 도움을 받아 지하국의 대적을 물리친다. 그리고 배신자가 있고, 도와준 용자의 도움으로 지하국을 빠져나와 복수하고 공주와 결혼한다는 이야기다. 다만 초동은 본래부터 힘이 세기 때문에 공주의 도움을 받아 힘을 기르는 이야기가 생략되어 있고, 신이나 동물의 도움으로 지하국의 입구를 찾는 대신 지하국의 입구인 바위를 직접 목격하며, 파수꾼인 수문장이 없다. 또한 떨어진 대적의 목이 다시 붙지 못하도록 공주가 재를 뿌리는 대신 샘물을 끼얹어 대적을 죽게 한다. 그리고 서두에는 주인공의 가난이 강조되어 있고, 결말에서도 주인공의 행복한 삶이 구체적으로 나타나 있다.

〈여호선〉19)

① 여호선은 활만 메고 정처 없이 떠도는 사람이다.

② 바닷가의 작은 마을에서 머무는데 날이 새자 앞집에서 곡성이 난다.

③ 주인에게 물으니 딸이 자다가 종적을 감추었는데 이 마을에서 이런 일이 세 번째라고 한다.

④ 그 마을을 떠나 깊은 산속을 돌아다니다가 날이 저물어 쉬고 있는데 어떤 놈이 보교에 앉아 시끄럽게 올라오고 있었다. 좋은 사람 같지 않아 활을 쏘았더니 모두 사라지고 만다.

⑤ 다음 날 핏자국을 따라가 보니 큰 바윗돌이 둘러싸이고 덤불이 우거진 곳에서 핏자국이 멈춘다.

⑥ 주위를 살피다가 몇 백 길이 될 듯한 함정에 빠졌으나 떨어진 곳이 모래밭이어서 죽음을 면한다.

⑦ 굴 벽에 있는 문을 열고 나가니 밝은 세상이 있었고, 원숭이 한 마리가 와서 우리 대왕이 간밤에 화살을 맞아 중상을 입었는데 의술이 있느냐고 묻는다.

⑧ 여호선은 자기가 의원이라 말하고 따라가니 넓은 방석 위에 큰 원숭이가 넓적다리를 싸매고 앉아 있었다.

⑨ 여호선은 자기가 가지고 다니는 약이 상처 치료뿐만 아니라 영생불멸의 약이라고 하니 모든 원숭이들이 그 약을 먹기 원해 독약을 먹여 원숭이들을 다 죽인다.

⑩ 굴 안에 들어가 세 처녀를 구하고 그 곳에 있는 보물을 짊어지고 나왔으나 굴을 벗어날 방법이 없었다.

⑪ 한 곳에 이르니 붉은 수건으로 머리를 동인 두 사람이 나타나 길

19) 연변민간문예조 편,『조선족 민간문예 자료집』제2집, 1963, 129~131쪽.

을 안내해 준다고 한다. 누구냐고 물었더니 원숭이에게 나라를 빼앗겼는데 이제 나라를 되찾게 되었으니 감사하다고 한다.

⑫ 그들의 인도로 굴 밖으로 나왔는데 두 사람은 간 곳 없고, 쥐 두 마리가 구멍 속으로 들어간다.

⑬ 세 처녀를 데리고 고향으로 돌아가니 세 집에서 모두 사위 삼기를 원하여 세 처녀와 결혼하고 가져온 보물로 잘 살게 된다.

위의 설화에서 주인공은 활을 가지고 다니는 무사다. 그리고 지하국의 대적은 원숭이이며, 원조자는 쥐이다. 이 설화에서 주인공의 영웅적 행위는 두드러지지 않고 모든 원숭이에게 일시에 약을 먹여 죽게 하는 지혜가 돋보인다. 구출 과정에서 여인의 도움이 없고, 배신자도 없다. 그리고 구출한 여인도 신분이 높거나 부잣집 딸도 아니다. 이런 점에서 〈지하국대적퇴치설화〉와는 상당한 차이를 보이지만 여인을 납치한 괴물을 물리치고 여인과 결혼한다는 핵심구조가 〈지하국대적퇴치설화〉와 같기 때문에 〈지하국대적퇴치설화〉의 변이형태로 볼 수 있다. 이 설화는 홍길동전에서 길동이 산 속에 들어가 울동이라는 괴물을 물리치고 백룡과 조철의 딸을 구해 아내를 삼는 내용과 매우 흡사하다고 볼 수 있다.

〈금제의 이야기〉[20]

① 태백산 줄기에 있는 옹달샘에서 물을 긷던 10여 명의 새각시 중 가장 예쁜 미인을 괴물이 납치해 간다.

---

20) 림승환・한광일・서종식 정리, 『팔선녀』, 흑룡강 조선민족출판사, 1987, 25~31쪽.

② 아내를 잃은 남편은 괴물을 찾아 떠난다.

③ 길을 가다가 백발노인(토지신)을 만났는데 이 노인이 괴물은 천년 묵은 돼지요귀임을 알려주고, 높은 산 위의 암자에 있는 생불을 찾아가라고 한다. 그리고 힘을 내라고 무를 주고 사라진다.

④ 젊은이가 눈을 떠보니 꿈이었는데 손에는 무만큼 큰 산삼이 있어 그것을 먹고 힘을 얻는다.

⑤ 사흘 동안 걸어 산 아래 도착하자 큰 구렁이가 젊은이를 가파른 산봉우리에 옮겨준다.

⑥ 산봉우리에서 호랑이를 만났는데 호랑이는 노인으로 변하여 암자를 가르쳐 준다.

⑦ 암자에는 백발도승이 염불을 하고 있고, 선녀들이 춤을 추는데 도사가 주문을 외자 선녀들이 사라진다.

⑧ 도승에게 부적 석 장을 얻고, 도승의 도움으로 10만 8천 리나 되는 섬나라에 도착한다.

⑨ 〈금제의 나라〉에 도착하여 돼지들에게 붙잡혔는데 그 곳에서 돼지 새끼에게 젖을 먹이고 있는 아내를 발견한다.

⑩ 금제의 생일날 젊은이를 죽이려고 다가오자 '녹피'라고 씌어져 있는 부적을 금돼지의 이마에 붙였더니 금제는 순식간에 녹아 물이 된다.

⑪ 두 번째 부적을 펼쳐서 돼지들 속에 던지니 돼지들이 다 물로 변한다.

⑫ 아내와 붙잡혀 온 수많은 여인들을 구하고 숱한 보물들을 나누어 가지고 굴문을 나온다.

⑬ 세 번째 부적을 펴보니 '풍우선'이라는 글자가 씌어 있어 땅에 펴 놓은 후 그것을 타고 돌아온다.

⑭ 젊은 여인들을 다 돌려보내고 아내와 함께 부모님을 잘 모시고 행복하게 살았다.

이 설화는 최치원 전설과 일맥상통하는 점이 있다. 괴물돼지가 아내를 납치해 가고, 남편이 아내를 찾아 나섰으며, 녹피를 이용하여 괴물돼지를 죽이고 아내를 비롯하여 납치된 여인들을 구출한다는 점에서 그러하다. 그러나 최치원 전설과 다른 점도 몇 가지가 있다. 납치된 여인이 원님의 아내처럼 신분이 높은 여인이 아니고, 최치원 전설에서 볼 수 있는 야래자적 성격이 없다. 그리고 실을 통해서 아내가 있는 곳을 찾아가는 것이 아니라 다양한 원조자들의 도움으로 돼지의 소굴에 도착하며, 괴물돼지를 죽게 하는 녹피도 지혜로 알아낸 것이 아니라 도승이 준 부적으로 괴물돼지를 죽게 한다. 그리고 결정적인 차이점은 최치원 전설이 최치원의 출생담에 초점이 맞추어져 있는데 이 이야기에는 출생담이 없다.

위와 같은 이유에서 이 설화는 최치원 전설과 유사점은 있지만 동계로 볼 수 없고, 오히려 지하국대적퇴치설화의 한 유형으로 볼 수 있다. '괴물의 여인 납치 - 주인공의 탐색 - 원조자의 도움 - 괴물퇴치와 여인 구출 - 결혼(여기서는 아내와의 재회)'이라는 〈지하국대적퇴치설화〉의 기본 구조를 다 갖추고 있지만, 주인공의 영웅적인 성격이 약화되어 있고, 결혼 모티프가 변이되어 있는 점으로 보아 지하국대적퇴치설화의 변이형태로 볼 수 있다.

〈운봉전〉[21]

① 서울에서 멀리 떨어진 샘골 마을에서 운봉이란 소년이 호걸의 기상을 타고 났다.

---

21) 박창묵 수집 · 정리, 『사랑산』, 연변인민출판사, 1982, 282~303쪽.

② 운봉이 걸음마를 하기 시작했을 때 부친이 죽어 어머니가 삯바느질과 삯빨래로 운봉을 키운다.

③ 운봉이 일곱 살 때 아이들을 따라 서당에 갔다가 훈장의 배려로 글공부를 시작했는데 문장이 뛰어났다.

④ 서당에 다닌 지 7~8년이 되었을 때 운봉의 시를 보고 양반집 도련님들이 트집을 잡고 욕을 하니 서당을 그만 둔다.

⑤ 운봉이 열심히 집안 일을 하며 살아가는데 이듬해 샘골에 전염병이 퍼진다.

⑥ 서당 훈장이 찾아와 쌍바위골에는 불치의 병을 낫게 하는 약이 있는데 구렁이가 득실거려 약을 구해 올 수 없다고 하며, 운봉의 드움을 청한다.

⑦ 운봉이 어머니의 허락을 받고 사흘 밤낮을 쉬지 않고 가다가 호랑이에게 변을 당하고 있는 여인과 갓난애를 구해준다.

⑧ 하루를 더 가다가 병석에 누워 있는 노인 부부의 아들을 빚 대신 데려가 10년 머슴을 살리려는 김좌수를 혼내주고 오히려 돈을 받아 노인 내외에게 준다.

⑨ 사오십 리를 더 가서 땅거미가 질 무렵 한 오두막집에서 목이 말라 죽어가는 처녀를 구하고, 처녀의 약을 구하러 갔다가 구렁이에게 죽게 된 처녀 어머니를 구해준다.

⑩ 길을 가다가 호랑이에게 잡혀온 공주를 구해준다.

⑪ 쌍바위골 어구에 도착하니 노인들이 그 곳에는 구렁이가 있는데 대가리가 물동이만큼 크고, 몸뚱아리가 물독처럼 실해서 사람을 통째로 삼키는 바람에 살아 나온 사람이 없다며 말린다.

⑫ 쌍바위골 안에 들어간 운봉은 소나기가 내린 후에 햇빛이 쪼이자 집채만 한 수많은 바위들에 구렁이들이 번들번들 나붙어 있는 것을 보고 산 위에 올라가 바윗돌을 굴려 구렁이들을 다 죽인다.

⑬ 그리고 바위틈에서 진귀한 약재를 캐 가지고 집으로 향한다.

⑭ 돌아오는 길에 임금과 공주가 길을 막으며 대궐로 함께 가자고 한다.

⑮ 운봉이 동리 사람들의 병을 낫게 해야 한다고 하자 공주가 어머니의 병이 나으면 꼭 모시고 오라고 하며 금 세 덩이를 운봉에게 준다.

⑯ 김좌수에게 봉변을 당하고 있던 집에 이르러 금덩이를 다 주면서 먼 곳으로 이사가 살라고 한다.

⑰ 집에 돌아와 구해온 약으로 어머니와 마을 사람들의 병을 낫게 한다.

⑱ 운봉이 구해 주었던 모녀가 운봉의 집에 찾아와 청혼을 하니 어머니의 허락을 받아 결혼한다.

⑲ 나라에서 공주를 구한 사람을 찾는다고 전국에 방을 붙이자 운봉은 아내와 두 어머니를 데리고 샘골을 떠난다.

⑳ 그 뒤 운봉을 본 사람이 없으나 어떤 사람이 누구를 도왔다는 말만 들으면 그 사람이 샘골 운봉이라 믿었다.

이 설화의 주인공은 탁월한 능력을 지니고 있으나 가난하고 멸시를 당하는 인물이다. 이러한 상황에서도 그는 그를 만나는 모든 사람에게 도움을 주는 착한 인물로 그려져 있다. 이 설화에서 대적의 성격을 지닌 괴물은 쌍바위골에서 진귀한 약재를 구하지 못하게 하는 구렁이들이다. 따라서 구렁이를 물리치고 약재를 구하는 것이 영웅적인 인물인 운봉에게 주어진 과제다. 이 탐색의 과정에서 주인공이 겪는 시련 대신 본 과업과는 별개로 대적을 퇴치하고 사람을 구하는 내용이 병렬식으로 나열되어 있다. 호랑이로부터 여인과 갓난애를 구해주고, 김좌수로부터 노인 부부와 아들을 구해주며, 구렁이와 질병으로부터 모녀를 구해준다. 그리고 호랑이에게 잡혀온 공주를 구해준다.

운봉이 본 과업에서 대적을 퇴치하고 구해온 것이 약재이기 때문에 본 과업에서는 결혼 모티프가 성립될 수 없다. 따라서 그가 본 과업을 수행하는 과정에서 부수적으로 수행한 과업이 결혼 모티프로 이어질 수밖에 없다. 운봉이 구한 인물 중에서 결혼의 가능성을 지닌 인물은 공주와 가난한 모녀 중의 딸이다. 공주와 결혼할 경우 출세와 행복이 보장되지만 운봉은 가난한 집 딸과 결혼하여 숨어서 이웃을 도와가며 살아가는 민중의 영웅으로 남는다.

〈버들잎〉22)

① 옛날 어느 산기슭에 버들골이라는 마을이 있었고, 이 마을에는 딸 3형제를 둔 노인이 살고 있었다.

② 어느 여름날 노인이 산에 나무를 하러 갔는데 갑자기 검은 구름과 함께 광풍이 불며 키가 9척이나 되는 마귀가 나타나 왜 나의 나무를 도적질해 가느냐며 트집을 잡는다.

③ 노인은 마귀를 향해 산 임자는 우리 인간들이며, 이 산에서 나무를 한 지 수십 년이 되는데 왜 제 것이라 하느냐고 소리친다.

④ 마귀는 자기가 산중대왕이며, 영감에게 딸 셋이 있는 것을 아니 내일 큰딸을 데려다 바치라고 한다.

⑤ 노인은 마귀에게 대항했으나 피해만 입고 돌아온다.

---

22) 장동운 등 정리, 『짜개바지』, 료녕인민출판사, 1984, 249~261쪽.

⑥ 이 사실을 안 마을 사람들이 다음 날 마귀를 물리치기 위하여 힘이 센 장정 세 사람을 도끼를 들려 딸려보냈으나 마귀를 당하지 못하고, 결국 맏딸 동실이를 데려간 마귀는 다음 날에는 둘째 딸을 데려오라고 한다.

⑦ 다음 날 활재주가 뛰어난 사냥꾼을 데리고 갔으나 역시 마귀를 당하지 못하고, 마귀는 둘째 딸 은실이를 데려가면서 내일은 막내딸을 데리고 오라고 한다.

⑧ 다음 날 막내딸 금실이는 마귀를 이기려면 지혜를 써야 한다면서 혼자서 마귀의 소굴로 들어갈 것을 자청하고, 고향이 그리울 때 보기 위하여 버들잎을 한 줌 훑어 옷고름 속에 간직한다.

⑨ 금실이는 마귀에게 고분고분하며 마귀의 궁전으로 따라간다.

⑩ 금실이의 진심을 의심하여 마귀는 세 가지 시험을 했으나 마귀의 속셈을 안 금실이는 이에 잘 대처한다.

⑪ 금실이를 믿게 된 마귀는 대궐의 모든 열쇠를 맡기고 약을 주면서 자기가 죽게 되면 이 약을 자기의 코에 발라 다시 살리라고 한다.

⑫ 금실이가 누가 감히 대왕님을 죽일 수 있겠느냐고 묻자 버들잎이 자기의 귀나 코로 들어가기만 하면 자기는 죽게 되니 유사시 그 신약으로 자신을 구하라고 한다.

⑬ 며칠 후 금실이는 마귀에게 술을 먹여 잠들게 한 후 옷고름 속에서 버들잎을 꺼내 마귀의 귓구멍과 콧구멍에 집어 넣어 죽인다.

⑭ 금실이는 열쇠꾸러미와 약병을 들고 굴 속에서 죽었던 두 언니와 사냥꾼, 세 젊은이를 살리고 마귀의 궁궐을 불태운다.

⑮ 노인은 큰딸 둘째 딸은 시집보내고, 셋째 딸은 사위를 맞아들여 행복하게 살았다.

이 설화에서 대적에 해당하는 인물은 마귀다. 마귀는 평화로운 삶의 터전을 빼앗았으며, 세 처녀를 탈취해 간다. 이 때 여인을 구출하기 위해 세 젊은이와 사냥꾼이 등장하나 마귀를 이겨내지 못함으로써 영웅적 인물이 되지 못한다. 결과적으로 대적을 퇴치한 셋째 딸 금실이가 영웅적인 인물이 되는데 여인이기에 힘과 용맹함 대신 지혜로 대적을 물리친다. 결말의 결혼 모티프는 구출한 인물이 결혼 상대가 아니고 자신들이기에 결혼을 통한 신분상승이나 부귀영화가 없고, 따라서 결혼 모티프는 약화되어 있다.

〈록제동 이야기〉[23)]

① 먼 옛날 백두산 밑에 살기 좋고 아름다운 마을이 있었다.

② 이 마을에 구렁이 한 마리가 나타나 마을의 청장년들을 하나씩 잡아가고 노루, 사슴, 새들까지 잡아먹자 마을 사람들과 짐승들은 이 고장을 떠나기 시작한다.

③ 이 고장에는 외아들과 외딸을 데리고 살아가는 두 과부가 있었는데 한 집에는 힘이 센 석정이라는 아들이 있고, 한 집에는 아름다운 이쁜이라는 딸이 있었다.

④ 두 남녀는 이 고장을 떠나지 않고 구렁이를 잡아 없애 마을을 살기 좋은 고장으로 만들 궁리를 한다.

⑤ 어느 날 구렁이가 이쁜이를 잡아가며 100일 안에 츠렁바위 밑에 맞굴을 뚫어 놓으면 스스로 마을을 떠나되 그렇지 않으면 석정이를 죽이고 이쁜이를 아내로 삼겠다고 한다.

⑥ 이날부터 석정이는 정과 메를 들고 청바위를 뚫기 시작하는데

23) 정해철 수집 정리, 앞의 책, 44~49쪽.

이 소리를 듣고 흩어졌던 꽃사슴들과 뭇새들이 모여 석정이를 돕는다.

⑦ 약속한 기일이 다 되어 가자 석정이와 짐승들이 지치기 시작하는데 이쁜이는 구렁이를 꾀어 굴을 얼마나 팠는지 구경을 가자고 해서 구렁이를 굴 속에 들어가게 한다.

⑧ 구렁이가 대가리를 굴 입구로 들이미는 순간 이쁜이는 구렁이 하복부의 비늘에 매달아 놓은 머리카락을 힘껏 당기니 구렁이가 너무 아파 굴 속으로 쑥 들어가고 엉덩이만 밖에 나와 있었다.

⑨ 이 때 어미 사슴이 긴 뒷다리로 구렁이의 하복부를 힘껏 밟으니 불이 나며 구렁이는 타 죽고, 어미 사슴도 쓰러진다.

⑩ 석정이와 이쁜이는 어미 사슴을 고이 묻어주고 부부가 되어 행복하게 살았으며, 흩어졌던 동물들도 다시 모여 행복하게 산다.

⑪ 이후 이곳은 높은 봉을 鹿鳴峰이라 일컬었고, 이 석굴은 사슴들의 발굽에 의하여 만들어졌다 하여 鹿蹄洞이라 부르게 되었다.

이 설화는 鹿鳴峰과 鹿蹄洞의 유래를 밝히는 地名 유래담이라 할 수 있다. 지하국의 대적은 이 설화에서 구렁이로 변이되어 나타나며, 구렁이는 살기 좋은 마을을 황폐하게 만드는 악한 존재이다. 구렁이를 물리치기 위한 영웅적인 행위는 남자 주인공인 석정이에게만 나타나는 것이 아니라 석정이와 이쁜이 그리고 사슴의 합작으로 이루어진다. 이 설화는 세부적인 내용에 있어서는 〈지하국대적퇴치설화〉와 많은 차이가 있지만 납치자인 구렁이를 물리치고, 여인이 구출되며, 남녀가 결혼하여 행복하게 산다는 기본 구조가 유사하기에 〈지하국대적퇴치설화〉의 변이형이라 할 수 있다.

〈호랑산〉[24]

① 호랑산 밑에 샘물이 있는데 마을 사람들은 이 샘물을 먹고 행복하고 건강하게 살았으며, 깊은 밤에는 천상의 선녀들이 내려와 빨래를 하고 새벽에 하늘나라로 올라가기도 했다. 사람들은 이 샘물을 생명의 샘물, 행복의 샘물이라 불렀다.

② 어느 날 호랑이 한 마리가 나타나 샘물터를 차지하자 그 날부터 샘물 줄기가 끊어졌고, 개울들이 말랐으며, 사람들은 빗물을 받아 먹고 살면서 기진맥진하였다.

③ 이 마을에 사는 스무 살 난 목동총각이 어머니에게 자신이 호랑이를 물리치겠다고 한다.

④ 어머니는 남편도 호랑이를 물리치려다 죽었는지라 만류했으나 아들의 결심이 굳은 걸 알고 남편이 사용하던 도끼를 준다.

⑤ 목동총각은 아버지의 산소를 찾아가 호랑이를 잡아 없애겠다고 맹세하고 호랑이와 싸우러 간다.

⑥ 마을 사람들이 그 말을 듣고 동구 밖에 나와 산을 바라보니 호랑이의 고함소리가 나고 도끼날이 번쩍이는데 밤낮 7일 동안 계속되었다.

⑦ 8일째 되는 날 아침 조용해진 산으로 가보니 호랑이는 도끼에 맞아 죽어 있고, 목동은 바른손에 도끼를 쥐고 왼손에 호랑이의 목덜미를 잡은 채로 승리의 웃음을 띠며 잠자듯 누워 있었다.

⑧ 그 후 샘물이 다시 나와 마을 사람들은 행복을 되찾았다.

⑨ 마을 사람들은 산꼭대기에 총각의 시체를 고이 묻어주었으며, 이때부터 호랑이를 때려잡은 산이라 하여 호랑산이라 불렀다.

---

24) 연변민간문학연구회 편, 『연변민간문학집』, 연변인민출판사, 1979, 34~40쪽.

⑩ 해마다 꽃 피는 시절이면 처녀들은 명절 옷차림을 하고 호랑산에 올라 꽃놀이를 하며, 춤추고 노래 불러 용감한 목동을 찬미하였다.

이 설화는 얼핏 보아 〈지하국대적퇴치설화〉와 무관한 것으로 보인다. 대적이 여인을 납치하고, 영웅적인 인물이 탐색의 과정을 거쳐 대적을 만나며, 대적을 퇴치한 후 구출한 여인과 결혼한다는 내용이 전혀 없기 때문이다.

그러나 이면에 숨겨진 상징적인 의미를 고찰해 보면 〈지하국대적퇴치설화〉와 전혀 무관하다고 볼 수 없다.

마을에 있는 샘물은 여인과 관계가 깊다. 샘물 자체가 여성 상징이기도 하지만 샘물은 여인들이 물 긷고 빨래하는 곳이며, 천상의 선녀까지도 이곳에 와서 빨래를 하기도 한다. 호랑이가 이곳에 나타나서 샘터를 차지함으로써 샘물이 마르고 마을 사람들이 고통을 받게 되었다는 것은 호랑이라는 대적이 여인을 납치함으로써 마을이 불행해졌다는 것과 동일한 의미를 갖는다고 할 수 있다. 그리고 목동총각이 호랑이를 물리치러 간 것은 영웅적인 행위이며, 도끼를 준 어머니와 산소에 묻혀 있는 아버지를 원조자로 볼 수 있다. 밤낮 7일 동안 총각이 호랑이와 싸웠다는 것은 그의 영웅적 성격을 보여주는 것이며, 그의 승리로 샘물을 회복하고 행복을 되찾았다는 것은 여인구출에 해당한다. 목동총각은 호랑이를 죽이고 자신도 죽었지만 해마다 꽃 피는 시절에 처녀들이 곱게 옷을 차려입고 총각이 묻혀 있는 호랑산에 가서 춤추고 노래 불러 목동을 찬미했다는 것은 결혼 모티프의 변이로 볼 수 있다.

4. 변이의 양상과 의미

설화는 話者와 聽者 사이에서 입에서 입으로 전해지는 口傳文學이다. 청자가 자기가 들은 이야기를 전할 때는 그 자신이 화자가 되며, 이렇게 전승되는 가운데 전승에 적합한 일정한 구조를 지니게 된다. 그러나 화자는 자기가 들은 이야기의 세부적인 내용을 그대로 옮길 수 없기에 한 화자에 의해서 口演되는 설화는 어느 정도 창작적인 요소가 첨가된다. 그 가운데 화자의 생활경험이나 의식이 반영되기도 하는데 그것이 심할 경우 설화는 변이를 일으키게 된다. 그래서 지리적, 환경적, 문화적 차이 등으로 인하여 기존 설화의 변이형태가 생성되는 것이다.

중국 조선족은 19세기 중엽부터 일제시대에 걸쳐 가난과 일제 식민통치의 억압에 시달리던 조선인들이 새로운 삶을 찾아 중국으로 건너간 사람들이다. 그러나 그들은 중국땅(주로 만주)에 건너가서도 그들이 꿈꾸던 안정되고 평화로운 삶을 누리지 못하고 지주와 부패한 관부, 일제 등의 착취와 억압 속에서 살아야 했다. 이러한 상황 속에서 그들은 이 땅에서 건너갈 때 그들의 머릿속에 담아갔던 우리의 설화들을 그들의 현실적인 삶과 원망을 담아 변이시키게 된다. 다시 말하면 그들의 삶과 의식을 반영하여 수정, 첨가, 생략을 하면서 변이된 형태의 설화를 재창조한 것이다.

우리의 〈지하국대적퇴치설화〉도 예외는 아니어서 중국 조선족들 사이에서 다양한 변이형태가 생성되었다. 이제 앞에서 열거한 중국 조선족의 지하국대적퇴치계 설화들을 중심으로 그 변이의 양상과 의미를 고찰해 보고자 한다.

〈초동과 공주〉는 오든이 말한 탐색 이야기의 여섯 가지 요소를 다 갖추고 있으며, 다른 설화들에 비해 변이가 가장 적은 설화다. 그러나 세부적인 내용에 있어서는 일부 변이가 있음을 볼 수 있다.

우리 설화에서는 주인공이 대적의 목을 쳤을 때 떨어진 목이 다시 붙지 못하도록 공주가 재를 뿌리는데 〈초동과 공주〉에서는 샘물을 끼얹는 점이 다르다. 공주가 사전에 대적(구두장군)에게 세상에서 가장 두려운 것이 무엇인지를 물어 뒤울안에 있는 샘물이라는 것을 알아내고 그 샘물을 이용하여 대적의 목이 다시 붙지 못하고 죽게 했다는 이야기는 최치원 전설이 수용되어 혼합된 양상을 보이고 있는 것이다.

또한 주인공이 나졸들의 배신으로 지하국에 혼자 남게 되었을 때 산신령의 도움 대신 구해준 용자의 도움을 받는다는 것도 차이가 있다. 용자의 이야기는 지하국대적퇴치설화가 小說化된 〈金圓傳〉에 등장하는데 〈金圓傳〉에서는 주인공이 용자를 구해주고 용궁에 가 용녀와 결혼한 후 용녀의 도움으로 지하국을 벗어나고 공주와 다시 결혼하는 이중 결혼구조를 지니고 있으나 여기서는 그냥 구해준 용자의 도움을 받는다는 차이가 있을 뿐이다.

가장 의미 있는 변이는 주인공 자신의 성격이다. 우리 설화에서 주인공은 과거를 보러 가는 한량이거나 무사이고, 때로는 武臣이다. 이들은 모두 하층민이 아니며 이미 벼슬을 하고 있거나 과거를 보아 벼슬을 하고자 하는 양반계층으로 볼 수 있다. 한량이나 무사의 경우 비록 무명의 인물이라 할지라도 立身揚名을 지향하는 인물들이며, 설화 속에서 그들의 꿈이 이루어진다. 그러나 〈초동과 공주〉에서 주인공은 깊은 산중에서 부모형제도 없이 나무를 팔아서 외롭게 살고 있는 基層民衆이다. 우리의 〈지하국대적퇴치설화〉가 양반의 출세나 부귀영화를 다루고 있는 데 비하여 이 설화에서는 절박한 처지에 있는 민중의 부귀영화에 대한 願望을 담고 있다는 점에서 그 의미의 차이가 있다.

〈여호선〉의 大賊은 우리 설화와 마찬가지로 지하국에 살고 있다. 대적은 원숭이이고, 쥐의 나라를 빼앗아 살고 있으며, 인간 세상의 여인을 납치해 가는 사악한 존재이다. 우리 설화와 다른 점은 대적이 고귀한 신분이나 부유한 집 여인을 납치해 가는 것이 아니라 연약한 쥐의 삶터를 빼앗고, 평범한 집안의 여자를 납치해 간다는 점이다.

이 설화에 등장하는 주인공도 과거를 보러 가는 한량이나 무사 또는 武臣이 아니다. 그냥 활을 메고 정처 없이 떠도는 사람일 뿐이다. 따라서 주인공의 영웅적인 행동은 많이 약화되어 있다. 시끄럽게 떠드는 사람(원숭이)이 좋은 사람 같지 않아 활을 쏘았을 뿐이며, 지하국에 이르게 된 것도 핏자국을 따라가다가 함정에 빠졌을 뿐이다. 따라서 지하국에 대한 탐색의 과정에서 초월적인 존재의 도움을 받지도 않고 그저 우연히 함정에 빠져 지하국에 도착하였다. 지하국에서 대적을 퇴치하는 일은 힘이 아니고 독약을 영생불멸의 약이라 속여 모든 원숭이들에게 한꺼번에 먹이는 지혜를 통해서 이루어진다.

구출의 대상인 여인은 평범한 서민의 딸이기에 납치를 당한 딸을 위해 부모들은 현상을 걸지도 못하고 그저 통곡만 할 뿐이다. 이들을 구출해 준 데 대한 보상은 구출자와 결혼시키는 것이 최선이다. 주인공이 정처 없이 떠도는 외로운 사람이기에 결혼은 그에게 충분한 보상이 될 수 있다. 더구나 구해준 세 처녀들 다 아내로 맞이하고 지하국에서 가져온 보물이 있기에 안정되고 행복한 삶이 보장되는 것이다.

우리 설화가 비범한 인물의 부귀영화에 초점이 맞추어져 있는 데 비해 이 설화에서는 힘없는 민중들이 약탈에서 벗어나 안정되고 행복한 삶을 누리고자 하는 전승집단의 의식을 엿볼 수 있다.

〈금제의 이야기〉에서 대적은 아주 먼 섬나라에 사는 괴물돼지다. 괴물돼지는 옹달샘에서 물을 긷던 10여 명의 새각시 중 가장 예쁜 여인을 납치해 갔고, 그 외에도 많은 여인들을 납치해간 악마적 인물이다. 옹달샘은 삶의 근거지이며, 이 삶의 근거지에서 여인을 납치해 갔다는 것은 곧 가정의 파괴를 의미한다.

영웅적 인물은 예쁜 아내를 잃은 젊은이인데 그는 아내를 찾으러 가는 탐색의 과정에서 백발노인(토지신)이 준 산삼을 먹고 힘을 얻으며, 백발노인의 지시대로 높은 산 위에 잇는 生佛을 만나러 간다. 생불을 만나러 가는 과정에서 큰 구렁이와 호랑이의 도움을 받으며, 생불로부터 석 장의 부적을 얻어 괴물돼지와 돼지 무리들을 다 퇴치하고 아내를 구출해 돌아온다. 이 설화에는 다양한 원조자가 등장하는데 이와 같은 다양한 원조자의 등장이 이 설화가 최치원 전설보다는 〈지하국대적퇴치설화〉계로 볼 수 있는 근거가 된다.

이 설화에서 구출한 여인이 아내이기에 결혼담은 없다. 그러나 잃어버린 아내와의 재회는 결혼담의 변이형태라 할 수 있고, 금제의 나라에서 가지고 온 보물로 행복한 삶을 살았다는 것은 고귀한 신분의 여인을 구하고 결혼함으로써 신분상승과 부귀영화를 누리는 지하국대적퇴치설화의 변이형태라 할 수 있다. 이 설화는 가정을 파괴하는 대적을 물리치고 가정을 회복하여 행복한 삶을 누리고자 하는 전승집단의 의식이 반영된 것으로 볼 수 있다.

〈운봉전〉에 등장하는 大賊은 구렁이다. 구렁이는 수직적인 세계인 지하국과 같은 초월적 공간에 존재하지 않고, 누구나 찾아갈 수 있는 수평 공간에 있다. 구렁이는 궁벽한 시골의 가난한 사람들이 질병을 물리치기 위해 절대적으로 필요한 약재를 구하는 데 장애가 되는 존재다. 그런데 수많은 구렁이들은 그 몸뚱아리가 물독처럼 실해서 사람을 통째로 삼키는 무시무시한 존재다. 따라서 이러한 괴물을 물리치기 위해서는 영웅적인 인물이 반드시 필요하다.

이 설화에서 영웅적인 인물이 퇴치해야 할 대상은 구렁이들이 주가 되지만 구렁이가 있는 쌍바위골을 가는 과정에서도 그가 퇴치해야 할 대적들이 존재한다. 여인과 갓난애의 생명을 위협하는 호랑이, 병석에 누워 있는 노인 부부의 아들을 데려다 빚 대신 머슴을 살리려는 김좌수, 모녀의 목숨을 빼앗으려는 구렁이, 그리고 공주를 납치해 간 호랑이 등이 그들이다. 이들은 구렁이와 더불어 연약한 인간들의 삶을 위협하는 사악한 존재들이다.

사악한 대적들을 퇴치하는 주인공 운봉이는 서울에서 멀리 떨어진 샘골이라는 마을에서 호걸의 기상을 타고 태어났지만 유아기에 아버지를 여의고 삯바느질과 삯빨래를 하는 어머니 밑에서 성장한다.

그는 훈장의 배려로 시작한 글공부에서도 탁월한 능력을 보이지만 양반 자제들에게 욕을 당하는 민중의 영웅이다. 그가 지닌 탁월한 힘과 능력은 모두 어려운 처지에 잇는 사람들을 구하는 데 사용된다.

결혼 모티프는 운봉이 구해준 공주와 가난한 여인의 딸 중의 하나를 운봉이 선택할 수 있도록 상황이 설정되어 있다. 그런데 운봉은 출세와 부귀영화가 보장되는 공주를 택하지 않고 가난한 여인의 딸을 아내로 맞으며, 나라에서 그를 찾을 때도 이를 피하기 위해 잠적해서 어려운 사람들을 돕는 삶을 계속한다.

우리 설화가 주인공의 출세나 부귀영화를 주제로 하는 것과는 달리 이 설화에서는 온갖 어려움에 처한 민중들의 삶을 다양한 방법으로 돕는 민중의 영웅을 부각시키는 데 초점이 맞추어져 있다. 이는 이국 땅에서 온갖 시련과 착취에 시달리던 중국 조선족의 의식 속에 형상화되어 있는 영웅의 모습이다.

〈버들잎〉에 등장하는 키가 9척이나 되는 마귀는 마귀의 궁전에 살고 있는데 어느 날 갑자기 검은 구름과 함께 광풍을 일으키며 산에서 나무하는 노인에게 나타나 자기가 산중대왕인데 왜 나무를 도적질해 가느냐며 트집을 잡는다. 그리고 딸들을 바치라고 한다. 이와 같은 마귀는 조선족들이 개간해 살고 있는 땅을 빼앗아 간 占山戶[25]를 형상화한 것으로 볼 수 있다.

이 마귀와 대적하는 인물은 노인, 힘이 센 장정 셋, 활재주가 뛰

25) 점산호는 19세기 후반에 청나라 관부의 비호 아래 조선족들이 개간한 땅을 무상으로 차지하고 조선족들을 소작인으로 만들어 착취함으로써 조선족이 삶을 비참하게 만든 자들이다. (현용순 외, 『조선족 백년사화』 제1집, 료녕인민출판사, 1982, 29~34쪽.)

어난 사냥꾼인데 이들은 모두 차례로 마귀에게 패한다. 세 번째 딸인 금실이는 지혜로써 마귀를 물리칠 계획을 세우고 고분고분 잡혀간다. 그녀는 자신을 의심하는 마귀의 시험을 지혜롭게 극복하고 마귀의 비밀을 알아내 버들잎으로 마귀를 죽인다. 그리고 마귀가 가지고 있던 신약으로 죽었던 두 언니와 장정들, 사냥꾼을 살려내고 마귀의 궁전을 불태운다. 여기서 영웅적 인물은 금실이이며, 그녀가 여성이기에 용맹보다는 지혜가 돋보인다.

결혼 모티프는 노인이 두 언니는 시집보내고, 금실이는 사위를 맞아 행복하게 살았다는 정도로 약화되어 나타나 있다.

이 설화에서 금실이가 마귀의 소굴로 들어갈 때 고향이 그리울 때 보기 위하여 버들잎 한 줌을 옷고름 속에 간직하고 가는데 이 버들잎이 마귀의 귀나 코로 들어가면 마귀가 죽게 된다. 여기서 버들잎은 마을의 평화를 상징하거나 마을의 수호신을 상징하며, 마을의 평화와 안녕을 갈망하는 애향심이 마귀를 퇴치하는 수단이 됨을 볼 수 있다. 따라서 이 설화에는 절대권력이나 특권층의 착취와 억압으로부터 벗어나서 평화롭고 안정된 삶을 누리기를 希求하는 중국 조선족들의 의식이 반영되어 있다고 할 수 있다.

〈록제동 이야기〉에서는 大賊의 성격에 변이가 나타남을 볼 수 있다. 대적은 구렁이이며 지하국과 같은 수직 공간에 있지 않고, 사람들의 삶의 현장과 가까운 수평 공간에 있다. 그리고 大賊인 구렁이는 고귀한 신분의 女人을 납치해 가는 것이 아니라 마을의 젊은이들을 죽이고, 노루・사슴・새들까지 잡아먹음으로써 평화롭고 살기 좋은 마을을 황폐하게 만드는 공동체의 적이다.

공동체를 파괴하는 사악한 존재를 퇴치하기 위한 영웅적인 행위도 남자 주인공 한 사람에게만 나타나는 것이 아니고 납치당한 여인과 꽃사슴의 합작이다. 남자 주인공 석정은 이쁜이를 구하고 마을에서 구렁이를 추방하기 위하여 바위 밑에 굴을 뚫는 고된 작업을 수행하였으며, 이쁜이는 지혜를 발휘하여 구렁이를 굴 속으로 들어가게 했고, 사슴이 구렁이의 하복부를 힘껏 밟아 함께 죽는다.

〈지하국대적퇴치설화〉는 주인공 한 사람의 영웅적인 행위를 통한 성공담이며 출세담이다. 주인공이 대적을 퇴치하는 장소도 지하국이라는 초월적인 공간에서 이루어지기 때문에 일반 민중들은 이 일과 무관하다. 따라서 대적퇴치의 결과도 주인공 한 사람에게만 나타난다. 이에 비해서 〈록제동 이야기〉에서는 남자 주인공의 영웅적인 성격이 약화되어 있는 반면 구출의 대상인 여주인공의 지혜와 공동체의 일원인 사슴의 영웅적인 희생이 부각되어 있다. 그리고 대적퇴치의 결과도 주인공의 출세담이 없고, 석정이와 이쁜이의 결혼담이 있을 뿐이며, 마을이 이전처럼 행복하게 되었다는 점이 강조되어 있다.

〈호랑산〉에 등장하는 대적은 호랑이다. 호랑이가 건강하고 행복한 삶의 터전인 '행복의 샘물', '생명의 샘물'을 차지하자 샘물 줄기가 끊어졌고, 개울들이 말랐으며, 사람들은 빗물을 받아 먹고 살면서 기진맥진한다. 호랑이는 샘물을 차지함으로써 마을 사람들의 생명을 위협하고, 행복을 파괴한 사악한 존재이며, 절대적인 힘을 가진 존재이다.

호랑이와 싸우는 목동총각은 특별한 영웅적인 힘이나 능력을 소유하지 않은 평범한 인물이다. 그러나 생명을 걸고 호랑이를 물리치겠다는 그의 의지가 그를 영웅화한다. 목동총각은 중국 조선족들의 삶을 황폐화시킨 권력자들에게 온몸으로 대항하고자 하는 조선족들의 의지가 투영된 인물이다. 그는 호랑이를 죽이고 자신도 죽었지만 샘물이 다시 나옴으로써 마을 사람들의 행복을 되찾아준 영웅적인 인물이다.

목동총각이 호랑이와 함께 죽었기 때문에 결혼 모티프는 성립될 수 없다. 그러나 이 설화에서 마을의 처녀들(죽음 직전에 구출된 마을 사람들)이 해마다 꽃 피는 봄이면 목동총각이 묻혀 있는 호랑산에 올라 춤추고 노래 불러 용감한 목동을 찬미했다는 것은 목동과 처녀들의 반복되는 만남이라는 상징적인 의미를 갖는다. 이는 곧 결혼 모티프가 변이되어 표현된 것이라 할 수 있다.

지금까지 언급한 〈지하국대적퇴치설화〉계 중국 조선족 설화의 변이 양상을 종합하면 다음과 같다.

첫째, 대적의 성격 변화를 들 수 있다. 조선족 설화에서 〈초동과 공주〉, 〈여호선〉, 〈금제의 이야기〉에 등장하는 대적은 지하국 또는 현실 공간에서 아주 멀리 떨어진 초월적 공간에 사는 존재로서 구두장군, 원숭이, 금돼지 등으로 나타나며, 이들이 현실계의 여인을 납치해 가는 점에서 우리 설화와 큰 차이가 없다. 그러나 나머지 네 편의 설화에 등장하는 대적은 마귀, 구렁이, 호랑이 등으로 이들은 모두 현실적인 삶의 공간에 나타나서 절대적인 힘으로 평화롭게 사는 마을 사람들의 삶을 황폐하게 하거나 생명을 위협하는 자들이다. 이들은 모두 어려운 여건 속에서도 안정된 삶과 행복을 추구하는 중국 조선족에게 착취와 수탈을 자행한 무리들을 형상화한 것으로 볼 수 있다. 즉, 황무지를 개간하여 안정된 삶을 누리고 있던 조선족들의 땅을 강제로 빼앗고 그들을 소작인으로 만들어 착취했던 점산호, 조선족의 토지를 약탈하고 착취를 일삼아 조선족들을 파탄시켰던 일제, 또 조선족 농민들에게 온갖 세금을 다 부과하여 수탈을 자행했던 부패한 淸朝의 官府, 그리고 수시로 조선족 마을에 출현하여 곡식과 가축, 여인들을 약탈해 간 마적들을 대적으로 형상화한 것이다.[26]

둘째, 대적을 퇴치하는 영웅적인 인물의 성격에도 변화가 나타난다. 우리 설화에서 영웅적인 인물은 과거를 보러 가는 한량이나 무사 그리고 武臣이다. 이들은 모두 하층민이 아니며, 그들의 과업 수행이 자신들의 출세나 부귀영화로 직결된다. 그러나 중국 조선족 설화에서 영웅적인 인물은 모두 하층민이다. 우리 설화와 가장 근접해 있다고 볼 수 있는 〈초동과 공주〉에서 주인공이 결말에 공주와 결혼하지만 그 역시 가난하고 외롭게 살아가는 기층민중의 한 사람이다. 〈여호선〉과 〈금제의 이야기〉에서는 영웅적인 인물이 과업을 수행한 후 개인적으로 안정되고 행복한 삶을 누리는 것으로 나타나지만 나머지 설화들에서는 주인공의 과업 수행이 마을 전체의 안정과 행복으로 귀결된다. 이와 같은 영웅적인 인물의 성격 변화는 자신들의 삶의 터전은 자신들의 힘으로 지켜야 한다는 중국 조선족들의 의식에서 비롯된 것이라 할 수 있다.

셋째, 주제의식의 변화다. 우리 설화에서는 대적을 퇴치한 주인

26) 강봉근, 앞의 논문, 241~244쪽.

공 개인의 출세와 부귀영화라는 주제의식을 표현하고 있는 데 비해 다수의 조선족 설화에서는 대적으로 인하여 황폐화된 마을을 회복하고 마을 전체의 행복을 되찾는다는 주제를 담고 있다. 이와 같은 변이 양상은 공동체 의식의 강조와 집단 행복의 추구[27]라는 중국 조선족 설화의 특징이 이들 설화에도 그대로 반영된 것이라 할 수 있다.

5. 결론

중국 조선족은 19세기 후반 이후 가난을 극복하기 위하여 새로운 땅을 찾아 越境한 우리 민족이다. 그리고 이러한 월경 이주는 일제시대에 가속화된다. 그들은 드넓은 만주 땅에서 황무지를 개간하며 새로운 삶을 시작하지만 그들의 삶은 고난과 역경의 연속이었다. 그래서 그들은 그 고난과 역경을 극복하기 위하여 온갖 투쟁을 하기도 한다.

설화가 전승집단의 삶과 의식을 반영한다고 할 때 중국 조선족 설화에는 중국 조선족의 삶과 의식이 반영되어 있다고 볼 수 있다. 본 논문에서는 우리의 지하국대적퇴치설화가 중국 조선족들 사이에서 변이된 양상을 살펴봄으로써 이국 땅에 건너가 새로운 삶의 터전을 개척하며 온갖 역경을 극복해 온 중국 조선족들의 삶과 의식을 고찰해 보고자 하였다.

중국 조선족 학자들이 지하국대적퇴치설화와 같은 유형으로 분

27) 이헌홍, 「중국조선족 문헌정착설화의 변이 양상」, 『한국문학논총』 제20집, 한국문학회, 1997, 58쪽.

류해 놓은 설화는 모두 13편이나 엄밀하게 보아 지하국대적퇴치설화계로 볼 수 없는 설화들을 제외하고 본 논문에서는 7편의 설화를 대상으로 하였다. 먼저 각 설화들의 기본 줄거리와 그 구조적 성격을 살펴보고 이어서 그 변이 양상과 의미를 고찰하였는데 그 내용을 요약하면 다음과 같다.

첫째, 변이가 심하게 나타난 설화들에서 대적은 모두 현실 공간에 나타나 절대적인 힘으로 마을 사람들의 삶을 황폐케 하는 자들로 나타나 있는데 이들은 조선족의 토지를 약탈하고 착취와 수탈을 해온 점산호, 부패한 청조의 관부, 일제, 그리고 마적들을 형상화한 것으로 볼 수 있다.

둘째, 대적을 퇴치하는 영웅적인 인물은 모두 어려운 삶을 살아가는 기층민중들이다. 이는 자신들의 삶의 터전은 자신들의 힘으로 지켜야 한다는 중국 조선족의 의식이 반영된 것이라 할 수 있다.

셋째, 우리의 설화가 주인공 개인의 출세와 부귀영화를 주제로 하고 있는 데 비하여 다수의 조선족 설화에서는 황폐해진 마을을 회복하여 안정과 행복을 추구하는 것을 주제로 삼고 있다. 이와 같은 변이 양상은 공동체 의식을 강조하고 집단행복을 추구하는 그들의 의식이 반영된 것이라 할 수 있다.

참고문헌

강봉근, 「지하국대적퇴치설화와 해란강설화의 비교연구」, 『한국언어문학』 제37집, 한국언어문학회, 1996.

김동훈・허휘훈, 『중조한일 민담 비교연구』, 료녕민족출판사, 2001.

노성미, 「〈지하국대적퇴치설화〉형 민담의 구조연구」, 경남대학교 대학원 석사학위논문, 1986.

리상각 외, 『깍쟁이 양반』, 연변인민출판사, 1981.

림승환・한광일・서종식, 『팔선녀』, 흑룡강 조선민족출판사, 1987.

박창묵, 『바우돌과 현부인』, 료녕민족출판사, 1985.

______, 『사랑산』, 연변인민출판사, 1982.

손진태, 『한국민족설화의 연구』, 을유문화사, 1947.

연변민간문예조 편, 『조선족 민간문예 자료집』 제2집, 1963.

연변민간문학연구회 편, 『연변민간문학집』, 연변인민출판사, 1979.

우상렬, 『중국조선족 설화의 종합적 연구』, 국학자료원, 2002.

이헌홍, 「중국조선족 문헌정착설화의 변이 양상」, 『한국문학논총』 제20집, 한국문학회, 1997.

임동권, 『한국의 민담』, 서문당, 1972.

장덕순, 『설화문학개설』, 선명문화사, 1974.

장동운 외, 『짜개바지』, 료녕인민출판사, 1984.

정해철, 『천년묵은 호랑이』, 연변인민출판사, 1994.

최인학, 『한국민담의 유형 연구』, 인하대학교 출판부, 1994.

현용순 외, 『조선족 백년사화』 제1집, 료녕인민출판사, 1982.

W. H. Auden, “The Quest Hero”, S. N. Grebstein ed., *Perspectives in*

Contemporary Criticism (New York : Harper & Row, Publisher, 1968)

Wilfred L. Guerin, Earle G. Labor, Lee Morgen, *A Handbook of Critical Approaches to Literature* (Harper & Row, Publishers, 1966)

(『국어문학』 41집. 2006. 8.)

제6장

〈두꺼비 보은설화〉의 변이 양상

1. 서론

1640년대 청나라의 통치자들은 압록강 우안과 두만강 좌안의 주위 1천여 리나 되는 지역을 滿族 선조의 발상지 곧 龍興之地라 칭하고 이곳에 이민족의 거주를 금지시켰다. 그러나 1850년대부터 가난한 조선 농민들은 엄한 봉쇄선을 뚫고 압록강과 두만강을 몰래 건너가 정착하기 시작하였다. 그들은 200년 동안 인적이 뜸하여 황무지가 된 금지구역을 개간하여 밭을 일구었다. 더구나 1869년 조선의 북부지방에 흉년이 들어 생계가 막연해진 농민들이 대거 만주로 이동하였다.

청나라 관원들은 자기네 선조들의 발상지를 더럽혔다는 죄목으로 조선 농민들을 체포하여 단두대에 올리기도 하고 가옥에 불을 질러 쫓아내기도 하였지만 날이 갈수록 이주자는 늘어만 갔다. 1870년도에 압록강 연안에 있는 조선인 집거촌은 28개소나 되었다. 그리고 1881년에 이르러 연변 조선인들은 만 명을 훨씬 넘었다.

만주 땅에 조선인보다 먼저 이주한 사람들은 한족이었는데 한족과 조선족의 이주를 막는 데 한계를 느낀 청나라 정부에서는 황무지를 개척하는 조선족과 한족 농민들의 이주를 묵인해오다가 1881년에 이민족의 거주 금지령을 해제하였고, 1885년에는 두만강 700리 좌안에 너비 50리나 되는 지역을 조선족 개간구로 정했다.[1]

만주로 건너간 조선인들은 만주에서 처음으로 벼농사를 시험하여 성공시켰다. 벼농사의 성공과 함께 조선인의 만주로의 이주는 끊임없이 계속되어 한일합방이 이루어진 1910년 당시 만주[2]에 거주하는 조선족은 약 20만 명이었으며, 그 가운데서 약 15만 명이 간도[3]에 거주하였다. 한일합방 이후 조선인의 만주로의 이동은 엄청난 증가를 보인다. 1940년에는 만주의 조선족 인구가 145만 명이 되었으며, 간도 지방의 조선족 인구도 62만 명으로 증가하였다. 1945년 해방 당시 만주의 조선족 인구는 170만 명으로 추정되며, 이 중 연변 지역의 인구는 64만 명이었다. 해방 이후 만주의 조선족들이 대거 귀국함에 따라 만주에 정착하게 된 조선족은 약 100만 명이며, 이들은 간도와 기타 지역에 각각 50만 명씩 나누어 거주하게 된 것으로 추정된다.[4] 그리고 그 후 중국에 거주하는 조선족은 한때 200만 명

---

1) 현용순 외, 『조선족 백년사화』 제1집, 료녕인민출판사, 1982, 26~28쪽.

2) 만주는 현재의 동북 3성 즉 길림성, 요녕성, 흑룡강성과 지역의 경계가 거의 일치한다.

3) 간도는 현재의 연변조선족자치주에서 돈화가 제외된 지역이다. 돈화현은 길림시 관할 하에 있다가 1958년에 연변조선족자치주에 귀속되었다.

을 넘기도 했으나 최근에는 그 수가 점차 감소하는 추세다.

가난과 일제 식민통치의 억압에서 벗어나기 위하여 국경을 넘어 만주로 간 조선인들은 피나는 노력으로 불모의 땅을 개간하면서 안정되고 행복한 삶을 꿈꾸었다. 그러나 남의 나라에서 이민족으로 살아가는 그들의 삶은 순탄하지 않았다. 청나라 왕조의 관부와 결탁한 지주들의 착취와 1905년 노일전쟁의 승리를 계기로 만주에 진출한 일제의 압박과 착취 그리고 부패한 청조 관부의 수탈과 박해는 조선족 농민들의 생존권을 크게 위협하였다. 이러한 억압과 수탈을 견디다 못한 조선족 농민들은 반관부 투쟁을 벌이기도 하였으며,[5] 1919년 이후 민족 독립운동을 지지하여 항일 투쟁을 전개하면서 만주 땅에 조선족의 뿌리를 내려 왔다. 정든 고향을 등지고 새로운 삶을 찾아 압록강과 두만강을 넘은 조선의 유랑민들은 개나리 봇짐과 함께 반만 년의 유구한 역사 속에서 창조되고 계승되어온 우리의 문화유산을 가지고 갔다. 황무지를 개간하고 착취와 억압에 시달리면서도 그들은 우리의 문화유산을 그대로 간직해 왔는데 그 중의 하나가 설화다. 중국 조선족 사이에 전승되어온 설화에 대한 수집과 정리는 1950년대 초부터이며, 1960년대에 이르러 본격화되었으나 1966년 문화혁명이 일어나면서 10년 동안 조선족 구비문학은 수난의 시대를 맞이하였다. 그 후 문화혁명이 끝난 1970년대 후반부터 구비문학에

---

4) 한상복 · 권태환, 『중국 연변의 조선족 - 사회의 구조와 변화』, 서울대학교 출판부, 1993, 26~36쪽.

5) 1914년 연길의 조선족 농민들은 농민계의 조직을 중심으로 연변 각지의 농민계와 연락하여 반관부 투쟁을 벌여 승리했다. (현용순 외, 앞의 책, 87~93쪽)

대한 수집과 정리가 재개되고, 설화집들이 쏟아져 나오기 시작했으며, 이에 대한 연구도 활발히 진행되었다.[6)]

중국 조선족 설화는 세 가지 유형으로 나눌 수 있는데 첫째, 재래의 조선설화가 추호의 수정이나 변이가 없이 그대로 전승된 것, 둘째, 내용과 구조상에서 완전히 새롭게 창조된 것, 셋째, 조선설화의 내용과 구조를 일정하게 유지하면서 중국 조선족들의 생활과 의식을 담아 변이시킨 것이다.[7)]

이 세 가지 유형 중 우리의 관심을 끄는 것은 세 번째 유형인 우리나라 재래설화의 변이형태이다. 여기에 대해서는 일부 종합적이고 개괄적인 연구가 있었고[8)], 필자가 중국 조선족의 삶과 역사에 초점을 맞추어 몇 편의 논문을 발표한 바 있다.[9)] 본 논문은 지금까지

---

6) 임범송, 「조선족 구전문학의 수집 정리에서 거둔 성과」, 『조선족 문화예술 개관』, 연변문학예술연구소, 1982, 144~160쪽.

7) 최삼룡, 「중국조선족 재래설화 변이고」, 연변조선족민속학회・조선족민속연구소 편, 『조선족 민속연구』, 제1권, 연변대학출판사, 1991, 202쪽.

8) 최삼룡, 위의 논문.
김동훈・허형석, 「중국조선족 설화의 변이양상」, 『소라 허형석 박사 화갑기념 논문집』, 1996.

9) 강봉근, 「지하국 대적퇴치설화와 해란강설화의 비교연구」, 『한국언어문학』, 제37집, 한국언어문학회, 1996.
강봉근, 「나중미부설화와 홍송과 인삼의 비교연구」, 『한국언어문학』, 제41집, 한국언어문학회, 1998.
강봉근, 「장자못 전설과 각시바위의 비교연구」, 『국어문학』 제34집, 국어문학회, 1999.
강봉근, 「중국조선족 설화에 나타난 아기장수설화의 변이 양상」, 『한국언어문학』, 제52집, 2004.
강봉근, 「중국조선족 설화에 나타난 지하국대적퇴치설화의 변이 양상」, 『국어문학』 제41집, 국어문학회, 2006.

발표한 필자의 논문에 이어 우리의 〈두꺼비 보은설화〉가 중국 조선족 설화에서 어떻게 변이되었는가를 고찰하는 데 그 목적이 있다.

2. 〈두꺼비 보은설화〉의 유형과 성격

두꺼비 보은설화는 人身供犧와 報恩이라는 두 개의 話素를 중심으로 이루어져 있다. 이 두 개의 話素 중 어디에 무게를 두느냐에 따라 설화의 주제는 大蜈蚣(또는 大蛇) 퇴치 또는 두꺼비의 보은이 될 수 있다. 그리고 퇴치의 대상은 크게 지네(大蜈蚣)와 구렁이 (大蛇)로 나눌 수 있다.

두꺼비 보은설화가 처음으로 수집된 것은 1921년 손진태에 의해서다. 손진태는 자신이 수집한 설화들을 1930년 日文으로 된 『조선민담집』 (동경향토연구사)에 수록했는데 여기에 〈大蛇(又蜈蚣)退治傳說〉이 실려 있다. 또 해방 후 손진태는 『한국민족설화의 연구』[10]에서 〈大蛇(或大蜈蚣)除治傳說〉을 소개하고 있다.

여기에서는 손진태가 최초로 수집한 〈大蛇除治傳說〉과 최상수가 수집한 〈지네장터〉[11]의 줄거리를 소개하고 이 두 설화를 중심으로 하여 논의를 전개하고자 한다. 두 설화는 모두 초창기에 채록된 설화들이어서 비교적 원형에 가깝고 두 설화 속에 〈두꺼비 보은설화〉의 중요한 요소들이 다 포함되어 있기 때문이다.

---

10) 손진태, 『한국민족설화의 연구』, 을유문화사, 1947, 188~189쪽.

11) 최상수, 『조선민간전설집』 통문관, 1946, 82~86쪽.

〈大蛇除治傳說〉

① 옛날 어느 구차한 집에 무남독녀가 어머니와 함께 살았다.

② 어느 비 오는 날 두꺼비가 그 집 부엌에 들어와 처녀는 제 밥을 두꺼비에게 조금씩 떼어 주었고, 두꺼비는 매일매일 놀랄 만큼 자랐으며, 필경 개만큼 자랐다. 두꺼비가 커 갈수록 처녀의 먹을 것이 줄었으나 처녀는 싫은 기색 한 번도 하지 않았다.

③ 그 마을에는 큰 뱀이 있어 村民들이 매년 처녀 한 사람씩을 그 大蛇에게 제물로 바쳤다. 그렇지 않으면 동네에 재변이 생기고 大蛇로 인하여 人畜이 상했다.

④ 마침 그해 희생자로 두꺼비를 기른 처녀가 뽑혔다. 기일이 임박하자 처녀는 두꺼비를 붙들고 같이 슬퍼하였다.

⑤ 기일이 되어 처녀가 大蛇의 구멍 앞에 放置되었는데, 처녀도 모르는 사이에 두꺼비도 함께 왔었다.

⑥ 大蛇가 처녀를 먹고자 穴中으로부터 나와 본즉 큰 두꺼비가 있어 두꺼비와 大蛇는 맹렬한 독을 품기 시작하였다.

⑦ 처녀는 눈을 감고 죽음을 기다리고 있었는데 "쾅!" 하는 소리에 놀라 눈을 떠보니 大蛇는 穴中에서 몸을 반쯤 내민 채 넘어져 죽어 있었다. 그리고 앞에는 두꺼비도 죽어 있었다.

⑧ 처녀는 두꺼비를 업고 집에 돌아와 묻어주었다. 村民들은 大蛇를 끄집어내어 그것을 태웠다. 석 달 열흘 동안 탔다고 한다. 그 뒤로 처녀를 희생하는 풍속이 없어졌다. (1921년 全州 柳春得氏 談)

〈지네장터〉

① 충북 청주 지네장터(蜈蚣市場)에는 그 옛날 지네를 위한 당집이 있었다. 이 지네장터 몇십 리 밖 어느 마을에 장님 아버지를 모시고 사는 순이라는 효녀가 있었는데 아버지를 지성으로 모셨으나

남과 같이 편안하게 못해 드려 안타까워했다.

② 어느 날 두꺼비 한 마리가 수채에서 나와 순이가 밥찌꺼기를 주었고, 순이와 둘도 없는 친구가 된 두꺼비는 몇 해가 지나자 큰 강아지만큼이나 컸다.

③ 그 무렵 장터 마을에는 큰 지네가 나타나 人命의 피해가 많았다. 마을사람들은 지네를 위하여 당집을 짓고 다른 마을에 가서 처녀를 사 해마다 처녀 한 사람씩 제물로 바치기로 했다.

④ 이 소식을 들은 순이는 아버지를 편안하게 해드리기 위하여 자기 몸을 판다.

⑤ 약속한 날 가마에 실려 간 순이는 손발이 묶인 채 당집 안마루에 놓였고, 제관들은 제를 지내고 떠났는데 두꺼비가 따라와 있었다.

⑥ 첫닭이 울자 불이 꺼지며 찬바람이 불더니 천장 처마에서 불덩어리 같은 빛이 순이 앞으로 다가오는데 순이의 발목에서 푸른 불줄기가 그리로 올라갔다.

⑦ 붉은 불덩이 빛과 푸른 불줄기가 맹렬히 여러 시간을 싸우더니 붉은 불덩어리가 꺼지면서 천장에서 무겁고 크나큰 것이 마룻바닥 위에 떨어졌다.

⑧ 날이 밝자 제관들이 처녀의 시체를 찾으러 왔는데 처녀는 살아 있고, 당집 마루에는 크나큰 지네가 죽어 있었으며, 두꺼비가 입에서 푸른 독기를 뿜고 있었다.

⑨ 처녀는 집으로 돌아가고 그 뒤부터 마을에는 지네의 피해가 없었다. (1936년 청주 成貴春 君 談)

위에서 예시한 두 설화에는 두 가지 큰 차이점이 있다. 첫째, 退治의 대상이 전자는 큰 뱀(大蛇)인데 후자는 큰 지네(大蜈蚣)이다. 이와 같은 차이는 후대의 설화에서도 두 가지 유형으로 나타난다.

그러나 57편의 두꺼비 보은설화 중 퇴치의 대상이 지네인 것이 53편, 구렁이인 경우가 3편으로 후대의 설화에서는 주로 지네로 나타나 있다.[12] 둘째, 소녀가 제물이 된 동기가 다르다. 전자의 경우는 소녀의 의지와는 무관하게 소녀가 희생으로 뽑힌 것이고, 후자의 경우는 순이가 아버지를 편히 모시고자 하는 효심으로 자기의 몸을 제물로 판다.

두꺼비 보은설화의 유형을 분류한 한 연구에 의하면 62편의 설화 중 선행형으로 분류된 전자의 유형이 29편으로 가장 많고, 효녀형으로 분류된 후자의 유형이 7편, 그리고 열녀형이 4편이며 나머지는 기타 변이형으로 분류되고 있다.[13] 이 통계를 보면 소녀의 의지와는 상관없이 소녀가 제물로 뽑힌 이야기가 주류를 이루고 있음을 알 수 있다.

이상의 두 가지 큰 차이점에도 불구하고 두 설화는 한 소녀가 두꺼비를 키웠고, 대사나 대오공에게 소녀가 제물로 바쳐졌을 때 두꺼비가 따라와 대사나 대오공을 물리쳤다는 공통적인 구조를 지니고 있다. 그리고 이와 같은 기본적인 구조는 후대 설화에서도 동일하게 나타나고 있다.

인간을 제물로 바치는 것은 고대사회의 관습이었다. 고대인들은 지역이나 국가가 재난을 입거나 황폐해지는 것을 막고 번영과 풍요를 누리기 위하여 신성한 왕을 제물로 죽이는 풍습이 있었다.[14] 그러

12) 박귀서, 「두꺼비설화 연구」, 전북대학교 교육대학원 석사학위논문, 2000, 32~33쪽.

13) 김동훈・허휘훈, 『중조한일 민담 비교연구』, 료녕출판사, 2001, 498쪽.

나 후대에 왕권이 강화되면서 왕 대신 하급의 인간으로 제물이 대체되었으며, 국가에 질병, 가뭄, 기근 등의 재난이 생기면 속죄양으로 선정된 인간을 제물로 바쳤다.[15] 이와 같은 인간 속죄양의 관습은 세계 각 처에서 다양한 방식으로 전개되었을 것이며, 우리나라에서도 위에서 예시한 것처럼 설화 속에서 그 흔적을 찾아 볼 수 있다. 신화는 祭儀의 口述相關物(oral correlative)이라는 제의학파의 주장[16]을 고려한다면 설화 속의 처녀 제물 이야기는 실제로 있었던 고대 사회 제사의식의 흔적이 설화 속에 남아 있는 것이라 할 수 있다. 그리고 위의 두 설화는 공히 이 땅에서 人身供犧라는 악습이 사라지게 된 계기에 초점을 맞추고 있다. 다만 이후에 채록된 대부분의 설화들은 두꺼비가 은혜를 갚는 것을 강조함으로써 괴물의 퇴치보다는 두꺼비의 보은에 초점을 맞추고 있다.

두꺼비 보은설화에서 괴물을 퇴치하고 제물이 된 소녀를 구출한다는 주제를 중심으로 본다면 이 이야기는 세계 각 처에 분포되어 있는 페르세우스설화와 같은 유형으로 볼 수 있다. 그러나 괴물을 퇴치하는 주인공이 영웅이 아니라 소녀가 키운 두꺼비라는 점에서 페르세우스형 설화와는 큰 차이를 보이고 있다. 따라서 이 설화에서 처녀가 키운 두꺼비가 어떤 상징적 의미를 지니고 있는가를 파악하는 것이 이 설화의 전체적 의미를 이해하는 데 핵심적인 요소가 된다고 볼

---

14) 제임스 프레이저 著, 김상일 譯, 『황금의 가지』, 을유문화사, 1975, 339~360쪽.

15) 장덕순, 『설화문학 개설』, 이우출판사, 1983, 706~707쪽.

16) 장덕순, 위의 책, 39쪽.

수 있다.

두꺼비가 밥을 먹는다거나 大蛇나 大蜈蚣을 물리치는 일은 현실적으로 불가능하다. 이처럼 불가능한 일을 실제의 일처럼 이야기했을 때 설화 속의 두꺼비는 상징적인 의미를 갖는다고 볼 수 있다. 우리는 그 해답을 중국신화에서 찾을 수 있다. 중국의 신화에서 후예(后羿)는 천제의 아들인 10개의 태양 중 아홉 개를 활로 쏘아 떨어뜨림으로써 지상의 인간들을 과도한 태양열로 인한 고통에서 해방시킨다. 그러나 그는 천제의 노여움을 사 그의 아내 姮娥(또는 嫦娥)와 함께 영원히 하늘나라에서 추방을 당하여 지상에 남게 된다. 후예는 이 지상에서라도 영원히 살기 위하여 곤륜산의 西王母로부터 불사약을 얻었는데 그의 아내가 그것을 훔쳐서 혼자 먹고 달나라로 가서 두꺼비가 되었다고 한다.[17] 이 신화에 의하면 두꺼비는 달 속에 사는 천상의 선녀로서 초월적인 존재로 인식된다. 한편 우리 민속에서 두꺼비는 재산이 번창하고 부귀영화가 떠나지 않도록 지켜주는 집지킴(業) 또는 財福神으로 알려져 있다.[18]

이처럼 두꺼비가 초월적인 존재이면서 동시에 한 가정을 지켜주는 업으로 인식될 때 처녀가 두꺼비에게 밥을 나누어 주었다는 것은 그녀가 자기만의 공간에서 초월적인 존재와 交感했음을 의미한다. 그리고 두꺼비가 大蛇 또는 大蜈蚣을 퇴치했다는 것은 인간의 삶을 위협하는 사악한 존재를 인간과 교감을 나눈 초월적인 존재가 물리쳐 준 것이다. 여기에는 인간의 생존을 위협하는 거대한 세력에 대하여

---

17) 장기근 외, 『세계의 신화』, Ⅳ, 대종출판사, 1973, 285~293쪽.

18) 한국문화 상징사전 편찬위원회, 『한국문화 상징사전』, 동아출판사, 235쪽.

초월적인 존재의 도움을 받음으로써 이로부터 벗어나고자 하는 전승 집단의 의식이 반영된 것으로 볼 수 있다.[19)]

3. 중국 조선족의 두꺼비 보은설화

우리 설화에서 두꺼비 설화는 변신형, 지혜경쟁형, 보은형의 세 가지 유형이 있는데 그 중에서 보은형이 가장 많다.[20)] 중국 조선족 설화에서 두꺼비 설화 중 보은형 설화는 5편으로 알려져 있다.[21)] 이 중 필자가 자료를 구한 것은 4편인데 그 중의 한 편은 중국어로 되어 있다.[22)] 중국어로 표기된 자료는 漢族을 대상으로 한 것이기에 참고 자료로만 사용하고, 나머지 세 편의 줄거리를 요약하면 다음과 같다.

〈두꺼비와 처녀애〉[23)]

① 옛날 시골에 나이가 많은 부모와 딸이 가난하게 살았는데 산나물을 캐다가 끓여 먹고 살았다.

---

19) 박귀서, 앞의 논문, 37쪽.

20) 위의 논문, 5~6쪽.
『한국 구전설화』 12권(평민사)과 『한국구비문학대계』 82권(한국정신문화원)에 수록된 88편의 두꺼비 설화 중 변신형은 9편, 지혜경쟁형은 19편, 보은형은 57편이다.

21) 김동훈・허휘훈, 『중조한일 민담 비교연구』, 료녕출판사, 2001, 22쪽.
우상렬, 『중국조선족 설화의 종합적 연구』, 국학자료원, 2002, 196쪽.

22) 『金德順古事集』, (上海文芸出版社, 1982)에 실린 〈姑娘和癞蛤蟆〉

23) 흑룡강민간문예연구회, 『삼돌이와 호랑이』, 흑룡강조선민족출판사, 1985, 169~171쪽.

② 처녀가 산나물을 캐 가지고 오는 길에 두꺼비가 따라와 3년 동안 길렀다.

③ 마을 산 너머 동굴에 천 년 묵은 지네가 있어 마을에 내려와 처녀들을 잡아가고 사람과 가축을 해쳤다.

④ 마을에서는 허물 없고 인물 고운 처녀를 1년에 하나씩 바쳤다.

⑤ 처녀는 부모님이 유족한 만년을 보내도록 하기 위하여 벼 열 섬에 제물로 팔려 갔다.

⑥ 두꺼비가 처녀를 따라 갔다.

⑦ 굴속에서 한밤중에 요란한 소리를 내며 대단히 큰 늙은 지네가 기어나오더니 처녀를 향해 독을 품었는데 두꺼비가 시뿌옇고도 역한 독김을 맞받아 품었더니 늙은 지렁이는 쿵하고 떨어져 죽었다.

⑧ 처녀가 두꺼비를 안고 집으로 돌아왔는데 두꺼비는 기진맥진하여 죽었다.

⑨ 처녀는 두꺼비를 양지쪽에 묻어주고, 비석까지 세워 주었으며, 매일 밥을 해가지고 가서 제를 지냈다.

⑩ 일 년 후 또 두꺼비 새끼 한 마리가 처녀의 집으로 찾아왔다.

⑪ 늙은 지네가 죽고, 또 새끼 두꺼비가 와서 지켜준 뒤로 다시는 지네의 해를 입지 않고 모두 편안히 살았다.

⑫ 그래서 지금도 〈두꺼비를 못 살게 굴면 어느 때든 꼭 죄를 만난다.〉는 말이 전해진다.

위의 설화는 가난한 처녀가 두꺼비를 길렀고, 가난하고 늙은 부모에 대한 효심으로 자신의 몸을 지네의 제물로 팔았으며, 두꺼비가 독을 품어 지네를 물리쳤다는 데까지는 우리의 설화와 대동소이하다.

그러나 줄거리 ⑦에서 보듯이 뒷부분에 지네가 지렁이로 표기된 점에서 혼동이 있고, 죽은 두꺼비를 묻어주고 제를 지낸 것과 새로운 두꺼비가 와서 마을을 지켜줌으로써 다시는 지네의 해를 입지 않았다는 내용이 추가되어 있다.

〈봉녀와 두꺼비〉[24)]

① 옛날에 마음씨 착하며 오순도순 사이좋게 살아가는 마을이 있었다.

② 어느 해부터 몸뚱이가 구새통 같고 대가리가 악어 같은 큰 지렁이 한 마리가 나타나 해마다 음력 7월이면 풍운조화를 부려 다 되어가는 곡식을 결딴냈다. 그 결과 살기 좋던 고장이 황폐해지고, 마을 사람들도 차츰 하나 둘 병들어 눕게 되었다.

③ 이 마을에 봉녀라는 소녀가 살고 있었는데 마음씨 착한 어머니가 40 이전에 시름시름 앓다가 앉은뱅이가 되었다.

④ 마을 사람들이 봉녀네를 도와주었으나 그것도 한계가 있어 봉녀는 일곱 살 때부터 인근동을 돌아다니며 동냥을 하여 어머니를 봉양하였다.

⑤ 나이가 들면서 봉녀는 얼굴도 고와지고 마음씨도 착해 어머니에게 효도하고 동네 사람들에게 충성을 다하여 칭찬을 받았다.

⑥ 봉녀가 열다섯이 되었을 때 하늘에서 신선이 내려와 마을 앞산 기슭에 지렁이 사당을 지어 놓고 유두날 꽃다운 처녀를 목욕시켜 지렁이에게 시집을 보내야 마을이 화를 면할 수 있다고 했다.

⑦ 지렁이 사당을 지어 놓고 처녀를 구하지 못하고 있을 때 봉녀가 마을 사람들에게 입은 은혜를 갚기 위하여 자원하고 어머니를 부

24) 정해철 수집・정리, 『달팽이 아가씨』, 동북조선민족교육출판사, 1993, 19~25쪽.

탁했다.

⑧ 약속한 날짜를 한 달 앞두고 샘물터에서 두꺼비가 따라왔는데 봉녀가 보살펴주자 사발만큼 자랐다.

⑨ 봉녀가 지렁이 사당으로 시집가는 날 두꺼비가 따라왔다.

⑩ 한밤중이 되자 하늘이 무너질 듯 번개가 번쩍이고, 우레가 울며 대들보에서 윙윙 소리가 나더니 길이가 서 발이나 되고 구새통같이 굵은 지렁이가 나타나 봉녀를 덮치려는 순간 두꺼비가 시퍼런 불길을 내뿜자 지렁이는 까맣게 타서 땅바닥에 쓰러졌다.

⑪ 마을 사람들은 지렁이 사당에 불을 지르고 죽은 두꺼비를 놋그릇에 담아 양지 바른 곳에 정히 묻은 후 그 위에 두꺼비 사당을 세웠다.

⑫ 그 후 마을 사람들은 병이 낫고, 해마다 풍년이 들어 집집마다 화목하고 행복하게 살았다.

위의 설화는 처녀가 보살펴 준 두꺼비가 괴물을 퇴치했다는 점에서 우리의 두꺼비 설화의 기본 구조를 지니고 있으나 내용면에서 상당한 변이를 보이고 있다. 먼저 착한 사람들이 오순도순 사이좋게 살아가는 마을이라는 배경 설정이 첨가되어 있고, 처녀가 제물로 팔려가게 된 동기가 효심 때문이 아니라 마을 사람들의 은혜를 갚기 위한 것이라는 점에서 우리 설화와 차이가 있다. 또한 퇴치의 대상인 괴물이 지네나 구렁이가 아니라 지렁이로 바뀌었고, 지렁이의 모습이 흉악한 모습으로 묘사되어 있으며, 지렁이로 인한 마을의 피해가 구체적으로 나타나 있다. 그리고 지렁이 사당을 불태우고 대신 두꺼비 사당을 세운 점이 특이하며, 괴물 퇴치 이후의 결과가 뚜렷하게 나타나 있다.

〈옥섬탄〉25)

① 옛날 바닷가에서 그리 멀지 않은 마을에 가난한 어머니와 딸이 살고 있었다.

② 호호백발이 되어 병든 어머니를 이팔이 된 딸은 삯방아와 삯바느질로 잘 섬겼다.

③ 어느 봄날 산나물을 캐 가지고 돌아오는 딸을 두꺼비가 따라왔다. 두꺼비를 가족처럼 돌보며 밥을 먹여 3년이 되자 두꺼비는 작은 고양이만큼 컸다.

④ 어머니가 병이 들었는데 딸은 가난해서 약을 쓸 수가 없었고, 어머니의 병이 깊어갔다.

⑤ 바닷가 오공주(蜈蚣洲)라 하는 곳에 폐문한 지 오래된 집이 있는데 이 집에 아홉 발이나 되는 큰 지네가 살고 있고, 매년 처녀 한 사람씩 제수하여 제를 지내지 않으면 바다에 큰 풍랑이 일어 배와 사람을 침몰시켰다.

⑥ 船人들이 천 냥으로 제물을 구하자 처녀는 자신의 몸을 제물로 팔고 어머니에게 부잣집으로 시집간다고 속였다.

⑦ 가짜 신랑을 내세워 결혼식을 마치고 집을 떠나는데 두꺼비가 따라왔다.

⑧ 선인들은 낡은 집문 앞에 처녀를 내려 놓고 뱃길이 무사하게 해달라고 제사를 지내고 처녀를 빈 집으로 들여 보냈다.

⑨ 이것을 본 가짜 신랑 역할을 했던 선인이 항의하다 매를 맞고 끌려갔다.

⑩ 한밤중이 되자 대들보에 누워 있던 아홉 발이나 되는 큰 지네가 처녀에게 독을 뿜기 시작했고, 이에 맞서 두꺼비가 지네에게 파

25) 김재권・박창묵, 『파경노』, 민족출판사, 1989, 1~10쪽.

란 독기를 내뿜었는데, 세 차례나 싸워 지네와 두꺼비가 같이 죽고 처녀는 기절했다.

⑪ 다음 날 정신을 차린 딸은 두꺼비를 바닷가 모래사장에 고이 묻어 주었다.

⑫ 집으로 돌아간 딸은 어머니에게 자초지종을 밝히고, 모녀가 두꺼비 묘 앞에 가서 제사를 지냈다.

⑬ 가짜 신랑이었던 뱃사공 총각은 처녀가 죽은 줄 알고 처녀 대신 어머니를 모시고 살려고 왔는데 어머니는 총각의 소행이 고마워 사위를 삼고 행복하게 살았다.

⑭ 이 소문을 들은 나라에서는 효녀문을 세우고 상을 내렸고, 죽은 두꺼비에게는 정삼품의 벼슬을 하사하였으며, 두꺼비가 묻힌 고장을 옥섬탄(玉蟾灘)이라 부르게 하였다.

위의 설화는 전체 분량이 10쪽으로 설화 수집자가 원래의 설화에 상당한 가필을 했을 것으로 추정된다. 처녀 제물을 구하는 사람들이 船人들이라는 점에서 심청전의 내용과 유사하고, 처녀가 제물로 팔려가면서 부잣집으로 시집간다고 속이고 가짜 신랑과 결혼식을 치른 것이나 후에 그 가짜 신랑과 처녀가 결혼하는 내용은 소설적 구성을 보이고 있다. 또한 두꺼비가 지네를 물리치는 과정에서 세 번의 싸움이 있었다는 표현은 괴물의 퇴치가 치열하고 힘든 싸움임을 강조한 것이라 할 수 있다. 결말에서 나라에서 처녀에게 효녀문과 함께 상을 내린 것과 두꺼비의 무덤을 만들고, 모녀가 제사를 지낸 것이나 나라에서 두꺼비에게 정삼품의 벼슬을 하사한 것은 효와 보은이라는 두 가지 주제를 동시에 표현한 것으로 볼 수 있다.

4. 변이의 양상과 의미

설화는 구전문학이기 때문에 여러 가지 형태로 변이되는 속성을 지니고 있다. 그리고 그 변이는 역사적, 사회적, 문화적 제 요인에 의해서 이루어진다. 신동흔은 구비 문학 자료가 '삶의 연구'로서의 길을 힘 있게 열어나가기 위해서는 역사적 삶의 양상을 주 관심사로 삼는 자료에 대한 고찰이 좀 더 폭넓게 이루어질 필요가 있고, 구비문학 자료가 지니는 역사적 성격에 대한 연구가 심화 확대되어야 한다고 주장하였다.[26] 이러한 관점에서 보면 중국 조선족 설화에 대한 연구는 곧 중국 조선족의 삶에 대한 연구라 할 수 있으며, 특히 설화의 변이 양상에서 중국 조선족의 삶의 양상을 살펴볼 수 있다.

중국으로 건너간 조선족들은 대부분 조선 땅에서 가난과 억압을 견디다 못해 새로운 삶의 터전을 찾아간 사람들이다. 그들은 안정된 생활, 이상적인 삶을 원했다. 그러나 그들의 이러한 소망을 방해하는 여러 형태의 악의 세력들이 존재했다. 중국 조선족들의 강렬한 생존의식과 정착의지는 설화 속에서 이러한 악의 세력과 투쟁하여 승리하고 그들이 원하는 행복한 삶을 이루는 것으로 나타나 있다. 이제 〈두꺼비 보은설화〉의 변이 양상을 통해 여기에 나타난 중국 조선족의 의식세계를 살펴보고자 한다.

---

26) 신동흔, 「삶, 구비문학, 구비문학 연구」, 『구비문학연구』, 제1집, 한국구비문학, 1994, 177쪽.

1) 공동체 의식의 강조

우리나라의 두꺼비 보은설화는 마을에 재앙을 가져다주는 지네나 구렁이로부터 마을을 지키기 위하여 처녀를 제물로 바치는데 그 처녀가 기른 두꺼비가 지네나 구렁이를 물리침으로써 그 마을에서 처녀를 바치는 풍속이 영원히 사라졌다는 것이 핵심 내용이다. 표면상으로는 두꺼비가 은혜를 갚았다는 보은을 강조하고 있지만 이면에는 마을에 재앙을 가져다주는 괴물을 퇴치함으로써 불행으로부터 벗어나 편안한 삶을 누리고자 하는 공동체의식이 반영되어 있다고 볼 수 있다. 그러나 이 공동체의식은 표면상으로는 강조되지 않는다.

공동체의 가장 기본적인 단위를 가정이라고 할 때 가정공동체를 유지시켜 주는 가장 중요한 요소가 효라고 할 수 있다. 우리의 두꺼비 보은설화에서 처녀가 제물이 되게 된 동기가 효심으로 인한 것이 7편인데 효심과는 상관없이 제물로 뽑힌 이야기가 29편이어서[27] 가정공동체 의식을 표현한 설화가 상대적으로 훨씬 적다고 볼 수 있다.

앞에서 살펴본 중국 조선족의 두꺼비 보은설화에서 〈두꺼비와 처녀애〉와 〈옥섬탄〉은 처녀가 제물이 된 동기가 효심 때문인 것으로 나타나 있다. 그리고 漢語本 역시 처녀가 부모를 편하게 모시기 위하여 제물을 자청한 것으로 되어 있다. 〈봉녀와 두꺼비〉에서는 마을 사람들의 은혜를 갚기 위해 봉녀가 제물이 될 것을 자청했지만 봉녀 또

27) 각주 13) 참고

한 효성이 지극한 처녀다.

우리 설화에 많이 나타나는 '차례가 되거나 뽑혀서' 제물이 되는 경우는 한 편도 없다. 또한 제물로 팔려가기 전에 마을 사람들에게 어머니를 부탁하거나(봉녀와 두꺼비), 부잣집으로 시집간다고 속이며(옥섬탄), 부잣집 시녀가 되었다고도 한다(한어본). 이와 같은 행동은 부모를 편안하게 하거나 근심을 덜어주기 위한 것으로 주인공의 효심을 강조한 것이라 할 수 있다.

가난을 견디다 못해 만주 땅으로 이주한 조선족들은 그 곳에 정착하여 안정되고 행복한 삶을 살기를 원했다. 인간의 행복한 삶은 가정을 중심으로 이루어지며, 가정의 중심은 부모가 된다. 부모에 대한 효심은 가정 구성원들을 하나로 묶는 핵심 이데올로기라 할 수 있다. 따라서 중국 조선족 설화에서 이처럼 효를 강조한 것은 남의 나라에서 안정된 정착을 하기 위하여 가정공동체 의식을 강화하기 위한 것이라 할 수 있다.

〈봉녀와 두꺼비〉의 주인공인 봉녀는 지렁이의 피해를 입고 있는 마을 사람들을 위하여 지렁이의 제물이 될 것을 자청한다. 마을 사람들이 앉은뱅이가 된 어머니와 봉녀를 잘 돌보아 준 은혜를 갚기 위해서다. 여기서는 마을 사람들이 어려운 봉녀네 가정을 돌봐주고, 봉녀가 마을 사람들의 은혜에 보답하기 위하여 자신을 희생하는 관계를 통해서 지역공동체 의식을 강조하고 있다. 타국 땅에서 이민족의 억압과 착취를 극복하고 그 곳에 삶의 뿌리를 내리기 위해서는 공동체의 단합과 결속이 필수적이기에 설화 속에서 공동체 의식을 강조한 것이라 할 수 있다.

2) 악의 퇴치에 대한 의지

우리의 두꺼비 보은설화에서 퇴치의 대상이 되는 괴물은 지네와 구렁이인데 이들에 대한 구체적인 묘사는 없다. 다만 손진태가 채록한 〈大蛇除治傳說〉에서 大蛇를 태웠는데 석 달 열흘 동안 탔다고 되어 있다. 이는 大蛇가 그만큼 컸다는 것으로 볼 수 있지만 大蛇에게 처녀를 바치는 오랜 풍속이 사라진다는 시간적인 의미로 해석할 수도 있다. 괴물에 의한 피해도 〈大蛇除治傳說〉에서는 매년 처녀를 바치지 않으면 동네에 재변이 생기고 人畜이 상하는 것으로 나타나 있고, 〈지네장터〉에서는 人命의 피해가 많았다고 함으로써 피해 내용이 간략하게 서술되어 있다.

중국 조선족의 두꺼비 보은설화에서는 퇴치의 대상이 되는 괴물은 지네와 지렁이고, 漢語本 설화에서는 전갈(蝎子精)로 나타나 있다. 漢語本에서 전갈로 표현된 것은 중국인들을 대상으로 한 변이이기에 논외로 하고, 우리의 구렁이가 지렁이로 바뀐 점에 대해서는 설명이 필요하다. 지렁이는 습기가 있는 땅 속에 사는 동물로 습기가 없는 곳에서는 살 수 없다. 그런데 〈봉녀와 두꺼비〉에서는 지렁이가 대들보 위에서 감겨 있는 것으로 나타나 있다. 이는 구술자가 지네와 구렁이의 이야기를 다 기억하고 있다가 구술과정에서 혼동을 일으켜 두 동물의 이름을 혼합하여 지렁이로 구술한 것으로 볼 수 있다. 설화의 전승과정에서 "구술자의 망각 혹은 우연적인 충동에 의하여 부분적인 첨가, 창조, 과정 등에 의하여 변이가 생길 수도 있다."[28]는

28) 최삼룡, 앞의 논문, 358쪽.

중국 조선족 학자의 지적은 이와 같은 경우를 말한 것으로 볼 수 있다. 유사한 예로 〈두꺼비와 처녀애〉에서는 줄거리 ⑦에서 보듯 지네가 지렁이로 표기되기도 하였다.

중국 조선족의 두꺼비 보은설화에서는 우리 설화에 비하여 지네와 지렁이에 대한 묘사가 훨씬 구체적이고, 그들에 의한 피해도 강조되어 나타나 있다. 〈두꺼비와 처녀애〉의 경우는 천년 묵은 지네가 처녀들을 잡아가고 사람과 가축을 해쳤다고만 되어 있어 처녀들을 잡아갔다는 내용만 추가된 정도다. 그러나 〈봉녀와 두꺼비〉에서는 "몸뚱아리가 구새통 같고 대가리가 악어와 같은 큰 지렁이가 나타나 해마다 음력 7월이 되면 풍운조화를 부려 다 되어가는 곡식을 결딴냈으며, 그 결과 살기 좋던 고장은 황폐해지고 마을사람들도 차츰 하나 둘 병들어 눕게 되었다."고 서술하고 있으며, 덧붙여 길이가 서 발이나 되고 열두 발을 가졌다고 한다. 또한 〈옥섬탄〉에서는 "길이가 아홉 발이나 되는 큰 지네가 있어 처녀를 제물로 바치지 않으면 바다에 산더미 같은 풍랑이 일어 배와 사람을 일시에 바다 밑에 처넣는다." 고 표현되어 있다.

위의 두 설화를 종합해 보면 괴물은 무시무시하고 흉측한 모습을 하고 있으며, 농민과 어민들의 생활터전을 황폐케 함과 동시에 생명을 위협하는 존재로 표현되어 있다. 이와 같은 표현은 우리나라의 〈지하국대적퇴치설화〉의 변이형태인 중국 조선족의 설화 〈해란강〉에 나타난 악마의 모습과 유사하다. 〈해란강〉의 악마는 대가리에 뿔이 두 개고, 온 몸은 털로 덮혀 험상궂은 모습이며, 양식과 말린 고기 그리고 마을의 처녀까지 납치해 가고 강물까지 흐려 놓아 어부들이 고기를 잡을 수 없게 만들었다.[29] 이에 농민과 어민들이 힘을 합하여 악마를 퇴치하는데 필자는 여기에 등장하는 악마에 대하여 “황무지를 개간하여 안정된 삶을 누리고 있던 조선족들의 땅을 강제로 빼앗고 그들을 소작인으로 만들어 착취했던 점산호, 조선족의 토지를 약탈하고 착취를 일삼아 조선족들을 파탄시켰던 일제, 조선족 농민들에게 온갖 세금을 다 부과하여 수탈을 자행했던 청조의 관부, 그리고 수시로 조선족 마을에 출현하여 곡식과 가축, 여인들을 약탈해 간 마적들이 악마로 表象된 것”[30]이라고 고찰한 바 있다.

조선족의 두꺼비 보은설화에 등장하는 지네와 지렁이는 위에서 언급한 〈해란강〉에 등장하는 악마와 동일한 성격을 지닌 것으로 해석할 수 있다. 그런데 〈해란강〉에서 악마의 퇴치는 해라는 소년과 란이라는 소녀를 중심으로 하여 온 마을의 농민과 어민들이 힘을 합쳐 이루어 내는 데 비하여 두꺼비 보은설화에서는 처녀가 키운 두꺼비가 괴물을 퇴치한다는 점이 다르다.

앞에서 우리 설화에서 두꺼비는 초월적인 존재이면서 동시에 한 가정을 지켜주는 업으로서 처녀가 두꺼비에게 밥을 나누어 준다는 것은 초월적인 존재와의 交感을 의미한다고 언급한 바 있다. 그런데 중국 조선족의 두꺼비 보은설화에서 괴물이 중국 조선족을 억압하고 수탈하는 현실적인 악의 세력들을 형상화한 것이라면 이를 퇴치한 두꺼비의 성격도 초월적인 존재로만 볼 수 없다. 두꺼비가 초월적인

29) 정길운, 『백일홍』, 연변인민출판사, 1979, 5쪽.

30) 강봉근, 「지하국대적퇴치설화와 해란강설화의 비교연구」, 앞의 논문, 249쪽.

성격을 지니는 것은 분명하지만 여기에 현실적인 의미를 부여할 수도 있는 것이다. 처녀가 두꺼비를 키웠고, 그 두꺼비가 현실적인 악의 세력을 퇴치했다면 처녀가 두꺼비를 키운 것은 곧 악에 대한 저항의식 내지는 투쟁의 의지를 키운 것으로도 해석될 수 있다.

두꺼비가 괴물을 퇴치하는 장면에서도 변이가 일어나는데 〈봉녀와 두꺼비〉의 경우 두꺼비가 시퍼런 불길을 내뿜자 지렁이가 타죽은 것으로 되어 있으며, 〈옥섬탄〉에서는 지네와 두꺼비의 싸움이 세 차례나 있었다고 되어 있어 악의 퇴치 과정이 그만큼 치열했음을 보여 주고 있다.

결말에서 죽은 두꺼비를 처리하는 과정에서는 상당한 변이가 일어난다. 우리 설화에서는 두꺼비가 죽은 것으로 끝나는 게 보통이고 일부 설화에서 두꺼비를 장사 지내 주는 것으로 끝난다. 그런데 중국 조선족 설화에서는 두꺼비가 죽는 것으로만 끝나지 않는다. 〈봉녀와 두꺼비〉의 경우 마을 사람들은 지렁이 사당을 불태우고, 두꺼비를 정성껏 장사지낸 후 그 위에 두꺼비 사당을 세운다. 〈두꺼비와 처녀애〉의 경우 두꺼비를 양지 쪽에 묻어주고, 비석을 세워 주었으며, 매일 제를 지냈는데 1년 후 또 두꺼비 새끼 한 마리가 처녀의 집으로 찾아와 지켜준 뒤로 다시는 지네의 해를 입지 않았다고 한다.

〈봉녀와 두꺼비〉의 경우 죽은 두꺼비는 사당 안에 남아 있는 것이고, 〈두꺼비와 처녀애〉의 경우 새로운 두꺼비가 지네로부터 지켜주기 위하여 찾아옴으로써 두꺼비가 마을에 남아 있게 된다. 이와 같이 두꺼비가 마을에서 사라지지 않는다는 것은 악의 퇴치에 그치지 않고, 언제 다시 찾아올지 모르는 악에 대처하기 위해 투쟁의 의지를 버리지 않음과 동시에 더 이상 악의 세력이 나타나지 않기를 바라는 조선족들의 염원이 담겨 있다고 볼 수 있다. 〈옥섬탄〉에서는 나라에서 두꺼비에게 정삼품의 벼슬을 내리고 두꺼비가 묻힌 고장을 옥섬탄이라 부르게 하였는데 이는 악의 퇴치를 영원히 기억하고 기념하기 위한 것으로 해석할 수 있다.

3) 행복한 삶에 대한 염원

우리나라 두꺼비 보은설화의 결말은 두꺼비가 지네와 구렁이를 퇴치함으로써, 이후로는 처녀를 바치는 풍속이 없어졌다는 것으로 끝을 맺고 있다. 처녀는 집으로 돌아갔다는 정도의 표현이 있는 경우도 있지만 그 후로는 어떻게 살았는가에 대한 구체적인 언급이 없다. 그러나 중국 조선족의 두꺼비 보은설화에서는 괴물 퇴치 후의 행복한 삶이 구체적으로 언급되어있다.

〈두꺼비와 처녀애〉의 경우를 보면 "늙은 지네가 죽고 새 지네가 와서 지켜준 뒤로는 다시는 지네의 피해를 입지 않고 모두 편안히 살아갈 수 있었다."고 언급하고 있다. 〈옥섬탄〉에서는 가짜 신랑 역할을 했던 마음씨 착한 뱃사공 총각과 처녀가 결혼하여 "어머니 한 분을 하늘처럼 받들어 모시며 지난 일을 옛말하고 살아갔다."고 한다. 나라에서 효녀문을 세워주고 상까지 하사하였으니 그들은 행복한 삶을 살았을 것이다. 〈봉녀와 두꺼비〉에서는 마을 전체의 행복한 삶이 구체적으로 서술되어 있다. 지렁이를 퇴치한 후 "백약이 무효하던 마을 사람들의 병도 온데간데없이 뚝 떨어지고 마을엔 해마다 만풍년이 들어 집집마다 화목하고 행복하게 살아갔다."고 한다. 이것은 "산천경개도 아름답지만 또한 너나없이 마음 착하여 오순도순 사이좋게 지내던" 원래의 상태를 회복한 것이다.

가난을 견디다 못해 새로운 삶을 찾아 만주 땅으로 건너간 조선족들은 척박한 땅을 개간하여 안정된 삶을 누리고자 하였다. 그러나 봉건지주와 타락한 청조의 관부 그리고 일제의 수탈은 그들의 삶을 황폐하게 만들었다. 중국 조선족의 두꺼비 보은설화에서 괴물을 퇴치한 후 주인공과 마을사람들이 행복한 삶을 사는 것으로 표현된 데는 사악한 세력들의 횡포와 착취로부터 벗어나 안정되고 행복한 삶을 누리고자 하는 중국 조선족들의 염원이 담겨 있다고 볼 수 있다.

5. 결론

19세기 후반 이후 가난을 견디다 못해 새로운 삶을 찾아 국경을 넘은 조선족들은 황무지를 개간하여 안정된 삶을 살고자 하였지만 이국땅에서 살아가는 그들의 삶은 수난과 고통의 연속이었다. 그들은 생존권을 지키기 위하여 투쟁을 하면서 그 곳에 정착하여 행복한 삶을 살아가기를 염원했다. 이러한 중국 조선족들의 삶과 의식이, 그들이 이 땅에서 떠날 때 가지고 갔던 많은 설화들의 변이형태를 만들어 냈다. 본 논문에서는 우리의 〈두꺼비 보은설화〉가 중국 조선족들 사이에서 변이된 양상을 고찰함으로써 이국땅에서 기구한 삶을 살았던 조선족들의 삶과 의식이 설화 속에 어떻게 반영되었는가를 고찰하였다.

필자가 확보한 중국 조선족의 두꺼비 보은설화는 4편이었다. 그 중 한 편은 漢語로 되어 중국인들을 대상으로 한 것이기에 참고만 하고 우리말로 된 3편의 설화를 논의의 대상으로 삼았다. 먼저 각 설화들의 줄거리와 구조적 성격을 살펴보고 이어서 그 변이 양상을 고찰하였는데 그 내용을 요약하면 다음과 같다.

첫째, 중국 조선족의 두꺼비 보은설화에서는 공동체 의식을 강조하고 있다. 우리 설화에서는 소녀가 제물로 팔린 동기가 부모에 대한 효보다는 차례가 되거나 뽑혀서 제물이 되는 경우가 훨씬 많은데 중국 조선족설화에서는 모두 효를 강조하고 있으며, 〈봉녀와 두꺼비〉의 경우는 마을 사람들의 은혜를 갚기 위하여 자신을 희생하는 것으로 나타나 있다. 이처럼 가족공동체 내지는 지역공동체 의식이 강조된 것은 이국땅에서 이민족의 억압과 착취를 극복하고 그 곳에 삶의 뿌리를 내리는 데는 공동체의 단합과 결속이 절대적으로 필요했기 때문이라 할 수 있다.

둘째, 악의 퇴치에 대한 강력한 의지가 반영되어 있다. 우리 설화에 등장하는 지네와 구렁이에 대해서는 구체적인 묘사가 없고 그들에 의한 피해도 간단하게 서술되어 있다. 그런데 조선족 설화에 등장하는 지네와 지렁이는 무시무시하고 흉측한 모습을 하고 있으며, 생활 터전을 황폐케 함과 동시에 생명을 위협하는 존재로 표현되어 있다. 따라서 이들은 중국 조선족들을 착취하고 약탈했던 봉건지주와 일제, 청조의 관부를 형상화한 것으로 볼 수 있다. 이렇게 볼 때 처녀가 두꺼비를 키웠고, 그 두꺼비가 괴물을 물리친 것은 중국 조선족 설화에서 특별한 의미를 지닌다. 두꺼비가 지닌 초월적인 성격에 악에 대한 저항의식 내지는 투쟁의식이 투영되어 있다고 볼 수 있는 것이다.

셋째, 중국 조선족의 두꺼비 보은설화에는 행복한 삶을 갈망하는 중국 조선족의 염원이 담겨 있다. 우리의 설화에는 지네나 구렁이를 퇴치한 후의 결과에 대해서 구체적인 언급이 없다. 그러나 중국 조선족 설화에서는 주인공이 행복한 삶을 살거나 마을 전체가 건강하고 행복한 삶을 누린 것으로 나타나 있다. 이는 사악한 세력들의 횡포와 착취로부터 벗어나 안정되고 행복한 삶을 누리고자 하는 중국 조선족들의 염원을 표현한 것이라 할 수 있다.

참고문헌

1. 자료

김재권· 박창묵,『파경노』, 민족출판사, 1989.

정길운,『백일홍』, 연변인민출판사, 1979.

정해철,『달팽이 아가씨』, 동북조선민족교육출판사, 1993.

최상수,『조선민간전설집』, 통문관, 1946.

흑룡강민간문예연구회,『삼돌이와 호랑이』, 흑룡강조선민족출판사, 1985,

裵永鎭,『金德順古事集』, 上海文芸出版社, 1982.

2. 논저

강봉근,「지하국 대적퇴치설화와 해란강설화의 비교연구」,『한국언어문학』 37, 한국언어문학회, 1996.

강봉근,「나중미부설화와 홍송과 인삼의 비교연구」,『한국언어문학』 41, 한국언어문학회, 1998.

강봉근,「장자못 전설과 각시바위의 비교연구」,『국어문학』 34, 국어문학회, 1999.

강봉근, 「중국조선족 설화에 나타난 아기장수설화의 변이 양상」, 『한국언어문학』 52, 한국언어문학회, 2004.

강봉근, 「중국조선족 설화에 나타난 지하국대적퇴치설화의 변이 양상」, 『국어문학』 41, 국어문학회, 2006.

김동훈 · 허형석, 「중국조선족 설화의 변이양상」, 『소라 허형석 박사 화갑기념논문집』, 태학사, 1996.

김동훈 · 허휘훈, 『중조한일 민담 비교연구』, 료녕출판사, 2001.

박귀서, 「두꺼비설화 연구」, 전북대학교 교육대학원 석사학위논문, 2000.

손진태, 『한국민족설화의 연구』, 을유문화사, 1947.

신동흔, 「삶, 구비문학, 구비문학 연구」, 『구비문학연구』 1, 한국구비문학연구회, 1994.

우상렬, 『중국조선족 설화의 종합적 연구』, 국학자료원, 2002.

임범송, 「조선족 구전문학의 수집 정리에서 거둔 성과」, 『조선족 문화예술 개관』, 연변문학예술연구소, 1982.

장기근 외, 『세계의 신화』 Ⅳ, 대종출판사, 1973.

장덕순, 『설화문학 개설』, 이우출판사, 1983.

최삼룡, 「중국조선족 재래설화 변이고」, 연변조선족민속학회 · 조선족민속연구소 편, 『조선족 민속연구』 제1권, 연변대학출판사, 1991.

한국문화 상징사전 편찬위원회, 『한국문화 상징사전』, 동아출판사, 1992.

한상복 · 권태환, 『중국 연변의 조선족-사회의 구조와 변화』, 서울대학교출판부, 1993.

현용순 외, 『조선족 백년사화』 제 1집, 료녕인민출판사, 1982.

제임스 프레이저 저, 김상일 역, 『황금의 가지』, 을유문화사, 1975.

(『한국언어문학』 72집, 2010, 3.)

제7장

〈박가구촌의 유래〉에 나타난 남매혼 설화의 변이 양상

1. 서론

고조선 시대부터 우리민족이 차지하고 있던 광활한 만주 땅은 신라가 삼국을 통일한 이후 다 중국에 넘겨주었고, 우리 국토는 반도 안으로 축소되어 오늘에 이르고 있다. 이렇게 거대한 중국의 변방에 있는 약소국으로 전락한 우리나라는 중국에 대하여 事大와 慕華라는 두 가지 입장을 견지하면서 중국과의 관계를 유지해 왔다. 漢族이 中原을 지배하고 있을 때는 事大와 慕華 사이에 갈등이 없었다. 그러나 이 事大와 慕華가 상충될 때 우리나라는 慕華를 택함으로써 중국에 맞서 전쟁을 치르기도 하였다. 변방의 몽골족이 중원을 점령하고 元나라를 세우는 과정에서도 우리나라는 事大보다는 慕華를 택함으로써 元과의 전쟁을 치렀고, 만주족이 淸나라를 세울 때도 우리나라는

慕華의 명분을 앞세워 청나라에 대항했다. 이러한 전쟁에서의 패배는 수많은 전쟁 포로와 강제 이주를 야기시킴으로써 우리민족이 집단으로 중국에 이주하는 계기가 된다.

중국과 전쟁이 없었던 통일신라 시대에는 신라와 당나라 사이에 활발한 교류가 있었다. 그 중 가장 대표적인 것이 장보고에 의해 세워진 신라방인데 이곳에는 신라의 상인들과 승려, 일반 백성들이 많이 모여 살았다고 한다.

고려 후기 몽골군의 침략으로 만주 땅에 고려인들의 강제 이주가 이루어진다. 1231년 몽골의 살례탑이 쳐들어오자 고려의 무장 홍복원은 1500호의 백성과 함께 투항하였고, 1238년에는 고려의 무장 조현습, 이원우 등이 2000여 명을 거느리고 투항하였으며, 원 헌종 4년(1254년) 원나라가 재차 고려에 침입하여 남녀 20만 6천 8백 명을 포로로 잡아 갔다. 원나라와 화친한 후에도 많은 고려인들이 만주로 이주했으며, 14세기에는 수십 만에 달하는 고려인들이 만주의 요양·심양 일대에 이주하여 정착하였다고 한다.[1)]

1616년 여진족의 수령 누르하치가 후금국을 세우고, 이후 명나라를 치는 과정에서 조선을 침략하기에 이른다. 1619년 〈싸얼후 전역〉, 1627년 정묘호란과 1636년 병자호란 시에 납치된 조선인과 전쟁포로는 수만 명에 달하는데 그들의 일부는 清朝의 王公貴族들에게 분배되어 그들의 家奴나 莊園의 農奴로 전락했으며, 나머지는 만주 팔기군에 편입되기도 하였다.[2)]

---

1) 안화춘, 「고대 조선인의 이주에 대하여」, 『문화산맥』, 흑룡강 조선민족출판사, 1997, 202쪽.

지금까지 언급한 바와 같이 통일신라, 고려, 조선 중기에 중국으로 이주한 우리 민족은 그 수가 적지 않지만 오랜 세월이 흘러가는 동안 漢族이나 滿族에 同化됨으로써 일부 그 흔적들만 남기고 있을 뿐 민족 공동체를 이루지는 못하였다.

중국의 55개 소수민족의 하나인 朝鮮族은 19세기 중엽 이후부터 일제식민통치 말기까지 만주로 건너간 朝鮮의 백성들에 의하여 형성되었다. 현재 200여만 명으로 추산되는 중국의 조선족은 〈연변조선족자치주〉나 〈장백현〉과 같은 집단거주지역을 중심으로 우리의 문화나 우리의 언어를 고스란히 간직해 오고 있다. 중국 조선족의 국적은 모두 중국이지만 중국의 소수민족 정책에 의해 민족 고유의 언어와 문화를 보존하면서 조선족이라는 민족의 독자성을 국가로부터 인정받고 있는 것이다.

그런데 근래에 중국에서 330~360여 년 동안 '조선인'으로 살고 있는 박씨 집성촌이 세 곳이나 있어 큰 관심거리가 되고 있다. 이들은 하북성 청룡현(河北省 靑龍縣), 요녕성 개현(遼寧省 蓋縣)과 본계현(本溪縣)이다. 박씨 집성촌의 발굴은 북경 중앙민족대학 황유복 교수의 학문적 호기심에서 시작되었다. 그는 1982년 인구조사 결과 하북성 청룡현에 수백 명의 조선족이 있는 것을 알고 현지를 찾아가 조사한 결과 그들이 1619년 후금의 누르하치에 대항하기 위해 명과 조선의 연합작전에 참가한 조선 군인의 후손임을 밝혀내고, 1984년 11월 뉴욕에서 열린 제 1회 세계 조선민족대회에서 처음 공개했다. 그 후 연변대학의 박창욱 교수가 박씨 집성촌이 하북성 청룡현 외에 요

2) 위의 논문, 205쪽.

녕성 개현과 본계현에도 있다는 사실을 확인하고, 1986년 대학원생 4명과 함께 세 지역을 답사하여 이들이 모두 1619년 이후 수십 년 동안 이주한 조선인의 후손임을 밝혀냈다. 그리고 그 내용을 1987년 12월에 연변대학 출판사에서 발행된『조선족 연구논총』제1권에 상세히 기록하였다.[3)]

위의 조선족들은 민족적 차별과 압박을 받지 않기 위하여 滿族이나 漢族으로 族籍을 고쳐 살아왔지만, 자기들이 조선 민족이라는 점을 잊지 않고 언제든지 族籍을 회복하려는 의지를 가지고 있었다. 그러던 중 1980년 중국 국무원 공안부 국가민족사무위원회에서 "민족 성분을 회복하거나 고치는 문제의 처리 원칙에 관한 통지"를 내려보내자 위의 세 지역 박씨들은 族籍을 바꾸어 줄 것을 강력하게 요구하였다. 드디어 1982년 중국정부는 그들의 본래 族籍인 조선족을 회복시켜 줌으로써 오랜 세월 동안의 숙원을 풀어 주었다.[4)]

세 지역 중 개현 진둔향(鎭屯鄕)의 박가구촌(朴家溝村)에는 〈박가구촌의 유래〉라는 마을 기원설화가 전해오고 있었는데 이 설화가 1996년에 우리나라에서 발행된『중국 조선족 구전설화』에 박창묵을 채록자로 하여 수록되어 있다.[5)] 지금까지 동북 삼성에 거주하는 조선족들 사이에서 전승되었던 설화들이 수집 정리되었고, 또 이들 설

3) 인터넷 한겨레, 2002. 12. 31.

4) 박창욱,「試論 朝鮮族 遷入及其歷史上限問題」,『朝鮮族 硏究論叢』1,연변대학출판사, 1987, 10쪽.
※ 이 논문집은 모두 漢語로 표기되어 있다. 독자의 편의상 우리식 표기로 바꾸었음을 밝혀 둔다.

5) 박창묵,『중국조선족 구전설화』, 도서출판 백송, 1996, 66~67쪽.

화에 대한 연구도 어느 정도 진척되어 왔다. 그런데 〈박가구촌의 유래〉는 전승집단의 성격도 다르고, 지금까지 채집된 설화에서는 찾아볼 수 없는 남매혼 화소를 지니고 있는 설화다. 본 논문은 박가구촌의 역사와 삶이 반영된 〈박가구촌의 유래〉에 대하여 살펴보고, 우리나라의 남매혼 설화가 변이된 양상과 의미를 고찰함으로써 중국 조선족 설화 연구의 지평을 넓히고자 한다.

2. 남매혼 설화의 유형과 성격

남매혼 설화는 윤리적으로 禁忌視되는 남매의 결혼 이야기가 담겨 있는 설화를 말한다. 남매의 결혼이 일상적인 상황에서는 윤리적으로 허락되는 것이 아니므로 이들이 처한 상황은 홍수나 전란 이후 이 세상에 남매만 남아있다는 극한적인 상황을 전제로 한다.나아가서 아무리 극한적인 상황이라 하더라도 남매간의 결혼은 쉽게 허락될 수 없는 嚴重한 사안이기에 天意試驗 등의 특별한 과정을 거쳐 이루어지게 된다.

우리나라에서 남매혼 설화가 최초로 소개된 것은 손진태에 의해서다.[6] 손진태는 대홍수전설[7]과 대전쟁전설[8]로 나누어 소개하고 있지만 이 두 설화가 홍수와 전쟁이라는 상황만 다르지 다 같이 남매혼을 다루고 있다는 점에서 하나로 통합될 수 있다. 위의 두 설화는

---

6) 손진태, 『한국민족설화의 연구』, 을유문화사, 1947.

7) 위의 책, 7~14쪽.

8) 위의 책, 86~92쪽.

1923년도에 채록된 것이어서 현전하는 설화 가운데 가장 오래된 것이라 할 수 있다. 그 후 한국정신문화연구원에서 『한국구비문학대계』를 편찬하면서 대대적으로 우리나라 남한 지역에 있는 설화를 수집하였는데 여기에 남매혼을 소재로 한 설화 세 편이 수록되어 있다. 그 중 〈형제봉,형제산〉[9]은 홍수의 변형인 해일로 인한 남매혼을 다루고 있고, 〈전란 남매혼〉[10]과 〈맷짝이 합쳐져서 결혼한 남매〉[11]는 임진왜란을 배경으로 하고 있다. 그 외에도 1953년에 전북 완주에서 채록된 〈인류의 시조〉[12]라는 설화에 홍수로 인한 남매혼 이야기가 비교적 충실하게 남아 있다.

손진태는 대홍수전설은 중국설화의 영향을 받은 것으로 본다. 중국 운남성에 있는 로로族의 創世說話에 의하면 천지가 개벽될 때 天神이 진흙으로 한 쌍의 남녀를 창조하였는데 그들은 男妹였고, 산위에서 돌 굴리기, 체(篩)굴리기, 연기 피워 올리기 등의 시험을 거쳐 부부가 되었으며, 누이가 박(瓢)을 낳았는데 그 박 속에서 모든 종류의 사람 씨가 들어 있었다고 한다. 또 『獨異誌』에 실린 기록을 보면 女媧 남매가 있었는데 부부가 되고자 하였으나 부끄러워 남매가 곤륜산에 올라가 기도하고 연기를 피워 하늘로 올려 보냈는데 그 연기가 공중에서 합하여 부부가 되었다고 한다.[13] 위의 두 중국 설화는

9) 한국정신문화 연구원, 『한국구비문학대계』 7-2, 경상북도 경주・월성 편, 1980, 59~62쪽.

10) 『한국구비문학대계』 3-1, 충청북도 충주・중원 편, 1980, 181~182쪽.

11) 『한국구비문학대계』 6-2, 전라남도 함평군 편, 1981, 686~688쪽.

12) 한상수, 『한국인의 신화』, 문음사, 1980, 200~202쪽.

13) 손진태, 앞의 책, 9~10쪽

홍수와는 무관하지만 男妹婚 이야기가 있고, 특히 天意試驗이 있다는 점에서 우리의 홍수설화와 크게 유사함을 알 수 있다. 한편 중국 西南쪽의 설화에 의하면 지상의 홍수로 인하여 雷神과 싸우던 아버지를 잃은 복희와 여와 남매는 천상의 세계를 떠나 지상에 와서 살다가 처녀 총각이 되면서 오빠가 결혼을 요구하고, 달리기 내기를 통해서 남매는 부부가 된다. 그들이 낳은 살덩이를 가지고 하늘나라로 올라가던 중 바람에 살덩이가 날아가 사방으로 흩어져 땅위에 떨어진 조각들이 사람이 되었다고 한다.[14] 이 설화는 天意試驗 대신 달리기를 통해 붙잡힌 동생 여와가 결혼을 허락한다는 점에서는 차이를 보이고 있지만 남매의 상황이 홍수와 관련되어 있다는 점에서는 우리 홍수 설화에 근접해 있다고 볼 수 있다. 손진태는 대전쟁전설도 중국의 영향을 받은 것으로 본다. 중국에는 돌궐의 선조가 이웃나라와 전쟁을 하여 다 멸망하고 팔다리가 잘린 어린 사내아이만 남았는데, 이 어린 아이를 돌보아준 이리(狼女)와 사내아이가 결혼해서 자식을 낳아 돌궐족을 번성하게 했다는 이야기가 있다.[15] 또 몽고족 설화에는 成吉思汗이 나기 2천 년 전에 전쟁으로 몽고족이 다 죽었는데, 두 사람의 남자와 두 사람의 여자가 살아남았고, 그들에 의해서 몽고족이 다시 번성했다고 한다.[16]

위의 두 설화는 전쟁 이후 멸종의 위기에 있던 종족이 어떻게 다시 번성하게 되었는가를 보여주고 있다. 그러나 여기에는 우리 설

14) 장기근 외, 『세계의 신화』 Ⅳ, 대종출판사, 1974, 197~202쪽.

15) 손진태, 앞의 책, 87쪽.

16) 위의 책, 88쪽.

화에서 볼 수 있는 남매혼 화소가 빠져 있다. 이에 대해 손진태는 위와 같은 대전쟁전설이 고려시대에 귀화한 몽고인들에 의해 유입되었고, 그것이 우리 홍수설화와 결합되면서 남매혼 모티프를 수용한 것으로 보고 있다.[17] 그러나 이러한 주장은 우리의 전쟁에 관련된 남매혼 설화가 모두 임진왜란을 배경으로 하고 있다는 점에서 설득력이 약하다. 그래서 최래옥은 전란남매혼 전설은 홍수남매혼 전설에서 홍수가 전란으로 대치된 변이형태로 보고 있다.[18] 나경수도 임진왜란의 대전란 화소는 결국 홍수 화소의 변이형태로 간주되며 우리나라의 특수한 역사적 사정으로 인한 것으로 보고 있다.[19]

앞에서 언급한 대로 현재 우리나라에서 채록된 남매혼 설화는 모두 여섯 편이다. 이 설화들을 크게 홍수형(해일 포함)과 전란형으로 나눌 수 있는데 각 유형별로 세 편의 설화가 있다. 우선 이 유형별로 나누어 남매혼 설화의 성격을 살펴보기로 한다.

홍수형 남매혼 설화는 홍수로 인하여 모든 인간이 죽고 남매만 살아남는 이야기인데 엄밀하게 구분한다면 3편의 설화 중 2편은 홍수와 관련된 것이고, 1편은 해일과 관련된 것이다. 해일과 홍수가 다 같이 물에 의한 변란이라는 점에서 편의상 해일과 관련된 남매혼 설화를 홍수형에 포함시켰을 뿐이다.[20] 그러나 그 내용을 자세히 살펴보면 홍수로 인한 남매혼 설화와 해일로 인한 남매혼 설화는 상당한

17) 위의 책, 92쪽.

18) 최래옥, 『한국 구비전설의 연구』, 일조각, 1981, 74쪽.

19) 나경수, 『한국의 신화연구』, 교문사, 1993, 229쪽.

20) 최래옥, 앞의 책, 72~74쪽.
나경수, 위의 책, 226쪽.

차이를 보고 있다.

홍수로 인한 남매혼 설화는 손진태의 〈대홍수 전설〉과 한상수의 〈인류의 시조〉이다. 이 두 설화는 홍수로 인하여 인간들이 다 죽고 남매만 살아남았는데 그들이 하늘의 뜻을 물어(天意試驗) 결혼하였고, 그들이 인류의 시조가 되었다는 공통된 구조를 가지고 있다. 두 설화의 차이점은 天意試驗이 〈대홍수 전설〉에서는 한 번으로 끝나는데 〈인류의 시조〉에서는 세 번에 걸쳐 이루어진다는 점과 〈대홍수 전설〉에서는 홍수의 동기가 언급되어 있지 않은데 〈인류의 시조〉에서는 홍수의 동기를 암시하는 내용이 들어 있다는 점이다. 〈인류의 시조〉를 보면 홍수 전에 12명의 자녀를 둔 농부의 가정에서 먹을 것이 없어 걸핏하면 싸웠고, 이러한 상황은 이웃집도 마찬가지라고 하였다. 그리고 마음씨 착한 셋째 딸과 일곱째 아들이 산에 머루를 따러 갔을 때 홍수가 일어나 이들 남매가 살아 남았고, 이들을 통하여 인류가 다시 번성하게 되었다는 것이다. 성경의 노아 홍수설화나 그리스의 홍수설화는 모두 타락한 인간을 징벌하기 위하여 신이 홍수를 일으켰고, 정직하고 신을 잘 섬기는 인간이 살아남아 인류를 다시 번성케 한 것으로 되어 있다. 〈인류의 시조〉에서 홍수 전에 먹을 것이 없어 걸핏하면 싸웠다는 이야기는 인간의 타락과 근접해 있고, 마음씨 착한 셋째 딸과 일곱째 아들이 살아남아 후손을 퍼뜨렸다는 것은 위의 두 설화와 공통점이 있다.

노아 홍수설화나 그리스의 홍수설화는 신의 뜻에 의하여 홍수가 일어났고, 신의 뜻을 잘 따르는 정직한 인간이 오늘날 인간들의 조상이 되었다는 점에서 신화에 속한다고 할 수 있다. 그렇다면 우리의 홍수설화는 어떠한가? 손진태는 대홍수전설이라고 하여 전설로 보고 있고, 최래옥도 홍수남매혼전설이라고 하여 전설로 보고 있다. 이에 반하여 나경수는 남매혼설화를 모두 신화로 볼 수 있다고 주장한다.[21] 우리의 홍수형 남매혼 설화는 홍수의 범위가 전 세계적이고, 天意試驗을 통해서 천상계가 개입하고 있으며, 남매를 통해서 오늘의 인류가 시작되었기 때문에 증거물이 포괄적이라는 특성을 지니고 있다. 따라서 홍수로 인한 앞의 두 남매혼 설화는 신화로 분류되는 것이 타당하다.

그러나 앞서 큰 범주에서 홍수형으로 분류하였던 해일로 인한 남매혼 설화 〈형제봉, 형제산〉은 이와는 성격이 다르다. 〈형제봉, 형제산〉의 내용을 보면 해일로 모든 사람이 죽고 남매만 남았는데 남매라 결혼할 수 없어 남동생은 김해 김씨, 누이는 정골 허씨로 성을 바꾸어 결혼하여 김해 김씨와 정골 허씨의 시조가 되었다는 것이다. 여기에 天意試驗을 통한 천상계의 개입이 없고, 증거물도 인류와 같은 포괄적인 증거물이 아니라 김해 김씨와 정골 허씨와 같은 개별적 증거물이기에 이 설화는 전설로 분류되는 것이 마땅하다.

전란형 남매혼 설화는 3편 모두 임진왜란을 배경으로 하고 있다. 전란 이후 남매만 살았는데 天意試驗을 하여 결혼하였고, 그들이 개량 모싯골의 나씨의 시조(대전쟁 전설), 단양 장씨의 시조(전란·남매혼 전설), 진도의 시조(맷짝이 합쳐져서 결혼한 남매)가 되었다는 것이다. 전란형 남매혼 설화는 비록 天意試驗에 천상계의 개입이 있지만 구체적인 시간과 공간, 그리고 개별적인 증거물이 있는 점으

---

21) 위의 책, 245~263쪽.

로 보아 전설로 보아야 한다. 이는 홍수형 남매혼 설화가 전란형 남매혼 설화로 변이되는 과정에서 포괄적인 시공간, 증거물 등이 개별적이고 구체적으로 바뀌면서 신화의 흔적을 지닌 전설로 변이된 것이라 할 수 있다.

남매혼 설화에서 남매혼이 성사되는 계기는 天意試驗이다. 현전하는 6편의 남매혼 설화 중 〈형제봉, 형제산〉을 제외한 5편의 설화에서 天意試驗을 통한 남매혼이 이루어지고 있다. 天意試驗이 맷돌에 의해서만 이루어지는 설화는 〈대홍수 전설〉, 〈대전란·남매혼 전설〉, 〈맷짝이 합쳐져서 결혼한 남매〉의 3편이며, 연기에 의해서만 이루어지는 설화는 〈대전쟁 전설〉 1편이다. 그리고 〈인류의 시조〉에서는 연기, 맷돌, 피의 세 가지 天意試驗이 이루어진다. 전체적으로 보면 天意試驗에서 맷돌이 주류를 이루는 것 같지만 〈대홍수 전설〉에서 맷돌에 의한 天意試驗을 언급하면서 "혹은 靑松葉에서 일어나는 연기가 공중에서 이상하게도 합하였다고도 한다"[22]는 말을 괄호 속에 언급함으로써 이 설화는 天意試驗이 두 가지 양상으로 전승되는 것을 알 수 있으며, 결과적으로 연기에 의한 天意試驗의 비중이 결코 적다고 할 수 없다.[23]

우리나라의 남매혼 설화에서 天意試驗은 맷돌 굴리기, 연기 피워 올리기, 그릇 속에 핏방울 떨어뜨리기의 세 가지다. 이 세 가지 시험에서 맷돌은 산 아래에서 합쳐졌으며, 연기는 하늘에서 만났고, 핏

22) 손진태, 앞의 책, 8쪽.

23) 앞에서 언급한 로로族의 설화나 女媧남매 이야기에는 오히려 연기가 중심이 되고 있다.

방울 역시 그릇 속에서 하나로 합쳐진다.

최래옥은 맷돌은 性과 더불어 굶주림을 해결하는 음식을 상징하고, 연기는 추위를 해결하고 음식을 익히고 짐승의 공격을 막는 불을 의미하며, 피 섞기는 부부일신이 되는 것과 뼈를 깎고 피를 말리는 고뇌를 뜻한다고 해석하였다.[24] 여기에 대해서 나경수는 연기를 불과 동일시하여 연기도 맷돌과 동일하게 성을 상징하는 것으로 보아야 하며, 피 섞기는 곧 살 섞기 곧 남녀의 결합을 의미한다고 하였다.[25]

天意試驗의 소재가 되는 맷돌, 연기, 피에 대해서 최래옥은 생존의 문제와 성의 문제를 포함시켜 해석을 하였고, 나경수는 세 가지가 모두 성을 상징하는 것으로 본 것이다.

天意試驗의 소재가 성과 관련된 것은 부정할 수 없지만, 天意試驗의 핵심은 불가능한 일이 가능하게 되는 것이다. 높은 산 위에서 따로따로 굴린 맷돌이 산 아래에서 포개어질 수 있는 가능성은 거의 없으며, 연기도 그 속성상 일직선으로 올라가거나 바람의 방향으로 이동하는 것이어서 하나로 합쳐지는 것은 불가능하다. 그릇에 떨어뜨린 핏방울도 일직선으로 내려가기 때문에 둘이 합쳐질 수 없다. 이와 같이 불가능한 일이 실제로 일어난다는 것은 하늘의 뜻이 개입한 것이다. 곧 하늘이 이들의 결합을 허용한 것이라 할 수 있다.

---

24) 최래옥, 앞의 책, 76~77쪽.

25) 나경수, 앞의 책, 235~236쪽.

3. 박가구촌의 역사와 삶 그리고 전설

앞에서 언급한 대로 1982년 조선족 족적을 회복한 중국의 세 지역 박씨 집성촌에 대해서 연변대학의 박창욱 교수 일행이 1986년 7월 현지답사를 하고 연변대학출판사에서 발행한 『조선족연구논총』 1권에 그 결과를 보고 했는데 그 중 강용범이 보고한 내용을 중심으로 요녕성 개현 박가구촌(朴家溝村)에 관한 내용을 요약하면 다음과 같다.[26)]

박씨 조상 제1대는 朴義部라는 인물이며, 明末・清初(1620~30년대) 전쟁 포로였던 것으로 추정된다. 당시 포로들은 대부분 農奴로 귀속되었는데 朴義部 역시 황실의 莊園에 속한 농노였다가 후에 청태종의 다섯째 아들인 莊親王府로 보내져 그곳에서 대대로 살았다. 그들은 성실성과 능력을 바탕으로 대대로 다른 農奴와는 구별되는 대접을 받았으며, 일정한 땅을 분배받기도 하였다. 아편전쟁(1840~1842) 이후 자본주의 상품경제가 중국에 밀려들면서 제9대부터 박씨 가문의 선조들은 땅을 팔고 장사를 시작했고, 그들은 대련, 개현, 웅악, 개원 등지에서 잡화점 같은 것을 경영했는데 장사가 잘 되었으며, 박씨 11세 朴庚年은 개원 商務会 회장을 맡기도 하였다. 그러나 만주사변(1931년 9월 18일에 시작된 일본의 중국 침략 전쟁) 이후 일본 물품이 밀려들면서 장사가 쇠퇴하였고, 1940년에 파산하여 문을 닫고 다시 박가구촌에 돌아와 농업에 종사하였다.

---

26) 강용범, 「요녕성 개현 진둔향 박가구촌 조선족의 사회 역사 조사」, 『조선족 연구논총』 1, 연변대학출판사, 1987, 30~52쪽.

박가구촌에 사는 박씨들은 섣달 그믐날 집집마다 찾아다니며 어른들에게 세배드리는 풍속을 지켜왔고, 제3대 때부터 10월 1일에 박씨 주민들이 한집에 모여 老榮會라는 것을 거행해 왔는데 선조의 무덤에 가서 제사하는 모습이 우리나라에서 10월에 지내는 時祭와 같다. 또 한족 여자들처럼 발을 묶어 크지 못하도록 하는 전족을 하지 않았으며, 滿族으로 족적을 바꾸었을 때도 만족들이 먹지 않는 개고기를 즐겨 먹었다. 그리고 15대를 거쳐 오면서 同姓끼리 결혼하지 않는 풍속을 지켜오고 있다.

박가구촌의 박씨들은 청나라 초기 滿州 八旗에 소속되면서 민족적 압박을 면하기 위해 滿族으로 族籍을 바꾸었으며, 문화혁명(1966~1976)시기에는 다시 漢族으로 고쳤다. 그들은 같은 지역에 모여 살면서 우리민족의 풍속을 지켜왔으며, 족보를 통해 家門의 역사를 이어왔다. 박씨 12세 후손인 85세의 박경문 노인은 民國(1911년 신해혁명으로 청나라를 붕괴시키고 1912년에 건국된 중화민국) 초기에는 마을에 조선말을 할 줄 아는 사람이 있었고, 외지에 가서 상업을 하는 사람들은 조선 상인들과 조선말로 거래를 하였다고 증언하고 있다. 이로 미루어 보면 박씨 조상들은 상당히 오랜 세월 동안 우리말을 사용해 왔던 것을 알 수 있다. 1985년 말 통계에 따르면 박가구촌 전체의 인구는 1466명인데 이 중 박씨 조선족은 89세대 287명으로 전 마을 인구의 19.7%를 차지하고 있다.

이처럼 오랜 세월 동안 이국 땅에서 이민족의 지배 하에 살면서도 우리 민족의 얼을 지켜오고 마침내 오랜 숙원이던 朝鮮族의 族籍을 회복한 朴家溝村 조선족 박씨들 사이에는 〈박가구촌의 유래〉라는 전설이 전승되어 왔는데 그 줄거리를 요약하면 다음과 같다.

〈박가구촌의 유래〉[27)]

① 요녕성 개현 진툰향 박가구촌에는 조선족 족적을 가지고 살아가는 277명의 박씨 성을 가진 사람들이 있다. 이들에게는 박가구촌의 유래에 대한 전설이 전해지고 있다.

② 당나라 장군 설인귀가 고구려를 침범하던 때 전란 중에 박씨 일가의 두 남매는 살 길을 찾아 개 한 마리를 거느리고 정처 없이 피난의 길을 떠나게 되었다.

③ 남매는 살 길을 찾아 헤매다 무인심산인 안자산에 정착한다.

④ 남매는 피난올 때 지니고 온 조 씨를 땅에 심었다.

⑤ 새벽닭이 울 때가 되고 날이 밝아오니 남매는 잠에서 깨어나 전날 심어놓은 조 밭을 바라보았는데 하룻밤 사이에 조가 자라 방치(다듬이질 같은 것에 쓰이는 방망이) 같은 조 이삭이 머리를 숙이고 황금 같은 노란빛을 내뿜었다.

⑥ 남매는 그 조를 거두어 그날부터 더는 먹을 것을 근심하지 않고 의좋게 살아가게 되었다.

⑦ 이 기적같은 일이 사람들에게 알려져 후세 사람들은 이 산골짜기

---

27) 본 줄거리는 주)5에서 밝힌 대로『중국조선족 구전 설화』에서 발췌한 것이다. 이러한 내용은 인터넷 등에서도 널리 소개되어 있다. 그런데 위에서 언급한 강용범의 보고서에는 이 줄거리 중 ⑧이 빠져 있다. 줄거리 ⑧은 天意試驗을 통한 남매혼으로 이 설화 전체에서 중요한 의미를 지니는 화소다. 강용범은 현재 연변대학 역사학부 교수인데 역사학자의 입장에서 ⑧의 내용에 의미를 두지 않았거나 채록 또는 옮겨적는 과정에서 누락된 것으로 조심스럽게 추정해 본다. 따라서 본 논문은 위의 보고서에 ⑧의 내용이 누락된 것으로 보고『중국조선족 구전 설화』에 실린 내용을 중심으로 논지를 전개하고자 한다.

를 계명곡이라 하였다.

⑧ 어느 날 남매는 마주 앉은 두 산봉우리에 제각기 올라가 산봉우리에서 동시에 돌을 굴려 산 아래로 내려보냈다. 두 돌이 산 아래에서 맞부딪혔다. 세 번을 똑같이 하니 하늘이 맺어준 인연이라 남매는 그날로부터 부부지의를 맺고 세월의 흐름에 따라 아들 딸을 낳아서 슬하에 두고 재미 나게 살아가게 되었다.

⑨ 세월이 흘러 평화로운 세월이 되자 그들은 인적없는 산에서 내려와 삶의 터전을 마련하고 농사를 지으며 마을을 이루고 살았는데 후세 사람들은 이 고장을 그들의 성씨를 따서 박가구촌이라 하였다 한다.

위의 설화는 전란 중에 남매가 무인심산에 피난하였는데 天意試驗을 거쳐 부부가 되어서 아들 딸을 낳고 살았으며, 그들이 박가구촌의 조상이 되었다는 내용으로 우리 설화에서 살펴본 것처럼 전형적인 전란 남매혼 설화라고 할 수 있다. 그러나 그 내용을 구체적으로 살펴보면 다음의 몇 가지 차이점을 발견할 수 있다.

첫째, 우리의 전란 남매혼 설화는 세 편 모두 그 배경이 임진왜란인데 이 설화는 삼국시대 말기 설인귀가 고구려를 침범했을 때를 시간적인 배경으로 삼고 있으며, 공간적 배경도 중국이다. 이는 그들이 살고 있는 지역이 중국 땅이기 때문에 당연히 일어날 수 있는 변이라고 볼 수 있다.

둘째, 우리의 설화에서는 찾아볼 수 없는 조 농사에 대한 내용이 줄거리 ④~⑦에 첨가되어 있다. 여기에는 이국 땅에서 생존과 관련된 그들만의 독특한 의식이 반영된 것으로 보인다.

셋째, 남매혼을 위한 天意試驗 내용이 약간의 변이 양상을 보인다. 우리의 전란 남매혼 설화에서의 맷돌이 여기에서는 돌로 바뀌었고, 전란 남매혼 설화에서는 天意試驗이 한 번인데 여기서는 동일한 내용이 세 번 반복된다는 차이가 있다.

넷째, 우리의 전란 남매혼 설화가 氏族 기원설화인 데 비하여 이 설화는 씨족을 중심으로 한 마을 기원설화다.

4. 변이의 양상과 의미

지금까지 중국 조선족은 19세기 중엽 이후 일제시대까지 가난과 일제 식민통치의 억압에 시달리던 조선인들이 새로운 삶을 찾아 중국으로 건너간 사람들을 일컬었다. 그런데 조선족의 族籍을 숨긴 채 漢族과 滿族으로 살아오던 사람들이 1982년에 조선족의 족적을 회복하였다. 놀랍게도 그들은 모두 朴氏들이었고, 각각 집성촌을 이루고 살다가 오랜 숙원이던 조선족의 족적을 회복하게 된 것이다. 더구나 그들은 모두 明末·淸初인 1620~30년대에 전란의 와중에서 포로로 붙잡혀 갔다가 그곳에 정착한 것으로 추정되어 이들로 인하여 조선족의 역사는 적어도 220~30년 정도를 거슬러 올라간 明末·淸初, 즉 17세기 초로 起算되어야 한다는 주장이 있다.[28)]

1982년에 조선족 족적을 회복한 세 군데의 박씨 집성촌에서 현재까지 채집된 설화는 〈박가구촌의 유래〉 한 편밖에 없다. 이 한 편의 설화가 그들 사이에서 自生한 설화인가 아니면 우리의 설화가 그

---

28) 박창욱, 앞의 논문, 8쪽.

곳으로 건너가 변이된 것인가를 먼저 살펴 볼 필요가 있다. 앞에서 살펴 본 대로 중국의 남매혼 설화는 천지창조나 인간창조 설화에서 볼 수 있으며, 전란과 관련된 남매혼 설화는 확인된 바 없다. 물론 전란 남매혼 설화가 중국에는 없다고 단언할 수는 없지만 우리나라에는 분명히 전란 남매혼 설화가 있기에, 우리나라에 살다가 중국으로 건너간 조선족들을 중심으로 전승되어온 전란 남매혼 설화는 우리의 설화가 중국으로 건너갔을 가능성이 훨씬 크다.

그렇다면 우리 설화에서 전란의 배경이 임진왜란이고, 위의 조선족들이 중국으로 건너간 시기가 임란 이후 30년 전후인데 당시 우리나라에 임란을 배경으로 한 남매혼 설화가 존재했을까 하는 의문이 생긴다. 임란 이후 남매혼을 통하여 하나의 씨족이 형성된 설화가 창조되기 위해서는 한 지역에 하나의 씨족이 상당히 오랫동안 거주하고 일정한 분포를 보이고 있어야 한다. 그런데 이들이 중국으로 건너갈 당시는 임란 이후 30년 전후의 시기이니 우리나라에 임란을 배경으로 한 전란 남매혼 설화는 존재하지 않았을 것이다. 그러나 이미 그 당시에 홍수 남매혼 설화가 존재할 수 있고,또 씨족의 기원을 설명하는 전란 남매혼 설화가 임진왜란이 아닌 그 이전의 전쟁을 배경으로 해서 충분히 존재할 수 있다. 그것이 우리나라에서는 후대에 와서 임진왜란이 국가 전체적인 광범위한 전란이기에 임진왜란으로 모두 대치된 것으로 볼 수 있는 것이다. 따라서 위의 조선족들은 임란이 아닌 다른 전쟁을 배경으로 한 전란 남매혼 설화를 머리 속에 지닌 채 중국으로 이주한 것으로 볼 수 있다.

또 하나의 추론은 농업 중심의 폐쇄적인 생활을 하던 박가구촌

사람들이 상업을 하면서 외지의 조선족들과 교류를 하게 되고, 외지의 조선족들을 통해서 들은 설화가 박가구촌에 유입되거나 영향을 줄 수도 있다는 것이다. 어쨌든 〈박가구촌의 유래〉는 우리의 전란 남매혼 설화와 아주 유사한 구조를 지니고 있기에 우리 설화가 중국으로 건너가 조선족 사이에서 변이를 일으킨 것으로 보는 것이 타당하다고 할 수 있다. 설화의 연구는 설화를 전승시켜온 전승자들의 삶에 바탕을 두고 연구되어야 하며, 중국 조선족의 설화 연구도 마땅히 그들의 삶의 방식 내지는 문화를 염두에 두고 연구되어야 한다. 중국 조선족 중에서도 비록 소수지만, 최근에야 그들의 족적을 회복하고 새롭게 조선족으로 부각된 전기 조선족의 설화 역시 그들의 삶에 바탕을 두고 연구되어야 한다. 이러한 관점에서 〈박가구촌의 유래〉에 나타난 변이의 양상과 그 의미를 고찰해 보고자 한다.

우리나라의 전란 남매혼 설화는 모두 임진왜란을 배경으로 하고, 〈박가구촌의 유래〉에 나타난 전란은 고구려 말기 설인귀가 고구려를 정벌하던 때의 전쟁이다. 설인귀는 당나라의 장군으로 고구려 정벌에 공을 세웠을 뿐 아니라 668년에 나당연합군에게 고구려가 망한 후 당나라가 평양에 안동도호부를 설치하자 안동도호부의 도호가 되어 점령지역을 관할하였던 인물이다. 박가구촌에 거주하는 박씨들이 지니고 있는 족보나 비석 등의 자료로 보아 1620~1630년대에 전쟁 포로로 붙잡혀와 그곳에 정착한 조선인들임을 감안할 때 설인귀가 참여한 전쟁과 박가구촌 주민들의 정착 시기는 960여 년의 아득한 시간적 거리가 있다. 그렇다면 청나라와의 전쟁이 설인귀의 고구려정벌로 변이된 이유는 무엇일까? 박가구촌의 조상들은 그들이 전쟁 포로였다는 역사적 사실을 숨기고 싶었을 것이다. 그러한 심리가 자신들을 포로 대신 피난자로 바꾸었으며, 실제로 그들이 겪었던 전쟁보다는 오래 전에 그들이 현재 거주하고 있는 땅에서 일어난 당나라와 고구려의 전쟁으로 설화의 배경을 설정한 것으로 보아야 한다.

〈박가구촌의 유래〉에서 줄거리 ④~⑦은 우리의 전란 남매혼 설화에서는 찾아볼 수 없는 내용이다. 이러한 내용의 첨가는 박가구촌 주민들의 삶과 관련된 자신들의 의식의 한 단면을 보여주고 있는 것이다. 피난올 때 가지고 온 조의 씨앗을 심었더니 하룻밤 사이에 조가 자라 열매를 수확했고, 이러한 기적을 통해서 더 이상 먹을 것을 근심하지 않았다는 이야기는 조 농사를 통해서 그들의 삶이 짧은 시간 안에 안정을 찾았다는 의미로 해석할 수 있다.당시에 만주지방에는 벼농사[29]가 없었기 때문에 조, 콩, 수수 같은 밭농사가 농업의 중심이었을 것이고, 그 중에서도 조가 주식으로 이용되었을 것으로 보인다. 그들은 우리나라에서 조의 씨앗을 가져간 것이 아니고, 농사의 기술이나 근면성을 가지고 갔을 것이다. 그리고 그것이 淸 官府의 신임을 얻어 그들이 짧은 시간 안에 생계의 걱정이 없이 안정을 이룬 역사적 사실을 신의 축복이라는 서정적인 이야기로 꾸며 전승한 것으로 볼 수 있다.

天意試驗을 통한 男妹婚의 화소에서 남매가 마주 앉은 두 산봉

29) 만주(지금의 동북삼성)에서의 벼농사는 1870년 길림성 통화현에서 조선인에 의해서 시작되었다. 요녕성의 심양에서 벼농사가 시작된 것은 1906년 이후이다.
현룡순 외 편저, 『조선족 백년사화』 제1집, 료녕인민출판사, 1982, 51~55쪽.

우리에서 동시에 돌을 굴렸고, 그 돌이 산 아래에서 맞부딪혔다는 것은 우리 남매혼 설화에서 맷돌을 굴렸더니 산 아래에서 두 맷돌이 포개어졌다는 내용이 변이를 일으킨 것으로 볼 수 있다. 앞에서 언급한 중국의 로로족의 創世說話에서 남매가 산 위에서 돌 굴리기를 한 내용이 있지만 박가구촌 사람들이 로로족의 설화를 수용했다고 보기는 어렵고, 우리의 설화가 변이를 일으킨 것으로 볼 수 있다. 최삼룡은 우리의 설화가 조선족들 사이에서 발생하는 변이에 대해서, "구술자의 망각 혹은 우연적인 충동에 의하여 생기는 부분적인 첨가, 창조, 과장 등에 의하여 변이가 생길 수도 있다."[30]고 한다. 그 중 망각에 의하여 변이되는 한 실례를 보면 우리의 두꺼비 보은 설화에서 처녀를 제물로 바치는 대상이 지네 아니면 구렁이인데 중국 조선족의 두꺼비 보은설화의 하나인 〈봉녀와 두꺼비〉[31]에서는 지네도 구렁이도 아닌 지렁이로 나타나 있다. 지렁이는 습기가 있는 땅 속에 사는 동물로 습기가 없는 곳에서는 살 수 없다. 그런데 〈봉녀와 두꺼비〉에서는 지렁이가 대들보 위에 감겨있는 것으로 나타나 있다. 이는 구술자가 지네와 구렁이의 이야기를 다 기억하고 있다가 구술 과정에서 혼동을 일으켜 두 동물의 이름을 혼합하여 지렁이로 구술한 것으로 볼 수 있다. 망각을 통한 혼동인 셈이다. 맷돌이 돌로 바뀐 것도 앞의 글자가 '맷'을 잊어버려 돌만 남고, 맷돌이 돌로 바뀌니 '포개어졌다'는

---

30) 최삼룡, 「중국조선족 재래설화의 변이고」, 『각성과 곤혹』, 흑룡강조선민족출판사, 1994, 358쪽.

31) 정해철 수집정리, 『달팽이 아가씨』, 동북조선민족교육출판사, 1993, 19~25쪽.

말이 '맞부딪혔다'로 바뀌게 된 것이다. 돌 굴리기를 세 번 반복한 것은 강조의 의미로 변이된 것이라 할 수 있다.

우리나라의 전란 남매혼 설화는 씨족 기원설화인데 〈박가구촌의 유래〉는 한 씨족을 중심으로 한 마을 기원설화이다. 전란 이후 이 세상에 아무도 살아남은 사람이 없어 天意를 물어 남매가 결혼함으로써 일정한 지역에서 후손을 퍼뜨렸다는 씨족 기원설화는 그 나름대로 논리성을 갖추고 있다. 그러나 박가구촌의 경우 漢族이나 滿族으로 족적을 바꾸면서 그들과 섞여 살아왔고, 그러면서도 15대를 내려오면서 同姓不婚의 풍속을 엄격하게 지켜왔다는 사실[32]은 설화의 내용과 논리적으로 모순된다.

이러한 모순을 어떻게 해석해야 할 것인가? 연변지역 조선족의 경우 결혼은 전적으로 같은 조선족끼리 이루어지며, 아직도 동성동본의 혼인을 금기시하고 있다.[33] 이로 미루어 보면 중국 조선족 사회에서 조선 민족의 혈통을 지키려는 강한 민족의식이 내재해 있는 한편 우리나라 결혼문화의 전통적 관습인 동성동본 불혼의 풍속이 오랜 세월 동안 지켜져 온 것으로 볼 수 있다. 그런데 연변지역의 조선족 사회처럼 조선족들이 대규모 집단으로 모여 사는 곳에서는 동족혼이 용이하다고 할 수 있지만 박가구촌과 같은 소규모 집단에서, 그것도 滿族과 漢族으로 족적을 바꾸며 살아야 했던 역사 속에서 같은 민족끼리 결혼하여 혈통을 지킨다는 것은 훨씬 어려웠을 것이다.[34] 이러

32) 강용범, 앞의 논문, 46쪽.

33) 한상복·권태환, 『중국 연변의 조선족-사회의 구조와 변화』, 서울대학교 출판부, 1993, 136~137쪽.

한 어려운 상황 속에서도 혈통의 순수성을 유지하려는 강렬한 의지가 설화에 반영되어 박가구촌 사람들이 박씨 남매의 남매혼을 통하여 형성된 순수한 박씨의 후손인 것으로 표현된 것이다.

5. 결론

우리 민족이 현재의 중국 땅에 거주한 시기는 고조선 시대부터 고구려에 이르는 오랜 세월 동안이었다. 그러나 신라의 삼국통일 이후 우리나라의 영토는 반도 안으로 축소되었다. 통일신라시대 이후에도 우리 민족은 교역이나 교류, 전쟁 등의 이유로 중국 땅에 집단으로 이주하는 현상이 일어났다. 그러나 이들은 대부분 漢族이나 滿族에 同化됨으로써 그 흔적만을 남기고 있을 뿐 민족 공동체를 이루지는 못했다. 19세기 중엽 이후에 만주 땅으로 건너간 조선인들이 집단으로 거주하면서 우리의 말과 문화를 지켜와 우리는 그들을 조선족이라 부르고 있다. 따라서 중국 조선족의 역사는 지금으로부터 150여년 전에 시작되었다고 볼 수 있다.

그런데 1982년에 漢族에서 朝鮮族으로 族籍을 회복한 박씨 집성촌이 중국에서 세 곳이나 있어 세인들의 관심을 끌고 있다. 이들은 하북성 청룡현, 요녕성 개현과 본계현에 사는 사람들이다. 조사 결과

---

34) 후금 천총년간(1627~1636)과 청조 초기(1636년 이후)에 만주의 八旗에 편입되었던 조선족 성씨는 모두 43가지였는데 박씨도 그 중의 하나다. 그리고 박씨 6세인 朴國東의 부인은 宋氏인 것으로 그의 비석에 기록되어 있다. 이러한 점으로 미루어 볼 때 박가구촌 지역에는 박씨 이외의 다른 성씨들도 섞여 살았던 것으로 보인다.(강용범, 앞의 논문, 35쪽.)

그들은 明末·清初 전쟁 포로로 중국에 붙잡혀 가 그 곳에 정착한 것으로 추정되고 있다. 그들은 우리의 족보를 가지고 있고, 우리의 풍속을 지키며, 조선인이라는 강한 의식을 가지고 살아왔다. 다만 이민족 속에서 억압을 피하기 위하여 滿族으로,漢族으로 族籍을 바꾸기도 했다. 그러나 자신들이 조선족이라는 강한 의식이 마침내 그들이 열망하던 조선족의 족적을 회복하기에 이른 것이다. 이들로 인하여 중국 조선족의 역사는 지금보다 200년 이상 더 거슬러 올라가야 한다는 주장도 있다.

세 군데의 조선족 박씨 집성촌 중 요녕성 개현 진둔향의 박가구촌에는 〈박가구촌의 유래〉라는 전설이 전승되고 있다. 이 전설은 전란으로 피난을 간 남매가 天意를 물어 부부가 됨으로써 후손을 퍼뜨렸다는 우리의 전란 남매혼 설화와 아주 유사한 내용이다. 이에 본 논문에서는 우리나라의 남매혼 설화를 홍수형과 전란형으로 나누어 살펴보고, 〈박가구촌의 유래〉에 우리의 남매혼 설화가 어떻게 변이되어 나타났는가를 고찰하였다. 그 변이 양상과 의미를 요약하면 다음과 같다.

우리의 전란 남매혼 설화는 모두 임진왜란을 배경으로 하고 있는데 〈박가구촌의 유래〉의 배경은 고구려 말기 설인귀가 고구려를 정벌하던 전쟁으로 변이되어 있다. 박가구촌의 박씨들은 明末·清初인 1620~30년대의 전쟁 포로였던 것으로 추정되는데 청나라와의 전쟁 대신 천 년 가까이 거슬러 올라간 당과 고구려의 전쟁으로, 포로가 아닌 피난민으로 변이시켜 전승하여 온 것은 포로라는 역사적 현실을 거부하고 신화적 낭만 속에 안주하고자 하는 그들의 의식이 반영된 것으로 볼 수 있다.

〈박가구촌의 유래〉에는 우리의 전란 남매혼 설화에는 없는 내용이 들어있다. 즉 가지고 간 조의 씨앗을 심었더니 다음 날 새벽에 아주 커다란 조 이삭이 노랗게 익어 그 때부터 먹을 것을 근심하지 않고 살아가게 되었다는 것이다. 이는 박씨의 조상들이 농사를 통해 淸나라 官府의 신임을 얻어 그들이 짧은 시간 안에 생계의 안정을 이루었다는 역사적 사실을 신의 축복이라는 서정적 이야기로 꾸며 전승한 것으로 볼 수 있다.

天意試驗을 통한 남매혼 화소에서 남매가 마주 앉은 두 산 봉우리에서 동시에 돌을 굴렸고, 그 돌이 산 아래에서 맞부딪혔다는 내용은 우리 남매혼 설화에서 맷돌을 굴렸더니 맷돌이 산 아래에서 포개어졌다는 내용이 변이를 일으킨 것으로 볼 수 있다. 이러한 변이는 망각에 의한 것으로 맷돌의 '맷'을 잊어버려 돌로 바뀐 것이고, 그러다 보니 '포개어졌다'는 말이 '부딪혔다'는 말로 바뀐 것이라 할 수 있다.

우리의 전란 남매혼 설화는 씨족 기원설화인데 〈박가구촌의 유래〉는 한 씨족을 중심으로 한 마을 기원설화이다. 그런데 박가구촌의 박씨들이 지금까지 동성동본의 혼인을 금해 왔다는 사실은 위의 남매혼과는 모순된다. 이는 소규모의 조선족 집단에서 만족이나 한족과 섞여 살면서 어떻게 해서든지 조선민족의 혈통을 지키려는 강렬한 의지가 현실과는 다른 남매혼 화소를 설화 속에 수용한 것이라 할 수 있다.

〈박가구촌의 유래〉는 일찍부터 우리 민족의 얼을 지키며 살아왔지만 滿族과 漢族으로 위장하여 살다가 근래에 조선족의 族籍을 회복한 前期 조선족사회에서 지금까지 유일하게 채록된 설화다. 우리 말도 잃어버린 현실 속에 우리의 설화를 전승하기가 쉽지는 않겠지만 어쩌면 더 또 다른 설화가 존재할 가능성도 있다. 또 다른 설화 자료의 발굴은 앞으로 남은 과제다. 이는 같은 동포로서 중국 조선족에 대한 관심이고, 우리 설화 연구의 폭을 넓히는 일이라 할 것이다.

참고문헌

강용범, 「요녕성 개현 진둔향 박가구촌 조선족의 사회 역사 조사」, 『朝鮮族 研究論叢』 1, 연변대학출판사, 1987.

나경수, 『한국의 신화 연구』, 교문사, 1993.

박창묵, 『중국조선족 구전설화』, 도서출판 백송, 1996.

박창욱, 「試論 朝鮮族 遷入及其歷史上限問題」, 『朝鮮族 研究論叢』 1, 연변대학출판사, 1987.

손진태, 『한국 민족 설화의 연구』, 을유문화사, 1947.

안화춘, 「고대 조선인의 이주에 대하여」, 『문화산맥』, 흑룡강조선민족출판사, 1997.

장기근 외, 『세계의 신화』 Ⅳ, 대종출판사, 1974.

정해철 수집・정리, 『달팽이 아가씨』, 동북조선민족교육출판사, 1993.

최래옥, 『한국구비전설의 연구』, 일조각, 1981.

최삼룡, 「중국조선족 재래설화의 변이고」, 『각성과 곤혹』, 흑룡강조선민족출판사, 1994.

한국정신문화연구원, 『한국구비문학대계』 3-1, 충북 충주·중원 편, 1980.

한국정신문화연구원, 『한국구비문학대계』 7-2, 경북 경주·월성 편, 1980.

한국정신문화연구원, 『한국구비문학대계』 6-2, 전남 함평군 편, 1981.

한상복·권태환, 『중국 연변의 조선족-사회의 구조와 변화』, 서울대학교 출판부, 1993.

한상수, 『한국인의 신화』, 문음사, 1980.

현용순 외, 『조선족 백년사화』 제1집, 료녕인민출판사, 1962.

(『한국언어문학』 제81집, 2012, 6.)

중국 조선족 설화 연구

제3부
자 료

- 해란강
- 홍송과 인삼
- 각시바위
- 장수와 룡마
- 신의를 저버린 어머니
- 장수 김만빈
- 장수 김덕룡
- 전백록 뫼 앞을 지날 때는
- 룡늪
- 초동과 공주
- 여호선
- 금제의 이야기
- 운봉전
- 버들잎
- 록제동의 이야기
- 호랑산
- 두꺼비와 처녀애
- 봉녀와 두꺼비
- 옥섬탄
- 박가구촌의 유래
- 망향의 언덕

중국 조선족 설화 연구

해란강

롱드레촌(지금의 룡정진)에서 맑고맑은 강을 따라 서남쪽으로 한참 올라가면 강을 사이두고 오른쪽에는 비암산이 우뚝 솟아있으며 왼쪽에는 주암산이 창공을 떠이고 서 있다.

아득한 옛날 강을 사이두고 비암산과 주암산 기슭에는 의좋게 사는 두 마을이 있었다. 양쪽 마을 사람들은 모두 이 강물을 에워 농사짓는 사람이 아니면 고기를 잡아 사는 어부였으므로 이 강물을 제 목숨처럼 아꼈다.

비암산기슭마을에는 인물이 곱고 고기그물 잘 뜨는 란(蘭)이라는 처녀가 있었고 주암산기슭마을에는 힘이 세고 농사일 잘하는 해(海)라는 총각이 있었다.

해와 란은 늘 함께 배를 타고 고기를 잡거나 밭에 나가 일도 같이하곤 하였다. 그들을 일터에서 정이 들어 날따라 그 정이 두터워져 갔다.

어느해 늦가을이였다. 두 마을 사람들은 지은 곡식을 산처럼 쌓아놓고 강에서 잡은 고기는 알뜰히 말리어 두름지어 쟁여놓고 엄동설한을 보내려 하였다.

그런데 어느날 갑자기 하늘에 먹장구름이 내리덮이고 번개와 우뢰가 요란하더니 폭풍우 속에서 웬 악마가 나타났다. 악마는 대가리에 뿔이 두 개 나고 온몸은 털로 덮여있었다. 험상궂은 악마는 말을 타고 천 근 짜리 장도를 한 손으로 휘두르며 달려와서 대성질호하였다.

《천하의 땅은 모두 내 것이로다!》

악마는 양식과 말린 고기를 모두 떨어가고 또 두 마을에서 미녀까지 납치해갔다. 마을사람들은 이 힘꼴 센 악마를 물리칠 궁리가 금시 나지 않아 그저 바람처럼 날아가는 악마를 보고만 있었다.

겨울이 왔다. 마을사람들은 양식이 떨어져 얼음을 끄고 고기를 잡아 목숨을 부지하려 했으나 고기는 한 마리도 잡히지 않았다. 어부들이 물속을 기웃이 들여다 보았더니 거울처럼 맑던 강물이 들죽처럼 흐렸으니 고기인들 어떻게 흐린 물 속에서 살 수 있으랴! 고기들은 어디론가 진작 달아났던 것이다.

이듬해 가을이 돌아오자 포악한 악마는 또 달려와서 양식과 미녀를 빼앗아갔다. 그때로부터 이 두 마을 사람들의 가슴에는 흐린 물이 흘러들기 시작하였다. 그들은 올해나 내년이나 하고 기대를 걸었으나 해마다 모조리 빼앗기고 먼지만 털고 나앉았다. 참을래야 참을 수 없게 된 마을사람들은 그 악마를 죽이고자 목숨을 걸고 판가리 싸움을 하기로 하였다. 마침내 농민들은 호미를 들고 어부는 노를 들고 일떠났고 힘장사 해는 서슬푸른 장검을 비껴들고 사람들의 앞장에 나섰다.

어느날 악마는 또 천근짜리 장도를 휘두르며 달려왔다. 용감한 해는 날쌔게 뛰여나와 대성질호하며 악마에게로 달려들었다.

악마는 감때사납게 히히 웃으며 서슴없이 덮쳐들었다. 해는 장검을 번개치듯 휘두르며 그놈을 맞받아 나갔다. 해와 악마는 강가에서 번쩍번쩍 칼부림을 하였는데 해의 장검이 악마의 목에 닿을가 하면 악마의 천근짜리 장도가 막군하였다. 싸움은 해가 뜰 때부터 해가 서산봉에 기울어질 때까지 계속되었으나 끝내 승부가 나지 않았다. 호미를 들고 노를 든 사람들은 해가 지기 전에 악마를 찍어죽이라고 해에게 기세를 돋우어 주었다. 후원의 외침과 더불어 해의 칼이 번쩍하더니 악마의 대가리가 털썩하고 강가에 떨어졌다.

마을사람들은 헐떡거리며 땀을 훔치는 해를 둘러쌌다. 그들의 환성은 천지를 진감하였다. 그런데 이때 강가에 떨어져 펄떡펄떡 뛰던 악마의 대가리가 목에 다시 붙었다. 악마는 되살아나서 눈을 홉뜨며 해에게 달려들었다. 해는 하루종일 싸움터에 기운이 점점 약해져 갔다. 사람들 속에서 또 천지를 진감하는 외침소리가 터졌다. 그 후원 소리에 기운을 얻은 해는 노한 사자 마냥 달려들어 단칼에 놈의 모가지를 또 내리쳤다. 그러나 떨어진 놈의 대가리는 또 인차 되붙었다. 박투는 다시 벌어졌으며 더욱 격렬해졌다. 그런데 해는 이미 기진맥진해졌다. 마을사람들은 큰 소리로 해를 후원하면서 올가미를 악마의 목에 뿌렸다. 악마가 올가미를 번개같이 벗기려는 순간 해의 장검이 번쩍하고 악마의 모가지를 잘랐다. 악마의 대가리가 또다시 붙으려고 풀떡풀떡 뛰는 위기일발의 찰나에 란이 나는듯이 달려와 치마폭에 싼 매운재를 악마의 모가지에다 확 쳤다. 악마의 대가리는 다시 붙으려고 펄떡거렸으나 매운재 때문에 다시 붙지 못하고 그 흉측스러운 몸뚱이는 쿵하고 땅에 자빠졌다. 그러자 마을사람들은 일시에 달려들어 악마의 시체를 강물 속에 처넣어버렸다.

두 마을 사나이들은 용감한 해를 추켜들고 아낙네들은 영리한 란을 둘러싸고 승리의 환성을 높이높이 올리였다. 이날부터 강물은 이전처럼 맑아지고 고기들도 떼지어 오락가락 헤엄쳤다.

악마와 싸워 이긴 강변에서 용감한 해와 총명한 란의 혼례식이 거행되었다. 신랑신부는 꽃과 소나무로 장식된 용배 속에 앉아있었고 두 마을 사람들은 잔에 미주를 따라들고 그들의 행복을 축하하였다.

용감한 해와 총명한 란이여, 해란이여!

그제부터 이 강 이름도 해란강이라 불리여졌다고 한다.

(길운 정리, 『백일홍』, 연변인민출판사, 1979.)

홍송과 인삼

아득히 멀고 먼 옛날이었다.

어느 한 산골에 홍송이라 부르는 총각이 살고 있었다. 조실부모하고 조모의 슬하에서 자라다가 소년에 조모까지 세상을 뜨고 보니 혈혈단신 외톨이신세라 이십이 넘도록 장가를 들지 못하고 날품도 팔고 등짐나무도 팔아 근근득식으로 살아갔다.

어느해 하늘 높고 물 맑은 가을날이었다. 이날도 홍송이는 앞골짜기에 가서 등짐나무를 하고 있었다. 깊숙한 골짜기에서 말동무도 없는지라 홍송이는 담배참도 잊고 웃동을 벗어 던진채 팔뚝같은 나무를 휘여젖히며 헌걸차게 일했다. 이렇게 손댄참에 나무를 둬동 했을 때였다. 낫날이 나무뿌리에 걸려 핀들하더니 그만 왼쪽식지를 썩 베였다. 어찌도 깊이 베였던지 뼈까지 보였다. 홍송이는 오른손으로 왼쪽식지를 꼭 싸쥐고 집에 돌아와 헌 천쪼박으로 손가락을 꽁꽁 쌌으나 어찌도 가난했던지 손가락 동일 실 한오리 없었다. 홍송이는 두

루두루 살피다가 행여나 하고 고방에 들어가 농안을 들추니 예전에 할머니가 소중히 간직해오던 조그마한 보꾸레미가 나졌는데 헤치고 보니 뜻밖에도 그 속에 빛깔 고운 청실홍실이 있었다.

청실홍실을 쥐여든 홍송이의 손은 떨리고 두 눈에는 방울방울 눈물이 흘러 볼을 적시였다. 생전에 할머니께서 이 청실홍실을 홍송에게 꺼내보이며

《얘, 홍송아! 이 청실홍실은 너의 아버지, 어머니 혼례 때 드리웠던거란다. 내 죽은 후에라도 이 청실홍실을 보면 아버지, 어머니를 보는 듯이 생각해라.》라고 하시던 말씀이 귀에 쟁쟁했다. 홍송이가 눈물을 훔치고 청실홍실을 소중히 보꾸레미에 싸려는데 또 할머니의 말소리가 귀전에 들려왔다.

《얘, 홍송아! 그 청실홍실로 손가락을 동여라. 거기에는 아버지, 어머니의 사랑이 깃들어있느니라.》

꿈이냐 생시냐 하고 홍송이가 두눈을 크게 뜨고 보니 할머니는 분명 그 자리에 없었다. 홍송이는 다른 실이 없는데다 할머니의 간절한 부탁인지라 손가락이 나으면 다시 풀어낼셈치고 그 청실홍실로 손가락을 싸맸다. 그랬더니 언제 손가락을 벴느냐싶게 아픔이 인차 멎었다. 홍송이는 얼굴도 보지 못한 부모의 깊은 사랑에 가슴이 뭉클하여 또 눈물이 앞을 가리웠다. 홍송이가 세상에 태어나 철이 들어서부터는 할머니 세상을 뜰 때 한번 울었을 뿐 그 어떤 일에도 눈물 흘린적이 없었는데 이날은 할머니와 아버지, 어머니 그리운 생각과 뜨거운 사랑에 목이 메여 두 번이나 눈물을 흘리였다.

홍송이는 이튿날 또 나무하러 갔다. 나무를 한섬하고나니 배고

프다못해 속이 쓰렸다. 그리하여 주린배나 달래려고 막치기에 올라가 열매사냥을 하였다. 홍송이가 산열매를 실컷 따먹고 나무터로 돌아서는데 저만치에서 무엇인지 유난히 붉은 광채를 뿜는 것이 보였다. 하도 눈부신 빛을 뿌리기에 그리로 다가가보니 박달나무 밑에 새빨간 구슬을 머리에 인 이상한 풀 한포기가 있었다. 홍송이는 난생처음 보는 풀이라 찬찬히 살펴보았다. 그 풀은 외가지로 두어자 남짓하게 자랐는데 한가운데 길죽길죽하게 손을 펼친 듯한 잎사귀 여섯잎이 붙어있고 줄기 끝에 빨간 구슬 같은 꽃송이가 달려있었다. 홍송이는 어망결에 무릎을 탁 쳤다. 할머니가 살아계실적에 이야기하던 그 인삼과 비슷했기 때문이다. 홍송이는 당장 파려다가 인삼은 귀중한 보물이라는데 다문 하루라도 더 키워서 꽃피는 내년 춘삼월에 캐자고 마음먹었다. 그래서 무엇으로 표를 해놓자고 두루 살펴보니 마땅한 것이 없는 지라 손가락에 싸맨 청실홍실을 풀어서 절반을 뚝 끊어 인삼포기 밑그루에 매놓고는 한걸음에 두 번씩 돌아보며 산 아래로 내려왔다.

나무터로 돌아온 홍송이는 다시 나무를 하기 시작했다. 이때 방금 홍송이가 산열매를 따먹던 그 골짜기로부터 웬 처녀가 걸어내려오고 있었다.

《이 깊은 산중에 어디서 오는 처녀일가?》

홍송이는 하던 일을 멈추고 그 처녀를 쳐다보았다. 붉은 저고리에 연두색 치마를 입었고 외태를 길게 딴 머리에는 새빨간 구슬을 가쯘히 박았는데 꽃같이 어여쁜 처녀였다. 홍송이는 너무도 황홀하여 뚫어지게 쳐다보건만 처녀는 곁눈 한번 팔지 않고 홍송이의 곁을 지나 사뿐사뿐 걸어갔다. 홍송이가 하염없이 처녀의 뒤모습을 바라보니 그 몸매 또한 물을 차는 제비런듯, 꽃 속에 날아드는 나비런듯 세상없이 아릿다왔다. 그런데 그 다음 순간 처녀의 뒤모습을 바라보던 홍송이는 그만 깜짝 놀랐다. 처녀의 외태머리에는 가느다란 댕기가 흩날리는데 틀림없이 이제 금방 인삼포기에 감아놓은 그 청실홍실 같았다. 홍송이가 두눈이 휘둥그래서 허둥지둥 박달나무 밑으로 달려가보니 아까 본 그 인삼포기가 온데간데없었다. 홍송이는 너무도 아쉬워서 혼자 중얼거렸다.

《옛날에 인삼은 사람으로 변한다더니 정말이로구나. 내가 파갈까봐 도망친게로구나. 그렇지만 인삼은 못캐도 청실홍실이야 찾아야지.》

홍송이는 처녀가 사라진 쪽을 바라보고 두 주먹을 부르쥐고 그 처녀를 찾아 내리달렸다. 홍송이가 숨이 턱에 닿아 한골짜기를 돌아서는데 어두운 밤에 홍두깨라더니 뜻밖에도 이 고장의 갑부로 그 세력이 당당해서 토황제라고 불리우는 량반이 나졸을 데리고 올라오는 것과 마주쳤다. 량반은 자기네가 하자던 나무를 했다고 생트집을 쓰며 홍송이가 한 나무를 몽땅 빼앗고 몽둥이 찜질까지 해서 쫓아버렸다.

이 날 저녁 홍송이는 잠자리에 누웠으나 좀처럼 잠이 오지 않았다. 몽둥이찜질을 당하고 나무를 빼앗긴 일을 생각하면 분하기도 했지만 그보다도 눈앞에 웃는듯 떠는듯한 인삼포기가 새물거리고 인삼보다 어여쁜 처녀가 새물거렸다. 홍송이는 이리뒤척저리뒤척하여도 종시 잠이 오지 않아 문을 열어젖히고 문턱을 베고 누워 하늘을 올려다보았다. 하늘에는 뭇별이 반짝이고 둥근달이 은하 건너 구름속에서 헤엄치는데 반짝반짝 빛나는 별은 낮에 본 처녀의 새별같은 눈동자인양 자기를 굽어보고 쟁반같이 둥근달은 빨간 구슬을 머리에 떠인 그 처녀의 얼굴인듯 자기를 보고 웃음짓는 것만 같았다. 홍송이는 눈앞에서 새물거리는 처녀의 그림자를 지워버리려고 장밤 모대기다가 어슴푸레 잠이 들었으나 꿈에 찾아온 것도 바로 그 처녀였다.

이튿날 눈을 비비고 일어난 홍송이는 나무터를 앗기웠는지라 할 수 없이 마을에서 멀리 떨어진 수리바위골로 나무하러 갔다. 홍송이는 나뭇가지를 휘여잡고 가파로운 비탈로 톺아올랐다. 얼마쯤 올라가니 오른손편 후미진 곳에 나무가 꽉 들어선 좋은 나무터가 있었다. 홍송이는 속으로 참 잘되었구나라고 생각하며 그 쪽으로 가려니까 가지런히 선 두 그루의 아름드리고목이 앞을 막아 지나가기가 여간만 힘들지 않았다. 그래서 겨우 비집고 나가는데 헌 바지가랭이가 무엇에 걸렸는지 쭉 째졌다. 그 바람에 얼른 발 아래를 내려다본 홍송이는 그만 깜짝 놀랐다. 바로 두 고목 사이에 어제 본 것 같은 인삼포기가 있지 않는가! 홍송이는 이 인삼만은 놓치지 말고 얼른 파야겠다고 두 손으로 인삼그루 밑의 검불을 긁어내기 시작했다. 그런데 손에 무엇인지 가느다란 것이 걸리기에 살펴보니 뜻밖에도 그것은 바로 어제 인삼포기에 감아놓았던 그 청실홍실이었다.

《아, 네가 여기로 왔구나.》

홍송이는 기쁘기도 하고 한편 신비스럽기도 하여 멍하니 인삼포기를 바라보기만 하였다. 그러면서 생각해보니 인적이 없는 곳에 와서 숨어살려는 인삼을 억지로 파간다는 것이 어쩐지 가슴이 쓰리게

느껴졌다. 홍송이는 가슴에서 숯불처럼 타오르던 처녀에 대한 절절한 마음을 억누르고 빙그레 웃으며 마치 사람과 속삭이듯 인삼포기에 말을 건네였다.

《겁내지 말아, 이 귀여운 것아, 겁내지 말아, 널 파갈 내 아니다, 예서 마음놓고 자라거라,. 천년만년 자라거라. 그렇지만 청실홍실만은 못주겠어, 못주고말고...》

말을 마친 홍송이가 인삼포기를 쥐고 청실홍실을 풀어내려는데 웬 영문인지 인삼뿌리가 저절로 반나마 솟아올랐다. 뿌리가 내놓이면 말라죽을 것 같아 곁의 흙을 끌어서 꽁꽁 묻으려 했더니 묻을 새도 없이 이번에는 인삼 뿌리가 완연히 땅우에 솟아올랐다. 홍송이는 사람과 꼭 같이 생긴 인삼을 두손으로 받쳐들고 어쩔바를 몰랐다. 홍송이는 아무리 궁리해봐야 일시 별다른 수가 나지 않았다. 그래서 이 귀엽고 사랑스러운 보물을 집에 가져다 평생 잘 건사해두리라 마음먹고 청실홍실을 다시 붉은 구슬밑에 감고 수염뿌리 하나 상할세라 이파리 하나 이지러질세라 조심조심 품에 품었다.

저녁때 집에 돌아온 홍송이는 품속에서 인삼포기를 조심스레 꺼내보니 생생한 그대로였다. 홍송이는 인삼포기를 보고 또 보다가 고방에 들어가 농안에 있는 할머니의 보꾸레미 곁에 정히 세워놓고 농문을 꼭 닫았다.

이튿날이였다. 나무밭에서 돌아온 홍송이는 뜻밖의 일에 깜짝 놀랐다. 누가 한 일인지는 모르나 너저분하던 방안을 말끔히 거두고 저녁상까지 차려놓았는데 시렁우에 전에 없던 꽃사발까지 주르르 얹은 것이 보기만 해도 기름기 돌았다. 저녁상에 마주앉고보니 새 밥식기의 김이 문문 나는 새하얀 이밥도 별미려니와 각가지 반찬 또한 어찌나 맛이 있는지 혀까지 함께 넘길 지경이었다. 난생 처음 푸짐한 저녁을 먹고난 홍송이는 동네에 나가 어느 마음씨 고운 이웃에서 한 일인지 이집저집 물어봤으나 아무도 모른다는것이였다.

그런데 그 이튿날 아침에 깨어보니 또 누군가 밥을 지어놓았고 저녁에 돌아오니 또 그러했다. 홍송이는 그 날 밤 마음이 너무나 싱숭생숭해서 잠을 못이루다가 밤중에나 잠이 들었다. 그런데 아침에 깨여나보니 더구나 놀라운 일이였다. 가마목에 밥상을 차려놓았을 뿐 아니라 머리맡에 홍송이의 몸에 차붓이 맞는 새옷 한 벌까지 해놓았었다.

이날 밤, 홍송이는 잠들지 못하고 엎치락뒤치락하며 곰곰이 생각하다가 좋은 꾀가 떠올라 자는체하고 생코를 골았다. 홍송이는 마구 밀려드는 졸음을 참으며 정신을 도사렸다. 때로 아리숭해서 잠이 들라치면 손등을 꼬집어 인차 깨군 하였다. 드디어 마을에서 새날을 알리는 닭울음소리가 들렸다. 홍송이는 바짝 정신을 가다듬었다. 또 닭이 홰를 치자 문살이 훤히 텄다. 바로 이때였다. 고방에서 농문 열리는 소리가 딸깍하고 나더니 고방이 환해지면서 웬 처녀가 치맛자락을 쥐고 사뿐사뿐 걸어나오는데 바로 꿈에도 그립던 그 처녀였다. 머리에 가쯘히 박은 빨간 구슬이 빛을 뿌려 방안이 환하였다. 이를 지켜보고 있던 홍송이는 더 누워있을 수 없어 자리를 차고 일어나며 고방문을 막아섰다.

처녀는 와뜰 놀라 뒤돌아섰으나 고방문에 홍송이가 떡 버티어섰는지라 당황해 어쩔바를 모르는데 목에는 청실홍실이 곱게 드리워있었다.

홍송이는 처녀의 목에 드리운 청실홍실을 보자 용기가 나서 처녀의 두 손을 덥석 잡으며

《날 무서워마오. 나를 이렇게 도와줘서 정말 고맙소.》하고 인사를 건내고는 바다가 마르고 바위가 썩는 한이 있더라도 일편단심 변치 않을테니 부부가 될 것을 바란다고 하였다.

그러니 처녀는 고운 눈을 내리깔고 보조개진 두 볼에 미소를 지으며 들리락말락 조용히 말했다.

《당신은 이 세상에서 제일 부지런하시고 착한분이얘요.》

그리고 자기는 천년 자란 인삼인데 삼녀라 부르라고 하면서 목에 감았던 청실홍실을 늘이며 공손히 절을 하니 홍송이 또한 맞절을 하여 부부를 맺었다.

그런후 그들 부부는 두손을 잡고 일을 해나가니 살림은 늘고 정은 바다같이 깊어갔다.

홍송이가 해달같은 안해를 얻었다는 소문은 날개가 돋친 것처럼 동네방네 퍼지고 그 량반의 귀까지 들어가게 되었다. 본래 그 량반은 첩은 아홉이나 있는데도 미녀라면 오금을 못쓰며 절구통에 치마를 씌워놓아도 기어이 한번 들어보고야 시름놓는 위인이라 이 소문을 들으니 속이 근지러워서 앉아있을 수 없었다. 량반은 한번 제 눈으로 보려고 나들이옷을 떨쳐입고 어슬렁어슬렁 마을 어귀에 나가 물을 긷는 삼녀를 살펴보니 그 용모 월궁의 상아 광한전에 내린 듯 그 어여쁨은 천지간에 비할바없을 것 같았다. 아닌게 아니라 아홉 첩에 본댁까지 몽땅 세워도 삼녀의 발뒤축에도 못설 형편이라 봉황과 까마

귀를 비하는 격이다.

량반은 드디어 심복들을 불러놓고 삼녀를 빼앗을 꿍꿍이를 꾸몄다.

이튿날 량반은 홍송이를 불러 대대로 쌓인 빚을 당장 물라고 하였다.

《빚을 받아두 가을이나 끝내구 받는 법이지 지금 무슨 돈으로 물겠습니까?》

홍송이는 기가 막혀 말했다.

량반이 말이발을 드러내놓고 허허 웃자 한 노복이 앞에 나서서 씨벌였다.

《이 멀쩡한자식 봐라. 사람은 돈이 아니고 무엇이냐?》

홍송이는 그제야 그 량반이 자기의 안해를 빼앗으려는 음흉한 수작임을 알아차리고 속이 선뜩했다. 그러나 하늘이 무너져도 솟아날 구멍이 있다고 삼녀와 상론하면 혹시 무슨 수가 있겠는지 하고 생각한 홍송이는 래일 아침에 당장 빚을 갚겠노라고 선뜻이 대답했다.

홍송이가 나가자 양반은 너털웃음을 쳤다.

《멍청이 같은 홍송이란 놈이 헛소리 친게 틀림없네. 래일 아침 일찌감치 가서 삼녀년을 붙잡아 오면 된다는 말이다. 그래도 혹 실수가 없도록 지금부터 번갈아가며 그 집을 잘 지켜라.》

심복들은《예, 예!》하고 굽실거렸다.

홍송이는 집에 돌아와 한숨쉬며 량반네 집에 갔다온 이야기를 하니 삼녀 방긋이 웃으며 그까짓 천냥 빚이 아니라 만냥 빚이라도 래일아침 물수 있으니 지나치게 근심할게 없다고 하였다.

《그 량반 놈은 당신을 빼앗으려고 그러는거요.》

홍송이는 머리를 저으며 구돌이 꺼지게 한숨을 후-내쉬였다.

《세상에 그런 도리가 어데 있어요!》

삼녀는 얼굴이 새파랗게 질렸고 목소리는 떨렸다. 홍송이가 차근차근 말해줘서야 삼녀는 어둡고 어지러운 인간세상을 알게 되었다. 홍송이는 삼녀를 보고 길은 천갈래만갈래라도 우리에게는 도망치는 길밖에 없다고 알렸다. 삼녀는 반색하여 그럼 천하명승 장백산으로 가자고 했다.

《글쎄, 장백산이 천하명승이라는 말을 들었소마는 어디 붙었는지 모르니 어떻게 찾아가겠소?》하고 홍송이는 망설이기만 하였다.

홍송이의 말을 들은 삼녀는 자기는 본래 장백산에서 살아서 길을 잘 안다고 하니 홍송이는 막혔던 숨이 열리는지라 삼녀의 두 손을 꼭 잡고 해가 지고 날이 저물면 쥐도 새도 모르게 장백산으로 떠나자고 약속했다.

날이 저물었다. 홍송이와 삼녀는 고락을 같이해가며 살던 정든 집을 떠났다. 삼녀는 홍송이더라 장백산으로 갈 때까지 자기 손을 꼭 쥐라 당부하고는 손에 손잡고 나들이가듯 길을 떠났다. 집을 방금 나서자 검은 세 그림자가 앞에 불쑥 나오더니 길을 막으며 소리질렀다.

《이년놈, 어디로 도망쳐!》

이 소리가 떨어지기 바쁘게 삼녀가 입바람을 훅 불자 세놈은 곤두박질쳐 넘어졌다. 그새 홍송이와 삼녀는 길에 나섰다.

《저놈들이 도망칩니다, 저놈들이 도망칩니다!》

땅에 넘어진 노복들은 일어서며 소리쳤다.

그 량반은 급히 심복들을 이끌고 말을 달려 쫓아가니 멀지 않은 곳에 홍송이와 삼녀가 보였다. 그믐밤이지만 삼녀의 머리에서 구슬이 빛을 뿌려 똑똑히 볼 수 있었다. 홍송이와 삼녀는 손에 손잡고 뒤도 돌아보지 않고 웃으며 이야기하면서 천천히 걸어가고있었다.

《저놈들을 빨리 붙잡아라.》 량반은 말잔등에서 고래고래 소리쳤다.

노복들은 고함치며 내달리고 주인량반과 심복들은 말에 채찍질하며 바람처럼 뒤쫓았다. 량반은 눈깜짝사이 붙들줄 알았는데 아무리 달려서 뒤쫓아도 홍송이와 삼녀는 그냥 한마장 앞에서 걸어가고 있었고 말과 사람이 지쳐서 천천히 달려도 홍송이와 삼녀는 그냥 한마장 앞에서 걸었다. 량반은 애나게 쫓고 쫓았다. 온밤을 쫓고 쫓아 몇백리나 갔던지 날이 훤히 밝아오는데 홍송이와 삼녀는 손을 잡은채 산봉에 서있었다. 량반이 거느린 개무리들은 어서 빨리 붙잡을 생각으로 산봉우리로 톺아오르는데 기를 쓰고 오르고 올라야 제 굽이로 돌아오고 말았다.

《어떻거나 저놈들을 붙잡아라!》 량반은 목갈린 소리를 질렀다.

량반은 산봉우리로 오르려고 안깐힘을 썼으나 돌고 돌아 제자리로 돌아올뿐이라 입에 거품을 물고 기를 썼다.

홍송이와 삼녀는 산봉에 서서 머리를 들어 바라보니 아침안개속으로 천리림해속에 천수 이고 중천에 거연히 솟아있는 웅위로운 장백산이 한눈에 안겨왔다. 천하명승 장백산을 바라보고 홍송이와 삼녀는 서로 마주보며 행복의 웃음꽃을 피웠다. 장백산도 어서 빨리 오라고 부르는듯, 마중하는 듯 손짓하는 것 같았다. 삼녀는 홍송이의 손을 잡고 다시 장백산을 향해 걷다가 매서운 눈초리로 산 중턱에서 헤매는 량반의 개무리들을 노려보며 오른발을 탁 굴렀다. 량반의 개무리들이 그제야 기겁하여 보니 여직껏 헤맨 곳이 불시에 수백길되는 절벽중턱이라 어쩔바를 몰라 비명을 질렀다. 이때 삼녀가 다시 입바람을 훅훅 불자 말이고 사람이고 눈깜짝사이에 허궁에 날려 벼랑에 굴러떨어져 목숨은 고사하고 혼백까지 풍비박산되고 말았다.

홍송이와 삼녀는 끝내 명승성지인 장백산에 이르렀다.

찬란한 아침해 솟아오르는데 삼녀는 방그레 웃으며 사랑하는 님 홍송이를 산봉우리에 세워놓고 입바람을 훅 불더니 홍송이는 한그루의 아름드리 소나무로 되어 푸른가지로 하늘을 떠받고 우뚝 솟았고 삼녀는 한포기의 인삼으로 되어 홍송이의 곁에 뿌리를 박았다.

이리하여 오랜 세월을 두고 홍송이와 삼녀는 장백산에서 행복하게 잘살았는데 장백림해에 지금도 홍송과 인삼이 많은 것은 홍송과 삼녀의 후대가 퍼지고 퍼진 까닭이라고 한다. 그리고 인삼을 찾았을 때 홍송을 두드리며《방초! 방초! 방초!》하고 세 번 소리를 치는 것은 홍송에게 안해 인삼을 데려간다는 것을 알리는 것이라고 한다. 이러지 않으면 홍송이가 안해를 찾고 인삼이 홍송이를 떨어질 수 없어 파지 못하고 만다고 한다.

(연변민간문학연구회 편, 『연변민간문학집』, 연변인민출판사, 1979.)

각시바위

지척소에서 북쪽을 바라보면 약 30리쯤 떨어진 곳에 하늘 높이 우뚝 솟은 뾰족산이 보인다. 이 산에서 뻗어나간 락타형 산등성을 타고 동으로 좀 가느라면 병풍산이 있는데 여기에 사람들이 《각시바위》라고 부르는 바위가 있다. 사람들이 이 바위를 각시바위라고 부르는데는 이런 전설이 있다.

그것은 연길을 지척소라고 부르던 멀고먼 옛날에 있은 일이라 한다.

한창 진달래꽃 붉게 피어 향기를 풍기던 양춘가절에 어느날 백두산 산상봉에서 채운을 타고 한 화상이 자취없이 채영 마을에 내렸다. 화상은 등이 구부정하여 룡두죽장을 짚고서 가가호호 찾아다니며 동냥을 했다. 화상의 의포는 수수하나 얼굴에 내린 흰수염은 풍성히 덮여있어 희한하였다. 말하는 음성은 남달리 우렁우렁하여 그 어딘가 위엄이 있어보이였다. 화상은 이 마을 집집마다의 동냥을 마치고 성벽을 한길 넘게 쌓고 외따로 있는 큰 고래등 기와집을 찾아 갔었다.

묘두무늬를 박아 만들어진 큰대문앞에 이르러 《똑딱, 똑딱》 목탁을 다독이며 목소리를 높여 념불을 외우기 시작했는데 이 집을 놓고볼진대 지척소 일대에서 첫째가는 호부자요 세도가 컸다. 주인의 성은 리가요 벼슬직함은 정승이라 하여 이일대 사람들은 리정승이라 불렀다. 리정승은 어찌나 욕심이 많았던지 백성들은 개, 닭 소리도 성밖에서 사라지게 했고 얼마나 악했던지 그 집 성안에 날아들지 못했다 한다. 리정승은 백성을 부려먹기 위해서는 하늘에 대고 이 세상에 낮만 있게 해달라고 빌었다 한다. 그리고 본댁에 첩이 있건만 어디에 고운 여자가 있다고만 하면 처녀건 과부건 게걸욕심을 쓴다는 것이였다.

이날 정승은 뜨락에서 수풀처럼 서있는 쌀뒤주들을 쳐다보다 밖에서 화상의 동냥을 청하는 념불소리를 듣자 대문을 심술궂게 《쾅》 소리내며 밀고 나서더니 화상에게 대통을 내저으며 퉁명스레 쏘아붙이였다.

《여보 중, 동냥을 줄게 없으니 어서 물러가오.》

《그러시지 마시고 시주를 좀 하십시오. 이런 부자댁에서 시주를 안하시면 뉘댁에서 하오리까!》

《어허, 그놈이 꽤 추근추근한걸, 부자면 어째? 네덕에 부자냐. 잔말말고 가끔 물러 못갈가.》

금방 화상을 떠밀 듯이 대통을 대문가에 대고 두드리며 을러메였다.

그러나 화상은 조금도 기가 꺾이지 아니하고 줄곧 애걸하듯 동냥을 청하였다.

한참동안 거슴츠레해서 가로보고있던 리정승은 무슨 궁리를 했던지 입가에 쓴웃음을 띠우며 화상보고 말을 건늬였다.

《시주를 줄테니 담을 그릇 내놓아라.》

요행 정승의 입에서 시주를 주겠다는 승낙이 떨어지자 화상은 희색이 만면해서 도포소매 속에서 자루를 끄집어내주었다.

이윽고 정승과 하인은 자루밑굽이 불룩한 자루를 들고 화상의 앞에 내놓았다.

화상은 그 자루를 받아들고 코가 땅에 닿도록 공손히 절을 하고 그 집에서 물러갔다.

이때 그 광경을 숨어서 지켜보고있던 이 집 한 젊은 녀인이 아무도 모르게 비단치마폭에 눈이 부신 흰쌀을 싸가지고 뒤뜨락문을 빠져나왔다.

보행하여 얼마쯤 갔을즈음에 화상은 등뒤에서 나는 녀인의 목소리에 몸을 돌려 멈춰섰다.

《스님께서는 이 시주를 받아주세요.》하고 그 화월같은 젊은 녀인은 비단치마폭에 싼 백옥미를 내여드리려고 급히 서둘렀다. 화상은 이 마음씨 착한 녀인을 눈으로 어루만지듯이 찬찬히 볼뿐 아무 응답도 없었다.

《화상님, 그 자루엔 마른 말똥이 들었는가보이다. 리정승은 심사가 고약해서 그런짓을 했사와요. 시주쌀을 받아주세요.》

화상은 머리를 끄덕이고 흰수염을 쓰다듬더니 한참만에야 조용히 말을 떼였다.

《음, 고맙다. 기특한 색시, 내 어찌 이 자루에 든 말똥을 모를 리가 있겠느냐...》

화상은 자애에 넘치는 눈으로 색시의 얼굴을 바라보았다.

《그대는 리정승과 어떻게 되는 사인고?》

그러자 젊은 녀인은 자기 신세를 말했다.

이 젊은 녀인은 본시 한 평민의 집에서 태여났는데 성은 천씨요 이름은 미향이였다. 하도 마음씨 곱고 인물 또한 고와서 이고장 사방 백리를 두고 모르는 사람이 없고 칭찬하지 않는 사람이 없었다.

미향이 몸매가 날씬하여 양류요, 둥근 얼굴은 하늘의 보름달처럼 희맑고 반달눈섭 아래엔 샘물같은 눈이 반짝이고 줄지은 새하얀 이발이 웃을 때마다 드러나 마치도 함박꽃같이 고왔다.

미향의 손재질은 또한 세상에 비할바 없었다. 그가 짠 천은 하늘의 칠색무지개 세웠는가, 산속의 봉황새 날아예는가하였고 그가 지은 옥의는 야밤에도 금빛을 뿌렸다.

이렇듯 미향의 인물과 행실, 재주 희한하여 이 일대에서 출중하게 생겼다는 총각들은 저마다 욕심내고 구혼자들이 구름모이듯 했다. 미향이는 꿀벌같이 근로하고 사슴처럼 선량하며 매마냥 억센 허허대장부 총각과 천상배필을 맺었던 것이다. 이 한 쌍의 원앙이 이 록수에 놀고 추월추풍 화원에서 지내더니 귀엽고 총명한 옥동자를 낳았다. 두 부처는 옥동자를 금이야 옥이야 귀히 여기며 살림을 아기자기하였다.

그러던 어느날 끔찍이 사랑하던 랑군이 수자리에 뽑혀갔다. 그런데 한번 간 랑군은 종무소식이였다. 미향은 자나깨나 근심이였다.

이때 벌써부터 미향이에게 눈독을 들인 리정승이 라졸들을 거느리고 성화같이 뛰여들어 미향이를 묶어갔던 것이다.

미향의 전후사를 들은 화상은 한탄의 한숨을 세번 쉬였다.

《애, 미향아 고맙다. 예로부터 악한자는 엄벌을 받고 착한자는 상을 받는 법이니라.》

화상은 돌아서려고 하는 미향의 팔을 친절히 잡아당기며 귀에 대고 조용히 일렀다.

《오늘 한낮이 되면 미향이가 지금 있는 땅바닥에서 물이 콸콸 솟아오를 것이다. 아무쪼록 아무에게도 고하지 말고 너는 옥동자를 찾아 업고서 애의 울음소리 내지 말고 병풍산 높은 산등성에 급히 올라가거라. 그리고 한가지 꼭 삼가야 할 일이 있네라. 너의 뒤에서 무슨 소리가 나든지간에 단념코 앞만 향해 가고 뒤를 절대 돌아보지 말 것이로다.》

미향은 머리를 숙인채

《화상께선 어디에 계시며 성호는 누구시라 하오이까?》 하고나서 머리를 드니 화상은 그림자도 남기지 않고 간데온데없거늘 미향은 공중을 향해 사례하였다.

과연 한낮이 되자 미향이가 있는 집 마룻바닥에 큰 구멍이 뚫어지더니 처음엔 안개같은 것이 솟아퍼지고 뒤이어 물이 콸콸 솟기 시작하였다.

미향은 화상께서 시키신대로 곧 옥동자를 찾아 업은채 반달음으로 병풍산을 향해 톺아오르기 시작했다. 그런데 별안간 청청하늘에 난데없는 태풍이 일고 폭우가 쏟아지더니 뇌성벽력이 천지를 흔들었다. 순식간에 리정승이 사는 성안은 푸른물이 차고있었다. 고래등같은 기와집도 푸른 물에 잠겨 자취를 감추었다.

악에 받친 리정승은 미향이의 수작이라고 하면서 하인들을 풀어 말에 올라 긴칼을 빼들고 미향이를 뒤쫓았다.

정승은 미향이를 찍으려고 긴칼을 들었다. 아찔한 찰나에 태풍이 세차게 불어 정승과 하인들은 추풍에 락엽인양 뒤로 굴러가고 미향은 태풍의 힘을 얻어 산으로 살같이 오르고있었다. 악이 잔뜩 받친 정승과 하인들은 또 발악적으로 덮쳐들었다.

이때였다. 별안간 굉장히 큰 벼락소리가 귀전을 쳤다. 그순간 미향은 놀라 화상의 당부도 감쪽같이 잊고 문뜩 뒤를 돌아다보았다. 걸음이 약간 늦추어졌다. 된소리에 혼비백산했던 정승은 더 악에 차 칼을 추켜들어 미향의 머리를 찍으려 했다.

《악!》

미향은 혼미하여 일시에 모진 소리를 쳤다.

이 순간 그의 몸은 옥동자에게 젖을 물린채 바위로 변했다.

정승의 칼이 바위에 닿자 긴칼은 두동강이 났다. 동강이 난 칼은 하나는 정승의 목을 자르고 다른 하나는 하인들의 목들을 잘라 동댕이 쳤다.

그때 콸콸 솟던 물은 연집강이 되어 연길벌을 적시며 지금껏 유유히 흐르고 있다.

미향의 착한 덕행으로 하늘이 도와 잘살게 된 이고을 사람들은 미향이를 기념하여 이 바위를 《각시바위》라고 명하였다.

《각시바위》는 지금까지 푸른 하늘을 떠이고 우뚝 솟아 전설을 전해가고 있다.

(김태갑 편, 『조선족전설집』, 민족출판사, 1991.)

중국 조선족 설화 연구

장수와 룡마

옛날 조선 경상북도 양북면 탑진이라는 곳에 젊은 부부가 살았는데 그 안해가 생남을 하였다.

안해는 그날 남편이 어데나가고 없는 새에 애기를 낳아 눕혀 놓고 미역국을 끓이려고 동자칸에 나갔다. 남편이 돌아와서 애기가 제 자리에 없으니 안해더러 애기가 어데 갔느냐고 물었다. 그 안해도 심드렁하게 갓 낳아 눕혀 놓은 애기란 벌러지나 같은 것인데 어델 갔겠수! 제 자리에 있겠지요 라고 하였다.

그런데 볼라니까 아기는 롱우에 올라가 아버지를 내려다 보며 《아버지 아버지!》 하고 부르고 있었다. 너무도 신귀한 일이라 안해를 불러 들이니 안해도 천만 뜻밖의 일에 놀라 어쩔바를 몰라 했다.

이런 이야기가 한 입 두 입 건너가며 퍼져 나가노라니 여러 집에서들 알고 찾아와서 하는 말이

《장수를 낳았으니 이것이 나라에 알리게 되면 이 가문에 큰

화단이 생기겠수. 아예 애를 없애 치우는게 상수라니》라고들 떠들었다.

젊은 부부는 어쩔바를 몰라 자기들의 머리우에 떨어진 큰 화를 면할량으로 아이를 죽여 없애자고 마음 먹었다. 그래서 어린 아이 배우에다 무거운 방치돌을 지질궈 놓았다. 그랬더니 방치돌이 아이 배우에서 숨쉴 때마다 올라가고 내려오고 하는 것을 그냥 힘주어 깔아죽이고 말았다.

방치돌로 깔아죽인 애기 시체를 두 량주는 슬며시 뒤산에 갖다 파묻어 버렸다.

이런 일 있은 삼일만이였다. 그 마을 뒤 산 아래 두 줄기로 뻗어가달진 산골안에 자그마한 소(沼)가 있었는데 이 소에서 룡마 한 마리가 뛰여 나왔다. 룡마는 호용치는데 그 소리가 어찌나 요란했던지 외따로 선 산봉우리 하나 있던 것이 그 소리에 허리가 뭉텅 짤려져 나가고 말았다.

룡마는 그 산우에 가서 호용치며 드러 눕더니 죽어 버렸다. 이 룡마는 자기 주인인 장수가 죽으니 자기도 죽고 말았다는 것이였다.

주인을 잃고 제 용을 써 못본 그 룡마가 죽었다는 그 산이 아직도 그곳에 있다고 하는데 그 룡마가 그때 어찌나 슬프게 호용치며 울었던지 몸부림을 치는 통에 그 산이 막 허물어져 나갔는데 그 자리가 지금도 력력히 남아 있다고 전해지고 있다.

그 후 두 젊은 부부도 뇌성벽력이 몹시 치던 어느날 그 아들장수를 죽인 죄로 천벌을 맞아 죽고 말았다 한다.

(연변민간문예조 편, 『조선족민간문예자료집』 제2집, 1963.)

신의를 저버린 어머니

옛날 한곳에 젊은 부부가 살았는데 남편이 갑자기 득병하여 죽게 되었다. 남편은 죽기전에 안해를 불러놓고 마지막 말을 했다.

《여보, 내가 죽은후에라도 꼭 자식이 있을터이니 그 자식만은 절대 등한시하지 말고 잘 기르오!》

남편이 왜 안해를 보고 이런 유언을 남겼는가 하니 장수가 날 꿈을 꾸었기때문이였다. 남편이 하루밤 자리에 눕자 꿈을 꾸었는데 꿈에 정처없이 어디론가 가고있었다. 가고가다나니 앞에 큰바다가 나져 더 갈수 없게 되었다. 남편이 바다가에서 헤매는데 하늘에서 큰별이 자기앞에 떨어졌다. 남편은 그 별을 두손으로 받아가지고 집에 돌아왔다. 헌데 깨고보니 꿈인데 집에 장수가 날 꿈이였다. 남편이 마지막유언을 남기게 된것도 그 꿈을 생각해서 한 말이다. 남편은 꿈이야기는 하지 않고 유언만 남기고 세상을 뜨고 말았다.

남편이 세상뜨자 부인의 몸은 점점 달라졌다. 부인은 잉태한지

십삭만에 아들을 낳았다. 여자 혼자서 어린애까지 데리고 살자니 살기가 여간 어렵지 않았다. 그래도 안해는 남편이 하던 말을 생각하고 채마밭에 나가 기음을 매도 그 애를 집에 두지 않고 업고나가서는 밭머리에 눕혀놓고 김을 맸다.

어느 하루 어머니가 애를 밭머리에 눕혀놓고 김을 매는데 웬 로인이 지나가다가 누워자는 애를 한참이나 들여다보았다. 로인의 눈에는 이 애가 장수가 돼보였다. 자는 것도 땅에 등을 붙이고 자는 것이 아니라 땅에서 한뽐이나 떨어진 허공에서 자고 있었다. 장수라도 가만두면 천하에는 둘도 없는 대단한 장수가 될 애였다.

이 로인의 아들도 장수였다. 이 로인은 그 장수를 아이적에 없애치울 생각을 하고 오금에 불을 일구며 집에 가서 장수인 아들을 보고 말하였다.

《얘야, 내 오늘 아무곳을 지나다가 장수애를 보았는데 그 애가 크면 너보다 더한 장수가 되겠더라. 그러니 그 애가 명성을 떨치기전에 어서 가서 죽이고 오너라!》

아들은 아버지의 말을 듣고 아이장수를 죽이려 갔다. 때는 모철이라 산마루에 올라서서 들판을 내려다보니 웬 녀성이 어린애를 거꾸로 업고 모를 내고 있었다. 엎디여 모를 내니 애를 거꾸로 업어야 애가 바로선다. 바쁘긴 해도 남편이 하던 말이 귀에 쟁쟁하여 어린애만은 몸에서 떼놓지 않았다. 장수가 보니 다른 사람은 다 사람으로 보이지 않는데 이 아이만은 사람으로 보였다.

장수는 산에서 내려와 논뚝에 서서 한참이나 등에 업힌 애를 보다가 젊은 녀인을 불렀다.

《여보시오 아주머니, 어린아이를 업고 모를 내느라 얼마나 고생스럽소. 내 아이를 봐줄터이니 나한테 아이를 맡기고 모를 심소.》

젊은 부인은 그래도 남편이 하던 말을 생각하고 그냥 어린애를 업고 모를 냈다. 그때 벌써 이 아이는 세 살이였다. 먼저 난 장수는 이 아이를 죽일 생각만 하고 좀처럼 물러서지 않았다.

《아주머니, 정 그러면 좋소. 내 그 아이를 데려가야 하겠는데 우리 내기를 합시다.》

《내기는 해도 애만은 못내려놓겠소.》

《그럼 아주머니, 내 묻는걸 대답하면 아주머니 요구대로 해줄것이나 내 묻는걸 대답 못하면 내가 그 애를 데리고 가겠소. 아주머니, 아주머니가 어제까지 꽂은 모가 몇포기나 되오? 어서 말해보오.》

세여도 안보고 꽂은 모요, 등에 애를 업고 하는 모인데 자기가 꽂은 모라도 그것이 몇포기인지 알수가 없었다. 이때 거꾸로 업힌 아이가 어머니를 툭툭 쳤다.

《엄마엄마, 저 사람보고 집에서 여기까지 걸어온 발자국이 몇발자국이나 되는가 물어요.》

어머니가 인차 아들의 말을 받아 물으니 그 장수는 입이 막혔다. 이때 등에 업힌 아이는 세 살이지만 말은 처음 했다. 장수는 내기에서 지게 되자 등에 업힌 아이를 죽이지 못하고 집으로 달아났다.

세살먹은 아이가 이같이 말하니 어머니는 아들을 극구 치하하였다. 이때 아들이 어머니를 보고 하는 말이

《어머니, 아무날 오늘 왔던 장수가 날 잡으로 올터인데 어머니 내가 시키는대로 하지 않으면 나와 어머니는 영원히 갈라집니다.》

어머니는 아들의 말을 듣고 슬퍼하였다.

《어머니, 그놈이 아무날 날 잡으러 오는데 내가 그놈하고 싸우면 이길수는 있는데 적군이 많아서 힘이 드옵니다. 어머니, 콩 서되를 나한테 닦아주되 한알이라도 다쳐서는 안돼요.》

아들이 죽고 사는 일인데 어머니 된 사람이 그 말을 듣지 않을 수 없었다. 래일쯤 그놈의 장수가 올 날인데 어머니는 콩을 닦기 시작했다. 먼저 솥에 한되를 넣고 닦는데 콩이 가마안에서 탁탁 튀며 구수한 냄새가 났다. 얼마나 맛있는 냄새가 나는지 어머니는 그만 참지 못하고 가마안의 콩을 한알 꺼내서 맛을 보았다. 고소한게 맛이 별맛이였다. 좀더 먹고싶은 생각이 있었지만 아들이 한 말이 있어 더 먹지 못하였다. 두 번째 되를 닦는데 또 참지 못해서 한알을 주어먹었다. 콩 서되를 닦으며 닦은 콩 세알을 먹었다. 세알을 먹고나니 아들이 하던 말이 생각되여 어머니는 닦은콩 세알 먹은 대신에 생콩알 세알을 넣었다.

그 이튿날 아들의 말과 같이 악독한 장수가 찾아왔다. 그는 어린 장수네 집으로 찾아오자 집에도 들어오지 않고 밖에서 집안에 앉아있는 어린 장수에게 화살을 날렸다. 집안에 앉아 때를 기다리던 어린 장수는 씽하고 화살이 날아올 때마다 콩알 한알씩 쥐여뿌렸다. 콩알이 앵하고 날아나가서는 씽 날아오는 화살과 마주쳤다. 날아오던 화살은 콩알에 맞아서 중간에 뚝 떨어졌다. 어머니는 그제야 아들의 재간을 보고 크게 놀랐다. 하나의 화살을 련속 날리고 하나는 콩알을 련속 쥐여뿌리다보니 반나절이 지난후에는 화살도 세 살이 남고 콩도 세알이 남았는데 남은 세알의 콩은 닦은 것이 아니라 생콩알이였다.

아들은 한탄하며 어머니를 보고 말하였다.

《어머니, 어머니가 콩 세알을 자시고 생콩 세알을 넣었기 때문에 오늘 제가 저놈한테 죽게 됩니다. 어머니, 제가 죽으면 아무 산 아무 곳에 묻어주십시오. 그리고 3년동안을 누구에게도 알려주지 말아야 합니다. 그래야 내가 다시 살아나서 어머니와 함께 지낼 수 있으며 큰일을 할수 있습니다. 어머니, 부디부디 명심해주십시오.》

어머니는 목이 메여 말은 못하고 눈물을 비오듯 흘리며 기어이 아들 말대로 하겠느라고 아들의 손을 잡아쥐고 머리를 끄덕이였다.

악독한 장수가 쏜 화살이 윙하고 번개같이 날아왔다. 어린 장수는 생콩알을 쥐여뿌렸다. 콩알이 앵하고 날아나가다 화살에 부딪쳤다. 헌데 화살은 떨어졌는데 콩알은 화살에 맞아서 짝 갈라졌다. 장수는 콩알이 깨지는걸 보자 그것이 닦은 콩이 아니고 생콩알이라는걸 알고 두번째 화살을 날렸다. 이번에도 화살은 콩알에 맞기는 했는데 어린 장수 앞에 가서 뚝 떨어졌다. 악독한 장수는 이제는 어린 장수를 잡아죽기에 되였다고 좋아서 덩실덩실 춤까지 추고는 마지막화살을 날렸다. 어린 장수는 마지막 콩알을 뿌렸지만 아무런 맥도 없었다. 화살은 허공에 한일자를 그리며 날아와서 어린 장수의 가슴에 박혔다. 어린 장수는 가슴에 화살을 맞고 죽었다. 악독한 장수는 이제는 세상에 다시는 저를 당할자 없다고 좋아하며 집으로 돌아갔다.

어머니는 아들의 시체를 부여잡고 대성통곡하였다. 남편을 잃은 것만 해도 서러운데 하나밖에 없는 장수 아들을 자기불찰로 잃었으니 가슴이 미여지는것만 같았다. 어머니는 너무나 기가 막혀 울고 울었지만 운다고 아들이 살아날리 없었다. 밤이 되자 어머니는 죽은 아들을 안고 아들이 묻어달라던 아무 산 아무데까지 갔다. 어머니가 아들의 무덤을 파내려가는데 큰 청석바위가 나와 더 팔수 없었다. 어머니가 청석바위우의 뚜껑을 여니 그것은 천연적으로 된 청석관이였다. 어머니는 아들의 말대로 청석관 밑에 팥 한말을 깔아놓고 아들의 시체를 그우에 눕히고 청석관 뚜껑을 닫았다. 어머니는 아들을 묻어놓고 남이 알가봐 울지도 못하고 집으로 돌아왔다.

집에 돌아오니 한숨과 눈물밖에 나오지 않았다. 그러나 혼자 몸이니 밤낮으로 집에 앉아서 한숨과 눈물로 세월을 보낼수는 없었다. 어머니는 집일도 하고 밭일도 하였다. 그런데 혼자 사는 몸이라 한달 두달 한해 두해 지나니 재가하라고 권하는 사람도 많았고 혼사말 오는 집들도 많았다. 남편없고 자식없는 사람이 적적하기도 하고 살기도 여간 힘들지 않았다. 그래서 어머니는 차차 마음이 뒤흔들기 시작했다.

이 틈에 악독한 장수가 끼여들었다. 악독한 장수는 어린 장수를 죽이고도 그가 다시 살아날가 마음을 놓지 못하였다. 하지만 죽은 어린 장수의 시체를 찾자해도 어디다 묻었는지 몰라서 찾을길이 없었다. 악독한 장수는 어린 장수의 시체를 찾으려고 어린 장수의 어머니를 첩으로 삼으리라 마음먹었다. 악독한 장수는 하루에도 몇번씩 매파를 보내였다.

매파들은 악독한 장수의 령을 거역할수가 없어 매일 문턱이 닳게 찾아와서 그를 못살게 굴었다.

《남편이 없는데 애까지 없으니 뭘 믿고 살겠소. 어서 허락하시오.》

《이런 세상에서 살자면 무엇무엇해도 남편이 기둥이라고 그런 장수한테 자리를 옮기면 세상무서운것이 있겠소 세상부러운것이 있겠소?》

《죽은 남편이나 아들 생각해서는 뭘하나? 산 사람이 제살 생각을 해야지. 장수는 임자를 첩으로 맞아들이는 날이면 임금 받들듯하며 아무 일도 안시키겠다오.》

《말 바른대로 허락 안하다 장수가 대노하는 날이면 자네 목숨도 보존키 어려울게 아니요. 산 사람이 살기도 어려운데 죽은 사람이 다 뭐요.》

열번 찍어 넘어가지 않는 나무가 없다고 매일같이 매파들이 달려들어 얼리고 닥치고 하는바람에 어린 장수의 어머니는 자기의 사랑하는 어린 장수를 죽인 원쑤한테 재가하겠다고 승낙하였다.

어린 장수의 어머니가 승낙하자 악독한 장수는 인차 례를 이루고 어린 장수의 어머니를 첩으로 데려갔다. 악독한 장수는 속에 흉한 마음을 품고 있는지라 어린 장수의 어머니를 첩으로 삼은 그날 저녁에 어린 장수의 어머니방에 들어와 자지는 않고 녀자의 래력과 그 일가의 래력을 캐여물었다.

어린 장수의 어머니는 이제는 그의 첩이 되였는지라 남편이 묻는대로 무엇이나 다 대답했다. 이전 남편의 래력도 이야기하고 그가 죽을 때 남긴 유언도 이야기했다. 어린 장수 어머니가 전남편이야기를 하자 악독한 장수는 또 아들의 래력을 묻고 아들을 어디다 묻었는가고 물었다. 어머니는 악독한 장수의 첩이 되였는지라 더는 비밀을 지키지 않고 아들이 하던 말과 아들을 묻은 모자리까지 다 말하였다.

그런데 공교롭게도 이날이자 바로 아들이 죽은지 하루가 모자라는 3년되는 날이였다. 첩의 말이 끝나자 악독한 장수는 방에서 뛰쳐나갔다. 그제야 다시 정신이 든 어린 장수의 어머니는 악독한 장수의 뒤를 쫓았다.

악독한 장수는 벌써 어린 장수의 무덤을 파고 청석관 뚜껑을 열어제꼈다. 어린 장수는 그속에서 장수가 되여 갑옷을 떨쳐입고 룡마를 타고 채찍을 들었다. 시각만 되면 장수가 되여 세상에 다시 나타날판이다. 어머니가 가서《아이구 네가 장수 다된걸 그랬구나.》하며 악독한 장수앞을 막는데 악독한 장수는 그를 물리치고 칼을 빼들고 룡마를 타고 때되기를 기다리는 어린 장수의 목을 잘랐다. 그러자 어린 장수는 말에서 떨어져 쓰러지고 룡마도 쓰러지고 두리에 꼭 박아섰던 노란 병사들도 쓰러져 팥으로 되고말았다.

악독한 장수는 제 뜻을 이루자 이 녀인을 보고

《이년, 인젠 너 갈데로 가라! 내가 너를 곱다고 데려온줄 아느냐. 네 아들을 없애치우자고 그랬다. 어서 썩 물러가라.》하고 불호령을 내렸다. 그제야 어머니는 자기 아들을 죽인 죄를 하늘에 대고 빌었다. 하지만 때가 늦어 하느님도 그의 말을 들어주지 않아 그 녀인은 버림받은 사람이 되여 한생을 눈물로 살아가더라 한다.

(중국민간문예연구회, 연변분회 편, 『민간문학자료집④』(료녕편), 1984.)

장수 김 만빈

솔봉이란 곳에 김 만빈이라 하는 명장이 살고 있었는데 늘 한쪽 귀가 떨어진 말을 타고 다녀 사람들의 이목을 끌었다.

그리하여 솔봉에 김 만빈이란 장수가 살고 있다는 소문이 나라의 궁전에까지 전해졌다. 장수 김 만빈이 한쪽 귀 떨어진 말을 타고 다닌다 함에 왕은 이놈이 장래에 큰 환을 가져오리라 생각되고 은장도를 찬 숱한 무관들을 내려 보내여 장수 김 만빈을 잡아 오도록 하였다.

왕의 령을 받은 숱한 무관들이 솔봉에 당도하여 장수 김 만빈을 잡아 묶으려 하였다. 그러니 장수 김 만빈은 여러 장령들의 은장도를 밀치며 말하였다.

《죄 없는 사람 묶는 것이 나라의 의리이냐? 나라의 어령이라면 갈터이니 길을 비켜라》

허지만 왕의 령을 받고 내려 왔다는 그 무관들은 쇠사슬로 장수 김 만빈을 칭칭 동여 매고 한 장령이 걸으라고 김 만빈에게 호령했다. 장수 김 만빈은 가만히 서 그 놈을 노려보다 크게 노하여 몸을 옴쭉하더니 칭칭 감아놓은 쇠사슬을 토막토막으로 잘라 놓았다.

장령들은 저마다 목을 옴추리고 와들와들 떠는데 장수 김 만빈이 청천벽력을 치듯 호령했다.

《어서 말을 드려라!》 이 호령 소리에 산천 초목이 떨고 하늘이 울었다. 이에 새파랗게 겁에 질린 무관들이 저희들이 타고 왔던 말을 드리는데 김 만빈이 말등에 오르기만 하면 말은 납작하게 깔려서 죽어 나가는데 무관들은 더는 방법이 없어 그저 《죽여 주옵시사》 하듯 서서 와들와들 떨기만 하였다. 그러니 장수 김 만빈이 또 호령하였다.

《내 그 한쪽 귀 없는 말을 드려라!》

무관들이 마지막으로 그 말을 드리니 장수 김만빈은 그 말에 올라타고서 퉁소를 불었다. 그러니 그 귀 떨어진 말이 천지를 보고 세 번 호용하더니 말도 장수 김 만빈도 오간데 없이 사라졌다.

(연변민간문예조 편, 『조선족민간문예자료집』(내부자료) 제2집, 1963.)

장수 김덕룡

옛날 한 고을에 김덕룡이라 부르는 장수가 있었습니다. 그는 어려서부터 힘도 세고 용감한데다가 또 남달리 총명해서 근방에 모르는 사람이 없었습니다.

차차 나이들자 그는 큰뜻을 품고 깊은 산속으로 들어가 도사를 모시고 무예를 닦았습니다. 3년을 배우고나니 원래 재주가 비상한데다가 무예와 도술을 배워서 세상사람 비할바없이 용맹하였습니다.

이때 나라에 왜적이 쳐들어왔습니다. 이 소문을 들은 덕룡장수는 도사에게 왜적치러 나가겠다고 하였습니다. 그러나 도사는 이제 겨우 삼년을 배워가지고 어디가서 재주를 내놓겠는가 하면서 몇년 더 배우라는것이였습니다.

《아닙니다, 제가 조선의 대장부로 태여나서 어찌 왜적들이 나라를 침략하는것을 보고 가만히 있겠습니까. 나라를 위해 힘을 다 바쳐 싸우겠습니다.》

덕룡장수의 말은 견결하였습니다. 나라를 위해 나가겠다는 그의 결심은 도사도 막을수 없었습니다.

《그럼 좋다. 그런데 너의 재주를 좀 봐야겠다.》

도사는 길옆에 있는 넓고 둥근 큰 바위돌을 가리키면서 그것을 산아래로 구을리되 한발로는 북을 둥둥 쳐서 소리를 내고 한손으로는 칼을 쥐고 량옆의 나무를 모조리 치면서 골짜기까지 내려갔다가 또 그본새로 올라오라 하였습니다. 그러되 한사발의 구류수(시간을 알리기 위해 한방울씩 떨구는 물)가 다 떨어지기전에 갔다와야 한다는것이였습니다.

덕룡장수는 한손으로 바위돌을 구을리고 한손으로 옆의 나무를 치며 내려가자니 미처 발로 북소리를 내기전에 저만큼 내려갔습니다. 그런가 하면 따라 내려가서 북소리를 내자고 발로 차다나면 미처 옆의 나무를 칠새가 없었습니다.

그가 젖먹던 기운을 다 내여 겨우 내려갔다 올라오니 구류수는 한사발이 다 내려가고 다른 한사발도 절반이나 내려갔습니다.

《도사님, 비록 좀 늦기는 했으나 시키는대로 하였으니 내려가도 되겠지요?》

《가만있게, 내 하는것을 보게나.》

도사가 그 돌을 내리 구을리는데 두다리사이에 끼고 한발로 굴리고 한발로 북을 치며 한손으로는 길가의 돌을 주어서 팔매질하고 다른 한손으로는 초목을 몽땅 베면서 내려갔다 올라오는데 구류수가 절반밖에 내려가지 않았습니다.

《도사님의 재주는 하늘이 낸 재주이니 세상사람은 못비깁니다.

저의 재간도 왜적들을 물리칠수 있습니다. 그러니 저는 꼭 가야 하겠습니다.》

《정 그렇다면 말리지 않겠네. 자네의 나라를 구하겠다는 마음은 좋으나 모든 일에 경솔하지 말고 매사에 조심하게.》

도사는 이렇게 신신당부하며 장수를 떠나보냈습니다.

덕룡장수가 집으로 돌아오니 일이 안되자고 그랬던지 아버지가 사망되여 초상을 치르게 되였습니다. 덕룡장수는 맏이가 되여 상복을 입고 삼년을 령구앞에서 지켜야 했습니다.

이때 적들은 이미 산 너머까지 들이닥쳤습니다. 령구만 지키고 나라위험을 못본체할수가 없었습니다. 만약 나라가 잘못되면 무슨 면목으로 세상 사람을 대하겠습니까. 그래서 어머니에게 왜적을 치러 가겠다고 허락을 빌었습니다. 그러나 어머니는 력대로 효자가 못되면 충신이 못된다면서 기한이 된 다음 가라는 것이였습니다. 그러다가 아들이 너무도 안타까와하니 그럼 산마루에 올라가 정황이나 보고 오라고 하였습니다.

덕룡장수가 옷을 바꿔입고 산마루에 올라가보니 왜적들이 산 아래에다 진을 쳐놓고 마을의 부녀들을 끌어다가 술상을 차려놓고 희롱하는 것이였습니다.

덕룡장수는 부아가 치밀어 견딜수 없었습니다. 그래서 한달음에 왜장앞에 뛰여갔습니다. 그를 본 왜장은 그만 두 눈이 휘둥그래졌습니다. 웬 조선사람이 무슨 재간으로 이 창검이 숲을 이룬 곳에 감히 들어왔는가 해서 말입니다. 그래서 큰소리로 호통을 쳤습니다.

《넌 웬놈인데 감히 여기로 들어왔느냐?》

그러나 덕룡장수는 대답도 없이 뻗치고 서서 왜장만 노려보았습니다.

왜장은 노발대발하여 왜 이런 놈을 들어오게 했느냐하면서 졸개들을 욕하였습니다.

《네놈들이 어찌 감히 나를 막을수 있다더냐? 만약 나의 재주를 알겠거던 래일 인시에 또 오겠으니 그때 봐라!》

덕룡장수는 말을 마치자 온데간데없이 사라졌습니다.

왜장은 꼭 귀신한테 홀린것 같았습니다. 그러나 래일 또 오겠다 하니 그때 다시 보자하고 병사들을 시켜 든든히 지키게 하였습니다.

그 이튿날 인시가 되자 덕룡장수는 과연 왜장앞에 나타났습니다.

《너는 어떤놈인데 무슨 일로 나를 찾아왔느냐?》

그러나 덕룡장수는 그 말에 대답은 하지 않고 너희 군대가 총이 있는데 총을 다 동원하여 나를 쏴 맞춰봐라 하였습니다. 그러니 왜장은 절호의 기회라고 즉시 군사들을 시켜 일제히 덕룡장수를 향해 총을 쏘았습니다. 그런데 총소리와 함께 장수는 온데 간데 없었습니다. 인젠 죽었겠지 하고있는데 글쎄 대문으로부터 부채질을 하며 덕룡장수가 천천히 걸어서 왜장 앞에 오더니 래일 또 오겠으니 너희 병사들의 투구에 흰 종이를 붙여 놔라 하고는 온데간데없이 사라졌습니다.

그 이튿날 왜병들마다 투구에 흰종이를 붙이고 보초도 더 삼엄히 지키고 있는데 인시가 되니 또 덕룡장수가 왜장앞에 가 서면서 소매에서 종이조각을 수북이 쏟아놓는 것이였습니다.

《이것이 네놈의 병사들 투구에 붙였던 표식이다.》

왜장이 믿어지지 않아 나가보니 과연 투구에 표가 하나도 없었습니다.

《투구에 붙은 표도 떼오는줄 모르는 이런 병사들을 데리고 그래도 남의 나라를 침략하려 하느냐? 내 혼자서라도 너희 십만대군을 쥐새끼처럼 여긴다. 그러니 살겠으면 당장 군대를 걷어가지고 조선에서 물러가거라. 그렇지 않다간 당장 이 자리에서 모가지가 나라날줄 알라.》

기겁한 왜장은 그날로 군대를 끌고 떠나갔습니다.

그때 마을에 역적이 한놈 있었는데 왜놈이 오면 덕을 보자고 하던것이 덕룡장수때문에 왜놈들이 물러가게 되니 그만 나라임금에게 고해바쳤습니다. 즉 김덕룡이 도술이 능하고 재주 비상한데 왜적이 쳐들어와도 아버지의 령구를 지킨다는 핑게로 싸울념은 안하고 오히려 적진에 드나들면서 왜적과 내통했다는것이였습니다.

임금은 사령들을 시켜 당장 덕룡장수를 붙잡아오게 하였습니다.

사령들은 장수를 철사로 결박하여 말에다 싣고 서울로 올라왔습니다. 며칠간 오다가 한곳에 소나무정자가 있으니 덕룡장수는 거기에 가서 쉬고 가겠다고 하였습니다. 그러니 사령들은 죄지은 놈이 무슨 요구가 이렇게 많은가 하며 들어주지 않았습니다.

《내가 너희들의 위협에 가는줄 아느냐? 임금의 명령이니 가지 내가 안가겠다 하면 네놈들 어떻게 하겠냐?》

덕룡장수가 성을 내면서 힘을 주니 철사가 뭉청 끊어져나갔습니다. 그러자 말우에서 몸을 솟구쳐서 그 소나무정자에 가 앉는 것이였습니다.

이때 서쪽하늘로부터 구름떼가 날려오더니 백발로인 한분이 정자에 내려앉는 것이였습니다. 덕룡장수가 바삐 일어나 절을 하니 로인이 부추겨 세우면서 말했습니다.

《보라. 자네가 내 말을 안듣더니 결국 역적으로 몰리게 되였다. 그러니 네 이제 가서 나라의 처분을 받고 나에게로 오너라.》

말을 마친 로인은 또 구름을 타고 가는 것이였습니다.

덕룡장수는 다시 말에 올라 임금앞으로 끌려갔습니다. 임금은 덕룡장수를 보자마자 불호령을 하였습니다.

《네 이놈, 듣건대 네 재주 비상하다 하는데 왜 나라를 구할 생각은 아니하고 왜적과 내통하였는고, 네놈의 죄 백번 죽어 마땅하다.》

임금은 덕룡장수가 아무리 역적질을 아니했다 해도 듣지 않고 당장 목을 따라고 하였습니다.

사령들이 달려들어 칼로 목을 쳐도 날창으로 찔러도 덕룡장수는 아파하는 기색조차 없었습니다.

임금은 하도 이상하여 물었습니다.

《네 죄가 죽어 마땅한데 왜 죽지 아니하느냐?》

《자고로 효자와 충신은 하늘이 죽이지 세상사람은 죽이지 못합니다. 내가 역적이 아닌데 어떻게 역적의 루명을 쓰고 죽겠습니까?》

임금이 보니 과연 이놈의 재주 비상하였습니다. 살려두었다간 자신도 위험할것 같았습니다.

《그럼 넌 어떻게 해야 죽겠느냐?》

《예, 저를 효자겸 충신이라고 임금님께서 친필로 써서 세상에 알리면 죽어도 원이 없습니다.》

임금은 그 자리에서 《만고충신 김덕룡은 효자겸 충신이다.》라고 써서 세상에 알리도록 하였습니다.

그러자 덕룡장수는 난데없이 비수를 한자루 꺼내더니 다리에서 비늘을 한쪼각 떼내고는 여기를 때리면 나는 죽는다 하였습니다. 그래서 사령들이 달려들어 그 자리를 치니 덕룡장수는 온데간데없이 사라져버렸습니다.

이렇게 효자겸 충신이라는 이름을 세상에 남기고 사라진 김덕룡 장수는 다시는 세상에 나타나지 않았습니다.

장수는 사라졌으나 덕룡장수에게 혼이 난 왜적들은 그만 조선에서 물러가버렸으며 다시 침략하려고 생각도 못했답니다.

(흑룡강민간문예연구회 조선족회원집체, 『삼돌이와 호랑이』, 흑룡강조선민족출판사, 1985.)

중국 조선족 설화 연구

전백록 뫼 앞을 지날 때는

멀고 먼 옛날, 호랑이가 담배를 피우고 짐승들이 말을 할 때였다. 온성군 주원동의 산중에 전씨부인이 살았다. 남편이 일찍 세상을 뜨고 부인이 혼자서 베도 짜고 밭농사도 지으면서 살았다.

전씨부인이 40세가 되던 해에 생긴 일이다.

따뜻한 봄날 꽃들이 만발하고 나비들이 너울너울 날아다니여 마음이 싱숭생숭해 난 부인은 뜰악을 거닐다가 집안에 들어가서 베틀에 앉아 베를 짜고있었다. 그때 문득 버스럭 소리가 나드니 흰사슴이 집안으로 뛰여들어와 전씨부인앞에 꿇어앉아 뒤에 포수들이 따라온다면서 살려달라고 애걸을 하였다. 전씨부인은 사슴을 고방에 감추어 주었다.

한참 후였다. 사냥군 둘이 활을 쥐고 마당에 와서 전씨부인에게 백사슴을 못보았는 가고 묻는 것이였다. 전씨부인이 백사슴을 못보았다고 하자 사냥군들은 다른 곳으로 떠났다.

전씨부인이 백사슴을 보고 나오라고 하자 백사슴은 또 무릎을 꿇고 앉아 감사하다고 하면서 눈물까지 흘렸다. 백사슴은 전씨부인의 치맛자락을 물어당기면서 거기에다 구슬 세 개를 뱉아놓으면서 하나는 당장먹고 두 개는 위험한 때 쓰라고 하였다.

전씨부인은 그 자리에서 그 구슬 한 개를 먹었다. 백사슴은 또 감사를 드리고서는 벌판으로 사라졌다.

전씨부인은 그때로부터 잉태되여 열달만에 몸을 풀게 되었다. 그런데 쌍둥이를 선 것처럼 배가 남산만 하여 이틀이나 애를 쓰며 신고를 해도 아이를 낳지 못하였다. 전씨부인은 그 구슬 생각이 나서 잘 간직했던 구슬 한개를 먹었다. 그랬더니 전씨부인은 아이를 헐케 낳았다. 하지만 갓난애가 천정에 가 닿아있었다. 전씨부인은 겨우 일어서서 천정에 붙어있는 갓난애를 안아내렸다. 갓난애는 서너달 된 아이만큼이나 우둑지였다.

전씨부인은 아이의 이름을 무어라 지을가고 골을 쨨다. 그는 죽은 남편의 성을 따서 성은《전》가라 하고 사슴이 준 구슬을 삼켜서 낳은 아이라고 하여 이름은《백록(白鹿)》이라 지었다.

백록은 물오이처럼 무럭무럭 자라 석달만에는 걸을 수가 있었다. 그는 물론 말을 할줄도 알았다. 백록은 어머니한테 10년 후에 오겠다 하면서 집을 떠났다.

전씨부인은 10년동안을 학수고대하여 아들이 돌아오기를 기다렸다. 그러던 하루 여라문살 되는 아이가 전씨 부인을 찾아와서 자기가 아들이라 하면서 무릎을 꿇었다. 전씨부인은 너무 기뻐서 그 아이를 끌어안고《백록아, 나의 백록아!》하고 불렀다.

며칠 지나서 이 소문이 한입 건너 두입 건너 온 동네에 퍼졌다. 전씨부인은 아들을 데리고 관청에 가서 전백록의 신세를 쭉 이야기하였다.

관청에서는 온성군수에게 이 사실을 알렸다. 온성군수는 역적이 생겼다 하면서 전백록을 묶어놓고 전씨부인을 내쫓았다. 관청에서는 며칠 지나서 전백록을 죽이기로 결정을 지었다. 전씨부인은 마지막으로 아들을 만나서 흰사슴이 주던 세 번째 구슬을 백록에게 주면서 먹으라고 하였다. 그랬더니 도부수가 칼로 백록의 목을 내려쳤으나 오히려 칼이 두동강 나고 백록은 눈깜박하지도 않았다. 관청에서는 백록을 도무지 죽일 수가 없어서 그더러 자살하라고 하였다.

전백록은 12시간동안 자기를 룡상에 앉혀주면 자살하겠노라 하였다. 온성군수는 하는 수 없이 이 일을 서울에다 고하는수밖에 없었다. 나라의 왕님도 백록을 보니까 아이가 총명이 과인하고 눈에서 정기가 이글이글하기에 살려주면 우환거리라 여겨서 그를 12시간동안 룡상에다 앉혀주는 수밖에 없었다.

전택록은 12시간동안 룡상에 앉았다가 내려서 여차여차하면 자기가 죽는다고 알려주었다.

백정들이 백록이 말한대로 그의 왼쪽다리비늘을 뜯고 칼로 세 번 찍으니까 백록은 죽어버렸다.

나라에서는 백록의 유언대로 그의 시체를 온성군 주원동 와고리의 참나무골에다 묻어주었다.

그 후로부터 전백록의 뫼앞을 지날 때 사람들이 말잔등에서 내리지 않으면 말발이 땅에 붙어 떨어지지 않았고 사람들이 소수레우에서 내리지 않으면 소발이 땅에 붙어 걷지를 못하였다. 하지만 사람이 말잔등우에서 내리기만 하면 말이 걸어갈수 있고 사람이 소수레우에서 내리기만 하면 소가 걸어가는 것이였다.

어느 하루는 온성군수가 그곳을 지나는데 말발이 땅에 붙어 말이 걷지를 못하였다. 군수는 아랫사람들에게 무슨 연고인가고 물었다. 그저 수레우에서 사람이 내려야 말발이 떨어진다는 것만 알았지 무슨 연고인가 하는 것은 몰랐다. 군수는 이리저리 궁리하더니 손으로 무릎을 툭 치면서 술상을 차려오라고 수하사람들에게 분부하였다.

《전백록씨의 령혼이여, 소원대로 12시간동안 왕위에 앉았는데 아직 무엇이 부족하여 이런 조화를 부리나이까? 내가 오늘 그대 뫼앞에 술을 부어드리니 다시는 말발이나 소발이 땅에 붙지 않도록 해주옵소서!》

군수는 말을 마치고 전백록의 뫼앞에 술석잔을 붓고 나서 왼발로 백록의 뫼를 세 번 차고 또 책찍으로 그 뫼를 세 번 쳤다. 그리고 나서 군수가 말잔등에 올라앉으니까 말은 쩽쩽 걸어가는 것이였다. 그 후로부터 사람들이 말잔등에서 내리지 않아도 그 뫼앞을 지날수가 있었다고 한다.

(흑룡강성조선족민간문예연구회, 『팔모진주』, 흑룡강조선민족출판사, 1989.)

룡늪

세전이벌은 우리 인민들이 가장 일찍이 개척한 고장으로서 유구한 력사와 더불어 이고장엔 아름다운 전설도 많다. 널리 전해지고 있는 전설중에는 또 룡에 대한 전설도 있다. 세전이벌에는 룡자가 붙은 마을만 해도 룡지, 룡문, 룡전, 룡포, 룡남, 룡산, 룡암, 룡신, 구룡 등 아홉 고장이 있다. 전하는 말에 의하면 룡지에 있는 룡늪에서 제일 먼저 룡마가 났다고 한다.

멀고먼 옛날이였다. 지금의 룡정북쪽 룡지 뒤산기슭에 한씨성을 가진 농부네 일가가 살고 있었다. 처음 이 고장에 와 자리를 잡은지라 살림이 궁색하기가 말이 아니었다. 하지만 한로인은 젊어서부터 실농군이라 아들며느리일가식솔들을 거느리고 화전을 일구고 삼년이라는 세월을 하루도 쉼없이 부지런히 일했기에 밥술이나 오르내릴 수 있게 되었고 아글타글 애쓰며 한푼두푼 모은 돈으로 젖떨어지기 송아지 한 마리까지 사놓게 되였다.

그때 한로인네 집에서 서남쪽 일리쯤 떨어진 바위굽에 그리 크지 않는 늪이 있었다. 푸른 하늘이 내려앉은듯한 늪은 크기도 장관이었지만 깊이가 하도 깊어서 누구도 그 깊이가 얼마나 되는지를 몰랐다. 명주실꾸리 세 개를 다 풀어도 늪 밑에 가닿지 않았다. 늪에는 크고 작은 각가지 고기들이 떼지여 헤염쳤고 봄이면 록음방초 우거지고 백화가 다투어피여 그야말로 천자만홍이였다. 황금같은 꾀꼬리는 양류간에 날아예며 노래 불렀고 록수에 원앙이 짝을 지어 노닐었으니 천하 절승이 여기런듯했다. 아침 해돋이에 늪가에 가보면 노을 비낀 하늘이 늪에 내려앉아 비단을 펼친듯했는데 그속에 기암절벽이 거꾸로 서고 늪가의 수목과 화초들이 거꾸로 비쳐 별유선경같았다.

한로인은 이른새벽이면 송아지를 끌고 늪가에 나가서 이슬 맺힌 풀을 뜯기다가는 늪가 풀밭에 소를 매놓고 집으로 돌아왔다. 어느 하루 아침이였다. 안개가 자욱하고 바람 한점 없는 이른 새벽, 한로인은 예나 다름없이 송아지를 끌고 늪가로 갔다. 그런데 이상하게도 바람 한점 없는데 늪에서 파도가 일었다. 야릇한 생각이 든 한로인은 안개 덮인 늪을 찬찬히 살펴보았다. 물속에서 무엇인가 빙빙 도는데 얼핏 보면 그것이 마치 파도같아 보였다. 한로인은 송아지를 버드나무가지에 대충 매놓고 또다시 살펴보기 시작했다. 차차 파도가 세차게 일더니 물기둥이 두세길씩 솟는데 물갈기 속에서 누름누름한 것이 꿈틀거리는가하면 또 외뿔이 불쑥불쑥 솟아오르는 것이였다. 물고기가 아니고 이상한 괴물인지라 한로인은 놀라서 뒤로 서너발자국 물러섰다. 이때 송아지가 화다닥 솟아뛰며 고삐를 툭 끊어 가지고 집으로 정신없이 뛰여가는 것이였다.

늪에 이상한 괴물이 있다는 소문이 차차 가근방에 퍼지자 사람들은 늪가에 얼신하지도 않았다. 하지만 한로인만은 늪가에 반날갈이 푼히 되는 조밭이 있어 막무가내로 계속 그 밭을 다루었는데 한로인이 혼자 다니며 그 밭을 다루었다.

그 때로부터 달포가 지나니 중복이라 우썩우썩 자란 조는 부옇게 이삭이 패기 시작했다. 괴물이 행패라도 부릴가 늘 근심했는데 아직껏 별다른 기미가 보이지 않았다. 어느날 이른아침 늪가를 살피며 조밭에 이른 한로인은 깜짝 놀랐다. 집채같이 큰 황소가 조밭에 뛰여들어 부지런히 입질하였다.

《저런! 저런! 어이구 이놈이 조밭을 결딴내는구나!》

한로인은 소리치며 조밭에 뛰여들어갔다. 한로인이 황소를 때리려고 몽둥이를 쥐여드는데 황소가 머리를 버쩍 쳐들었다. 그바람에 한로인은 놀라 몽둥이까지 떨어뜨리고 악 소리를 지르며 뒤로 물러섰다. 털빛은 황소같으나 머리쳐든 것을 보니 황소가 아니였다. 대가리는 말처럼 생겼는데 또 말과는 달리 정수리에 커다란 외뿔을 떠인 괴물이였다. 헌데 한로인이 몇발 물러서서 그 괴물을 다시 보니 생김새는 괴상해도 집짐승처럼 순해보였다. 한로인은 다시 용기를 내여 그 괴물을 쫓았다. 괴물은 한로인의 소리를 듣자 밭머리로 나가는데 키가 사람의 세곱이나 되며 말발굽모양으로 생긴 발통은 절구통 같았다. 한로인이 밭을 빙 둘러보니 곡식은 한 대도 다치지 않고 씀바귀만 뜯어먹었다.

밭머리에 나간 그 괴상한 짐승은 움직이지도 않고 서서 한로인만 바라보았다. 그바람에 한로인은 담이 커졌다. 그는 괴물 곁에 다가 가서 그 괴물의 털을 쓸어주었다. 그랬더니 그 괴물은 고맙다는 듯 한로인의 손을 핥아주었다. 과연 양처럼 순한 짐승이었다. 한로인은 이런 짐승을 보지는 못했어도 이 짐승은 틀림없이 사람이 길들인 것이라 생각하며 그 짐승을 집에까지 몰고왔다.

한로인은 이 짐승의 이름은 모르나 임자있는 짐승일것이니 임자가 꼭 찾아오리라 생각했다. 그런데 며칠두고 기다려도 임자는 찾아오지 않았다. 한로인은 수소문하여 임자를 찾아주려고 그 짐승을 끌고 장마당에 갔다. 한로인이 이 짐승을 끌고 장마당에 들어서니 숱한 구경군들이 모여서 소라거니 말이라거니 하며 왁작 떠들었다. 처음보는 짐승이라 누구도 그 짐승이 무슨 짐승인지 딱히 짚어 말하지 못하였다. 사람들이 갑론을박하며 한창 떠드는데 키가 구척이나 되고 몸집이 짚동같고 솔밭눈섭에 부리부리한 종지눈, 우뚝한 남산코를 가진 대걸총각이 헐레벌떡거리며 사람들을 헤집고 한로인앞에 와섰다.

《로인님, 이 말을 팔러 오셨습니까?》

한로인은 머리를 저으며 대답하였다.

《아니, 아니요. 소인지 말인지는 몰라도 우리 밭에 뛰여든 것을 붙잡았는데 임자를 찾아주려고 장마당으로 끌고왔소.》

대걸총각은 한로인 앞에 넙적 엎드려 절하였다.

《로인님, 이 말은 저의 말이올시다. 돈은 달라는대로 드릴테니 저의 말을 돌려주십시오.》

한로인은 임자를 찾았으니 시름을 놓았다면서 그 짐승을 대걸총각에게 돌려주었다. 대걸총각은 너무도 감격되여 백배사례하며 후일에 은혜를 후히 갚겠노라 하고는 그 짐승을 끌고 떠났다.

한로인이 집에 돌아온 며칠 후였다.

한로인의 아들이 낮잠을 자는데 꿈에 대걸총각이 찾아왔다. 그는 자기는 백두산정기를 타고나서 내두산에서 자랐는데 룡마를 찾아 만천하를 찾아다니다 한로인 덕분에 룡마를 얻었으니 그 은혜를 갚겠다면서 래일아침 첫닭 울음소리나면 늪가로 나오라는것이였다. 그러면서 로인은 길이 멀어서 가기 어려우니 한로인의 아들을 오라는 것이였다.

한로인은 아들에게서 꿈이야기를 듣더니 무릎을 툭 쳤다.

《듣고보니 저앞 늪은 룡늪이고 그 대걸총각은 백두산장수가 분명하구나. 얘야, 이 이야기를 함부로 입밖에 내서는 안된다.》

《네, 알겠소이다!》

《백두산장수가 너를 만나려 하니 시각을 어기지 말고 래일 새벽에 룡늪에 나가 보아라!》

닭이 홰를 치자 아들은 룡늪을 찾아갔다. 백두산장수가 한로인의 아들을 데리고 백두산으로 들어가는데 백두산장수와 함께 탄 룡마가 화살같이 날았다. 귀뿌리에서 쌩쌩 소리가 났고 산발과 나무들이 언뜻언뜻 지나갔다. 그들은 잠간사이에 백두산 산속에 들어갔다. 백두산 장수가 룡마를 세우니 마당삼밭이였다. 하여 그들은 거기서 산삼 한짐을 파지고 또다시 룡늪으로 돌아왔다. 장수는 한로인의 아들과 갈라지며 이렇게 말했다.

《형님, 앞으로 어려운 일이 생기면 닭이 첫홰를 치자마자 이 늪가에 와서 청산이를 세 번 부르시오. 그러면 모든 힘을 다해 도와드리겠소,》

한로인의 아들이 미처 인사할 아이도 없이 백두산 장수는 오간데없이 사라졌다.

한로인네는 백두산장수의 도움으로 졸지에 부자가 되어 즐거운 나날을 보내게 되었다. 헌데 발없는 말이 천리를 간다고 백두산에서 장수가 나고 룡늪에서 룡마가 낫다는 소문이 날개라도 돋힌 듯 방방곡곡에 파다하게 퍼져서 사람마다 이 이야기를 하게 되었다.

그때로부터 삼년이란 세월이 류수같이 흘러간 봄이였다. 봄바람과 함께 기쁜 소식이 온다더니 이해 봄에는 기쁜소식이 아니라 외적이 쳐들어 온다는 무서운 소식이 전해왔다. 외적들은 불을 지르고 부녀를 해치고 가축과 재물을 략탈했다. 이에 놀란 임금은 신하들을 데리고 주자를 놓았다. 그러다보니 도탄속에서 허덕이는건 백성뿐이였다. 외적의 기세는 날따라 사납고 가는 곳마다에서는 백성들의 아우성소리뿐이였다.

어느날 저녁 뒤산너머에서 화광이 충천하고 고함소리, 아우성소리가 천지를 진감하더니 피난민들이 령마루를 쓸어넘어 왔다. 피난민들은 한로인에 집에 들어와 래일이면 외적들이 이곳까지 쳐들어올것이라고 알려주었다. 무서운 재화가 곧 닥쳐오게 되었다.

뜬눈으로 밤을 새운 한로인은 닭이 첫홰를 치자 룡늪에 나가서 청산이를 세 번 불렀다. 그러자 낯익은 백두산장수가 나타났다.

《로인님, 무슨 일로 불렀습니까?》

《외적이 쳐들어와 나라 형편이 어렵게 되고 백성들이 살아 나갈길이 막혔으니 이 일을 어찌하면 좋겠나?》

백두산장수는 후 하고 땅이 꺼지게 한숨 쉬였다.

《재간을 다 닦고 인간세상에 나오려 했사온데 일이 이렇게 되었으니 할수 없게 되었사오이다. 래일아침 문앞에서 기다리십시오.》

장수는 말을 마치자 사라졌다.

이튿날 아침이였다. 아침해가 솟아올랐는데 백두산장수는 나타나지 않았다. 모두들 안타까와 손톱눈을 쓰는데 뒤산 령마루에서 함성이 일더니 외적들이 쓸어넘어왔다. 모두들 황황해서 어쩔바를 모르고 있는데 백두산장수가 룡마를 타고 나타났다. 헌데 갑옷도 입지 않고 투구도 쓰지 않고 손에는 아무것도 들지 않았다. 하여 사람들은 저렇게 나서 어떻게 싸우겠느냐 하면서 가슴을 옥죄며 근심하는데 백두산장수가 룡마를 잡아타고 적병을 향해 질주했다. 백두산장수가 탄 룡마의 호용소리는 천지를 진감했다. 그 소리에 적병들의 전마는 혼비백산하여 마구 날뛰였다. 룡마가 계속 호용하며 빙빙 돌아치니 전마들이 한가운데 모여 저들끼리 마구 말을 밟고 사람을 밟았다. 그러니 말등에서 떨어진자 반수라 들판에는 류혈이 랑자하고 주검이 쌓여 산을 이루었다. 놀란 말들이 날뛰는데 비명소리가 천지간에 찼다. 다시 백두산 장수가 룡마를 몰고 가로세로 몰켜선 전마의 우를 넘나드니 말등에 앉았던 놈들은 모두 굴러 떨어졌고 그 전마들은 백두산 장수가 모는대로 한로인네 집앞에 와 옴짝 않고 서는 것이였다. 백두산 장수는 다시 룡마를 잡아타고 들판으로 나가더니 살아남은 적들을 독수리 병아리 채듯 한 손에 네댓씩 잡아드리는데 잠간 사이에 천여명 되는 적병을 모조리 잡아들였다.

백두산 장수는 적병을 모여놓고 호령했다.

《이놈들아, 싸움도 하기전에 말등에서 굴러떨어지는 주제에 남

의 땅에 쳐들어와 행패를 부리니 용서를 받을소냐?!》

적병들은 그저 목숨만 살려달라고 애걸복걸했다. 헌데 이때라 한놈이 백두산장수의 앞에 나서며 말하였다.

《장수님께 여쭐 말씀이 있습니다.》

《무슨 말인고?》

《저희들은 구두왕나라의 백성인데 구두왕의 령을 어기지 못하여 전장에 나왔으니 처분하겠으면 구두왕이나 데려다 처분하옵소서!》

백두산장수는 껄껄 웃었다.

《그럼 내 구두왕을 처단할테니 어서 불러오너라!》

적병들은 구두왕을 데리러갔다. 적병 셋이 산마루로 올라가더니 세줄기의 연기가 피여올랐다. 뒤이어 먼 산봉에서 세줄기의 연기가 피여올랐다. 거의 반날해가 지나자 서쪽 하늘로부터 우뢰소리같은 요란한 소리가 울리더니 대가리 아홉이 달린 놈이 아홉손에 장검을 비껴들고 입으로 검은 연기를 뿜으며 고래고래 소리를 질렀다.

《어떤놈이냐? 어서 과인앞에 목을 들이대여라!》

백두산 장수는 룡마에 채찍을 안겨 하늘 공중에 날아오르더니 구두왕을 맞받아 나갔다. 룡마가 하늘이 무너지듯 호용하며 외뿔로 구두왕의 복장을 찌르고 번개같이 내달았다. 그바람에 구두왕은 손을 쓰지 못하고 산산쪼각이 되어 땅에 떨어져 시체도 찾을 수 없게 되었다.

백두산장수가 땅에 내려오자 적병들은 천하무적이라던 구두왕이 찍소리 못하고 녹아나는 것을 보고 대경실색하며 벌벌 떨었다. 백두산 장수는 적병들에게 고향에 돌아가 안거락업하며 다시는 나쁜짓을 하지 말라고 훈계하고는 돌려보냈다.

전란에 기겁하고 도망쳤던 임금은 나라가 안정하게 되자 다시 궁전에 들어왔다. 임금이 들어와 싸움 경과를 들어보니 백두산장수보다 룡마가 있었기 때무네 구두왕을 이긴 것이 분명했다. 임금은 그 룡마만 손에 넣는 날이면 세상을 쥐락펴락할 것이요, 사해에 명성을 떨칠 것 같았다. 그렇게만 되면 하늘에는 옥황이요, 바다에는 룡왕이요, 인간세상에는 제밖에 없을 것이라 혼자 꿈을 꾼 임금은 두어깨가 으쓱해서 한로인을 불러 백두산장수를 대령케 하라고 령하였다.

한로인은 불길한 생각이 들어 백두산장수를 찾아가서 전후 사연을 말하면서 그더러 어서 피하라고 하였다. 그랬더니 백두산장수는 장탄식하고 자기가 알아 처사하겠으니 그리 알라고 하였다.

이튿날 백두산장수는 입궁하게 되었다. 임금은 백두산장수를 보고 전공을 세운 그를 몇마디 치하하더니

《짐의 평생 소원은 좋은 말 한필 얻으려는 것이였는데 듣자니 경에게 그렇게 좋은 말이 있다니 그 말을 짐에게 올릴지어다!》 라고 하였다.

백두산 장수는 시원스레 대답했다.

《임금의 소원이 그러할진대 말 한필 올리지 못하오리까?! 래일 아침에 늪가에 와서 기다리십시오.》

이튿날이였다. 임금은 그래도 마음이 놓이지 않아 늪가에 천명이나 되는 명궁수들을 매복시키고 천명장수까지 불러다 숨겨두고 백두산장수가 나타나기만하면 즉각에 없애치우라고 령하였다. 새날이

희붐히 밝아오는때 물안개 피여오르던 고요한 룡늪에 파도가 일기 시작했다. 뒤이어 광풍이 대작하고 집채같은 파도가 노호했다. 매복한 녀석들은 머리도 들지 못하는데 임금만은 그 룡마가 눈앞에 나타나기를 기다리고 있었다. 땅이 움씰하더니 룡늪에서 룡마가 솟아오르는데 룡마등에는 장수가 앉아있었다.

임금은 다급한 소리를 질렀다.

《빨리... 빨리! 령대로.. .저놈을...》

어명이라 명궁수들이 덴겁하여 머리들고 활시위에 살을 메우는데 백두산장수가 채찍을 휘두르자 룡마는 천지를 진동하는 호용소리와 함께 땅을 차고 하늘에 솟아올랐다. 그바람에 룡늪이 푹 꺼져내려가고 늪의 물이 소용돌이치며 땅에 스며들고 늪가의 땅도 물속으로 마구 휘감겨 들어갔다. 임금과 명궁수들 그리고 장수들은 비명을 지르며 땅속에 휘말려 들어가지 않으려고 기를 쓰고 악을 썼다. 늪가에는 일대혼란이 일어나 누가 누구를 돌볼 경황이 못되였다. 하늘에 높이 솟아올랐던 룡마는 땅에 내리며 늪가에 선 벼랑을 차며 호용했다. 그바람에 절벽강산이 무너져내려 임금과 명궁수, 장수들을 묻어버리고 룡늪자리도 메워버렸다. 전하는데 의하면 구중천에 솟아오른 룡마는 그 룡늪자리가 그리워 종종 늪자리에 내렸는데 안개낀 날 말발굽산기슭에서는 때때로 룡마의 호용소리가 난다고 한다. 임금은 룡늪에 묻혔고 세월의 흐름에 따라 룡늪자리도 흔적을 감추고 한로인도 세상을 하직했지만 룡늪에 대한 이야기만은 전하고 전하여져 지금도 이 고장을 룡룡(龍)자와 못지(地)자를 달아서 룡지라 부른다 한다.

(중국 민간문예연구회 연변분회 편, 『민간문학자료집3』, 1982.)

초동과 공주

깊고 깊은 산중에 한 초동이 외로이 살고 있었습니다. 부모도 형제도 없이 홀몸인 그는 매일 산에 올라가 나무를 해다가는 팔아서 그날 그날의 끼니를 에우군 하였답니다.

그러던 어느날이였습니다. 초동이 산에 올라가 한창 나무를 하고 있는데 갑자기 먹장구름이 해빛을 가리우더니만 독수리가 병아리를 채듯 어여쁜 여자를 채가지고 휙 날아가는 것이였습니다. 초동은 하던 나무를 그만두고 독수리를 쫓아 내처 뛰여갔지요. 독수리가 한 바위앞에 내리자 집채같은 바위가 쩍 갈라지지 않겠습니까. 독수리가 그 안으로 들어가니 바위는 다시 닫기였습니다.

이때 나라에서는 공주를 잃어버리고 사면팔방으로 찾아다녔습니다. 라졸들이 이곳으로 왔을 때 초동은 자기 눈으로 본대로 다 말했습니다. 그런데 라졸들이 바위를 이리저리 밀어봐도 요지부동이였지요. 초동이 주먹으로 힘껏 내리치자 바위가 쩍 갈라졌는데 몇십길이나 되는지 그 깊이를 알길없는 동굴이 나타났습니다. 그러나 아무도 그 동굴속으로 들어갈 엄두를 내지 못했답니다.

임금이 공주를 구해낸자를 부마로 삼겠다고 미리 선포한지라 용감하고 힘센 초동이 자진해 나섰습니다. 초동은 온 산의 칡넝쿨을 다 모아 바를 꼬라고 시켰습니다. 그리고나서 칡넝쿨바에다가는 광주리를 달아매고 바를 흔들면 소리가 나도록 종을 달라고 일렀습니다. 이윽하여 초동은 광주리에 앉아 동굴안으로 내려갔습니다. 얼마나 내려갔던지 거기에도 해가 있고 강물이 사품쳐흐르는데 나무가 우거진 숲속에 고래등같은 기와집이 덩실하게 앉아있겠지요. 기와집 앞에는 우물이 있고 우물곁에는 버드나무 한 그루가 서있었습니다. 초동이 버드나무에 올라가 앉아있노라니 마침 공주가 물길러 나오질 않겠나요. 초동은 버들잎을 쭈르륵 훑어서는 공주가 물을 담은 드레박에다 내리뜨렸습니다. 바람 한점 없는데 버들잎이 왜 떨어질가 하고 공주가 물을 쏟아버리고 다시 물을 떠올리니 초동은 또 아까처럼 버들잎을 훑어 내리뜨렸습니다.

이상한 기미를 느끼고 공주가 나무를 쳐다보니 뜻밖에도 웬 총각이 있지 않겠습니까.

《여기는 날새도 못들어오는 곳인데 웬 사람인가, 사람이면 어서 내려오고 귀신이면 당장 사라지라.》

초동은 나무에서 내려와 자기는 공주를 구하러 왔노라고 말했습니다. 이에 공주는

《나를 붙잡아온건 구두장군이온데 그는 독수리로 변할 수 있습니다. 석달 열흘동안 나가있다가 오늘저녁에 돌아옵니다.》고 하였습

니다.

초동은 공주와 어떻게 구두장군을 잡을 것인가를 상론하고 나서 구두장군마굴안에 들어가 숨었습니다. 한참 지나《쿵-》하는 소리가 나므로 초동이 공주보고 무슨 소리냐고 물었습니다.

《구두장군이 첫대문을 열고 들어오는 소립니다.》하고 공주가 대답했습니다. 이윽고 또《쿵-》하는 소리가 나니《두번째 대문을 들어왔습니다.》고 하였습니다.

구두장군이 열두대문을 열고 들어온걸 초동이 숨어서 보니 대가리가 아홉개나 되고 온몸이 털로 덮인 괴물이었습니다. 미리 차려놓은 술상앞에 구두장군이 와 앉자 공주가 독한 거미주를 부어올리며

《장군님, 우리는 백년가약 맺었으니 숨겨둘 것이 없지 않습니까? 장군님은 세상에서 제일 두려운게 무언지요, 그걸 알아둬야 제가 장군님을 보호해드릴수 있지 않겠나이까.》라고 했습니다.

《나에게는 두려운게 하나도 없다.》구두장군이 말하자 공주는 눈물을 흘리며 말했습니다.

《저는 슬픕니다. 장군님께서 아직도 저를 믿어주지 않으니 살아서 뭣 하오리까.》

그제야 구두장군이

《정 알고 싶거든 너만 알아둬라. 뒤울안에 가면 돌로 덮어놓은 샘치 하나 있는데 나는 그 샘치에서 태어났다. 그런데 그 샘물이 한방울이라도 내 몸에 떨어지기만 하면 나는 죽는다.》하고 말하였습니다.

공주는 웃음을 지으며 연거푸 거미주를 부어 올렸습니다. 구두장군은 아홉독이나 되는 술을 다마시고는 취해서 나가자빠져 코를

《드르릉 드르릉》골며 잠들어버렸지요. 퉁사발같은 눈을 뜨고 자는 꼴은 보기만 해도 몸서리칠 지경이었습니다.

이때 초동이 살금살금 나와 벽에 걸려있는 칼을 벗겨서 구두장군의 대가리를 힘껏 내리치니 아홉 개 대가리가 한칼에 썩둑 베어졌습니다. 떨어진 대가리는 데굴데굴 굴러와 다시 몸뚱이에 붙었습니다. 초동과 구두장군과의 싸움은 그야말로 무시무시했습니다. 이때 공주가 얼른 뒤울안에 가서 샘물을 한동이 길어왔습니다. 초동이 번개같이 칼을 번뜩이며 내리쳐 구두장군의 대가리가 다시 나떨어지자 공주는 곧 구두장군의 몸에 샘물을 끼얹었습니다. 그랬더니 그는 네 각을 뻗치고 빼드러지고 말았습니다.

초동은 그길로 공주의 손목을 잡고 마굴을 빠져나와 동굴로 내려올 때 타고 온 광주리 있는데까지 갔습니다. 초동이 공주를 광주리에 앉히고 칡넝쿨바를 흔들어 종을 치니 땅우에서 바를 끌어올렸습니다.

잃었던 공주를 찾게 되자 뭇사람들은《우아-》함성을 지르며 동굴속에 들어간 초동을 놔둔채 공주를 가마에 태워가지고 돌아가버렸습니다.

초동은 광주리가 내려오기를 이제나저제나 하고 목이 빠지게 기다렸으나 감감무소식이었습니다. 하는수없이 그는 이리저리 혼자 헤매다가 한곳에 이르렀습니다. 거기에는 오래 묵은 나무가 한그루 서있고 그우에 가죽으로 만든 주머니가 걸려있었는데 그속에서 이상한 울음소리가 새여나왔습니다. 초동이 칼로 가죽주머니를 쭉 쨌더니 미남자가 나와서 꿉실 절을 하며 감사를 드리지 않겠습니까.

《나는 룡왕의 셋째아들이올시다. 구두장군이 나의 형님 두분을 잡아먹고 나까지 잡아왔는데 당신 덕분에 요행으로 살아났습니다.》

초동은 룡왕의 아들에게 자기의 기구한 신세를 다 말하고 나서 집으로 돌아가야겠는데 어떻게 하면 갈수 있겠는가고 물었지요. 그러자 룡왕의 아들이 등을 들이대며 자기 등에 업혀 눈을 꼭 감으라고 하였답니다. 초동이 룡왕의 아들 등에 업혀 눈을 감았더니 물소리인지 바람소리인지 귀가에 스치는 소리가 쌩쌩 들리였습니다. 얼마나 왔는지 룡왕의 아들이

《이젠 눈을 뜨십시오.》하고 말했습니다.

초동이 눈을 뜨고 보니 사위는 캄캄하였습니다. 룡왕의 아들이

《나는 땅우의 해빛을 받으면 살지 못하므로 룡궁으로 돌아가야겠습니다.》고 말했습니다.

초동이 룡왕의 아들과 작별하고 돌아서니 동산에서 밝은 달이 막 솟아오르고있었습니다. 눈앞에는 푸른 련당못이 있고 물에는 아름다운 련꽃이 활짝 피여있었지요. 솔솔 불어오는 바람에 설레이는 잔잔한 물우에서 련꽃은 하늘하늘 춤을 추었습니다. 못가에는 푸른 동산이 있고 거기에는 온갖 화초가 피여있어 싱그러운 향기를 풍겼습니다. 동산 아래를 굽어보니 궁전같은 기와집이 있으므로 초동은 그리로 발걸음을 옮겼습니다. 가까이 가서 알아보니 그것은 공주의 별당이었습니다. 별당 앞에는 맑디맑은 우물이 서있고 우물곁에는 실실이 드리운 수양버들이 서있었습니다. 초동이 나무에 올라가 앉았노라니 어여쁜 공주가 문을 열고 나와서 휘영청 밝은 달을 쳐다보며 초동을 그리고있었습니다.

《나를 구해준 님이여, 어서어서 돌아오세요. 심보 고약한 간신이 아버님을 속이고 나를 데려가려 하오니 제발 어서 와서 구해주소서.》

이때 초동이 버들잎을 쭈르륵 훑어 내리뜨렸습니다. 공주가 나무를 쳐다보니 달도 밝고 명랑한데 밤낮 그리던 사랑하는 님이 앉아있지 않겠습니까. 꿈이냐 생시냐, 꿈이거든 깨지 말고 생시거든 변치 말지어다.

초동이 나무에서 내려와 공주의 손을 덥석 잡으니 구두장군마굴에서 자기를 구해주던 님의 따뜻한 손이요, 낯익은 면목이라 눈물절반 웃음절반이였습니다.

초동은 임금에게 상소하여 자기가 공주를 구해냈다고 임금을 속이고 부마가 되려던 간신을 처단케 하고 한평생 임금의 총애를 받는 부마가 되었습니다. 그리하여 그는 나라를 잘 다스리고 밖으로는 외적을 물리치면서 즐거운 나날을 보냈다고 합니다.

(리상각 외, 『깍쟁이 양반』, 연변인민출판사, 1981.)

여호선

옛날 여호선이란 사람이 있었는데 그는 활만 메고 정처없이 떠다니는 사람이였다. 하루는 한 바다가의 적은 부락에서 쉬게 되었다. 밤중이 지나서 잠을 깨고 보니 앞집에서 졸연 곡성이 나기에 이상히 생각하고 주인을 청하여 그 리유를 탐문한즉 그 집에 이구 십팔 꽃나이의 딸이 자다가 종적이 없어져서 그리 슬피 운다 하였다. 그러면서 이 동리에 이런 일이 세 번째라 하였다.

여호선은 원인을 알지 못한채 이튿날 그 집을 떠났다. 한곳 심심산골로 들어가 돌아다니다가 날이 저물어 한 나무 밑에서 쉬게 되었다. 로독이 나서 한쉼 쉬고 났는데 웬 소리가 들리기에 내려다보니 어떤 놈이 보교에 앉아서 씨끌덤벙해 가지고 올라오고 있었다. 보아하니 좋은 사람 같지 않아서 활로 쏘았더니 우시시하고 사라져버렸다. 날이 새자 그는 주위를 살펴본즉 피 흘린 흔적이 있어서 그 피자국을 찾아 가다나니 큰 바위돌이 둘러 싸이고 새 덤불과 떼뿌리가 꽉 얽힌 곳까지 갔다. 그 곳에는 피흘린 자취가 없는지라 이리저리 살피다나니 그 떼뿌리가 풍덩 떨어지면서 함정에 빠지게 되었다. 한참동안 내려간 것이 몇 백길되는 듯 하였다. 다행히 떨어진 곳이 모래방이라 죽기는 면하였다. 정신을 차린 그는 다시 넓은 굴벽을 더듬어보았더니 한 곳에 나갈 수 있는 문이 있었다. 그 문을 나서서 구비돌아가니 의외에도 밝은 빛이 비치였다. 그 넓은 곳으로 나가니 원숭이 한 마리가 나와 어떤 사람이냐 하면서 의술이 있느냐고 물었다. 그는 어찌하여 그것을 묻느냐?고 답문하니 원숭이 말이

《우리 대왕께서 간밤에 외출하셨다가 흐르는 화살에 중상을 당하였습니다. 그래, 용한 의원을 구하는 바이외다.》라고 하였다. 그는 자신의 소업이 의원이라 하면서 어서 가보자 하였다. 원숭이는 매우 기뻐하면서 그를 데리고 갔다. 여호선이 따라간즉 큰 바위굴 앞 넓은 방석돌 우에 큰 원숭이가 신넓적다리를 싸매고 앉아있었다. 적은 원숭이가 의원을 모셔왔다고 사연을 올리니 큰 원숭이는 크게 기꺼워하면서 인사를 드리고 살려달라 애원하였다. 그는 그만한 일에 근심할 것 없다고 한즉 큰 원숭이 이것은 하늘이 도우신거라고 인사를 시키니 사오십 마리 원숭이가 모여와서 절을 하였다.

그때 여호선은《내가 가지고 다니는 것은 병이나 상처만 고칠 수 있는 약일 뿐 아니라 한 번 먹으면 영생불멸하는 불사약이니라.》하였다. 그러니 원숭이들은 모두 그 불사약을 달라고 애원하면서 그 값가는 아끼지 않겠다고 하였다. 그때 여호선은 이 약은 귀중한 약이니 국왕께만 드리자고 하였다. 그러니 모든 원숭이들이 절을 하면서 저들에게도 달라고 애원하였다. 정 그렇다면 하나도 빠지지 말고 모

두 줄을 지어 오라 하였다. 그러니 휙 소리를 내자 무리 원숭이들이 죄다 모여와서 줄 지어 섰다. 그때 여 호선이 말하기를 약은 줄 터이니 자기가 손을 들거들랑 일제히 소리없이 먹으라 하면서 활촉에다 바르는 왜진이라는 독약을 내주었다. 원숭이들은 고분고분 들으며 그 약을 일시에 전부 먹고 버둥거리다 다 죽어버렸다.

그는 원숭이들이 다 죽은 후에 굴안으로 들어가 본즉 처녀 셋이 모여 앉아서 울다가 의외에 인간세상 사람을 만나니 반가워하면서도 원숭이가 무서워서 쳐다만 보고 있었다. 그래 원숭이를 다 죽였으니 근심 말라 하니 나가 보고 와서 그에게 매달리면서 막 울어 댔다.

이렇게 되여 생명은 구원됐으나 이 굴을 벗어날 길을 몰라 난사였다. 네 사람은 그 곳에 있는 보물을 많이 짊어지고 그곳을 떠나 돌아다니며 찾았다. 한 곳에 이르니 웬 붉은 수건으로 골 보를 동인 두 사람이 앞에 와서 절을 공손히 하면서 길을 안내하여 드리겠다 하였다. 그래 너희들은 어떠한 사람들이냐 물으니 그들은 원래 이곳은 저희들의 나라였댔는데 원숭이들이 강탈하여댔습니다. 그런데 이제는 대인의 덕택으로 나라를 찾게 되었으니 감사하기 짝이 없다 하였다.

그들은 붉은 수건 맨 이들을 따라 나가니 얼마 안가서 굴 밖으로 나서게 되었다. 굴밖에 나오자 두 사람은 간곳 없고 큰 쥐 두 마리가 굴 어구에서 빵빵 돌다가 굴로 들어가 버렸다.

세 처녀를 데리고 그들의 고향으로 당도하니 그들 부모 형제들이 서로 껴안고 반기였다. 그러데 세 집에서는 모두 여 호선을 사위로 삼겠다하여 그 처녀들게 장가들어 잘 살았다 한다.

(연변민간문예조 편, 『조선족 민간문예 자료집』(내부자료) 제2집, 1963.)

중국 조선족 설화 연구

금제의 이야기

태고 때의 이야기다.

태백산줄기의 막바지에 옹달샘 하나가 있었는데 샘터에서 그리 멀지 않은 곳에 자그마한 동네가 있었다.

동네 사람들은 몇 대를 내려오면서 그 샘물을 길어다 먹으면서 살아왔다. 그러던 어느해 늦은 가을이였다. 하루는 십여 명의 젊은 새각시들이 물동이를 이고 샘터에 물을 길러 갔는데 공중으로부터 갑자기 쏴— 소리가 나며 광채가 눈부시게 빛나더니 샘터에 물 길러온 새각시중에서 가장 인물이 고운 각시를 독수리 병아리채듯 공중으로 채선 자취를 감춰버렸다. 이에 나머지 새각시들은 모두 놀라서 물동이를 내버리고 집으로 달려서 샘터에서 되여진 사연을 고하니 집집마다 모두 뒤숭숭하여 다음날부터는 녀자들을 샘터로 물 길러 보내지 않고 남정들이 물을 길었다.

괴물에게 잡혀간 각시는 이제 겨우 시집온지 석달도 채 안되였는데 이런 봉변을 당하고나니 집사람인들 오죽하며 안해를 잃어버린 남편의 마음이면 오죽하랴.

남편은 그 이튿날로 괴물이 사라진 남쪽을 향하여 안해를 찾아 길을 떠났다. 남편은 가고 또 가다가 어느 한 깊은 산중에 들게 되었는데 너무도 맥이 진하고 허기가 져서 산마루의 이름 모를 큰 고목나무 밑에 앉아 쉬게 되었다. 어느때나 되었는지

《여보게 젊은이, 어이하여 인적없는 깊은 산중에 와서 누웠는고?》

하는 말소리가 들리기에 눈을 번쩍 뜨고보니 수염을 가슴넘게 자래운 백발로인이 지팽이를 짚고 한손으로 수염을 내려쓸며 서있었다.

젊은이가 급히 일어나 두손을 합장하고 사연을 여쭈고나서 말했다.

《소인이 보오니 로인께옵선 신선이 분명하나이다. 부디 소인에게 안해를 찾을 방도를 가르쳐주시옵소서.》

《허허허, 난 신선이 아니라 토지신일세. 내 이곳을 지나다가 자네가 기진맥진한 것을 보고 도와주려 온 것일세. 젊은이, 이 무우를 먹게. 그러면 온몸에 힘이 막 날걸세. 자네의 안해는 천년 묵은 돼지요괴가 잡아갔네. 그놈은 이미 수십명의 인물 고운 녀인들을 채여다가 자기 안해로 삼고 시중을 들게 하네. 이제 곧 날이 샐터인즉 뜨는 해를 등지고 서쪽을 바라고 떠나가게. 이제 사흘길만 가면 토암산이라는 곳이 있는데 그 산은 층암 절벽이 칼로 깎아드리운듯한 높은 산이여서 나는 새도 감히 넘지 못하는 험한 준령일세. 산우에 암자가

있고 암자에 생불스님이 도를 닦고 계시니 생불스님을 찾아가서 청을 들면 방도를 가르쳐줄터인즉 그리 행할지어다.》

백발로인은 무우를 젊은이의 손에 쥐여주고는 자취를 감추어버렸다.

젊은이가 눈을 번쩍 뜨니 꿈인데 손에는 여전히 토지신이 준 무우가 들려있었다. 자세히 보니 그것은 무우가 아니라 무우만큼 큰 산삼이였다. 그는 기갈이 들고 허기가 심하던차라 산삼을 눈깜짝할 사이에 다 먹어버렸다. 그랬더니 잠시후 온몸이 더워나면서 힘이 막 났다.

드디여 날이 새고 동쪽하늘에 해가 머리를 내여밀자 젊은이는 백발로인이 가르쳐준대로 서쪽으로 향해 떠나갔다.

높고 험한 산길을 걸어 사흘만에 과연 하늘을 찌를 듯 높이 솟은 토암산에 당도했으나 산우로 올라갈래야 올라갈 방법이 없어 서성거리는데 산우에서 무엇이 부스럭거리며 내려오기에 보니 큰고목나무 굵기만한 대명이(구렝이) 꺼꾸로 암석을 타고 내려오더니 젊은이의 허리를 꼬리로 휙 감아서 순식간에 산봉우리에 올려다놓고는 어디론가 자취를 감추었다.

젊은이가 정신을 차리고 산을 돌아보니 구름낀 산우로 올라가는 층계가 보였고 산우에서 종소리가 은은히 들려왔다. 그가 막 층계를 올라가려고 일어서는데 난데없던 큰 호랑이가 앞에 턱 버티고 서있었다, 호랑이의 머리는 큰 광주리만하고 두눈에는 불이 뚝뚝 흐르고 주홍같은 입을 짝 벌리고《따웅-》하고 소리를 지르며 으르렁거렸다. 젊은이는 이제는 낙자없이 죽었구나 하고 생각하며 꿇어앉아 두손을 합장하며 빌었다.

《생불도사님, 소인이 도사님을 뵙고자 불원천리 찾아오다가 도사님전에 당도치못하고 호랑이밥이 되나이다. 부디 선정을 베푸시와 잔명을 보전케 해주옵소서.》

그런데 말이 채 끝나기도전에 호랑이는 간데없고 백발이 성성한 로인이 육환장을 짚고 천천히 걸어오기에 급히 로인앞에 복지하며 여쭈었다.

《소인은 토암산 도사님을 찾아 뵙고 가르침을 받고저 왔나이다.》

로인은 이윽히 바라보더니 육환장을 들어 가리키며 말했다.

《여보게 젊은이, 저우에 암자가 있으니 암자에 가서 가르침을 받게.》

말을 마친 로인도 온데간데없이 사라졌다.

로인이 가리켜준 돌층계를 따라 운무가 자욱한 속으로 올라가니 백설같은 암석들이 창끝같이 둘러섰고 그안에 신선당이 날아갈듯이 서있는데 선녀들이 오색라상을 화려하게 차려입고 손에는 봉황깃으로 만든 부채를 들고 너울너울 춤을 추고있었다. 상좌에는 백발이 성성한 도승이 앉아 상아렴주를 손으로 세며 념불을 하고 있었다.

젊은이는 여기가 신선당이 아닐가, 여기가 신선당이라면 저분이 바로 생불도사님이리라 생각하고 도승앞에 부복하며 사연을 아뢰였다.

《도사님, 소인이 도사님을 만나 가르침을 받고저 왔나이다.》

도사는 묵묵히 앉아 념불만 하며 거들떠 보지도 않았다. 젊은이는 자기의 지성이 부족한줄 생각하고 백배사례하고 애걸하며 또다시 가르침을 청하였다. 그제야 도사가 머리를 들고 주문을 외우는데 선녀들은 간곳없이 사라지는 것이였다. 도사는 만면에 희색을 띠우고 친보로 내려와 젊은이의 손을 잡고 암자로 들어가 앉은 후에 말했다.

《그대가 나를 찾아오기는 왔으나 나는 생불도 아니오. 다만 소승으로서 아무것도 아는 것이 없으니 쉬이 돌아갈지어다.》

젊은이는 다시 도사 앞에 엎드려 눈물을 흘리며 여쭈었다.

《소인의 지성이 부족하와 스님을 노엽혔은즉 스님께옵서 소인을 널리 용서하시옵고 부디 가르침을 주옵소서.》

《그대가 진정 소승을 믿는다면 내 힘껏 그대를 도우리라.》

도사의 말에 젊은이가 다시 사례하자 도사는 말했다.

《그대의 안해를 채여간 마귀는 여기서 10만 8천여리나 되는 섬나라에 있는 돼지요귀인데 금제라 부르네. 돼지들은 작은 것이 큰 소만하고 큰 것은 코끼리만한데 금제란 놈이 그 돼지나라에서 왕노릇을 하고있네. 그곳은 미욱한 짐승의 나라여서 감히 출입할자가 없는 곳이네. 내 이제 부작을 석장 써주겠네. 섬나라로 가려면 길일을 택해야 될터인즉 길일을 기다려야 되네.》

도사는 부작을 석장 써서 젊은이에게 주며 여차여차하라고 신신당부했다.

드디여 길일이 되어 젊은이를 밖에 세워놓고 주문을 외우니 갑자기 맑던 하늘에 먹장같은 구름이 몰려들고 번개불이 번쩍이는가싶더니 젊은이가 둥둥 떠올라 구름속으로 들어가는데 보니 구름속에 큰 룡이 가로누워있었다.

젊은이가 룡등에 올라앉자 룡이 한번 몸을 번뜩하더니 웬곳에다 젊은이를 내려다놓고 휙- 바람을 일쿠며 사라졌다.

좀 있으려니까 소만큼이나 큰 돼지들이 모여들어 서로 젊은이를 잡아먹으려 하였다. 그런데 그중 제일 큰 돼지가 나서며 말했다.

《자, 가만들 있게. 우리의 임금의 생일이 며칠 안남았으니 우리 이 좋은 먹이를 임금님전에 바쳐 임금님의 생일을 축하하세.》

돼지들은 좋다고들 법석대며 젊은이를 끌고갔다. 한참 가노라니 앞에 큰 동굴이 나졌는데 굴어구에는《금제의 나라》라고 씌여져있었다. 굴안에 끌려들어가 보니 큰 바위우에 코끼리만한 돼지가 움쭐 일어나는데 주둥아리가 한발이나 되게 긴놈이였다.

《대왕님, 우리가 대왕님의 생신을 축하하려고 좋은 먹이감을 잡아왔나이다.》

한 돼지가 나서더니 지껄였다. 그러자 금제란 돼지왕은《하하하》크게 웃으며 좋아서 야단이였다.

이윽고 젊은이가 굴안을 살펴보다가 한쪽에 앉아있는 자기의 안해를 발견했는데 안해는 돼지새끼같은 놈을 안고 젖을 먹이고 있다가 자기를 보더니 돼지왕이 무서워 소리못내고 속으로 느끼며 눈물만 비오듯 흘리고 있었다. 젊은이는 당장 달려가서 금제의 새끼를 죽이고 안해를 데리고 잘아날 생각이 굴뚝같이 치밀었으나 도사의 분부를 생각하고 참을 수밖에 없었다.

《여봐라. 저놈을 옥에 가두어라. 내 생일날 잡아 너희들과 함께

술안주를 하겠다.》

돼지왕이 령을 내리자 여러 돼지들이 욱 달려들어 젊은이를 옥에 가두었다.

며칠 후 금제의 생일이 되자 금제란 놈이 큰 가마에 물을 끓이게 하고 칼을 갈아가지고 젊은이를 끌어내였다. 이때였다. 젊은이는 금제가 다가오자 첫부작을 금제의 이마때기에 붙였는데 그 부작에는 《록피》라고 씌여져 있었다.

그러자 금제는 눈깜짝할 사이에 뼈 하나 없이 녹아서 물이 되고 말았다.

저희들의 임금이 죽자 돼지들은 괴상한 소리를 지르며 달려들었다. 젊은이는 다시 두 번째 부적을 펼쳐서 돼지들 속에 던졌다. 그랬더니 그 많은 돼지들이 모두 물로 되어버렸다. 그제야 젊은이는 안해에게로 달려가 금제의 새끼를 바위돌에 메쳐죽이고 안해를 데리고 방마다 열어보았다. 방마다에는 진귀한 보물들이 수없이 많았다.

그리고 다른 방들에는 수십명의 미인들을 가두어놓았는데 모두 일가친속들이 그리워 눈물을 흘리고 있었다.

젊은이는 그들을 모두 나오라고 한후 숱한 보물들을 나눠준 뒤 자기도 안해와 같이 보물을 짊어지고 굴문을 나와서 도사가 써준 세 번째 부작을 펴보았다. 그런데 세 번째 부작에는 《풍우선》이란 세글자가 씌여져 있었다.

젊은이가 부작을 땅에다 펴놓으니 그 부작은 수십명이 탈 수 있는 큰 풍우선이 되었다. 녀인들을 태운 후 젊은이가 두손을 합장하고 축수하니 풍우선은 공중으로 둥둥 떠올라 바람을 타고 눈 깜짝할 사이에 고향으로 돌아왔다. 이윽고 사람들이 내리자 풍우선도 간곳없이 사라졌다.

젊은이는 녀인들을 제각기 집으로 돌려보내고 안해와 함께 부모님들을 잘 모시고 효성을 다하며 잘 살았다고 한다.

(림승환, 한광일, 서종식 정리, 『팔선녀』, 흑룡강 조선민족출판사, 1987.)

운봉전

서울에서 멀리 떨어진 심산유곡에 자그마한 동네가 있는데 춘하추동 사시절 기암괴석 밑에서 백옥같은 샘이 솟아난다고 그 이름 샘골이라고 불렀다.

샘골에 김서방이라는 사람이 있었는데 갓마흔에 옥동자를 보았으니 아들의 이름 운봉이라 불렀다. 운봉이 금방 태어나니 기골이 비범하여 호걸의 기상을 타고났는데 울음소리 또한 요란하여 한번 울라치면 천둥이 우는 듯 온 샘골이 들썽했다. 그래서 동네방네에서는 김서방 집에 나래돋친 장수가 났다는둥, 개천에서 룡이 났다는 둥 별의별 말이 다 돌았다.

그런데 천지도 무심하고 귀신도 야속했다. 운봉이 겨우 걸음마타며 아빠엄마를 부를 때 운봉의 부친 갑자기 득병하여 백약이 무효로 구천에 가고 말았다. 그러니 홀로 남은 부인이 운봉이를 기를제 애비없는 자식 슬퍼할가 남의 삯빨래하고 삯방아 찧으면서도 얼굴

한번 찡그리지 않았고 산에 가서 나무단 해 이고 돌아오며 구슬 같은 땀을 흘리면서도 언제나 웃는 얼굴로 운봉이를 반겨주었다.

운봉이 일곱살을 잡으니 어섯눈을 떴는데 가세가 극빈하고 애비 없는 자식이라 작은 내를 건너 서당방이 있었지만 어머니는 감히 글공부시킬 엄두를 내지 못하였다. 헌데 운봉이는 무슨 생각이 들었던지 날바다 밥술만 놓으면 서당방 애들을 따라가서는 저녁에야 돌아왔다. 그리고 저녁술을 놓기 바쁘게 하늘 천, 따지 하고 글을 읽군 하였다.

어두운 방에 누워서 아들 운봉이 글읽는 소리 들으니 이에서 더 기막힌 일이 없었다. 운봉의 모친 며칠밤 아들 몰래 눈물로 옷고름 적시다 하루는 큰맘을 먹고 서당방 훈장을 찾아갔다.

《훈장님, 부디 이 가련한 신세 생각하여주옵소서. 슬하에 귀한 자식 두었사오나 가세 빈한하고 미천한 상민이라 감히 글공부시키겠다는 말 입 밖에 내지 못하였소이다. 그런데 저 철모르는 자식이 밤낮 서당방 도련님들을 그림자처럼 따라다니니 애비없고 가세가 빈한하나 어찌 자식의 소원 풀어주지 않겠소이까.》

운봉의 모친 머리도 들지 못하고 꿇어엎디어 사정하는데 서당방 훈장이 운봉의 모친 부축하여 앉히였다.

《이러지 마소. 내 글 배우겠다는 애들을 문밖에 내쫓고야 어찌 훈장이라 하리오. 벌써전에 운봉이 글방에 와 공부하도록 윤허하였으니 마음놓고 돌아가소》

이리하여 운봉이 서당방에 이름 올려놓고 글공부하는데 총명과 재질이 과인하여 하나를 배우면 열을 알고 열을 배우면 백을 통하는

지라 훈장은 운봉이를 장중보옥 같이 귀히 여겼다.

운봉이 서당에 들어온지 칠팔년이라는 세월이 흘러가니 공든탑이 무너지랴 글 잘 써 왕희지요 글 잘 지어 리백인데 구척장신에 풍채 또한 름름하였다.

어느날 훈장은 제자들을 거느리고 산놀이를 갔다. 때는 마침 추구월 황금계절이라 이산저산에 단풍들어 천자만홍 갖가지 꽃들이 핀듯한데 들에는 누렇게 익은 오곡이 추풍에 춤을 추는지라 훈장은 제자들을 보고 산천경개 절승이요 추홍 또한 도도하니 한수씩 지어 읊으라 했다. 그러니 운봉이 선참 나서 한수 지어 읊기를

《하늘은 높아도 억조창생 못살피고

천지는 넓으나 숨이 막혀 한이로다.》

하였다. 훈장은 운봉의 시를 듣고 못내 놀라움을 금치 못하였다. 그런데 가뜩이나 운봉이를 시샘하던 권세있고 돈있는 량반집 도련님들이 우르르 몰켜오더니 운봉이가 대역무도한 소리를 한다고 트집을 걸며 욕하고 때리기 시작했다. 운봉이는 너무도 분하여 한아름이나 되는 나무를 부여잡고 주먹같은 눈물을 뚝뚝 떨구다가 힝하니 나무를 뿌리채 뽑아 산아래로 뿌려던지고는 두말없이 집으로 오고말았다.

운봉이는 집에 오자 어머니 앞에 무릎꿇고

《어머니, 난 오늘부터 서당에 안가겠습니다. 불쌍하신 어머님을 도와 일을 하렵니다.》

하고 어머님의 손을 으스러지게 잡으니 어머니는 기뻐할 대신 대로하여 운봉의 손을 뿌리쳤다.

《너는 내 자식이 아니로다. 내 허리띠 졸라매고 너를 서당에 보

낼 때는 글공부해서 나라정사는 몰라도 한 동네 일이라도 잘 살필가 하여 보냈는데 서당에 안가겠다는 말이 웬말이냐? 내 자식이면 에미 생각 모르고 감히 그런 말을 할소냐? 어서 내앞에서 썩 물러가거라!》

그래도 운봉이는 다시 엎드려 어머니에게 여쭈었다.

《어머니, 이 자식도 어섯눈이나 떠서 서당에 간놈인데 어찌 모친님의 생각 모르리까! 하오나 량반 쌍놈이 하늘과 땅 같은 세상에 과거 한장 못보겠으니 더 배운들 어찌 너머님의 뜻을 이루리오까. 어머니, 제발 아들의 마음 굽어살펴주옵소서.》

운봉이 이렇게까지 사정하는데 모친인들 어이하랴.

어머니 더는 다른 말 하지 않고 저녁때가 되니 밥을 지었고 운봉이는 어머니를 도와 부엌에서 불을 땠다. 그런데 운봉의 모친 쌀을 가마에 일어안치며 불때는 아들을 내려다보니 운봉이 나무를 부엌아궁이에 집어넣는데 곧은 나무를 엿처럼 쭉 당겨 늘궈서는 뚝뚝 끊어 넣는것이였다. 어머니는 그만 깜짝 놀랐다. 그제야 어머니도 비로소 아들이 력발산 항우와 같은 힘장사라는 것을 알게 되었다.

이때부터 운봉이는 어머니를 도와 집일을 하며 동네 일까지 도와나서는데 입가진 사람치고 칭찬하지 않는 이가 없었다. 나무근심하던 운봉의 집 마당에는 밤을 자고나면 나무가리가 집보다 더 높이 쌓였고 우차가 없는 운봉의 집이였건만 가을이면 하루이틀사이에 덩실한 낟가리가 솟아났다. 걸핏하면 가난한 사람들에게 행패를 부리던 량반 부자나 불한당들이 운봉의 이름만 들어도 벌벌 떠는 바람에 샘골동네사람들은 허리를 펴고 살게 되었다. 그래도 운봉의 어머니는 혹시 아들이 힘을 믿고 공연한 짓을 하지나 않을가 근심되여

《애 운봉아, 불쌍한 사람과 구차한 사람들을 일심으로 도와야지 절대 남을 해쳐서는 안된다.》
라고 하면 그때마다 운봉이 하는 말이

《어머니, 근심 마옵시오. 호랑이 힘세다고 임금노릇 하리까. 의리에 어긋나는 일 행하지 않을테니 안심하옵소서!》라고 하였다.

그런데 운봉이 서당방에서 나온 이듬해여름 갑자기 샘골동네에는 몹쓸 병이 돌기 시작했다. 그 병에 걸리기만 하면 백약을 써도 무효하고 무당불러다 굿을 해도 소용없었다. 한집두집 드러눕기 시작하여 한사람 두사람 죽어나가더니 그 몹쓸 병이 온 샘골동네에 쫙 퍼져나가기 시작했다. 온 동네가 한숨과 눈물이였다. 운봉이는 그 병 힘으로는 고칠수 없는지라 속만 바질바질 끓었다. 바로 이때 서당방훈장이 운봉이를 찾아왔다. 운봉이는 훈장님을 보자

《스승님, 무슨일로 스승님께서 저를 찾아오셨습니까? 스승님이 저를 부름은 도리에 맞는 일이오나 스승님이 절 찾아왔으니 죄를 졌소이다. 그러지 않아도 스승님을 찾아가려던 참이였소이다.》 하였다.

훈장은 백발수염을 쓰다듬으며 운봉이를 보았다.

《그래 무슨 일로 날 찾아뵈려 했는고?》

《네. 동네에 자주 몹쓸 병이 돌고 있습니다. 저에게는 방도가 없지만 스승님께야 방도가 있겠습지요.》

《나도 바로 그 일 때문에 왔네. 서울에서 멀지 않은 곳에 쌍바위골이라고 있는데 그곳에 이 불치의 병을 떼는 약이 있다네. 헌데 그 약을 가져올 수가 없네. 쌍바위골에는 온 산에 구렝이천지여서 그 약

을 구하러 들어간 사람은 있어도 나온 사람은 없다네. 그래서 자네 힘을 바라자고 왔네.》

훈장의 말이 끝나기 바쁘게 운봉이는 어머니앞에 무릎꿇고 앉았다.

《어머니, 내 한몸 바쳐 동네 여러분이 산다면 내 어찌 죽기를 겁내리까. 어머니께서는 허락 한마디 해주옵소서!》

《장하다. 내 아들 운봉이 장하고나. 어머니 걱정 말고 지체없이 어서 떠나거라!》

이리하여 운봉이는 뫼산자보짐을 메고 쌍바위골로 떠나게 되었다.

사흘낮 사흘밤을 내처 걷다가 하루는 늘찬 고개길에 들어섰는데 안개가 자욱하여 좌우 산천도 분간할길이 없었다. 이 때 갑자기 웬 녀자의 다급한 비명소리가 들려왔다. 아무리 가는길이 급해도 사람이 당장 죽어가는 소리를 지르는데 그저 지나칠 수 없었다. 운봉이 급히 소리나는 곳으로 가보니 콩밭옆에서 황소같은 범이 시뻘건 아가리에 녀인의 삼단같은 머리채를 잡아물고 으르릉거리고 있었다. 운봉이는 더 생각할새도 없이 천둥같은 모진 고함을 지르며 달려들어가 범의 꼬리를 잡아채니 범의 꼬리가 뭉청 빠져나왔다. 그 바람에 범은 물었던 사람을 내버리고 운봉이에게 덮쳐들었다. 운봉은 몸을 홱 돌려빼며 범이 땅에 떨어지는 순간 그 놈의 등을 타고 목덜미를 힘껏 눌렀다. 운봉이가 호랑이의 목덜미를 어찌나 눌렀던지 호랑이는 대번에 피똥을 쏘며 네각을 뻐드러 버렸다. 그제야 운봉이 범에 물린 녀인을 가보니 그 녀인은 김을 매다가 호랑이에게 잡혔는데 호미를 쥔채로 있고 갓난애기가 기절한 어머니 품에서 발버둥치며 울고있었다, 운봉이는 우는 애기 품에 안고 기혼한 녀인 등에 업고 인가를 찾아 달음질쳤다.

운봉이 멀지 않은 곳에 인가가 있는 것을 보고 오금에 불을 일구는데 마침 한 농부를 만났다.

《여보 농부, 이 부인 뉘 집 부인이고 이 애 뉘 집 애인지 모르겠소?》

그 농부가 어린애와 부인을 보더니만 아이구 이게 웬일이냐면서 풀썩 주저앉아 통곡하였다.

《여보 농부, 앉아서 울면 무엇하오. 어서 부인이나 구원하오. 내 갈길이 바빠 더 돕지 못하오. 콩밭에 내가 잡은 범이 있으니 가죽을 벗겨 팔면 부인의 병구완은 될것이요. 자 나는 가오. 》

운봉이 말을 마치고 떠나니 농부가 운봉의 옷자락을 쥐고 놓지 않았다.

《죽어 백골이 되여도 이 은혜 잊을길 없는데 아무리 가는길이 바쁘기로 밥 한술 안뜨고 물 한모금 안마시고 가다니 웬말이시오.》

《한사람은 살았으나 온 동네 사람 생사를 다투니 어서 놓아주오.》

《그러면 성함 석자라도 남겨주소. 이후에라도 내 머리 뽑아 신삼아 올리리다!》

《농사하는 시골사람에게 성함이란 당치않소. 부디 부인 병구완 잘하고 어린자식 곱게곱게 키우소.》

운봉이는 말을 마치기 바쁘게 다시 길을 떠나는데 걸음이 하도

빨라 걷는지 뛰는지 산골길에 한줄기의 먼지가 뽀얗게 일었다.

운봉이는 그 걸음으로 하루낮 하루밤을 걸어서 이튿날 점심때 한 동리에 이르렀다. 배가 출출하여 한 집 뜨락에 들어서려는데 사람을 자끈자끈 내리패는 소리와 매 맞는 사람이 사람 살려달라는 아우성소리가 들렸다. 듣지 못했으면 몰라도 듣고서는 차마 그저 지날 수 없었다.

운봉이 뜨락에 들어서니 머리에 갓을 쓴 녀석들이 스무나문살 먹은 총각을 잡아패는데 한놈은 총각의 머리태를 감아쥐고 사정없이 볼을 치고 한놈은 툭 삐여진 눈을 부라리며 몽둥이 찜질을 하고 있었다. 매맞는 사람은 사람살려달라고 모진 소리를 지르고 다리병신 늙은 애비는 세발걸음으로 기여나와 자기를 대신 죽여달라고 애걸하고 집안에서 병석에 누워 일어도 못나는 에미는 두손으로 허공을 허비다가 가슴만 쾅쾅 치는것이었다. 운봉이가 차마 눈을 뜨고 볼 수 없어

《일이 있으면 말로 할것이지 사람은 왜 잡아패는거요?》

하고 막아나서니 운봉의 허름한 차림새를 본 김좌수의 두 하인이 흥하고 코방귀를 뀌며 대들었다.

《헝, 너는 웬놈이냐? 하늘이 얼마나 높은지 맛 좀 볼테냐?》

두녀석이 몽둥이를 버쩍 들고 운봉이를 때리려는데 운봉이 슬쩍 손을 들어 몽둥이를 빼앗더니 그 몽둥이를 끊어서 버리는 것이 아니라 엿처럼 쭉 늘궈서 두동강을 내였다. 이 광경을 본 좌수네 두 하인을 간이 콩알만 해지고 눈이 뒤꼭뒤에 가 붙어서 무당의 손에 든 대처럼 와들와들 떨었다. 운봉이는 맞아서 류혈이 랑자하게 된 이 집

아들을 집에 들여다놓고 사연을 물으니 령감이 하는 말이

《삼년전부터 부인이 득병하여 자리에서 일어 못나니 약을 쓰느라 김좌수네 집에서 돈 삼십냥을 꿔왔소이다. 약조한 기일은 되었는데 갚을 돈 없어 갚지 못하니 김좌수 사람을 보내여 빚 대신 아들을 잡아다 십년 머슴을 시키겠다 하옵니다. 기둥같은 외아들 가고나면 다리병신 이 늙은이 누굴 믿고 살겠습니까? 그래서 아들녀석이 안가겠다 버티다가 저렇게 맞아죽게 되었으니 이제 우리 집 세 목숨은 살아도 죽은거나 한가지웨다.》하고 탄식하였다.

운봉이 들어보니 로인의 신세 가긍한지라 갈길은 바빠도 한번 김좌수를 찾아가 혼뜨검내고 불쌍한 세식구를 구하리라 마음먹었다.

《당신이 김좌수요?》

운봉이 묻자 김좌수 운봉의 차림새를 보더니 펄쩍 뛰였다.

《너 이놈, 어디서 온놈이기에 그 말본새냐? 저녀석을 정신들게 내앞에서 곤장을 안겨라!》

그러나 두 하인은 운봉의 맛을 보았는지라 그저 서서 와들와들 떨기만 했다. 그러자 좌수가 몽둥이를 버쩍 추켜들었다. 이때라 운봉이 허허 웃으며 몽둥이를 잡아채여다 엿가락 늘구듯 쭉 늘궈 팽개치니 좌수는 깜짝 놀라 선자리에 굳어져버렸다.

《좌수량반, 내가 누군지 알고싶소? 난 바로 샘골에 사는 운봉이요!》

김좌수도 풍편에 샘골 운봉이 력발산 항우도 필적할만한 힘장사라는 말을 들었는지라 더구나 초풍기절하였다. 김좌수가 이쯤 되자 운봉은 외동아들 태산같이 믿고 사는 집 그 아들을 때려눕혀 삼년전

에는 그 집에 일손이 없게 되었으니 삼년 먹을 식량과 삼년 지낼 돈을 당장내놓으라고 하였다. 김좌수 본디 거북등에서 털을 긁어내 자는 깍쟁이요 감기도 남을 빌려주지 않는 위인이지만 주먹은 가깝고 법은 멀어 곱삭곱삭 내놓지 않을 수 없었다.

운봉이 그 돈을 받아쥐고 돌아와 늙은 내외에게 주고는 또 길을 떠났다.

운봉이 사오십리길을 단숨에 걸어 땅거미질 무렵 한 골짜기에 들어서는데 목에서 겨불내가 나며 갈증이 나서 견딜 수가 없었다. 마침 골어구에 오두막집이 보이는지라 주인 찾으며 문을 열고 들어섰다. 그런데 집안에는 주인은 없고 열대여섯살나 보이는 처녀가 머리를 풀어헤치고 누워 허공에 손질하며 《어머니, 물...물》하며 물을 찾고 있었다. 운봉이 입술이 말라터지고 코밑에 재가 앉은 처녀를 가긍히 내려다보다가 집에 또 누가 없나 살펴보니 아무도 없었다. 그래서 자기가 물을 떠줄밖에 없는데 정작 물을 떠주자니 물을 먹다 죽을 것 같고 안떠주자니 당장 목이 타서 죽을 것 같았다. 운봉은 잠간 망설이다가 그래도 물 못먹고 죽느니보다 먹고 죽는게 나을 것 같아 바가지에 찰찰 물을 떠서 처녀의 머리를 받쳐들고 물을 먹이였다. 처녀는 입가에 바가지가 닫자 꿀꺽꿀꺽 단모금에 한바가지 물을 다마시더니 또 물, 물 하고 물을 찾았다. 운봉이는 또 한바가지 떠다 먹이였다. 처녀는 물을 두바가지나 받아먹더니 속이 후련한지 색색 고르로운 숨소리를 내며 이내 잠들어버렸다.

운봉이는 그제야 물을 떠서 자기도 한바가지 마시였다. 갈한 목을 추기고 정신이 드니 처녀가 어머니를 찾는걸보니 필시 가까이에 사람이 있을상싶다는 생각이 들었다. 운봉이는 인차 집을 나와서 골안 여기저기를 살피였다.

이때 언덕아래에서 갑자기 악하는 여자의 비명소리가 났다. 지척에서 나는 소리라 지체없이 소리를 따라가 보니 큰 구렝이가 웬 녀인을 칭칭 감고 단입에 삼키려 하고 있었다. 생사가 경각이라 요강덩이같은 대가리를 내두르며 검은 혀를 날름거리는데 눈깔은 소상강 물결처럼 사나왔다. 운봉이는 더 생각할 새도 없이 번개같이 손을 써서 구렝이의 모가지를 꽉 틀어쥐고 구렝이를 녀인의 몸에서 풀어내서는 자기 몸에다 칭칭 감았다. 그리고 다른 손으로 구렝이꼬리를 단단히 틀어쥐고 힝하고 온몸의 힘을 다 썼다. 그러자 몸에 칭칭 감겼던 구렝이가 몇토막이 나서 땅에 떨어졌다.

알고보니 그 녀인은 처녀의 어머니였다. 그는 외동딸이 앓아누워 병세가 위중하게 되니 약지으러 갔다가 오는길에서 그만 구렝이가 덮쳐들어 죽게 된 것을 운봉이가 살려준 것이였다.

《이 은혜 어떻게 갚으리까. 나 죽고보면 딸까지 두 목숨 죽는 것을 나 살렸으니 딸까지 살게 되었소이다. 어디 계신 손님인지 집이 루추한대로 하루밤 류하고 가옵소서.》

그 녀인이 붙잡고 만류하였으나 운봉은 모녀간만 사는 집에 묵기도 거북한데 갈길까지 급해서 길떠날 차비를 하였다.

《고마운 말씀이나 길이 급해 가겠습니다. 그런데 저 구렝이는 금구렝이여서 세상에 다시없는 보신제오니 가져다 매일 고기 한점씩 먹으면 병도 낫고 몸도 인차 춰서오리다. 자, 그럼 저는 갑니다.》

《불쌍한 우리 모녀 살려주고 그저 가시다니 웬 말이요? 가더라

도 이름 석자 남겨주면 후일에라도 찾아뵈리다.》

《시골사람이 무슨 이름이 있겠소이까? 살아가노라면 만날날이 있겠지요.》

운봉이는 말을 마치자 밤길을 떠났다. 밤새 다리쉼도 없이 내처 걸으니 서울도 한 오십리밖에 남지 않았다. 그러니 쌍바위골도 그리 멀지 않았다. 운봉이는 한동리에 들려 아침을 얻어먹고 또 길을 조였다. 한식경이나 가느라니 좌우에 백버들, 황버들이 꽉 들어선 경치좋은 버들방천이 나졌다. 운봉은 버들방천그늘에서 다리쉼하면서 방천을 감돌아 흐르는 내물소리도 들어보고싶었지만 쌍바위골이 멀지 않은지라 걸음만 재우쳤다.

이때 이상하게도 버들방천에서 캐드득캐드득하는 웬 녀자의 웃음소리가 들려왔다. 인가도 없는 방천에 웬 사람일가 하는 생각이 드는데 또 웃음소리가 나고 뒤미처 쐑쐑하는 바람소리와 함께 누린내가 확 풍기였다. 소리 나는 곳으로 가보니 석마돌같은 너럭바위우에 검은줄이 죽죽 건너간 호랑이가 버티고 앉아 제가 물어다놓은 웬 녀인을 노려보고 있었다. 이윽고 호랑이가 그 여자를 놓고 양공질을 하는데 쐑 바람소리를 내며 여자의 꼭뒤우로 날아넘어가면 호랑이에게 잡힌 녀인은 간이 뒤집힌듯 허파에 바람든듯 캐득캐득 웃는것이였다. 호랑이에세 잡혀서 정신없이 웃고있는 사람은 녀성인데 몸에는 비단을 두르고 있었다.

운봉이는 죽는 사람 놔두고 갈수 없어 호랑이를 노려보고 있다가 호랑이가 또 허공중에 솟았다 떨어지는 순간에 번개같이 뛰여들어가 두손으로 호랑이의 모가지를 누르고 한 발로 호랑이의 허리를 내리밟았다. 운봉이가 어떻게나 힘이 셌던지 호랑이는 찍소리 못하고 대번에 늘어졌다.

운봉이가 호랑이를 잡아죽였을 때 호랑이에게 잡혀온 녀인은 그만 정신을 잃고 쓰러졌다. 운봉이는 사람을 구할바엔 끝가지 구해야겠다고 생각하고 그제야 찬찬히 보니 천상선녀같이 고운 처녀였다. 몸에 두른 비단옷을 보아 대감집규수가 틀림없는지라 임자도 찾고 사람도 살리자면 서울까지 업고 가야겠다고 생각했다.

운봉이 처녀를 등에 업고 서울길을 가는데 저 앞으로부터 먼지를 뽀얗게 일구며 말타고 칼차고 활을 멘 병정들이 길이 미여지게 달려오고 있었다.

말탄 무관이 운봉이 등에 업고 오는 녀인을 보자 말들에서 뛰여내렸다.

《당신은 웬 사람이요?》

《보면 모르겠소? 어느 대감집규수를 호랑이한테서 빼앗았소. 가는길이 급하니 어서 길이나 비켜주오.》

그 무관은 《대감집규수》라는 말에 운봉의 등에 업힌 여자를 찬찬히 보더니만 《아!》 소리를 지르며 운봉의 손을 맞잡는 것이였다.

《고맙소이다! 저희들은 상감마마의 분부받고 호랑이에게 잡혀간 공주님 구하러 떠난 사람들이외다. 그대 공주님을 구하였으니 나라의 기쁨이외다. 자, 상감마마께서 기다리시니 어서 궁전으로 가사이다.》

운봉이는 이 말 듣고 대회하여 공주를 정히 내려눕히였다.

《갈길이 급한데 마침 잘되였소이다. 지체말고 공주아씨를 궁전에까지 모셔가옵시오. 소인은 어머님과 동리 여러사람들이 생사를 다

투고있어 더 돕지 못하고 가옵니다!》

운봉이 말을 마치기 바쁘게 걸음발을 다그치는데 아무도 막지 못했다.

운봉이 쌍바위골로 들어설 때 궁전에서는 결사가 났다. 십오야 밝은 달밤에 달구경하러 후원에 나왔다 담을 날아넘은 대호에게 잡혀간 공주가 구사일생으로 살아왔으니 온 궁전이 발칵 뒤집히는판이였다.

임금은 죽은 줄로만 알았던 딸이 살아 돌아온 것이 꿈만 같은데 더구나 딸을 구해주고도 갈길이 바쁘다 연기같이 사라진 사람의 소행을 생각하니 고맙기가 한량없었다. 그래서 임금은 그날로 운봉이와 갈라지던 그길에 병사들을 풀어 파수를 세우고 운봉이를 찾게 하였다.

한편 운봉이는 쌍바위골어구에 이르렀다. 운봉이 험한 산세를 바라보며 서있는데 어디선가 사람들의 말소리가 들렸다. 그래서 말소리를 따라가 보니 골어구에 자그마한 막이 있는데 백발이 성성한 로인들이 앉아있었다. 로인들은 운봉이를 보자 깜짝 놀라며 그의 앞을 막아나섰다.

《젊은이는 어디로 가오?》

《쌍바위골로 약캐러 갑니다!》

《젊은이, 키꼴을 보니 힘이나 쓸것 같으나 쌍바위골엔 못가오. 거기엔 대망이 욱실거리는데 범같은 장사도 못당한다오. 대망이란 놈은 대가리가 물동이만큼 크고 몸뚱아리가 물독처럼 실해서 사람을 통째로 삼키는 바람에 이곳에 들어간 사람은 있어도 나온 사람은 없소. 우리도 아들을 이 골 대망에게 잃고 여기와 있소. 제 자식은 죽었지만 남의 자식 죽는걸 가만히 눈뜨고 보겠소? 그래서 우리 늙은것들이 골어구를 지키며 들어가는 사람들을 말리는 것이니 부디 로인들의 말이라 흘려버리지말고 들어주오.》

백발이 성성한 로인들이 이렇게까지 말하며 막아서는데 운봉이 그저 뿌리치고 지나갈 수 없었다.

《로인님들 고맙사옵니다. 하오나 어머님이 병석에 누워계시옵고 동리 여러분들이 생사를 다투고 있사온데 어찌 제 한목숨 아끼오리까? 로인님들 저는 가옵니다!》

운봉이 이렇게 말하고 쌍바위골 산에 잡아드는데 불시에 흑운이 몰려들더니 창대같은 비가 억수로 쏟아졌다. 헌데 그렇게 억수로 쏟아지던 비가 또 졸지에 끊고 하늘에는 구름 한점 없었다. 해빛이 쨍쨍 내려쪼이였다. 이때 운봉이 산을 쳐다보니 산에는 집채같은 바위들이 온 산에 널려있는데 비온 뒤라 바위마다에 구렝이가 나붙어서 온 산이 번들번들하였다. 과연 듣던 말과 같이 바위도 셀수 없고 대망도 그 수를 알 수 없이 많았다. 운봉이는 산세도 살피고 구렝이도 살펴보고는 구렝이와 싸울 궁리를 하고 있었다. 이때라 천화만변하는 쌍바위골에는 또 검은 구름이 모여들고 번개치듯 천둥이 울더니 하늘이 밑창이 빠진 듯 비를 쏟아붓는데 눈앞이 새뽀얘서 아무것도 보이지 않았다. 천재일우의 좋은 기회였다. 운봉이는 소나기 쏟아지는 틈을 타서 산꼭대기에 올랐다. 운봉이 산꼭대기에 오르니 또 비가 멎고 해가 났다. 해가 나니 구렝이들이 또 때를 만났다고 바위에 나붙어 온 산이 번들번들하였다. 이때 운봉이는 미리 생각한대로 산우 여기저기 드러누운 집채같은 바위를 굴리기 시작했다. 본디 힘장사인데다 젖먹던 힘까지 내여 바위를 굴리니 얼마 안가서 산우엔 바위 하나 찾아볼 수 없었다. 산 꼭대기에서 굴려놓은 집채같은 바위들이 그 아래바위들을 짓찧으며 함께 굴러내려가는데 하늘이 무너지는듯 땅이 박산나는 듯 요란한 소리가 쌍바위골을 뒤엎었다. 이 바람에 바위에 나붙었던 대망들이 거의 다 집채같은 바위에 짓찧여죽고 요행으로 살아남은것들은 도망쳐서 온산엔 산 구렝이라곤 한 마리도 없었다.

운봉이 이렇게 대망들을 물리치고 산정에서 내려오며 살필제 한곳에 이르니 손이나 겨우 드나들만한 바위틈에 손바닥같은 쪽잎이 다섯 개이고 황록색의 꽃이 핀 이상한 풀이 서있었다. 운봉이도 산골사람이지만 이런 풀은 본적이 없었다. 주위를 다시 살펴보니 그 주위에 어느 천년에 죽었는지는 모르나 노루, 사슴, 호랑이의 뼈가 수두룩이 쌓여있었다. 이상한 풀은 바로 이런 바위틈에 나서 자랐었다. 운봉이 조심조심 쥐여흔들어보니 묵직한 뿌리가 내려앉은 것이 기묘하였다. 운봉이는 참대칼을 가지고 조심스레 그 기묘한 풀의 뿌리를 돋구었다. 반나절이나 걸려서야 그 진묘한 풀을 실뿌리 한 대 다치지않고 뽑아들고 산에서 내려왔다.

골어구막에 내려오니 로인들이 깜짝 놀라는 것이였다. 그 산에 들어갔다 나오는 사람을 처음 본것도 있겠지만 더구나 손에 들고 내려온 기묘한 풀을 보더니 더욱 놀라는 것이였다. 로인들은 그 풀을 보더니 운봉이를 보고 그것이 바로 만병을 다스리는 진귀한 약재인데 꽃은 젊은이들에게 먹이고 뿌리는 늙은이들께 대접하라고 하였다. 운봉이는 길이 급하여 로인들에게 넙적 엎드려 절을 하고는 그 진귀한 약재를 봇나무껍질에 싸서 들고 집으로 향했다.

운봉이 정신없이 걸음만 재우치는데 한곳에 이르니 궁중병사들이 그의 앞을 막아나섰다. 운봉이 버쩍 머리를 들고보니 백발이 성성한 임금과 꽃같은 공주가 눈물이 그렁하여 그를 맞는데 문무백관들이 다 허리굽혀 절을 하였다.

《내 인제 내 눈으로 그대를 보게 되었으니 이보다 더 큰 기쁨이 없도다. 그대는 우리 이 나라에 웃음을 준 은인이요, 나라의 충신일세! 모두들 듣느냐!》

《네잇—》

문무백관들이 일시에 대답하고 또다시 허리를 굽히였다.

《나라의 충신을 어서 궁전에 모셔갈지어다!》

《네잇—》 소리와 함께 시종들이 운봉을 팔인교에 인진하려 하는데 운봉이 넙적 엎드려 절을 하고 아뢰는 말이

《금상님, 황송하옵니다. 지금 소신의 모친이 병이 위중하여 생명이 경각에 달렸사옵고 동리 여러분들도 생사를 다투고 있사옵니다. 그러니 어머니 구하지 못한 아들에게 무슨 기쁨이 있고 동리사람 구하지 못한 젊은이에게 무슨 희사가 있사오리까? 길사는 후에 론하시고 어머님을 구하게 어서 저를 놓아주시옵소서!》

이때 공주는 사뿐사뿐 걸어가 임금과 중전마마 앞에 가 섰다.

《아바마마. 저이가 하는 말씀 천만 지당하옵니다. 어머님 병이 위중하고 동리사람 병석에 누웠는데 무슨 희락이 있사오리까? 어서 떠나보냄이 좋겠나 하나이다!》

공주의 말을 듣고 임금은 운봉이를 보고 어서 길을 떠나라고 머

리를 끄덕이였다. 그러니 공주 달려나와 운봉의 손목잡고 어머니 병 나으면 어머님 모시고 오라고 천번만번 당부하며 금덩이 세덩어리를 운봉이에게 주었다. 운봉이는 가타부타 한마디 말도 없이 주는 금덩이를 받아들고는 또다시 오금에 불을 일구었다.

처처 오던 길을 따라 걷고걷다나니 김좌수 하인들의 봉변을 당하던 그 집에 이르렀다. 운봉이를 본 그 집 세 식솔은 반가와서 야단이었다. 운봉이는 금덩이 세덩이를 내놓으며 이걸 가지면 세 식구가 한생은 족히 살아갈 수 있으니 아예 먼먼곳에 이사하여 소 사고 밭을 사서 농사일 하면서 마음 편히 지내라고 하였다. 그리고는 말을 마치자 총총히 길을 떠났다.

운봉이는 집에 돌아오자 병석에 누우신 어머니 앞에 절을 올리고 약을 내놓았다. 운봉이 캐온 약은 과연 말 그대로 만병을 다스리는 특효약이었다. 운봉이는 그 약으로 어머니도 구하고 병석에 있는 동리 여러분들도 구하였다. 그러니 어머니는 물론 온 동리가 운봉이를 두고 찬사가 이만저만이 아니였다.

몇 달이 지났다. 하루는 운봉이 산에 가서 나무 한짐 해다놓고 도끼를 들고 나무를 툭툭 패는데 머리발이 희슥한 녀인이 웬 처녀를 데리고 운봉이네 뜨락에 들어섰다. 처녀는 그의 딸인 모양인데 한창 꽃피는 나이라 그야말로 월태화용이였다. 그 녀인은 나무패는 운봉이를 한식경이나 뜯어보더니 갑자기 운봉의 팔을 덥석 잡으며 울음을 터뜨렸다. 갑자기 닥친 일이라 운봉이 영문을 몰라 벙벙해 서있는데 로친은 목이 메여 말은 못하고 그저 운봉의 손을 잡고 울기만 하였다. 그러니 운봉이 하는 말이

《어머니, 무슨 일로 이렇게 슬피 우시나이까? 제가 도와서 될일이면 선뜻이 나서겠으니 어서 말씀이나 하여주시오.》

이때에야 녀인은 눈물을 씻으며 운봉이를 다시 쳐다보며 하는 말이

《이 사람아, 어쩌면 그렇게 어디 산다는 말 한마디 하지 않고 떠나서 우리 모녀를 이렇게 고생시켰나? 내 딸 구하고 나까지 구했으니 우린 이 두 목숨을 자네에게 맡기려고 왔네.》

녀인은 운봉이에게 두 모녀가 그의 구원을 받고 살아난 이야기며 그뒤 운봉이를 찾아 헤매던 이야기를 하며 말하다가는 울고 울다가는 말을 이으면서 운봉이를 잡고 놓지 않았다.

운봉이 들어보매 약캐러 가는길에 있은 일이 분명한데 딸까지 데리고 와서 아주 맡기겠다니 제가 대답해야 할 일이 아니라고 그들 모녀를 데리고 어머니 앞에 가 무릎꿇고 그 자초지종을 다 아뢰였다.

운봉의 어머니는 듣고나더니 다른 말 없이 일어서 맑은 물 한사발 떠다놓고 청실홍실 늘였다.

《가세가 빈한하여 물 한사발뿐이지만 어서 맞절을 하고 백년을 해로해라.》

이렇게 되어 운봉이는 시골에서 이쁘장하게 피여난 한떨기 꽃과 같이 아름다운 시골처녀와 백년을 가약하고 두 늙으신 부모를 모시고 살아갔다.

그러던 어느날이였다. 나라 임금이 령을 내려 공주를 구한 사람을 찾는 방이 온 나라 방방곡곡에 나붙었고 관가사람들이 촌촌마을에 나타나며 운봉이를 찾는다는 소식이 운봉의 귀까지 들어왔다. 이

일은 동리사람은 물론 부모나 안해도 모르는 일이라 운봉이는 까딱 내색도 내지 않고 제 생각을 하면서 눈만 뜨면 어디 나갔다가는 밤이 되어서야 집에 돌아왔다.

어느날 운봉이는 밖에 나갔다 밤늦게야 집에 들어서더니 두 어머니 앞에 절을 올리고 안해를 불러 제앞에 앉히더니만 아닌 밤중에 홍두깨 내밀듯 이 밤으로 이사를 가자는 것이였다. 그러니 두 모친은 물론 안해까지 갑자기 놀라 그 연고를 물었다. 그러니 운봉이 약캐러 가다 공주를 구한 이야기를 죽 내리엮고나서 하는 말이

《나는 남이 어려운 일 당했을 때 그를 도와줬다고해서 그 은혜를 갚아주길 기다리는 사람이 아니옵니다. 시골서당방에서도 량반집 선비들에게 쫓겨나다싶이 한 사람이 궁전에 가서 벼슬하면 마음 편하리까? 그러니 시골사람은 시골사람대로 살아가는 것이 좋은가 하옵니다.》

《그래도 한 나라의 임금이 부르는데 자취를 감춘다는 말이 웬 말이냐?》

《어머니, 제가 공주를 구해주지 않았던들 임금이 한 상민의 아들을 보기나 했겠습니까? 어머니 어서 떠납시다. 시골사람은 시골사람과 살아야 마음이 편합니다. 한 평생 시골에 살면서 힘이 자라는대로 남을 도와줌이 이 아들의 소원이오니 어서 피합시다.》

운봉의 말을 들어보니 과연 도리가 있는지라 안해는 물론 두 모친들까지도 다른 말을 하지 않았다. 하여 이들 네 식구는 야밤삼경에 쥐도 새도 모르게 샘골을 떠나고 말았다.

그후 샘골사람들은 운봉이를 다시는 보지 못하였다. 그러나 아

무아무 곳에서 어떤 사람이 여차여차하게 남을 도왔다는 이야기만 들으면 그 사람이 곧 샘골동네 운봉이라고 믿고 너나없이 운봉의 이야기를 하며 침이 마르도록 칭찬하였다. 그래서 운봉의 이야기는 사람들 입에 올라 옛말로 남고 오늘에까지 전하여졌다.

(박창묵 수집 정리, 『사랑산』, 연변인민출판사, 1982.)

중국 조선족 설화 연구

버들잎

옛날 어느 산기슭에 한 마을이 있었는데 마을의 앞내가에도, 길섶에도 집집의 뜨락에도 수양버들이 휘들어져 버들골이라 불렀다. 이 마을에는 딸 삼형제를 둔 로인이 살고 있었는데 맏딸은 동실이라 하고 둘째는 은실이라 하며 막내는 금실이라 불렀다. 일찍 어머니를 여윈 그들은 아버지 슬하에서 자랐다. 그들 네 부녀는 쑥밭을 일구어 농사를 지으면서 로인은 짬만 있으면 산에 가서 나무를 해다 팔았고 딸들은 틈타서 집일도 하였다.

여름철의 어느날이였다. 그날도 로인은 심산에 들어가 삭정이를 한지게 해지고 돌아섰다. 그런데 바람 한점 없던 개인 날씨는 불시에 광풍이 일며 검은 구름을 몰아왔다. 이때 구슬땀을 흘리던 로인은 비도 피할겸 허리도 펼겸 한 고목밑에 지게를 세웠다. 그런데 순간 산울림이 쩌렁쩌렁 울렸다.

《웬놈이 나무를 도적질해가느냐?》

로인은 어리둥절하여 두귀를 강구고 사방을 살폈으나 아무것도 보이지 않았다. 로인은 지게를 지고 일어서려는데 《못간다. 당장 지게를 내려놔!》 하는 불호령과 함께 바람소리 쏴- 일더니 난데없이 거무칙칙한 것이 로인의 앞길을 막아섰다. 로인은 흠칫 놀랐다. 그놈은 머리부터 발끝까지 온통 검은데 키는 9척이요, 눈은 퉁방울같으며 입은 불을 토할듯 지지벌겋다.

《령감, 어째 함부로 나의 나무를 도적해가는거냐?》

마귀는 트집을 잡았다.

로인은 마음을 진정하며 마귀를 향해 소리쳤다.

《산의 임자는 우리 인간들이다. 내가 이 산에서 나무를 한지도 수십년이 된다. 그런데 무슨 연유로 제것이라 하느냐?》

《하하하, 코막고 답답한 소리 다 듣겠네! 네게 알려주마, 이 어르신은 산중 대왕님이니라. 천하를 손금보듯하는 이 대왕은 령감집에 예쁜 딸이 셋이나 있다는 것도 알고있느니라. 흐흐흐...》 마귀는 능갈치며 지껄여대였다.

마귀의 말을 들은 로인은 정신이 아찔해지고 앞이 캄캄해졌다. 로인은 이를 악물며 버럭 소리를 질렀다.

《이 망측한 마귀놈아, 네놈이 나의 딸을 노리고있어? 어림도 없다!》

그러자 마귀는 호령했다.

《고집부려야 쓸데없느니라. 오늘 령감의 목숨을 부지해줄테니 래일아침 해가 바지랑대만큼 떠오를 때 이 고목 있는데로 먼저 큰딸을 데리고 오너라. 만약 분부를 거역한다면 온 집안이 화를 입을줄

알아라!》

천하없어도 딸을 마귀손아귀에 넣을 수 없는 로인은 지게막대기를 뽑아들었다. 그러나 마귀는 손가락 하나로 로인의 작대기를 튕겨버렸다. 그리고는 래일아침 다시 만나자고 하며 휙- 바람을 일구어 어디론가 사라졌다.

로인은 땅이 꺼질 듯 한숨을 짓고 천근같이 무거운 발을 옮겼다.

한편 집에 있는 세딸은 눈이 빠지도록 기다려도 아버지가 돌아오지 않기에 동구밖으로 마중나갔다. 그런데 이상하게도 아버지의 지게짐이 보이지 않았으며 맨몸바람인데도 걸음걸이가 허겁지겁하였다.

세 딸은 《아버지!》 하고 일제히 웨치며 달려갔다.

딸들의 부름을 들었는지 로인은 그만 기혼하여 인사불성이 되었다. 생강즙을 좀 마시고 깨어났을 때 웬일이냐고 마을 사람들과 딸들이 캐여묻자 로인은 낮에 있은 일을 자초지종 꺼내였다.

세 딸은 서로 부둥켜안고 통곡하였고 마을사람들은 주먹을 휘두르며 마구 욕설을 퍼부었다.

마을에서 좌상으로 불리우는 백발이 성성한 할아버지가 수를 내놓았다. 그리하여 장골 셋을 뽑아 도끼를 갖고 고목주위에 숨었다가 마귀가 나타나면 일제히 달려들기로 하였다.

이튿날, 동실이는 은실이, 금실이와 동네사람들을 눈물로 하직하고 아버지 따라 산으로 갔다. 그들이 고목나무에 이르자 쏵- 하고 바람이 일며 마귀가 나타났다. 이때 고목주위에 숨어있던 젊은이 셋이 한결같이 마귀를 향해 서리발치는 도끼를 휘둘렀다. 하지만 도끼가 마귀의 몸뚱이에 닿자 《뎅강, 뎅강!》 쇠소리 날뿐 박혀지지 않았다. 마귀는 시뻘건 입을 쩍 벌려《으하하!》하며 험상궂게 웃더니 주먹을 불끈 쥐고 이리 치고 저리 치여 름름한 젊은이 셋을 꺼꾸러뜨렸다. 마귀는 로인앞에 다가서며《흥, 앙큼한 두상, 똑똑히 보았느냐. 오늘의 죄로 래일은 둘째를 데리고 오너라!》하고 호통치고는 동실이를 잡아가지고 어디론가 사라졌다.

그날 저녁, 마을의 백발로인과 젊은이들이 모여 복수의 대책을 상론했다. 신통한 묘책이 없어 모두들 묵묵히 앉아있었다. 그런데 이때 버들골에서 이름난 사냥군이 눈을 빛내며 좋은 방도가 있다고 하였다.

《제 아무리 몸뚱이에 도끼날이 박히지 않는다지만 눈알은 그럴 수 없을겁니다. 그러니 활로 그놈의 눈통을 쏜다면 될게 아닙니까!》

마을분들은 사냥군의 뛰여난 활재주를 모르는바가 아니다. 하지만 생사결판의 길로 혼자 보낼 수 없는 것이다. 허나 사냥군은 다투어 나서는 젊은이들을 극력 뜯어말리면서 단신행동하기로 했다.

다음날, 은실이는 금실이와 동네사람들을 눈물로 이별하며 아버지를 따라나섰다. 그들이 고목에 이르자 바람소리와 함께 마귀가 나타났다.

이때 맞은켠 숲속에서 오래전부터 기다리고 있던 사냥군은 만월이 된 활로 마귀의 퉁방울눈을 겨냥하여 쏘았다. 화살이 씽-하며 날아갔다. 사냥군은 련이어 두 번째 화살을 날렸다.

하지만 이를 어쩌랴. 마귀는 어느새 날아오는 화살을 보았는지 금시에 솥뚜껑같은 손으로 방패처럼 하나하나 막아버리는 것이였다. 사냥군은 한통의 살을 몽땅 날렸지만 화살마다 마귀의 발앞에 떨어졌다.

살을 다 쏜 사냥군은 어디서 힘이 솟구쳤는지 팔뚝 같은 나뭇가지를 와지끈 꺾어가지고 마귀에게 덮쳐들었다. 그렇지만 사냥군은 마귀의 주먹에 쓰러지고 로인과 은실이는 그놈의 발길에 채워 넘어졌다.

마귀는 험상궂게 왝왝거렸다.

《죽일놈의 늙다리 두상, 아직 막내딸이 남아있으니 놔줄테다. 래일은 개를 데려오너라!》

마귀는 은실이를 나꾸채여 어디론가 사라져버렸다.

그날 저녁, 금실이네 집은 사람들로 웅성거렸다. 도끼로 찍어도 활로 쏘아도 모두 헛일이니 무슨 딴 훌륭한 계책이 있겠는가? 사람들은 납덩이 같은 무거운 침묵 속에 잠겼다.

《백발할아버지, 아버지와 마을의 여러분,》 금실이가 침묵을 깨뜨렸다. 그는 입술을 사려물며 또박또박 이야기했다.

《우리 언니와 고향사람들을 위해 사냥군아저씨와 오빠들 세분이 목숨을 바쳤지요, 우리가 마귀를 전승하려면 무턱대고 마주 버틸 것이 아니라 지혜로 싸워야 한다고 여겨집니다. 그래야 부질없이 생명을 빼앗기지 않고 온 마을이 조난을 면하게 될것입니다.》

《그래, 지당하다. 인간의 슬기로움은 기필코 악마를 타승한 것이다.》 백발할아버지는 금실이를 자랑스럽게 바라보았다.

금실이는 제 생각을 털어놓았다. 자기는 홀로 마귀 소굴에 들어갈것이니 아버지도 동리 누구도 따라나설 필요가 없다는 것, 이는 마귀의 경계심을 늦추게 하는 수완이라는 것, 마귀굴에 들어 그놈에게 수그러드는듯하여 마귀를 꼬임수에 걸리도록 하여 기회를 엿보아 손을 쓰겠다는 것이였다. 비록 소녀몸이지만 범의 굴에 뛰여들겠다는 금실이의 다기찬 말을 들은 버들골 사람들은 너나없이 감복했다.

이튿날 아침, 금실이는 백발할아버지와 아버지를 비롯한 고향사람들의 하늘같은 기대를 아로새기며 집을 나섰다. 마을을 떠나면서 소녀는 정든 고향의 버들잎을 한줌 훑어 옷고름 속에 고이 간직했다. 아버지가 그립고 고향을 그릴때면 고향의 버들잎을 보기 위해서였다.

금실이가 고목까지 가자 쏴— 바람소리 나더니 마귀가 불쑥 나타났다.

《대왕께서 왕림하셨나이까?》 금실이는 살짝 웃으며 허리굽혀 인사하였다. 소녀의 고분고분한 소행에 흐뭇했던지 마귀는 너털웃음을 쳤다.

《고대광실 으리으리한 대왕의 궁궐에 심부름꾼 하나 없으니 어찌 허전하지 않겠는가. 그래서 너를...》

《그러나이까, 그러지않아도 우리 가친을 너그럽게 대해주신 대왕님의 은덕을 보답하기 위해 소녀는 대왕님을 공손히 모시러 왔습니다.》 금실이는 약바르게 마귀의 말을 받았다.

《음, 그러면 대궐로 가자. 눈을 감아라.》 쏴— 하고 바람일자 금실이 몸이 허공에 떴다. 순식간에 마귀의 궁전에 이르렀다. 금실이 눈을 뜨고 바라보니 궁궐은 산중에 솟고 눈부시도록 으리으리하나 새 한 마리 지저귀지 않고 인기척 들리지 않아 적적하기 그지없었다.

마귀는 우쭐해서 씨벌이였다.

《호화로운 이곳이 마음에 들겠지? 여기오면 먹을 걱정 입을 걱

정 티끌만큼도 없단다.》

금실이는 마귀의 궁궐이 지옥같아 온몸에 소름이 끼쳤지만 마음을 진정하며 생긋 웃어보였다.

《대왕님을 시중하러 온 몸이 도리어 대왕님의 은혜를 받게 되었으니 이 은공 백골난망이에요.》

《네 말이 달기는 꿀같다만 행실도 다름없는지 지내봐야겠다. 대왕의 본부를 거역한다면 너도 네 언니와 같은 끝장을 볼 줄 알아라!》

마귀는 땅속으로 들어가 사람의 창자를 한줌 움켜왔다. 그리고는 금실이더러 먹어치우라는 것이였다. 금실이는 구역이 올라오는 것을 가까스로 참고 얼굴에 웃음을 지으며 말했다.

《대왕님의 말씀을 뉜들 안들을리 없겠지만 한가지 청을 받아주세요. 인간은 익은 음식 먹기에 생식하지 못하옵니다.》

《음, 그럼 익혀먹도록 해라.》 령을 내린 마귀는 어디론가 가버렸다.

원래 동실이가 잡혀오는 날 마귀는 사람의 다리를 내놓고 그더러 먹으라 하였다. 동실이는 보기에도 끔찍하여 마귀가 나간틈에 구들장을 제끼고 구들골에 다리를 처넣어버렸다. 그런데 마귀는 돌아오자 다짜고짜로 삿자리를 거두고 구들골에서 사람다리를 끄집어내는 것이였다. 그리고는 자기 엄령대로 하지 않았다면서 즉시 동실이를 죽여버렸다. 그 이튿날도 마귀는 붙잡아온 은실이에게 사람의 두골을 가져다놓으면서 골을 마시라 호령하였다. 은실이는 속이 욱 치받쳐올라와 두골을 굴뚝안에 훌 던져버렸다. 마귀는 돌아오더니 긴팔을 굴뚝에 쑥 들이밀어 골통을 꺼내고는 두말않고 은실이를 죽여버렸다.

창자를 바라보던 금실이는 골머리를 앓다가 퍼뜩 한꾀를 생각해 냈다.

그는 창자를 솥에 넣고 졸이었다. 나중에는 숯으로 되게 만들었다. 그는 숯을 가루내여 입술이 새까맣게 문지른 후 나머지는 아궁에 넣어버렸다.

마귀가 돌아왔다.

《입술은 왜 검해졌냐? 창자는 먹었느냐?》마귀는 꼬치꼬치 캐어 물었다.

《솥이 너무 달아올라 숯처럼 타진 것을 남기지 않고 깡그리 먹었습니다.》 금실이는 태연스레 대답했다.

《음, 과연 분부대로 하였구나.》

금실이는 마귀의 첫고비를 넘긴셈이었다.

어느날 아침이였다. 금실이가 한창 부엌에서 설거지를 하고 있는데 난데없이 자기 이름을 부르는 소리가 났다.

《금실아 어서 나오너라!》

《금실아, 빨리 집으로 가자!》

목소리는 애달프게 울려왔다. 이 소리는 다름아닌 두 언니와 사냥군아저씨, 그리고 세 젊은이의 목소리였다.

《마귀손에 빼앗긴 넋들이 되살아날 수 있을가?》 밖으로 뛰쳐나가려던 금실이는 주춤섰다. 그는 손가락에 침을 묻혀 창문종이에 구멍을 내고 밖을 내보았다. 아닌게 아니라 친인들이었다. 그들은 하냥 뜨락에서 애타게 부르고 있는 것이었다. 친인을 바라보는 금실이는 당금 달려가고 싶었고 저주로운 마귀소굴을 금시 떠나고 싶었다. 그러나 그는 못박힌듯 옴짝하지 않았다.

마귀가 나타나지 않는게 수상하다. 놈의 술책에 빠지지 말아야 한다.

바로 이때, 마귀가 홀연 뛰쳐나와 주먹을 휘두르며 사냥군과 젊은이들 그리고 두 언니를 때려 눕혔다. 워낙 이것은 마귀의 음흉한 두 번째 꿍꿍이였다. 마귀에게는 주검을 되살리는 신약이 있었다. 그는 두 언니를 살려놓고 금실이도 잡혀왔다고 알려주었던 것이다.

《음. 너는 변심하지 않았구나. 흐하하!》 마귀는 귀밑까지 째여진 입을 크게 벌려 징그럽게 웃어댔다.

그후 또 며칠 지난 어느 날 저녁이었다. 마귀는 금실이를 불러놓고 모기성화에 잠들 수 없으니 모기를 쫓으라고 일렀다.

《살가죽이 쇠붙이같은 놈이 하찮은 모기를 두려워하겠는가? 날 떠보려는게 분명하다.》

한시라도 신경을 늦추지 않은 금실이는 마귀놈이 한수 뜨면 그는 두수를 건너짚었다.

마귀는 자리에 누웠다. 금실이는 잠자코 부채질을 하였다. 마귀는 눈을 감자 드르렁드릉렁 코를 골았다. 금실이는 마귀를 지켜보았다. 한식경이 지나자 마귀의 코고는 소리는 점점 낮아지고 눈은 번쩍 뜨는데 퍼런빛이 뿜겼다. 금실이는 연신 부채질을 하면서 마귀를 뚫어지게 보았다. 눈에 사나운 빛이 어렸지만 낮처럼 눈동자가 구을지 않았다. 마귀의 잠자는 습관을 알게 된 그는 당장 가위를 찾아 놈의 눈통을 확 찌르고 싶었지만 마음을 진정했다.

(서뿔리 행동하다간 랑패보고만다.)

이같이 연 사흘밤을 지낸 어느날 아침, 마귀는 기지개를 하며 일어났다. 금실이가 부채를 쥐고 다소곳이 앉아있는 것을 본 마귀는 《네 지성이 감천이로다. 오늘저녁부터는 모기를 쫓지 않아도 되니라.》 하고 말하였다. 금실이는 세 번째 고험을 넘긴셈이었다. 마귀놈을 슬슬 구슬려보자고 여긴 금실이는 짐짓 아양을 떨었다.

《아유, 대왕님의 치하를 받으니 저로서는 도리여 창피합니다. 대왕님을 모시러 왔으니 밤마다 대왕님께서 편히 주무시도록 시중하겠습니다.》

그러자 마귀는 금실이야말로 대왕의 둘도 없는 충신이요, 하느님이 내리신 천복이라고 하였다. 금실이는 수집은 듯 얼굴을 붉히며 허리굽혀 치성을 올렸다.

《대왕님의 말씀 과분하옵니다. 산보다 높은 대왕님의 은정 일구월심 잊지않고 보답하고저 불바다에도 뛰여들려 맹세한 소녀입니다. 무슨 분부가 없으십니까?》

《그래, 대왕께 충실한 너에게 오늘부터 이 궁궐을 맡긴다. 열쇠꾸레미를 받거라.》

《그리고—》 마귀는 삽시에 안색이 흐려지며 말을 잇지 못했다. 무슨 심중한 우려가 있겠다고 직감한 금실이는 마귀앞에 썩 나서서 주먹을 부르쥐며 맹세하였다.

《대왕님의 령이라면 이 몸이 릉지처참되더라도 물러서지 않겠나이다!》

《참 기특하다. 넌 대왕의 단 하나인 가장 충실한 신하가 아니냐. 너는 이 약을 받아두어라. 이 약은 신약인데 죽은 넋도 되살린단다.

가령 내가 모해받아 저승으로 가게 되면 이 약을 코에 조금 묻혀라. 그러면 이승으로 돌아올 것이로다.》

《대왕님은 천하에 둘도 없는 무적 장군이온데 누가 감히 해치려 들겠습니까. 덤벼드는 자들이야 하룻강아지 범 무서운줄 모르는 격밖에 안되지요.》

《네 찬사에 내 마음 후덥다만 대왕 우려 다름아니라 짐이 제일 꺼리는 것은 버들잎이란다. 버들잎이 나의 귀나 코로 들어가기만 하면 그만 끝장이란다. 그러니 너는 어느 귀신같은놈이 버들잎으로 대왕을 해치지 못하게 지키거라. 만약 짐이 재난을 당하게 되면 즉시 그 신약으로 대왕을 구하거라.》

《대왕님의 천만분부 소녀는 하늘향해 다짐하며 오매불망 잊지 않겠습니다.》

모든 비밀을 알아낸 금실이는 복수할 때가 되었다고 생각했다.

며칠후 금실이는 갖은 반찬 푸짐히 차리고 술도 여러 항아리 안아왔다. 금실이는 마귀가 녹초되도록 연속 술을 권했다. 미구하여 곤드레만드레 취한 마귀는 자리에 눕자마자 퍼런빛 뿜는 방울눈 곧게 뜨고 죽은 듯이 잠들었다. 금실이는 얼른 옷고름을 뜯었다. 심장이 튀여나올 듯 높뛰였다. 바들잎이 손에 쥐여졌다. 고향의 버들잎, 마르긴 했어도 록색빛을 잃지 않았다. 금실이는 이를 사려물고 두근거리는 마음을 억누르며 마귀의 귀구멍과 코구멍에 버들잎을 쑤셔넣었다. 그러자 마귀는 푸들거리며 긴 숨을 몰아쉬고는 네 각을 뻐드렸다.

금실이는 안도의 숨을 내쉬고 열쇠 꾸레미와 약병을 들고 땅굴로 달려갔다. 굴속에는 사람들의 시체와 해골들이 가득찼다. 금실이는 차례로 시체들의 코에 보약을 조금씩 발랐다. 그러자 죽었던 사람들이 깊은 잠에서 깬 듯 사지를 쭉 펴며 벌떡벌떡 일어섰다. 동실이, 은실이, 사냥군과 세 젊은이도 되살아났다. 두 언니는 동생을 부둥켜 안고 흐느꼈다.

《칼탕쳐죽여도 성차지않을 마귀놈은 어디 있는가?》

사람들은 금실이를 따라 밀물처럼 마귀 있는데로 갔다. 그들은 손에 잡히는대로 마귀에게 몽둥이를 안겼고 돌로 내리깠다. 다시는 마귀의 침해를 받지 않고 마귀놈이 영원히 살아나지 못하도록 마귀궁궐을 불살랐다. 삼단같은 불길이 마귀와 마귀소굴을 삼켜버렸다.

그리하여 버들골사람들과 함께 로인은 큰딸 둘은 시집을 보내고 셋째딸은 사위를 맞아들여 시름없이 농사지으면서 오붓이 잘살았다 한다.

(장동운 등 정리, 『짜개 바지』, 료녕 인민출판사, 1984.)

록제동의 이야기

백두산 소천지의 가파로운 뒤등성이를 타고넘어 울울창창한 밀림속을 뚫고 십여리가량 가느라면 몇십쌍 잘되는 허허벌판이 나진다.

이 고장에는 두견화, 금매화, 고산양귀비 등 갖가지 화초가 철따라 아름답게 피여나고 령지초와 불로초의 그윽한 향기까지 풍겨나서 실로 백두명승의 별유천지라 하기에 손색이 없다.

게다가 주위에 여러 가지 송백들이 우거져 노루, 사슴들이 무리지여 뛰놀고 뭇새들이 춤추며 노래하니 그 정경 자못 가관이다.

기온이 낮은 백두산에는 사시장철 적설이 쌓여있지만 유독 이곳만은 지하로부터 따스한 증기가 모락모락 피여올라 겨울에도 눈이 쌓일줄 모르고 여름에는 화초가 만발한다.

이 아름다운 화원의 서쪽켠에는 면적이 약 3백평방메터로 헤아려지는 깊고 넓은 천년지하석굴이 있는데 그 속에 수백명의 사람을 용납할 수 있다.

이 석굴을 록제동이라 한다.

멀고 먼 옛날, 살기 좋고 아름다운 이 고장에 갑자기 어디서 왔는지 큰 구렝이 한 마리가 나타나서 마을의 청장년들을 하나하나 잡아갔고 자유로이 뛰노는 노루, 사슴과 날아예는 새들까지도 잡아먹기 시작했다.

불의지변을 당한 사람들과 짐승들은 악독한 구렝이를 어떻게 대처할것인가고 무등 골머리를 알았으나 묘한 계책을 찾지 못하여 정든 고향을 등지고 멀리로 떠나가 버렸다.

이 고장에 외자식을 데리고 살아가는 과부집 두집이 있었는데 한집에는 석정이라는 사내아이가 있었고 다른 한집에는 이쁜이라는 딸이 있었다.

두집은 다 기둥같이 믿어오던 남편을 잃다나니 그 어디로도 오도가도 못하는 신세가 되었다. 그러니 그럭저럭 이곳에 붙박혀 살아가는수밖에 없었다.

나이 들면서 석정이는 다부지게 생긴 몸에다 힘골이나 써서 무슨 일이든지 손에 잡히기만 하면 척척 해제끼는 사내였고 이쁜이 또한 몸매 호리호리한데다가 얼굴은 달처럼 곱게 번져갔다.

이 두집도 인젠 그 무서운 구렝이를 피하여 멀리 타향으로 가서 살아가야 하였으나 석정이와 이쁜이는 이 아름답고 살기 좋은 고장을 떠나려 하지 않고 어떻게 하면 그놈의 구렝이를 잡아없애고 더 살기 좋은 고장으로 만들것인가고 궁리하였다.

그러던 어느날, 해맑은 하늘에서 마른벼락이 치더니 구렝이가 갑자기 나타나서 이쁜이를 잡아가며 호령했다.

《석정이 이놈아, 너 듣거라. 네깐놈이 그래 나를 잡아없애겠다구? 어림도 없는 일이로다. 내 일러주마. 네 놈의 뜻이 정녕 그러하다면 저 츠렁바위밑에 맞굴을 뚫어놓아라. 그러면 내 그곳으로 해서 스스로 이고장을 떠날 것이다. 그것도 백날 기한을 줄테니말이다. 알겠느냐! 기한을 어기면 아예 석정이 네놈을 잡아없애고 이쁜이를 안해로 맞이하겠다!》

과연 청천벽력이었다.

어찌 청바위에 구멍을 내며 어찌 눈을 편히 뜨고 이쁜이가 구렝이 안해로 되게 한단말인가!

그야말로 기가 막힌 일이었다.

석정이는 그 자리에서 구렝이를 때려없애지 못하는 것이 한스러웠다. 석정이는 이를 부드득 갈았다.

이튿날부터 석정이는 정과 메를 들고 청바위를 뚫기 시작했다.

석정이는 닳아떨어진 정날과 부러진 메자루를 부지런히 갈아대면서 날마다 끈질기게 달라붙어 한쪼각한쪼각 청바위를 까냈다.

《쩡 쩡 쩡...》

그칠줄 모르는 메질소리는 정막한 이 산천에 구슬프게 울려 멀리멀리 퍼져갔다.

이 소리를 듣고 흩어졌던 꽃사슴들과 뭇새들이 하나하나 모여와서 석정이를 도와나섰다.

사슴들은 딴딴한 발로 바위를 부셔내고 새들은 부지런히 부서진 돌들을 물어다 던졌다.

한편 구렝이에게 잡혀간 이쁜이는 울며 구렝이의 심부름을 하면서 어떻게 하면 구렝이를 잡아없앨것인가를 궁리하였다. 헌데 서뿔리 건드렸다가는 성사하지도 못하고 석정이까지 죽게 될것이니 머리를 짜고짜지 않을 수 없었다.

그러나 무슨 뾰족한 방도가 없었다.

약속된 시간은 자꾸만 가까워왔다.

석정이는 석정이대로 몸은 쇠약해졌고 이쁜이는 이쁜이대로 밤잠을 잘 수가 없었다.

숱한 사슴들은 서로 엇바꾸어가며 쉴줄 모르고 바위를 뚫고 뚫었다.

사슴들의 발에선 피가 마를새 없었고 새들의 주둥이도 닳아떨어졌다.

인젠 백날도 다돼가고 있었다.

석정이와 사슴들은 죽기내기로 바위를 뚫었다.

모두들 지칠대로 지쳤다.

그럴즈음에 이쁜이는 구렝이를 달래였다.

《보아하니 약정한 시간내에 굴을 다 뚫기는 틀린 것 같사와요. 나도 인젠 머리를 얹고 랑군님을 섬기려 하나이다.》

《음, 그러면 그렇겠지.》

《우리 함께 굴이 어찌되였나 한번 가보자요.》

《그래 그러지.》

구렝이는 쾌히 응낙했다.

이쁜이와 구렝이는 바위굴을 파는데로 갔다.

구렝이는 굴앞에서 빙빙 돌아치다가 《흥!》 하고 코방귀를 뀌였다.

《어림도 없지. 네깐놈들이 어디...》

구렝이는 시뚝해서 우쭐렁거렸다.

《얼마나 팠는지? 약속대로 제때에 다 파지 못할바하고는 공연히 석정이가 힘을 빼게 하지 말자요.》

《음, 그것도 그럴듯하군.》

《그러면 어서 굴속에 한번 들어가보고 오세요.》

이쁜이는 구렝이보고 굴속에 한번 들어가보라고 졸랐다.

이쁜이의 구슬림에 구렝이는 대가리를 바위굴속에 쑥 들이밀었다.

바로 이때였다.

이쁜이가 감쪽같이 미리 준비한 머리카락으로 구렝이밑구멍옆에 비늘을 단단히 매여놓은 것을 힘껏 잡아당겼다.

구렝이는 너무도 뜻밖에 당한 아픔으로 하여 소리를 지르며 굴속으로 쑥 들어갔다. 구렝이엉뎅이가 밖에 나와 있었다.

이때 어미사슴이 긴 뒤다리를 곧추펴면서 구렝이밑구멍을 힘껏 밟았다.

순간 《꽈르릉-꽝!》 요란한 소리와 함께 번개불이 번쩍하며 검붉은 먼지와 돌들이 솟구쳐 나왔다.

어미사슴이 발굽으로 어찌나 힘있게 들이 밟았던지 불이 번쩍 일며 구렝이는 타죽고 말았다.

어미사슴도 그 자리에 쓰러지고 말았다.

석정이와 이쁜이는 어미사슴을 고이 묻어주었다.

그후 석정이와 이쁜이는 짝을 무어 남편되고 안해되여 이고장에서 행복하게 살아갔다.

살기 좋은 이고장에 뭇새들도 짝을 무어 노래부르고 산지사방으로 흩어졌던 사슴들도 돌아와 짝을 찾아 울어 대니 그 소리에 산천이 뒤흔들릴 지경이었다. 그리하여 이곳의 높은 봉을 록명봉(鹿鳴峰)이라 일컬었고 이 석굴은 사슴들의 발굽에 의하여 만들어졌다고 하여 록제동(鹿蹄洞)이라 부르게 되었다 한다.

(정해철 수집 정리, 『천년묵은 호랑이』, 연변인민출판사, 1994.)

호랑산

돈화진에서 동북쪽으로 20여리 가면 병풍마냥 서리서리 뻗어간 그닥 높지 않은 투요자령이 있는데 이 령에 올라서서 앞을 내다보면 굽이굽이 흐르는 사하강을 끼고 있는 30리 사하벌 복판에 산 호랑이 마냥 가슴을 쩍 벌리고 머리를 들어 먼 남산을 내다보는 독산이 우뚝 솟아있다. 이 산을 호랑산이라 부른다. 호랑산이라 부르는데는 아름다운 전설이 전해지고 있다.

누구도 딱히는 알 수 없는 오랜 옛날이였다.

이 산밑에 한 마을이 오붓하게 자리잡고 있었는데 사람들은 병도 재난도 모르고 서로 돕고 아끼며 화목하게 살았다. 지어 닭개짐승까지도 병이 들지 않고 잘 자랐다. 그것은 이 산 밑에 행복의 샘물이 있었기 때문이다. 샘터에서는 매일 맑디맑은 샘물이 콸콸 솟아올랐는데 여름에는 이가 시리게 차디차고 겨울에는 더운 김이 무럭무럭 피여나군 했다. 정말 이고장에서 보기 드문 샘이였다.

이 샘물을 마신 아이들은 오뉴월 오이 크듯 자랐고 총각들은 힘꼴 쓰게 뼈마디가 부쩍부쩍 늘어났으며 처녀들은 고운 얼굴이 꽃마냥 더 어여뻐졌다. 로인들은 샘물을 마신후 얼굴에 잡힌 밭고랑주름살이 펴지고 서리 내린 머리도 날따라 한오리 두오리 검어져갔다.

무리지은 송아지들이 매일 이 샘물을 마셨는가 하면 꽃사슴, 토끼들도 먼 곳에서 떼지어와서 이 물을 마시군 하였다. 어찌 그뿐이랴! 북으로 날아가던 기러기들도 셈터우까지 끼룩끼룩 날아와서는 몇바퀴 빙 돌고는 천천히 내려 마른목을 적시고 다시 날아가군 하였다.

안개 자욱히 끼는 아침이면 선녀같은 처녀들이 물동이를 이고 풀잎에 아롱아롱 매달린 진주이슬에 검정치마 자락을 적시며 고요한 샘터로 물을 길으러 나왔고 달 밝은 저녁이면 목동과 처녀가 달빛 아롱진 샘물우에 한잎 두잎 꽃잎을 던지며 끊임없이 솟아나는 샘물마냥 기나긴 꽃사랑이야기로 밤가는줄 몰랐다.

사람 자는 깊은 밤이면 선녀들이 구름을 타고 내려서는 명주, 비단옷을 깨끗이 빨래해가지고 첫닭이 울기전에 아쉬운 듯 뒤를 돌아보며 하늘나라로 올라가군 했다.

사람들은 이 샘물을 일컬어 생명의 샘물, 행복의 샘물이라 불렀다.

어느해 늦봄, 함박꽃이 한창 필 무렵이었다.

이날 아침도 여느때와 같이 처녀들과 아낙네들은 물동이를 이고 샘터로 갔다. 그런데 얼마 안되여 처녀들과 아낙네들은 물동이를 내동댕이치고 가시나무에 치맛자락을 찢기우며 허겁지겁 되돌아왔다. 샘터에 난데없는 호랑이가 있다는것이였다. 이 말을 들은 담이 큰 총각들은 살금살금 샘터어귀까지 기여가보았다. 아니나다를가 큰 호랑이 한 마리가 앞발을 떡 버티고 앉아 등잔같은 눈을 부릅뜨고 앞을 내다보고 있었다. 그날은 그럭저럭 지났으나 이틀이 지나도 호랑이는 그곳을 떠나지 않았고 여드레 되는 날에도 그냥 그 자리를 지키고 앉아있었다. 밤에도 한발자국 드티여앉을세라 두눈에 불을 켜고 마을을 내려다보고 있었다. 보매 샘터를 영영 독차지하려는 것 같았다.

호랑이가 샘물터를 차지한 그날부터 샘물줄기가 끊어져 크고작은 개울들은 바싹 말라들어 거북등이 되었고 집집마다 물독은 먼지가 낄 지경이였다. 사람들은 크고 작은 그릇들을 바깥에 내여놓고 하늘의 비를 기다리는 수밖에 없었다. 포동포동하던 아이들은 여위여갔고 어른들 얼굴에는 검은 그림자가 비꼈으니 처녀들이라고 다르랴! 꽃같은 얼굴마다 시들어갔고 노래와 웃음소리도 가뭇없이 사라졌다. 어느덧 보름이 지나갔다. 물이 없이야 어찌 살랴?! 사람들은 정신을 잃고 하나 둘 쓰러졌다. 무서움 모르고 뛰여다니던 애기꽃사슴도 나무 밑에 누워서는 탈대로 탄 입만 쩝쩝 다시며 눈물을 똑똑 흘렸다. 사람도 짐승도 더 살래야 살 수 없는 기막힌 처지였다.

이때 마을에는 어질고 착한 과부가 살고 있었는데 그에게는 스물살나는 아들이 있었다. 세 살에 아버지를 여윈 이 목동총각은 어머니 슬하에서 자랐다. 어머니에게는 그가 둘도 없는 혈육이요 기쁨이였다. 이 목동총각도 이 샘물을 마시면서 자랐다. 마을사람들은 부지런하고 남을 돕기 좋아하며 어머니에게 효성이 극진한 이 목동총각을 칭찬하였고 처녀들은 저마다 남몰래 은근히 그를 사모하였다.

어느날 아침에 이 총각은

《어머니, 제가 가서 샘터의 호랑이를 없애치우겠습니다.》라고 말을 올리였다. 어머니는 깜짝 놀랐다.

《넌 아직 어려서 못간다.》

《어머니, 지금 마을 사람들은 물을 마시지 못해 목이 말라 허덕이고 있습니다. 사람들이 죽어가는 것을 보고만 있어서야 어찌 아버지의 아들이라 하겠습니까?! 아버지는 열여덟살부터 범잡이를 했다고 어머니는 말씀하시지 않았습니까.》

기어코 가려는 아들의 심정을 어머니로서 모를바 아니였다. 남들을 돕기 즐기며 한번 먹은 마음 끝까지 굽힐줄 모르는 아들이였다.

《그럼 가거라. 어쩜 그리도 아버지 성미를 똑 떼어 닮았느냐. 더 말리지 않겠다.》라고 말한 어머니는 옷고름으로 눈물을 닦으시더니

《너의 아버지도 마을사람들을 위하여 일년 삼백륙십오일을 하루같이 호랑이와 싸우다가 호랑이에게 잡히워 세상을 뜨고 말았다. 그때로부터 오늘까지 범은 다시 산에서 내려오지 않았는데 누가 알았겠니, 또 저렇게 내려올줄...》 하고 말끝을 흐리우곤 농안에 깊이 간수해두었던 도끼를 꺼내여 아들에게 쥐여주었다.

《이 도끼는 네 아버지가 호랑이와 싸울 때 쓰던거다. 가지고가거라.》

《어머니, 호랑이를 잡아 없애기전에는 돌아오지 않겠습니다.》

대물림보배인 시퍼런 도끼를 두손으로 정중히 받아 쥔 목동총각은 그길로 산옆에 있는 아버지 산소로 찾아갔다. 무덤우에는 이름 모를 꽃들이 곱게 피여있었다.

《아버지, 저는 오늘 마을사람들을 위하여 호랑이를 잡으러 떠납

니다. 아버지께서 채 하시지 못한 일을 제가 이어받아 하겠습니다. 호랑이를 잡아없애지 않고서야 어찌 아버지의 아들이라 하겠습니까!》

아버지 무덤앞에서 맹세를 올린 목동총각은 어머니가 마련해준 떡보자기를 옆구리에 끼고 샘터로 찾아갔다.

과부의 아들 목동총각이 호랑이를 잡으러 샘터로 갔다는 소문은 날개가 돋쳐 삽시간에 온 마을에 퍼졌다. 마을사람들은 동구밖에 나와 산을 바라보았다.

이윽고 산에서 먼지가 일고 나뭇가지며 나뭇잎들이 하늘로 날아올라갔다. 산이 갈라지고 하늘이 떠나갈 듯 호랑이는 고함치는데 목동총각은 보이지 않고 해빛에 도끼날만 여기 번뜩 저기 번뜩 번개쳤다.

목동총각과 호랑이는 이렇게 꼬박 일곱날 일곱밤을 싸웠다. 마을 사람들도 손에 땀을 쥐여짜며 일곱날 일곱밤을 동구밖에서 떠나지 않고 산만 지켜보았다.

여드레 되는 날 아침이였다.

그렇게 요란하던 산은 쥐죽은 듯 고요하였다. 사람들은 어찌된 영문인지 몰라 샘터로 달려갔다. 샘터는 풀 한포기 나무 한그루 없이 휑뎅그렁한 마당으로 되었고 사람도 호랑이도 오간데 없었다. 사람들은 피자국을 따라 산꼭대기에 올라가서야 도끼에 맞아 볼모양 없이 된 호랑이가 네각을 뻗고 쓰러져있음을 발견하였다. 목동총각은 바른손에 도끼를 쥐고 왼손에는 호랑이 대가리를 으스러지게 틀어쥔채 함박꽃속에 잠자듯 고이 누워있었다. 그의 보조개진 얼굴에는 승리자의 웃음이 곱게 피여있었다.

마을 사람들은 눈물을 흘리며 그의 시체를 고이 안아다가 산꼭대기에 묻었다. 사람마다 잔디덮은 무덤앞에서 목놓아 울었고 처녀들은 남몰래 비오듯 내리는 눈물을 맑고 깊은 마음속에 삼키었다. 꽃사슴들도 눈물을 뿌려 푸른 잔디를 적시였고 새들도 슬피 울었다.

그날부터 샘터의 물줄기는 다시 이어지고 사람들은 샘솟는 물을 마시면서 복된 나날을 보내며 행복하게 살았다.

이때로부터 사람들은 이 산을 호랑이를 때려잡은 산이라 하여 《호랑산》이라 이름지어 불렀고 해마다 함박꽃 피는 시절이면 처녀들은 명절옷차림을 하고 호랑산에 올라가 꽃놀이하며 춤추고 노래불러 용감한 목동총각을 찬미하군 하였다 한다.

(연변민간문학연구회 편, 『연변민간문학집』, 연변인민출판사, 1979.)

두꺼비와 처녀애

옛날 한 시골에 어머니, 아버지, 딸 이렇게 세식구가 사는 가정이 있었는데 생활이 매우 구차하였습니다.

부모들이 년세가 많아 힘드는 일을 못하게 되자 매일 처녀애가 산나물을 캐다가 끓여서는 국삼아 밥삼아 때를 에우면서 세식구는 겨우 생계를 유지했습니다.

어느날, 처녀애가 산나물을 캐가지고 집으로 가려는데 어디서 자그마한 두꺼비 한 마리가 팔딱팔딱 뛰여서 처녀애의 치마폭에 달랑 매달리는 것이였습니다.

《두꺼비야, 나는 인젠 나물도 다 캐고 날도 저물어 집으로 가야하니 너도 내려서 집으로 가거라.》

그러나 두꺼비는 더욱 치마폭에 매달리여 떨어지지 않았습니다. 처녀애가 보니 참 이상하면서도 어딘가 측은한 생각이 들었습니다.

《두꺼비야, 그럼 나와 함께 우리 집에 가자.》

처녀애는 두꺼비를 치마폭에 싸서 집으로 데려와서는 자기에게 차려진 몫을 같이 나누어 먹으면서 한 3년을 길렀습니다.

이 마을 산너머 동굴에 천년묵은 지네가 있는데 마을에 내려와 처녀들을 잡아가고 사람과 가축을 해치였습니다. 그래서 마을에서는 《구신제》를 지내는데 말하자면 허물도 업고 인물이 제일 고운 처녀애를 일년에 하나씩 사가지고 산너머 천년묵은 지네에게 바치는 것이였습니다.

쪼들린 살림에 날이 갈수록 부모의 얼굴이 수척해져 가는 것을 그저 보고만 있을 수 없어 처녀애는 자식으로서 부모들에게 낳아서 키워준 은정을 보답하려고 모진 마음을 먹었습니다. 그래서 부모들 모르게 자기를 벼 열섬에 팔기로 구신군들과 약속하였습니다.

《년로하신 어머니, 아버지께서 이제 앉으면 몇해나 더 앉겠습니까? 또 그나마 입에 풀칠하기조차 어려우니 이 한몸 바치더라도 부모님들께서 남부럽잖게 유족한 만년을 편안히 지낼수만 있다면 자식된 저로서는 더없는 행복으로 압니다.》

이렇게 말한 처녀애는 벼 열섬을 집에 가져다놓은 후 아무날 가기로 정하였습니다.

떠나는 날 처녀애가 두꺼비에게 작별인사를 하였습니다.

《인젠 아무래도 나는 저 먼곳으로 가게 되는데 네나 우리 어머니, 아버지를 잘 지키며 있어라.》

그런데 두꺼비가 그냥 따라나서며 처녀애의 옷깃에 매달려 떨어지지 않았습니다. 그래 처녀애가 할수없이 품속에 꼭 껴안고 떠나갔습니다.

구신군들을 따라가고 가니까 큼직한 산굴이 있는데 구신군들은 처녀를 굴에다 밀어넣더니 돌아가버렸습니다. 하여 처녀애는 눈을 지그시 감고 지네가 와서 잡아먹기만 기다렸습니다.

밤중이 되니 요란한 소리와 함께 대단히 큰 늙은 지네가 기여나오더니 처녀를 향해 독을 뿜기 시작하였습니다. 이때 옆에서 보고만 있던 두꺼비가 어느새 살금살금 기여나오더니 전신의 힘을 다 모아서 불시에 시뿌옇고도 역한 독김을 지네에게 맞받아 뿜었습니다. 그랬더니 늙은 지렁이는 쿵하고 괴상한 소리를 지르더니 쭉 빼드러져 죽어버렸습니다.

이렇게 구사일생으로 살아난 처녀애는 너무도 좋아서 두꺼비를 꼭 안고 부지런히 집으로 돌아왔습니다. 하지만 너무도 기진맥진한 두꺼비는 그만 꼼짝하지 못하였습니다. 처녀애가 별의별 좋은 음식을 다 얻어다 먹였지만 원기를 다 뺀 두꺼비는 일어서지 못하였습니다.

《너 때문에 내가 살았는데 네가 죽으면 난 어찌겠니? 네가 죽지말고 계속 나와 같이 살아야지. 엉엉…》

아무리 처녀애가 땅을 치며 울어도 이미 잘못된 두꺼비는 조용히 눈을 감고말았습니다. 처녀애는 두꺼비를 마을앞 양지쪽에다 잘 묻고 큼직한 돌비석까지 세워주었습니다. 그리고는 매일 밥을 해가지고 가서 제를 지냈습니다.

그랬더니 일년후애 또 두꺼비새끼 한 마리가 폴짝이며 처녀애네 집으로 찾아왔습니다. 그리하여 원래는 해마다 고운 처녀애를 꼭 꼭 바쳐야 되던 것이 늙은 지네가 죽고 또 새끼두꺼비가 와서 지켜 준 뒤로는 다시는 지네의 해를 입지 않고 모두 편안히 살아갈수 있었답니다.

그래서 지금도《두꺼비를 못살게 굴면 어느때든 꼭 죄를 만난다.》는 말이 전해지고 있답니다.

(흑룡강민간문예연구회 조선족회원집채 정리,『삼돌이와 호랑이』,
흑룡강조선민족출판사, 1985.)

봉녀와 두꺼비

아득히 먼 옛날에 있은 이야기입니다.

앞을 바라보면 백두산이 한눈에 안겨오고 뒤에는 미끈하게 자란 미인송이 병풍마냥 둘러선 햇빛 밝은 이곳에 오붓한 마을하나가 있었습니다. 산천경계도 아름답지만 마을사람들 또한 너나없이 마음 착하여 오순도순 사이좋게 지내는 곳이였지요.

그런데 어느해부터였는지 갑자기 하늘에서 내렸는지 아니면 땅에서 솟았는지 난데없이 몸뚱아리가 구새통같고 대가리가 악어와 같은 큰 지렁이가 나타나 해마다 음력 7월이 되며는 풍운조화를 부려 다 되어가는 곡식을 결단내버리군 하였습니다. 그러다보니 마을사람들도 차츰 하나 둘 병들어 눕게 되었습니다.

이 마을에는 봉녀라고 부르는 소녀가 있었습니다. 봉녀 어머니는 남에게 싫은 말 한마디 해본 적이 없고 남의 눈에 거슬리는 일 한번 해본적이 없건만 나이 마흔도 되기전에 시름시름 앓더니 오금을 쓰지 못하는 앉은뱅이로 되고말았습니다. 그러니 섬약한 모녀 살아가기란 더구나 말이 아니였습니다.

착한 마을사람들은 그들 모녀를 불쌍히 여겨 집에 있는것들을 아끼지 않고 주었고 봉녀네 모녀 또한 마을사람들의 온정을 고맙게 받아들였습니다. 그러나 너나없이 가난한 살림이라 하루이틀도 아니고 내내 봉녀네를 섬겨준다는것도 말이 아니었습니다.

봉녀는 일곱 살이 되어서부터 린근동을 돌아다니며 동냥하여 어머니를 극진히 봉양하였습니다.

차차 나이가 들면서 봉녀는 얼굴이 해와 달처럼 고와졌고 마음 또한 비단처럼 부드러워 어머니에게 효성하고 동네사람들에게 충성을 다하다보니 그를 칭찬하지 않는 사람이 없었습니다.

봉녀 나이 열다섯살되는 해였습니다. 마을에 신선을 업었다는 좌상로인이 있었는데 그는 정월 대보름날 밤 꿈에 하늘에서 내려왔다는 신선을 만났습니다. 신선은 그에게 마을앞 양지바른 산기슭에 지렁이 사당을 지어놓고 류두날에 꽃다운 처녀를 깨끗이 목욕시켜 지렁이한테 《시집》보내면 마을의 화를 면할 수 있다고 알려주었습니다.

그러나 마음 착한 좌상어른은 이 꿈이야기를 인차 입밖에 내지 못했습니다.

허나 날이 감에 따라 이 일은 한입두입 건너 차츰 널리 퍼지게 되었습니다.

마을사람들은 지렁이사당은 세웠으나 누구네 집 처녀를 제일먼저 지렁이한테 시집보내겠는지는 결정짓지 못했습니다. 올해에도 마을에 또 재황이 들것을 생각하니 사람마다 근심이 태산같았습니다.

마을사람들의 사정을 헤아려본 봉녀도 마음이 아프기 그지없었습니다.

(난 마음 착한 동네사람들의 따뜻한 보살핌 속에서 오늘까지 잘 살아왔고 지금까지 불구로 된 어머니를 모시고 살아올수 있었지 않았는가! 지금 마을이 황폐해지고 동네사람둘의 병이 위중한 때 내 한 몸 바쳐 마을사람들이 복을 누릴 수 있도록 하는 것이 은혜를 갚는 도리일 것이다.)

이렇게 생각한 봉녀 먹은 마음을 좌상로인에게 털어놓았습니다.

《인생 한번 죽음은 정한 일이온데 전 마을사람들을 위함이라면 죽음을 아쉽게 여기지 않겠사오니 제가 지렁이한테 죽은후 불쌍하신 우리 어머님을 잘 보살펴주사와요.》

이렇게 어머니 몰래 무서운 언약을 한 봉녀는 하루라도 더 극성스럽게 어머니를 돌보느라 바삐 돌아쳤습니다.

어느덧 봉녀 언약한 날자도 한달밖에 남지 않았습니다.

어느날 이른아침 봉녀가 물동이를 이고 샘물터에 나가 맑은 샘물에 얼굴을 비쳐보고 바가지로 동이에 물을 담으려는데 난데없는 작은 두꺼비 한 마리가 바가지에 담기는 것이였습니다.

《너 왜 연고없이 내 바가지에 담기는 거냐? 샘물을 떠나서 네가 어떻게 살려고 이러느냐?》

봉녀 두꺼비를 샘물에 되놓아주고 바가지 뒤등으로 살며시 밀어낸 후 물을 뜨려고 하는데 두꺼비는 죽기내기로 자꾸만 바가지에 담기는 것이였습니다. 봉녀 두꺼비의 행동이 하도 이상하여 바가지에

담아가지고 집으로 돌아와 큰 옹배기에 담아놓은 후 매일 아침마다 정갈한 샘물을 떠다가 갈아주군 하였습니다,

시간은 무정하게도 빨리 흘러 한달이 지나고 약속한 시간이 닥쳐왔습니다. 두꺼비는 빨리도 자라 그동안 사발만큼 자라났습니다.

이날인즉 봉녀가 지렁이사당으로 《시집》가야할 류두날이였습니다. 봉녀는 어머니에게 내색을 보이지 않으려고 일찍 일어나 아침밥을 해서 어머니에게 대접하고 두꺼비를 샘물에 놓아주었습니다.

《오늘은 너와도 작별이구나. 너는 이 길로 깊은 산속 정갈한 샘물터를 찾아가서 오래오래 탈없이 살아가거라.》

봉녀 집안팎을 깨끗이 거둬놓고 어머니의 흐트러진 머리를 깨끗이 빗어올려주며 속으로 눈물을 삼키는 새 어느덧 하루는 까까중머리에 콩알 굴리듯 서산으로 꼴깍 넘어갔습니다.

저절로 초례상에 나설 차비를 다하고난 봉녀가 가마에 오르자 온 마을은 삽시에 슬픔에 잠겨버렸습니다.

《동네 여러분들, 슬퍼마옵소서. 저의 한몸 바쳐 동네 여러분들이 만복을 누리는 것을 구중천에 가서라도 볼 수 있다면 전 달게 웃겠나이다.》

봉녀는 마을사람들과 작별하고 사인교에 앉아 새로 세운 지렁이사당으로 《시집》 갔습니다.

날이 어두워지자 지렁이사당은 무시무시하게 고요해졌습니다. 사당의 대들보밑에 멍석을 깔고 앉은 봉녀는 죽기만을 기다리며 살풋이 두눈을 감았습니다. 그런데 무엇인가 치맛자락을 잡아당기는 바람에 깜짝 놀라 눈을 떠보니 언제 어디로 어떻게 왔는지 두꺼비가 봉

녀의 치맛자락에 올라와 앉아있는 것이 아니겠습니까.

한밤중이 되자 하늘이 무너질듯 번개가 번쩍이고 우뢰가 울며 대들보에서 윙윙 소리가 나더니 길이가 서발이나 되고 구새통같이 굵은 지렁이 한 마리가 대들보에 칭칭 감기는 것이였습니다.

호랑이에게 물려가도 정신만은 차리랬다고 봉녀는 두눈을 똑바로 뜨고 사위를 살펴보았습니다.

한참 후에 집이 무너질듯한 굉음이 요란하게 울리더니 지렁이가 봉녀의 머리채를 나꿔채려고 와락 덮치였습니다.

바로 이때였습니다.

봉녀의 치마폭에 조는듯 앉아있던 두꺼비가 입으로 시퍼런 불길을 내뿜는 것이었습니다. 그러자 지렁이는 제꺽 열두발을 움츠러뜨렸습니다. 한참이나 씩씩거리던 지렁이는 다시 온몸을 빳빳이 세우며 흉악하게 봉녀에게 덮쳤습니다. 이때 두꺼비가 앞발을 번쩍 들며 퉁사발 같은 두눈에 쌍불을 켜고 훌쩍 뛰면서 입으로 화살같은 불찌를 세차게 토하자 지렁이는 새까맣게 타서 땅바닥에 쓰러지고 말았습니다.

이튿날 날이 밝자 마을사람들은 눈물을 머금고 지렁이가 먹다 남은 봉녀의 뼈라도 양지바른 곳에 정히 묻어주려고 지렁이 사당으로 달려왔습니다.

그런데 이게 웬일이겠습니까!

땅바닥에는 보기에도 끔찍한 지렁이가 새까맣게 타서 늘어져있고 죽은 줄로만 알았던 봉녀가 죽은두꺼비를 치마폭에 싸안고 앉아 슬피 울고 있었습니다.

마을사람들은 영문을 몰라 어안이 벙벙해졌습니다.

봉녀는 죽은 두꺼비를 쓰다듬으며 간밤에 이곳에서 있은 사연을 마을사람들에게 낱낱이 들려주었습니다.

사연을 듣고난 마을 사람들은 두꺼비의 일이 하도 고마워 지렁이 사당에 불을 지르고 죽은 두꺼비를 놋그릇에 담아 양지바른 곳에 정히 묻은 후 그우에 두꺼비사당을 세워주었습니다.

이렇게 되자 백약이 무효하던 마을 사람들의 병도 온데간데없이 뚝 떨어지고 마을엔 해마다 만풍년이 들어 집집마다 화목하고 행복하게 살아갔습니다.

(정해철 수집 정리, 『달팽이 아가씨』, 동북조선민족교육출판사, 1993.)

옥섬탄

옛날 바다가에서 그리 멀지 않은 한 마을에 어머니와 딸 두식구가 살고 있었다. 기둥같이 믿던 남편을 잃은 어머니는 슬하에 하나밖에 없는 귀한 딸에게 일천정을 쏟으며 열손가락에 피가 나도록 일하면서 고생을 락으로 삼고 살아갔다. 그러니 딸도 남달리 일찍 셈이 들어서 어린 나이에도 어머니를 극진히 보살폈다.

어느날이였다. 어머니가 지지는듯한 불볕에 뉘 집 논김을 매주다 한 낮이 되어 돌아오니 어린 딸이 부채를 가지고 자기 베개에 부채질을 하고 있었다.

《얘야, 거 아버지 쓰시던 부채가 아니냐? 부채를 들고 웬 놀음질이냐?》

《어머니, 부질없는 놀음이 아니애요. 어머님이 불볕에 일하시다 돌아오시면 시원한 베개를 베고 누워 쉬시라고 그래요.》

어머니는 목이 메여 말이 나가지 않았다.

《어머니, 이웃집 할아버지가 얘기하시는데 옛날 향향이란 애가 이렇게 했대요. 그래 〈향향의 선침(香香之扇枕)〉이라는 말이 지금까지 전한대요. 어머니, 저도 향향이처럼 효녀가 될래요.》

어머니는 너무나 기특하여 어린 딸의 머리를 쓰다듬으며 뜨거운 눈물을 흘렸다. 그러니 어린 딸은 어머니 품에 안겨 어머니 볼에서 흘러내리는 눈물을 씻어주며 이웃집 할아버지가 하시던 말을 그대로 받아외웠다.

《륙적이라는 애는 일곱 살에 이웃에 놀러갔다가 자기를 먹으라고 주는 귤을 몰래 품에 넣어가지고 와서 아버지를 대접했대요. 그래서 〈륙적의 귤(陸積之橘)〉이란 말이 나왔구요. 그리고 왕상이란 사람은 앓는 아버지께서 잉어를 잡수시고싶다 하니 엄동설한에 꽁꽁 얼어붙은 강에 나가 얼음을 두드리며 울었대요. 그랬더니 얼음이 갈라지며 잉어 두 마리가 뛰여나와 펄펄 뛰더래요. 그래 그 잉어를 가져다 아버지를 대접했는데 이때부터 〈왕상의 고빙(王祥之叩氷)〉이란 말이 생겼대요.》

이렇게 두 모녀가 서로 의지해서 살아가며 그 행실이 고우니 가근방에서 그들 모녀를 모르는 사람이 없고 칭찬하지 않는 사람이 없었다.

이러구러 세월은 흐르고 흘러 어머니는 어느새 호호백발이 되고 딸은 이팔 꽃나이가 되었다. 어머니가 늙고 병들어 일을 못하게 되니 딸은 동리에 나가 삯방아도 찧고 삯바느질도 하고 사내들처럼 산에 가서 나무도 해오면서 어머님을 모셨다.

이러던 어느해 꽃도 피고 잎도 피는 화창한 봄이였다. 봄은 만물이 소생하는 때라 딸은 겨우내 쇠진해진 어머니 몸을 춰세우려고 산나물 뜯으러 갔다. 그런데 산나물은 잔뜩 캐여서 한임 이고 집으로 돌아오는데 어디서 나왔는지 웬 두꺼비 한 마리가 풀쩍풀쩍 뛰며 뒤따라왔다. 말못하는 짐승이지만 하도 귀엽게 치맛자락에 매달리며 쫓아오는지라 쫓아버리지 않고 내버려두었더니 집까지 따라들어왔다. 돌각담이나 풀섶에 숨어살며 지렁이나 모기같은 것을 잡아먹으며 사는 두꺼비가 이렇게 인가를 찾아올때는 아마도 뭘 얻어먹자는것인데 당장 두꺼비 배에 넣어줄것이 없었다. 딸은 저도 모르게 호 한숨을 쉬며 두꺼비를 내려다보고 말했다.

《얘 두껍아, 모녀가 어렵게 살아가는 집에 뭣이 있겠니. 얻어먹겠으면 저 부자집에나 찾아가보렴.》

그러나 두꺼비는 두눈을 말똥하게 뜨고 딸을 쳐다보며 도무지 떠날념을 하지 않았다.

《얘야, 암만 봐도 물러갈것 같지 않구나. 어떻게 하면 좋겠냐?》

《어머니, 날새도 날아가다가 앉고싶은 나무를 찾아 앉는다지 않아요. 숱한 인가를 두고 우리집에 찾아왔는데 우리 정성껏 키웁시다요.》

딸은 어머니 말이 끝나자 말없이 일어나 어머니에게 점심상을 차려 올리고는 제가 먹자던 밥그릇에서 밥 한술을 떠서 두꺼비에게 던져주었다. 그랬더니 두꺼비는 좋아라고 풀쩍 뛰며 그 밥 한술을 넓적 받아먹었다.

이날부터 두꺼비는 이 집 식구가 되어 부엌에서 살면서 아무데도 가지 않았다. 어머니는 집에서 밤낮 두꺼비와 동무하며 짬짬이 파리도 잡아먹이고 모기도 잡아먹였다. 딸은 밖에 나가 일하고 돌아올 때마다 지렁이 한 마리라도 파가지고 와서《두껍아, 잘 있었니?》하며 던져주면 그놈은 반갑다고 고개를 까딱까딱하며 맛있게 받아먹었다. 이렇게 모녀간과 두꺼비 세식구가 밥도 함께 나누어먹고 기쁨도 함께 나누며 살아가니 집은 가난해도 늘 집안에서는 웃음꽃이 피였다.

그러나 이처럼 화목하고 즐거운 날은 오래 가지 못하였다. 두꺼비는 모녀의 지성으로 손끝에서 하루이틀자라 3년세월이 지나니 작은 고양이만큼 컸건만 어머니는 하루하루 못해가서 아주 병석에 드러눕고 말았다. 딸은 전보다 더 극성스레 삯일을 했지만 그 품 값으로는 세식구의 입에 겨우 풀칠이나 할만했고 병중에 계신 어머님께 약을 써드릴수는 없었다. 어머님의 병세는 날이 갈수록 기울어가기만 했다. 딸은 너무도 안타까와 밤에 맑은 물 정히 떠다놓고 칠성님전에도 빌어보고 낮에 산신당에 가서 산신님께 빌어도 봤지만 모든 것이 허사였다. 이제 더는 어머니를 구할 방도가 없게 되었다고 생각하니 딸은 너무나도 기가막혀 뒤뜨락에 나가서 속으로 피눈물을 쏟으며 울고 울었다.

이때 마을복판에서 왁작 떠드는 소리가 나시 무슨 일이라도 생겼는지 달려가보니 동리사람들이 처녀를 사러 온 선인들을 쫓고 있었다.

《아니 이놈들, 아무리 돈에 눈이 뒤집혔기로 처녀를 제물로 사간단말이냐? 천냥이 아니라 만냥을 준대도 이 동리엔 처녀를 팔집이 없다. 어서 썩 물러들 가거라.》

이 말을 들은 딸은 귀가 솔깃해졌다. 천냥돈으로 처녀를 산다고 하니 그만한 돈이 있으면 병석에 누워계시는 어머님을 구할 수 있고 어머니가 다시는 고생을 모르고 평생을 편안하게 살아갈수 있지 않겠는가. 이렇게 생각한 딸은 동리밖에 나선 선인들의 뒤를 한참이나 따라가다가 동리가 멀어지고 보는 사람도 없으니 급히 선인들을 불러세웠다.

《여보시오, 선인네들, 소녀 잠간 물을 말이 있사오니 게 잠간 서주시옵소서.》

《무슨 말인지 어서 물으시오.》

《듣자하니 천냥돈을 주고 처녀를 산다하니 그게 실말이옵니까?》

《그렇소. 우리는 배타고 다니며 장사하는 사람들이오. 저 바다가 오공주(蜈蚣州)라 하는 곳에 페문한지 오래 되는 집한채가 있는데 그 집 룡마루에 아홉발이나 되는 큰 지네가 있다오. 그 지네에게 한해 한번 처녀 한사람씩 제수하여 제를 지내지 않으면 바다에 산더미같은 풍랑이 일어 배와 사람을 일시에 바다밑에 쳐넣기로 처녀를 사러 다니는 중이라오. 헌데 랑자는 뉘 말을 듣고 이렇게 찾아왔소?》

《소녀는 이 동리에 사는 사람으로 아버지는 일찍 세상뜨시고 어머니 한분 계시온데 늙고 쇠진한 몸에 득병까지 하여 구할바 없나이다. 소녀 이 몸을 팔아 어머니를 구하고저하니 소녀를 사옵소서.》

《하늘이 효자효녀를 낸다더니 랑자는 출천지효녀로소이다. 그럼 그러하오. 배는 래달 스무날에 떠나니 이 돈을 가져다 어머니 구하시면 하늘이 몰라보오리까.》

《돈을 받고 실수 없도록 할터이나 이 일을 우리 어머니 아옵시면 안될 것이오니 내 선인데들께 한가지 청이 있사옵니다. 행선하는 날이 되면 내 시집가는 날이라 할터인즉 어느분이시든 가짜신랑으로 꾸며가지고와서 가마에 앉혀 나를 데려가주옵소서. 그러하면 동리에도 말썽이 없을 것이오며 우리 모친님 또한 나 죽으러 가는줄 모르고 기뻐하시지 않으오리까.》

《랑자가 몸을 팔아 모친을 구하시는데 그만한 일이야 못하리까.》

이렇게 서로 언약이 되니 선인들은 돈을 내여주고 딸은 그 돈을 받아가지고 집에 돌아오자 어머니 앞에 돈을 내놓으며 공손히 머리숙여 절하였다. 병석에 누워있던 어머니는 영문을 몰라 깜짝 놀라며 딸만 쳐다보았다.

《어머님, 놀라지마옵소서. 이 불효녀식 동냥밥 얻으러 갔다 아무데서 맘씨 좋은 부자 대인을 만나 기구한 사정이야기를 하며 돈 좀 꿔여달라고 빌었더니 그 어르신이 나를 가엽게 여기시고 며느리로 맞겠다기에 그만 대답하고 돈 천냥을 주는대로 가지고 왔사옵니다.》

《오 그러한 일이냐. 네가 그같이 맘씨 고운 대가집 며느리로 되고 내 또한 네 덕에 돈 천냥이 생겨 병 고치고 근심없이 살게 되었으니 이 아니 기쁜 일이냐. 내 생전에 네 시집 가는걸 보지 못하고 죽을가봐 크게 근심하였더니 하늘이 도와서 이제는 죽어도 눈을 감게 되었구나.》

언제 한번 어머니를 속인적 없는 딸의 말이라 어머니는 곧이듣고 몹시 기뻐하였다. 이날부터 딸은 발바닥에 불이 일도록 사처에 다니며 용한 의원이란 의원은 다 모셔오고 좋다는 약은 다 사다 어머니를 대접하였다. 정성이 지극하면 돌우에 꽃이 피고 마음을 잘 먹으면

북두칠성이 굽어본다고 딸의 지성에 어머니 병은 날따라 나아져 다음달 스무날께가 다가오니 자리를 털고 일어나 밤가는줄 모르고 딸의 잔치차비까지 하게 되었다.

끝내 행선하는 날이 되니 장사군들이 약속한대로 신행행차를 꾸며가지고 왔다. 신랑차림을 한 의젓한 총각이 말을 타고 들어서고 꽃가마가 뒤따라 들어서는걸 보자 어머니는 기뻐서 입도 다물지 못하였다. 하지만 초례청에 나서는 딸의 얼굴에서는 눈물이 줄 끊어진 념주처럼 굴러떨어져 첫날 새옷을 적시였다. 어머니는 그래도 딸이 자기 품을 떠나는 것이 서러워 우는줄로만 알고 조용히 타일렀다.

《애야, 이게 웬일이냐. 자고로 남아 십오세면 호패를 차고 여자 이팔이면 시집을 가는데 어찌 평생을 어미곁에 있기를 바라겠느냐. 네가 울면 이 에미 마음인들 오죽하겠느냐. 어서 눈물을 거두어라.》

딸은 가까스로 눈물을 참고 초례석에 나가 가짜신랑에게 절하고 술을 권하는데 그 신랑 역시 눈물이 그렁해서 술을 받아 억지로 마시였다. 이럭저럭 때가 되어 신랑은 큰상을 받아 물리자 딸을 꽃가마에 앉히고 집을 떠났다. 딸은 마지막으로 어머니에게 인사를 드리고는 입술을 옥물고 가마에 앉아 마을을 나섰다. 동리가 멀어지자 딸은 그만 참지 못하고《어머니!》하고 대성통곡하며 쓰러졌다. 그런데 이때 난데없는 큰 두꺼비 한 마리가 풀쩍풀쩍 꽃가마를 앞질러 뛰여가고 있었다. 교군군들은 이렇게 큰 두꺼비를 처음 보는지라《저 두꺼비!》하고 소리쳤다. 가마안에서 울기만 하던 딸은 두꺼비라는 소리에 가마문을 열고 내다보더니 교군군들을 불러세웠다.

《가마 좀 세워주세요. 저 두꺼비는 내가 사오년이나 길러 준 짐승이온데 아마도 내 죽으러 가는줄 모르고 따라오나봅니다. 내 두꺼비에게 할 말이 있으니 가마 좀 세워주세요.》

가마를 세우자 딸은 두꺼비를 내려다보며 말했다.

《얘 두꺼비야, 네 비록 미물짐승이나 키워준 정을 잊지 못해 날 따라오는구나. 네 마음 고맙다마는 너까지 떠나고 보면 외로운 우리 어머니는 누구와 동무해 살겠느냐? 어서 돌아가거라.》

그러나 두꺼비는 들었는지 말았는지 또 한번 앞으로 풀쩍 뛰여 나가더니 돌아앉아서 가마탄 주인을 올려다보기만하는데 두눈에서 눈물이 똑똑 굴러떨어졌다. 말 못하는 짐승이라도 그처럼 서러워하며 갈라지기 아쉬워 눈물을 흘리는지라 딸은 가마에서 내려 두꺼비를 품에 꼭 싸안았다.

얼마를 어떻게 갔던지 꽃가마는 어느새 오공주 바다가 낡은집 문전에 이르렀다. 선인들은 꽃가마를 문전에 내려놓고 제상을 차린 후 제수로 고운 처녀를 앞에 내세우고 배길이 무사하게 해달라고 중얼중얼 빌고 절을 하였다. 장사군들은 절을 마치자 처녀를 보고 빈집에 들어가라고 불같은 독촉을 했다. 딸은 마을쪽을 향하여 합장하고《어머니, 불효녀식을 용서하옵고 부디 오래오래 앉으시여 만복을 누리옵소서!》하고는 품에서 두꺼비를 꺼내놓고 두꺼비보고 한마디 했다.

《두꺼비야, 이제는 집으로 돌아가거라. 내가 없어도 서러워말고 내가 있는듯이 어머님을 모시고 잘살아라.》

처녀는 말을 마치자 천근같은 발을 옮겨 빈집에 들어섰다. 그러자 어느새 두꺼비도 풀쩍 뛰여서 그를 따라들어갔다.

선인네들이 빈집문을 꽉 닫아걸자 말없이 눈물 흘리며 이 광경을 지켜보던 가짜신랑총각이 꾹 닫긴 문을 두드리며 사자처럼 고함을 쳤다.

《여보시오, 남의 집 불쌍한 처녀를 사다 이렇게 죽이는 법이 어데 있소? 나는 다시는 선인질을 안하겠소. 어서 문을 여오. 저 불쌍한 처녀를 혼자 죽게는 못하겠소!》

그러나 선인들은 장사가 틀려질가봐 총각을 욕하고 때리며 끌고 가버렸다.

해가 지고 달이 솟으니 째진 창문으로 처량한 달빛이 스며들었다. 사위는 쥐죽은 듯 고요한데 딸은 속절없이 쓸쓸한 빈집에 앉아 눈을 꼭 감고 무서운 지네가 잡아먹기를 기다리고 있었다. 하늘에 돋은 달이 맑은 강우에 내려앉은듯 환하던 그 얼굴에는 검은 구름이 내려덮여 빛이 없고 련꽃이 새로 피여난듯하던 두볼로는 눈물이 하염없이 흘러내려 아름다운 꽃이 모진 비에 젖어 떠는듯하였다.

정밤중이 되자 빈집 대들보에 누워있던 아홉발이나 되는 큰 지네가 꿈틀꿈틀하더니 처녀를 향해 입으로 새빨간 안개 같은 독을 내뿜기 시작했다. 이때라 딸의 품에 안겨있던 두꺼비가 풀쩍 뛰여 땅바닥에 내려앉더니 뒤다리를 버디디고 앞다리를 버쩍 들고 눈을 뚝 부릅뜨고 큼직한 입을 벌리고 지네가 내뿜는 독기를 맞받아 파란 안개 같은 독기를 내뿜었다. 이렇게 되니 지네가 내뿜는 새빨간 독기와 두꺼비가 내뿜는 파란 독기가 허공중에서 부딪쳐 올리밀거니 내리밀거니 하는데 두꺼비가 어찌나 힘있게 파란 독기를 내뿜어대는지 지네는 그만 더는 독기를 내뿜지 못하고 대들보 한켠에 밀려가버렸다. 그제야 딸은 두꺼비가 자기를 구하느라 지네와 싸웠다는 것을 알았다. 딸은 말못하는 짐승이라도 은혜를 갚느라 지네와 싸우니 그만 두꺼비 일이 고마워 목이 꽉 메였다. 이날 밤 지네와 두꺼비가 이렇게 싸우기를 세 번 싸웠는데 지네는 독을 다 뿜어버리자 두꺼비가 내쏘는 파란 독기에 쏘여 방바닥에 툭 떨어져 죽고 말았다. 아홉발이나 되는 큰 지네가 대들보가 내려앉는 듯 방바닥에 떨어지는 바람에 딸은 그만 정신을 깜박 잃고 그 자리에 쓰러졌다.

밤이 가고 새날이 왔다. 아침이 되어 밝은 해살이 창문으로 비쳐들 때 딸은 정신을 차리기 시작했다. 정신을 차리고 보니 지네는 죽고 자기는 사경에서 벗어나 살게 되었는데 자기를 구해준 두꺼비는 가엾게도 네 각을 뻗고 죽었었다. 딸은 죽은 두꺼비를 품에 안고 울고 울다가 죽은 두꺼비를 안아다 바다가 흰 모래사장에 고이 묻어주고 집으로 돌아왔다.

집에 외롭게 앉아있던 어머니는 시집간다던 딸이 집으로 돌아오니 깜짝 놀라며 대체 어찌 된 영문인가 물었다. 딸은 지나온 일을 하나부터 열까지 죄다 어머님께 여쭈었다. 어머니는 딸의 효성에 목이 메여 딸을 끌어안고 흐느껴 울기만 하였다. 사흘째 되는날 모녀는 두꺼비를 묻은 묘앞에 와 제물을 놓고 절을 하며 두꺼비의 은혜에 고마움을 드렸다.

그후 달포가 지난 어느날 웬 총각이 모녀의 집으로 찾아왔다. 처녀가 죽은줄 알고 처녀를 대신하여 어머니를 모시려고 찾아온 그 가짜신랑 배사공 총각이였다. 총각이 찾아온 사연을 알게된 어머니는 너무도 그 총각의 소행이 고마워 그 총각을 사위로 삼으니 딸과 사위는 어머니 한분을 하늘처럼 받들어 모시며 지난 일을 옛말하고 살아갔다,

이 소문을 알게 된 나라에서는 어머니를 구하려고 몸을 판 딸에게 효녀문을 내고 크게 상을 하사하였으며 죽은 두꺼비에게는 정삼품의 높은 벼슬을 하사하고 두꺼비가 묻힌 그 고장을 두꺼비섬(蟾)자를 달아 옥섬탄(玉蟾灘)이라 부르게 하였다 한다.

(김재권 · 박창묵, 『파경노』, 민족출판사, 1989.)

중국 조선족 설화 연구

박가구촌의 유래

요녕성 개현 진툰향 박가구촌에는 조선족 국적을 가지고 살아가는 277명의 박씨 성을 가진 사람들이 있다. 박가구촌의 박씨 성을 가진 사람들 속에서는 박가구촌의 유래를 두고 아름답고 감동적인 전설이 전해지고 있다.

당나라의 장군 설인귀가 고구려를 침범하던 때이다. 그 때 설인귀가 인솔하는 당나라 대군이 고구려에 쳐들어오자 박씨 일가의 두 남매는 살 길을 찾아 개 한 마리를 거느리고 정처없이 피란의 길을 떠나게 되였다.

남매는 살 길을 찾아 가고가다 보니 나중에는 인연마저 희소한 안자산에 이르게 되었다. 이 산은 인적없는 무인심산이여서 피란처로는 이보다 더 좋은 고장은 없었다. 불쌍한 남매는 인적없는 이 무인심산에서 살기로 마음먹었다.

헌데 정작 이 무인심산에서 살아가니 당장 먹을 것이 없었다. 남매는 당장은 풀도 캐여 먹고 열매를 따 먹으면서 지내더라도 장차 살아가자면 그래도 곡식을 심어서 농사를 해야겠다고 생각하였다. 다행히도 피란 떠나올 때 지니고 떠난 조씨가 얼마간 있었다. 남매는 합심하여 풀뿌리와 나무뿌리도 파내고 푹신한 땅에 조씨를 심었다.

새벽닭이 울 때가 되고 날이 푸름푸름 밝아오니 남매는 잠에서 깨여나 전날 심어 놓은 조밭을 바라보았다. 헌데 이런 일이 어디 또 있으랴? 전일 심어 놓은 조가 밤새 땅을 뚫고 올라와 키넘게 자라서 방치(빨래나 다듬이질 같은 것에 쓰이는 방망이) 같은 조이삭이 보기에도 기분좋게 머리를 푹 숙이고 있었다. 남매는 자기들의 눈을 의심하여 눈을 비비고 다시 봤지만 알알이 영근 조는 방치 같은 조이삭에 매달려 황금 같은 노란 빛을 내뿜었다. 남매는 그 조를 가을(농작물을 논밭에서 거두어 들이는 일)하여 그날부터 더는 먹을 것을 근심하지 않고 의좋게 살아가게 되였다. 이 기적같은 일이 사람들에게 알려져 후세 사람들은 이 산골짜기를 계명곡(鷄鳴谷)이라 하였다.

남매가 이 고장에 살아가는 어느 날이였다. 남매는 마주 앉은 두 산봉우리에 제각기 올라가 산봉우리에서 동시에 돌을 굴려 산 아래로 내려보냈다. 그런데 이상하게도 제각기 마주한 산봉우리에서 굴러 내려온 돌은 산 아래 와서 서로 맞부딪치곤 하였다. 남매는 제각기 산봉우리의 우에서 세 번이나 돌을 굴려 내려보냈는데 세 번 다 서로 맞부딪치곤 하였다. 이는 하늘이 맺어준 인연이라 남매는 그날부터 부부지의를 맺고 세월의 흐름을 따라 아들 딸을 낳아서 슬하에 두고 재미나게 살아가게 되였다.

이러구러 세월은 세월대로 흘러서 어지럽던 세월도 지나가고 더는 싸움이 없이 편안하게 살아가게 되였다. 그러자 그들은 인적없는 산에서 내려와 삶의 터전을 마련하고 농사하며 살아가면서 차차 마을을 이루고 살게 되였다. 이리하여 후세 사람들은 이 고장을 그들의 성씨를 따서 박가구촌이라 하였다 한다.

(박창묵 엮음, 『중국조선족 구전설화』, 도서출판 백송, 1996.)

중국 조선족 설화 연구

망향의 언덕

지금으로부터 그리 멀지 않은 백여 년 전 이야기다.

강원도 금강산 산하의 시골에서 살던 한 농부가 만주에 가면 돈벌이도 잘 되고 좋은 땅이 많아서 농사짓고 살기에도 좋다는 소문을 들었다. 궁색한 살림에 입에 풀칠하기도 어려운 형편인지라 농부는 그 소문을 듣자 만주로 건너가기로 작정했다. 그는 안해더러 땅도 일궈 놓고 집도 지어 놓고 자리를 잡은 뒤 데리러 올 터이니 그때까지 집이나 지키고 있으라 해 놓고는, 슬하에 하나밖에 없는 아들을 데리고 만주를 향해 떠났다.

아버지와 아들은 두만강을 건너 만주의 한 시골 마을에 찾아들게 되었다. 운 좋게도 그 마을에 마음씨가 비단 같은 유씨네가 살고 있었는데, 그네들은 살 길을 찾아온 아버지와 아들을 일가친척을 맞아들이듯 하였다. 이리하여 아버지와 아들은 유씨네 사랑방에 들어 살게 되었다.

그날부터 아버지와 아들은 유씨네의 일손을 돕기도 하고 유씨네의 알선을 받아 산속에 들어가 묵밭도 일구며 부지런히 일하였다. 그들 부자는 하루 종일 산속에 들어가 땀동이나 흘려가며 발목이 푹푹 빠지는 땅을 파엎고 나서 해가 지면 유씨네 사랑방에 와서 잤다.

이렇게 달포쯤이 지난 어느 날 저녁이었다.

고단한 몸을 쉬기 위해 잠자리에 들었을 때 아버지가 아들을 보고 말했다.

"얘야, 너 자니?"

"아니요. 자지 않아요."

"아직 자지 않으면 너 내 말 좀 들어 봐라."

아버지는 잠이 오지 않아서인지 아니면 무슨 생각이 있어서인지 담배를 말아 물더니 입을 열었다.

"우리가 여기로 떠나올 때 너의 어머니는 나보고 만주에 가서 땅이나 일궈 놓고 살게 되면 날 데다(데려다) 밥이나 실컷 먹게 해 달라고 했다. 얘야, 그러니 좀 힘들더라도 부지런히 일해서 네 에미 소원이나 꺼 주자.(기운・기세・욕망 등을 눌러 없애다)"

아들은 그동안 일을 해 보니 어머니의 그만한 소원쯤은 몇 해 지나지 않아 풀어 줄 수 있을 것 같아서 머리를 끄덕이며 아버지를 건너다보았다. 헌데 아버지는 다른 할 말이 있는지 담배연기를 훅 내뿜으며 달 밝은 창 밖으로 눈길을 보내더니 다시 아들을 보고 입을 열었다.

"얘야, 너는 어떤지 모르겠지만, 난 여기 온 지 달포가 지나니 우리 고향의 그 아름다운 금강산 생각이 나서 못 견디겠구나. 내 머칠 두고 쳐다보며 생각해 봐도 우리가 묵밭을 일구고 있는 산이 다른 산들보다 훨씬 높으니까 그 산 꼭대기에 올라가면 그 아름다운 금강산이 보일 것만 같구나. 그러니 래일부터는 일하다가 쉴 참만 되면 산정에 올라가서 먼 데서라도 고향의 아름다운 금강산을 바라보고 내려와서 일하도록 하자꾸나. 그러면 우리 일하는 데 힘도 한결 더 날 게 아니냐?"

수륙 천리 아득히 떨어져 있는 만주땅에서 아무리 산이 높다한들 어떻게 고향의 그 금강산을 바라볼 수 있으랴만 어리무던한(어질고 무던하다) 아들은 아버지의 그 안타까운 심정을 헤아려 다른 말은 한 마디도 하지 않고 잠자코 아버지의 말을 듣기만 하였다.

그러노라니 자연히 아들의 눈에도 물기가 축축하게 젖어들어 눈물이라도 흘리고 말 것 같았다. 밤은 이렇게 밝은 달과 무리지어 흐르는 별들과 함께 흘러가면서 깊어만졌다.

아들은 고향에 두고 온 어머니의 원도 풀어주고 아버지의 아픈 마음도 헤아려 주고 싶어서 새벽닭 목을 쥐고 일어나서는 아버지를 따라 군소리 한 마디 없이 일밭(사람들이 일하는 밭)에 나갔다. 일밭에 나가니 산비탈에 일구는 밭이라도 발목이 푹푹 빠지는 시커먼 땅은 보기만 해도 개꼬리(강냉이의 수꽃이 피는 꽃이삭) 같은 조이삭이 넘실대는 것 같기도 하였고, 목침 같은 감자가 그 땅 속에서 뿍뿍 빠져 나오기라도 하는 것 같았다. 게다가 괭이로 시커먼 땅을 푹푹 파헤치니 구수한 흙냄새가 기분 좋게 코를 쿡쿡 찔러서 일할수록 팔다리에 힘이 부쩍부쩍 솟았다. 아버지와 아들은 고된 일도 힘드는 줄 모르고 땀동이를 푹푹 쏟아가며 검은 땅을 파엎었다. 땀으로 땅을 걸구며(땅을 걸게 하다) 아버지와 아들이 어기차게 일하노라니 일축도 나고 파엎어 놓은 땅은 보기도 좋았다. 아들은 그 재미에 하늘에 해 가는 줄도 모르고 부지런히 일손만 재우쳤다. 헌데 이렇게 일하노라니 어느 때가 되었는지 모르는데 아버지가 일하는 아들의 곁에 다가와서 아들을 툭 쳤다.

"얘야, 해가 네댓발 떠오른 걸 보니 한쉼(한동안 쉬는 것) 쉬고 일할 때가 된 것 같구나. 그러니 내 어제 저녁에 말한 대로 우리 이 산정에 올라가서 고향의 그 아름다운 금강산을 바라보고 내려와서 일하도록 하자꾸나. 금강산이 눈앞에 삼삼하여 일손마저 굼떠지는구나."

말을 마치자 아버지는 아들의 손을 잡아끌었다. 아들은 말없이 괭이를 놓고 아버지를 따라 그 높은 산정에 올랐다. 아버지는 산꼭대기에 올라서자 남쪽을 향해 서서 멀리멀리 까마아득한 데를 바라보고 있었다. 산 밑에서 쳐다보니 산이 그렇게 높지 않은 것 같았는데, 정작 산꼭대기에 올라와 보니 우중충한 뭇산들이 다 이 산 아래로 내려다 보였다. 이 산은 허리에 흰 비단필을 두른 듯 흰 구름을 두른 산이어서 아버지의 말씀대로 산꼭대기에 서서 눈뿌리 아득한 남쪽 하늘을 바라보노라면 멀리멀리 수륙 천리 떨어져 있는 고향의 금강산도 바라보일 것만 같았다. 아들은 아버지 옆에 서서 아득히 펼쳐나간 하늘 아래를 살펴보았다. 하지만 아무리 눈을 주어 봐도 아득히 펼쳐나간 하늘 한 끝만 보이지 그 아름다운 금강산은 보이지 않았다. 산이 높아서 좀만 발돋움하면 보일 것 같아서 발돋움까지 해 보았다. 그래도 수륙 천리 떨어져 있는 그리운 고향의 금강산은 보이지 않고 무정한 하늘 한 끝만 내다보일 뿐이었다. 아들은 그 자리에서 저도 모르게 호하고 한숨을 내쉬고 말았다.

바로 이때였다. 아버지가 아들을 자기 곁으로 잡아끌었다.

"얘야, 저기 저길 보아라! 정말 보이는구나!"

아버지는 먼 남쪽 하늘을 향해 손질하면서 석쉼석쉼한(석쉼하다. 웅성깊고 좀 쉰 듯하다) 소리로 말했다.

"얘야, 저기저기 하늘을 찌르고 솟은 봉이 우리 금강산의 비로봉이 아니냐? 아유, 참 장관이로구나. 너 저 구룡폭포가 흰 명아주필마냥 쏟아져내리는 걸 봐라! 그리고 저기는 백도라지가 많아 소문이 높은 옥류동굴 안이구나. 저기 외금강을 봐라. 만물상이 또한 가관이구나. 아름다운 금강산 만 이천 봉은 봉이마다 기암이라더니 여기 수륙 천리 떨어진 곳에서 봐도 말과 꼭 같구나! 얘야, 너도 보이지?"

아버지가 고향 생각이 간절하다 보니 수륙 천리 까마득히 떨어져 있는 고향의 아름다운 금강산을 환각 속에서 보고 있는지 아니면 아닌 밤중에 고향 생각이 간절하여 꿈결에 보고 있는지 알 수 없는 일이었지만, 아들 눈에는 금강산은 보이지 않고 그저 남쪽으로 펼쳐진 저 멀리 하늘 끝밖에 보이지 않았다. 하지만 아들은 아버지의 아름다운 생각을 깨고 싶지 않아 그 아름다운 고향의 금강산이 보이지 않는다는 말은 입 밖에 내지도 않았다. 그는 묵묵히 서서 먼먼 남쪽 하늘만 바라보고 있었다. 이러고 섰노라니 시간이 얼마간 흘러갔는데 아버지는 눈시울이 젖었는지 껄껄한 손으로 눈을 썩썩 문지르더니 눈길을 아래로 돌리면서 곁에 선 아들을 툭 쳤다.

"얘야, 저 금강산 밑에 있는 우리 집이 보이지? 네 에미가 울바자 밖에 나서 멀리멀리 우리 선 곳을 바라보고 섰구나. 우리가 얼마나 그리우면 저러고 서 있겠니. 얘야, 네 어미가 저러고 섰다간 울기라고 하겠다. 저걸 봐라. 머리를 숙이고 옷고름을 감아잡는구나. 자, 어서 내려가자. 부지런히 일해야 네 에미를 모셔오지!”

아버지는 어머니가 울고 서 있는 모습을 차마 볼 수 없어 남쪽 하늘가에서 눈을 떼더니 성큼성큼 앞에서 걸어내려왔다. 그는 내려오자바람으로(~하자마자) 괭이를 잡아 쥐고는 검고 푹신한 땅을 파헤쳤다.

이날부터 아버지는 사흘이 멀다하고 밭에 나와 일하다가는 아들을 데리고 금강산이 보인다는 그 산꼭대기에 올라가서 금강산을 바라보기도 하고 금강산 밑에 있는 집도 바라보면서 첫 번에 금강산과 집을 보며 하던 말을 그대로 옮겨 놓았다.

세월이 류수라더니 세월은 빨리도 흘러서 아버지와 아들이 만주땅에 들어서 벌써 봄을 두 번째로 맞이하였다. 이 해 농사만 잘 되면 초가삼간이라도 제 집을 지어 놓고 밥술은 이어갈 수 있을 것 같았다. 헌데 피는 꽃에 찬서리 내린다더니 아버지가 갑자기 득병하였는데 미처 의원을 불러오고 약을 쓸 새도 없이 병석에서 생사를 다투게 되었다. 생사가 경각에 이르자 아버지는 아들을 보고 겨우겨우 말을 이어가며 이렇게 말했다.

“얘야, 내 팔자 기박해서 이국 천리타향에 와서 죽게 되는구나. 내가 죽거들랑 그리운 고향의 아름다운 금강산도 보고 네 에미도 보게 내 살아서 금강산이며 네 에미를 바라보던 그 산꼭대기에 묻대, 관을 눕혀 묻지 말고 부디 세워서 묻어다오. 눕혀서 묻으면 금강산도 못 보고 네 에미도 못 보니 부디 명심하거라!"

아들이 대답할 새도 없이 아버지는 유언을 남기자 조용히 눈을 감았다. 나이 스물도 되기 전에 아버지를 하늘같이 믿고 이국 천리타향에 왔다가 아버지가 이렇게 갑자기 자기를 이세상에 두고 저세상으로 가니 아들은 그만 하늘이 무너져내린 듯 눈앞에 새까마여 울음을 터칠 새도 없이 넋을 잃고 쓰러지고 말았다. 이윽하여 간신히 정신을 차리긴 하였지만 숨져 누운 아버지를 보자 아들은 목이 메여 꺽꺽거리기만 하더니 또 다시 정신을 잃고 쓰러졌다.

사흘이 되어 장례를 치르게 되었지만 아들은 여전히 정신을 바로 차리지 못해서 장례술이며 음식들을 유씨네 집에서 마련하였다. 장례할 때가 되니 아들 친구들이 와서 관을 메고 산으로 올라갔다. 헌데 관을 메고 산에 오르자니 그 산이 얼마나 높은지 여간만 힘들지 않았다. 그러나 그의 친구들이래야 모두 그와 같이 고향을 등지고 두만강을 건너선 사람들이라 누구 하나 바쁘다는 말을 입 밖에 내지 않고 관을 메고 산꼭대기에까지 올랐다.

아버지의 시체를 묻게 되자 아들은 정신이 좀 든 듯하였다. 그는 울음을 섞어가며 친구들에게 아버지가 자기를 데리고 이 산꼭대기에 올라와서 금강산이며 어머니를 바라보던 이야기를 하고는 아버지가 남긴 유언을 말하면서 아버지가 세상을 떴어도 생전처럼 고향의 금강산이며 어머니 보시게 세워 묻어달라고 하였다. 말에 울음을 섞어가며 겨우 말을 마친 아들은 그만 울음이 터져 대성통곡하였다. 그는 눈물이 어떻게나 쏟아지는지 세상 모든 것이 눈물 속에 빠져 범벅이나 된 듯 아무것도 보이지 않았다. 그는 그저 슬피슬피 울고만 있었다. 그 사이에 친구들은 관을 묘자리에 세워 놓고 아들의 소원대로 아버지 시체를 세워서 묻어 주었다. 높은 산 위에 둥실하니 묘가 솟아나자 아들은 친구들의 부축을 받아 묘 앞에 제물을 차려 놓고 술을 따라 절을 하였다.

"아버지, 이 불효자는 더는 아버지를 모시지 못하게 되었습니다. 아버지의 소원대로 이 산꼭대기에 아버지를 세워 묻었사오니 비록 살아서 고향으로 돌아가시진 못했지만, 이제 이 산꼭대기에서 우리 강원도 고향의 아름다운 금강산을 바라보시고 사립문 밖에 서서 이곳을 바라보시는 어머님을 만나십시오."

너무도 섧게 대성통곡을 하는 아들을 본 친구들은 모두들 눈물을 흘리고 말았다. 이윽고 날이 어둑어둑해져서야 친구들은 아들을 달래가지고 산을 내려와 유씨네 사랑방으로 갔다.

사흗날 아침이었다. 유씨부인은 금강산 밑에서 살다 이 고장에 온 농부네 아들에게 술과 음식을 마련해 주면서 산에 가서 삼일제를 지내고 오라 하였다. 그렇지 않아도 떠나려던 참인데, 유씨부인이 이렇게까지 생각해주니 농부의 아들은 두말없이 술과 음식을 받아 들고 산꼭대기에 묻힌 아버지 묘 앞에 가서 제물을 차려 놓고 절을 하였다.

"아버지, 아버지는 지금도 살아 생전처럼 우리 강원도 아름다운 금강산을 보고 계십니까? 어머님은 강녕하신지, 어머니도 보고 계시옵니까? 아버지……."

아들은 이 날도 산속에서 울고 울다가 해가 져서 어둑어둑해지니 산소를 떠나 내려왔다. 집에 돌아온 그는 저녁이라고 대충 먹고 불도 켜지 않고 자리에 누웠다. 자리에 누우니 아버지 생각에 눈물만 흘려서 베고 누운 베개가 다 물자루가 되었다. 그러고 얼마가 흘렀는지 아들은 저도 모르게 흐느껴 울다 잠들어 버렸다. 헌데 잠들어 얼마 지나지 않았는데 저세상에 가서 산꼭대기에 묻힌 아버지가 찾아왔다.

"얘야, 이 애비는 저세상에 가긴 했어도 고향이 그립기는 살아 있을 때와 꼭 마찬가지구나. 헌데 고향의 강원도 그 아름다운 금강산도 안 보이고 그리운 네 에미도 볼 수 없구나!"

아버지는 아들의 손을 덥썩 잡고 안타깝게 아들을 바라보았다. 그 바람에 아들은,

"아이구, 아버지! 그 무슨 말씀이십니까?"

하며 소리치며 일어나 앉았다. 깨고 보니 꿈이었다. 헌데 이런 꿈은 하루 저녁도 아니고 연속 사흘 저녁이나 계속되었다.

꿈을 꾸고 난 사흗날 아침 아들은 술병에 간소한 음식을 차려가지고 아버지 산소에 찾아갔다. 아들은 산소에 찾아가면서 이렇게 생각했다.

'아버지가 그 산꼭대기에 올라서서 강원도 아름다운 금강산도 보이고 사립문 밖에 서 있는 어머니도 보인다 했지만, 실은 애타게 고향의 아름다운 금강산이며 어머니를 그리던 나머지 환각 속에서 보았을 것이다.'

그때에도 아들은 이런 생각을 했지만 그는 아버지의 환각 속에 나타난 아름다운 광경을 없애 버릴까 두려워서 아버지가 보이는가 물을 때마다 보지 못하면서도 고개를 끄덕이며 보는 듯이 아버지 곁

에 서 있었던 것이다. 아들이 또 다시 제물을 들고 아버지 산소까지 찾아오게 된 것은 아버지의 영혼이라도 위로해 주자는 생각에서였다.

아들은 제물을 아버지 산소 앞에 고이고이 차려 놓고 술을 따르고 절을 하였다.

"아버지, 이 불효소자는 아버지의 영혼을 위로하고자 찾아왔습니다. 아버지, 고향이 그립다한들 이승과 저승이 다른데 어찌 생전 이승에 계실 때처럼 고향의 땅이며 아름다운 금강산이며 그리운 어머니를 보시오리까. 부디부디 참으시고 래년까지만 기다려 주세요. 이 소자는 올해 농사를 잘 지어서 새해 따뜻한 양춘가절이 오면 아버지를 고향의 금강산 밑에 모셔가오리다."

아들은 이렇게 아버지 산소에 찾아가서 빌고는 집에 돌아왔다. 아들이 이렇게 성심으로 빌어서 효험을 봤던지 아니면 새해 봄에 아버지를 고향의 금강산에 모시겠다는 말에 아버지의 영혼이 위안을 받았는지 그날 밤부터는 꿈에 아버지가 찾아와 고향의 아름다운 금강산이며 네 에미가 보이지 않는다는 말을 하지 않았다. 아들은 봄에 밭 갈고 씨 뿌리느라 분망히 보냈고, 녹음 짙은 여름에는 김매기에 바삐 보내다나니 세월이 가서 봄, 여름철이 바뀌는 줄 몰랐다. 광음이 화살이라더니 세월은 살과 같이 흘러 꽃 피는 봄이며 녹음방초 우거진 여름철도 지나서 산마다에는 울긋불긋 단풍이 곱게 물들고 밭마다에는 오곡이 누렇게 익어 서늘한 가을바람에 보란 듯이 넘실대고 있었다. 하늘이 높고 말이 살찌는 풍성한 가을이 왔다. 그 해에는 세월도 좋아서 농사가 흡족할 만큼 잘 지어졌다. 아들은 새해 봄이 오면 아버지를 금강산으로 모셔갈 생각을 골똘하게 하다 가을 깊어가는 밤과 함께 잠들었다. 헌데 꿈에 이때까지 보이지 않던 아버지가 찾아왔다. 아버지는 얼굴에 환한 웃음을 지으며 아들을 보고 말했다.

"애야, 너 이제는 나를 금강산에 옮겨 묻을 생각하지 말아라. 난 이제는 살아 있을 때처럼 그 산꼭대기에 서게 되어 고향의 아름다운 금강산이며 네 에미를 보고 있다. 그러니 근심 말고 농사나 잘 지어서 네 에미를 모셔다 원이나 풀어 주어라. 고향에 돌아가도 먹을 것 입을 것 근심뿐인데, 예서 농사나 잘 짓고 좋은 색시 얻어 장가 들고 어머니 모셔다 놓고 재미나게 살아라."

"아, 아버지, 봄에는 고향의 아름다운 금강산이며 어머니가 보이지 않는다 하시더니 이 가을에 와서 보인다는 말씀이 웬말씀이옵니까, 아버지?"

"내 말을 들어 봐라. 너희들이 비감 중에 나를 그 산꼭대기에 묻을 때 세워 묻기는 했지만 거꾸로 세워 묻었다. 그러니 내가 어찌 고향땅을 볼 수 있었겠니? 하지만 저승에 가서도 고향이 그립기는 생전과 마찬가지였다. 그래서 나는 고향의 아름다운 금강산이며 그리운 네 에미를 보려고 밤낮으로 애써 비좁은 관 속에서 다시 거꾸로 솟았다. 처음에는 여간 힘들지 않았다. 처음 석달은 모진 애를 다 써서야 겨우 머리를 바로 춰올렸고('추어올리다'의 준말. 추어서 위로 올리다), 그 다음에는 애를 써서 머리를 무릎 있는 데까지 춰올렸다. 그 후로 세월이 가서 가을이 오게 되니 이제는 머리가 우에 제대로 솟아오르고 발이 관 밑에 가 서게 되었다. 그러니 살아 있을 때처럼 그리운 금강산도 보이고 사립문 밖에 나선 네 에미도 보이는구나."

아버지의 말이 떨어지기 바쁘게 아들은 아버지 앞에 꿇어 엎디어 빌었다.

“아버지, 이 불효막심한 소자가 죄를 지었소이다.”

“당치도 않은 소리로다. 나를 묻을 때 너는 비감 중에 울기만 하느라 아무것도 몰랐고, 네 친구들도 너와 같이 비감 중에 눈물만 흘리다 보니 세워 묻기는 해도 거꾸로 세워 묻은 거다. 그러니 너한테 죄 될 것까지는 없다. 외려 그 대신 내 그리운 마음이 솟구쳐 애써 다시 바로 서니 그리운 고향의 금강산이며 고향땅이 예나 다름없겠지만 전에 볼 때보다 더 아름다워 보이더라. 그리고 네 에미 모습도 한결 새로워지고…….”

“아버지…….”

“얘야, 이 아버지가 그리운 고향의 금강산이며 네 에미를 다시 보게 되었다고 너한테 알리러 왔는데 네 이렇게 엎디어 빌기만 하면 어쩌니. 어서 일어나라. 날 밝기 전에 나는 가야 한다. 자, 어서 일어나라는데…….”

“아이구, 아버지…….”

아버지의 옷자락을 쥐어 당기며 소리치다 깨고 보니 꿈이었다. 그때로부터 주야장천 흐르기만 하는 세월은 또 다시 흘러갔다. 가을이 다 끝나자 아들은 꿈자리가 너무도 이상하여 가근방에 소문이 자자한 풍수를 찾아갔다. 그는 풍수 앞에서 이 고장에 와서 묵밭을 일구며 일하다가 아버지가 고향이 못내 그리워 자기를 데리고 산꼭대기에 올라가서 고향의 금강산이며를 보던 지나온 이야기며, 봄, 가을에 있은 이야기까지 자초지종을 다 이야기했다. 그리고는 풍수를 모시고 아버지의 산소가 있는 그 산꼭대기까지 가서 풍수더러 아버지의 산자리를 봐 달라 했다.

풍수는 반나절이나 말없이 서서 좌우 산세며 물이 들어오고 나간 곳을 살펴보더니 아버지의 묘를 유심히 살폈다. 그리고 나더니 아들의 어깨를 툭 쳤다.

“내가 이 묘지를 자세히 살펴보니 자네 아버지가 이제는 관 속에서 바로 섰네. 거꾸로 묻힌 자네 아버지가 바로 서려고 다시 거꾸로 솟아오르다 보니 무척 고생을 했네. 고향을 그리워하던 사람이니 죽어서도 그 고향이 그리워 다시 거꾸로 솟아 이제는 바로 선 걸세. 그리고 이 산자리를 보니 망향무덤 자리로는 이보다 더 좋은 무덤자리가 없네!”

이 일이 있은 후로부터 이 소문은 고향을 그리며 살아가는 사람들 속에 전해져 망향무덤에 대한 이야기는 오늘에까지 전해졌다 한다.

(박창묵 엮음, 『중국조선족 구전설화』, 도서출판 백송, 1996.)

중국 조선족 설화 연구

지은이 강봉근
펴낸이 이남호
펴낸곳 전북대학교출판문화원

초판 1쇄 인쇄 2015년 7월 25일
초판 1쇄 발행 2015년 7월 30일

주 소 전라북도 전주시 완산구 어진길 32 (풍남동2가)
내용문의 (063) 219-5321~2, 구입문의 (063) 219-5321~2
팩 스 (063) 219-5323
출판등록 2012년 8월 20일 제465-2012-000021호

값 20,000원

ISBN 978-89-98534-58-5 93810

이 도서의 국립중앙도서관 출판예정도서목록(CIP)은 서지정보유통지원시스템 홈페이지(http://seoji.nl.go.kr)와 국가자료공동목록시스템(http://www.nl.go.kr/kolisnet)에서 이용하실 수 있습니다. (CIP제어번호 : CIP2015018608)